Stätten des Triumphs

Die Pferderennplätze der Welt

Müller Rüschlikon Verlags AG, CH-Cham / Zug

Projekt Manager/Redaktions-Koordinator
Carlo Zuccoli, 49, früher Rechtsanwalt, Händler, Vermittler von Vollblutpferden und Berater, war bei der italienischen Ausgabe von »Esquire« als Redaktions-Koordinator und dann General-Manager bei einer italienischen Export-Firma. Heute verfolgt er den Galopprennsport und arbeitet als freier Journalist.

Rennsportberater
Giorgio Caronna

Projekt-Assistent
Emanuela Moreni

Autoren
Malcolm Andrews, 48, ein respektierter Journalist in Australien. In seiner 27jährigen Karriere hat er schon für Medien-Organisationen wie »Australian« und »The Daily Telegraph« in Sydney gearbeitet, für den »Daily Express« in London und für verschiedene Radio- und Fernsehstationen in Australien und Europa. Als freier Journalist, stationiert in Brisbane, schrieb er für eine ganze Reihe australischer und englischer Zeitungen und Illustrierten, als er gebeten wurde, als Co-Autor für »Die Arenen des Triumphs« tätig zu sein. Andrews hat auch 13 Bücher geschrieben, überwiegend zum Thema Sport, einige betrachten aber auch das Leben in Australien von der heiteren Seite.

Dan Farley, 49, früher Herausgeber des »Thoroughbred Record« (1978 – 1982), war für zwei Amtsperioden Präsident der National Turf Writers Association und Präsident der American Horse Publications. Als die Originalausgabe dieses Werks erschien, arbeitete er gerade als amerikanischer Korrespondent für die »Racing Post« und als amerikanischer Repräsentant des International Racing Bureau.

Norberto Fernando Laterza, 50, früher Herausgeber der Galopprennsport-Ausgaben von »La Ranzon« und Redaktions-Sekretär des Magazins »Argentina Turf y Elevagen«, hat auch an folgenden zwei Büchern mitgewirkt: »Los Que Venceran al Viento« und »Cesped, Arena y Gloria«. Als dieses Buch erstellt wurde, arbeitete er als Redaktions-Direktor für »A Dodo Turf« und »Jockey Club« sowie als Produzent/ Rundfunksprecher für »Pura Sangre« und als Rundfunksprecher für »Turf Argentino«.

Karel Miedema, 46, ist Holländer, lebt aber seit 1976 in Südafrika. 1985 gründete er zusammen mit seiner Frau Kiki einen Verlag, der sich nur mit Pferderennen und -zucht beschäftigt. Herausgegeben werden vierteljährlich ein Magazin, jährlich ein Wörterbuch des Pferderennsports und wöchentlich ein Bericht über die Form der Rennpferde. Für das englische Magazin »Pacemaker Update International« hat er über alle größeren Ereignisse in Südafrika berichtet.

Tony Morris, 50, schreibt seit fast drei Jahrzehnten über Pferderennen und -zucht. Als er an diesem Projekt mitwirkte, war er Rennsport-Korrespondent der englischen, täglich erscheinenden »Racing Post«, er ist auch Autor mehrerer anderer Bücher, u. a. »English & Irish Thoroughbreds« und »Thoroughbred Stallions«.

Mary Mountier, 50, war Herausgeberin und Hauptautorin einer limitierten Ausgabe von Büchern über Vollblüter in Neuseeland, Australien und Großbritannien. Während sie an diesem Projekt mitwirkte, war sie eng mit dem Galopprennsport in Neuseeland verbunden, sie arbeitete als Autorin, Rundfunksprecherin und Mitglied eines von der Regierung eingesetzten Komitees, das Untersuchungen von Rennveranstaltungen vornimmt. Sie besitzt auch eigene Pferde.

Andy Patmore, 38, lebte von 1976 bis 1989 in Japan und arbeitet im privaten und öffentlichen Bereich als Pädagoge und Manager. Da ihn der Galopprennsport in Japan immer interessierte, war er der Autor vieler Artikel in verschiedenen Magazinen, u. a. im »Pacemaker Update International«. Er arbeitet im Royal Institute of International Affairs in London.

Inhalt

Einführung

von Tony Morris

Auf allen Rennbahnen der Welt wird die Zeit vor dem Rennen damit zugebracht, sich über die Form der Teilnehmer zu informieren.

Die Geburtsstätte des organisierten Galopprennsports war England, von dort eroberte er die ganze Welt. Allerdings scheint heute das Wort »organisiert« für die Veranstaltungen, die von den Adligen des 17. Jahrhunderts, Vertretern der besitzenden Stände, durchgeführt wurden, wenig angemessen zu sein. Sie schickten ihre besten Rösser ins Rennen und schlossen private Wetten ab. Dennoch waren diese Veranstaltungen in dem Sinne organisiert, daß sie normalerweise nicht spontan abgehalten wurden, sondern sorgfältig im voraus geplant wurden. Veranstaltungsort und Termin wurden vereinbart, und extra für dieses Ereignis angeworbene Pferdepfleger brachten die Pferde für ihren Auftritt bestmöglichst heraus.

Dieses private Freizeitvergnügen der privilegierten Klassen konnte nicht länger nur ein reines Vergnügen bleiben. Allmählich entwickelte sich aus dieser Freizeitbeschäftigung eine vielschichtige Industrie, denn die Liebe zu Pferden, zum Sport und die Verlockung des Spiels konnten einfach nicht das alleinige Recht eines Standes bleiben.

Die Sache selbst, jeder einzelne Aspekt davon, fesselte das Interesse aller: Es war eine Form der Unterhaltung, die jedem auf irgendeiner Ebene Nervenkitzel bot und an der jeder auf seine Art teilnehmen konnte. Welchen Ort die Adligen auch immer auswählten, um ihre Rennen durchzuführen, ganze Bevölkerungsscharen strömten herbei, begierig, als Zuschauer dabeizusein und Wetten abzuschließen.

Als der organisierte Rennsport ins Leben gerufen wurde, gab es noch keine Medienkonzepte, aber es dauerte gar nicht lange, da fand auch diese neue Form der Massenunterhaltung ihren Platz in dem sozialen Gefüge der Gesellschaft, die Gelehrten dokumentierten die Rennen für die Gebildeten, und eine ganze Gruppe unternehmenslustiger Künstler brachten Rennbahnmotive zu Papier, motiviert durch diese neue Form, ihr Talent unter Beweis zu stellen. Auf Leinwand und als Druck wurde das neue Propagandamaterial verbreitet, der Nervenkitzel dieses Schauspiels fand überall Zustimmung.

Mitte des 18. Jahrhunderts hatten die Reichen und die Adligen eine neue Pferderasse gezüchtet, den Vollblüter, damit wollten sie ihren Sport verbessern. Etwa zur gleichen Zeit entstand der Jockey Club, eine Vereinigung von »Gentlemen«, deren Ziel es war, ihre Lieblingsbeschäftigung durchzuorganisieren und zu kontrollieren. Seinen Sitz hatte der Club im Geburtsort des Galopprennsports, Newmarket.

Alle Veranstalter von Pferderennen aus ganz England richteten sich nach dem Jockey Club, Organisation und Durchführung von Rennveranstaltungen wurden von dieser Zentrale vorgeschrieben. Mit der Zeit schloß sich der Rest der Welt an, die Vorschriften wurden ein wenig verändert und neuen Bedingungen angepaßt. Häufig waren die neuen Richtlinien besser als der Prototyp, der in seinem Entstehungsort scheinbar hartnäckig jeder Veränderung widerstand.

Wo immer der englische Einfluß zu spüren war, gab es mehr und mehr Pferderennen, im 18. und 19. Jahrhundert also praktisch in der gesamten zivilisierten Welt. England gab der Welt nicht nur die Information, wie dieser Sport zu organisieren und durchzuführen war, sondern stellte auch die unverzichtbaren Unterlagen Racing Calendar und Stud Book zur Verfügung. Sie enthielten sämtliche Aufzeichnungen von Rennrekorden und Zuchterfolgen, dadurch konnte sichergestellt werden, daß der Vollblüter, der Galoppsport und die damit verbundene Industrie in ihrer Erscheinungsform bewahrt wurden.

In diesem Buch wird der Leser erfahren, wie viele Länder, die führend in der Welt des Galopprennsports sind, ihren die Massen anziehenden Sport einer immer größer werdenden Anhängerschar darbieten, sie haben sich der Sache genauso verschrieben wie die kleine Gruppe Adliger, deren Unternehmen vor drei Jahrhunderten den Ball ins Rollen brachte. Die Zeiten haben sich geändert, andere Maßstäbe werden gesetzt, mit unterschiedlichen Schwerpunkten in verschiedenen Teilen der Welt, aber der Nervenkitzel beim Beobachten um einen Sieg galoppierender Pferde ist durch die Generationen hinweg erhalten geblieben. Unvermindert ist die Faszination dessen, was sich in den Arenen des Triumphs abspielt, von Newmarket bis Nakayama, von Aqueduct bis Turffontein.

Nachdem man sich über die Form der Pferde informiert hat, ist der zweite Schritt, sich seinen Sieger auszuwählen, ein Gang zum Führring.

Erklärung der verwendeten Symbole

 Beschaffenheit des Geläufs und besondere Merkmale

 Magazine oder Programme

 Funktionäre

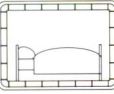 Unterkunftsmöglichkeiten für Pferdepfleger

 Gastboxen

 Trainingsmöglichkeiten

 Quarantäneboxen

 Tierarzt

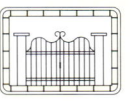 Öffnungszeiten / Reservierungen

 Wettmöglichkeiten

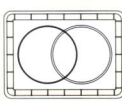 Kreditkarten

 Veranstaltungskalender

 Empfohlene Hotels

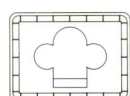 Restaurants

 Gestüte in der näheren Umgebung

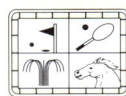 Sehenswürdigkeiten und Unterhaltung

*E*uropa

von Tony Morris

Bei den wichtigsten europäischen Galopprennen spiegelt die Kleidung der Zuschauer die tiefverwurzelten Traditionen wider. Ansonsten ist das Publikum aber immer öfter auch leger gekleidet.

Die Bemühungen um eine europäische Wirtschaftsgemeinschaft sind eigentlich erst in den neunziger Jahren des 20. Jahrhunderts so recht in Erscheinung getreten, was aber den Galopprennsport betrifft, da hatte der Kontinent – oder zumindest die bedeutendsten Länder auf dem Kontinent – schon zwei Jahrzehnte vorher die Notwendigkeit einer Vereinigung erkannt. Diese Notwendigkeit begründete sich in dem Pattern System, das sich aus einem Bericht einer (British) Jockey Club Kommission entwickelte und seit 1965 die Einteilung der Rennen bestimmte. Die Idee, die großen Rennen nach ihrer Bedeutung zu klassifizieren, wurde von anderen Ländern übernommen, und für die Rennsaison 1971 trat für England, Irland, Frankreich und Italien ein einheitliches Konzept in Kraft. Zwei Jahre später schloß sich Deutschland dieser Vereinigung an.

Dieses Schema kann als Revolution des Galopprennsports gelten, denn jedes Land, ob es nun der Vereinigung angehört oder nicht, bewahrt seine eigene Identität und kann völlig frei über die Durchführung seiner Rennen entscheiden. Aber die Einteilung der Rennen in verschiedene Klassen hat dazu geführt, daß ein Sport, der bis zu dem Zeitpunkt recht unorganisiert erschien, einen äußeren Rahmen erhielt und deswegen international immer besser verstanden wurde. Nach wie vor gehören dem Europäischen Pattern nur fünf Länder an, aber tatsächlich hat jedes Land, in dem Galopprennen ausgetragen werden, eine Liste der wichtigen Ereignisse, abgestuft nach Tradition, Ansehen und Standard. Daher sind die Ziele klar gesteckt, richtet sich doch die Aufmerksamkeit sowohl des Publikums als auch der Pferdezüchter und -besitzer ganz eindeutig darauf, die höchsten Ansprüche zu erfüllen. In einer Welt, die mehr und mehr durch den Materialismus bestimmt wird, sind die Auswirkungen gewaltig, erfolgreiche Teilnahme an hoch eingestuften Rennen bestätigt die Klasse des jeweiligen Pferdes, denn das Pattern setzt weltweit anerkannte Maßstäbe und fördert so auch den internationalen Handel mit Rennpferden erfolgreicher Blutlinien. Es ist der Traum – für die ehrgeizigsten das Ziel – eines jeden Züchters, Pferdebesitzers, Trainers oder Jockeys, erfolgreich zu sein. In

manchen Ländern ist die Klassifizierung der nationalen Rennen besser als in anderen, aber alle sind darauf ausgerichtet, Galopprennen in allen Altersgruppen und beiden Geschlechtern zu fördern. In der Theorie heißt es, Prestige und angemessene Preisgelder würden die besten Teilnehmer anlocken, und im großen und ganzen wird diese Theorie durch die Praxis bestätigt.

Die meisten der besten europäischen Rennpferde kommen aus England oder Frankreich, auch die großen amerikanischen Gestüte züchten mit vielen Pferden englischer oder französischer Blutlinien. England und Frankreich halten alljährlich 200 bis mehr als 320 solcherart klassifizierte Rennen ab, dabei richtet sich die größte Aufmerksamkeit auf die Rennen der Dreijährigen. Traditionell stehen die Pferde in ihrer zweiten Saison im Mittelpunkt des Interesses. Ausgelöst wurde diese Anteilnahme durch die in England begründeten klassischen Rennen, die dann weltweit übernommen wurden und die sich ihren Ruf bis heute bewahrt haben. Heutzutage ziehen jedoch häufig die Rennen mit Pferden eines Jahrgangs die meisten Zuschauer an – und genießen das höchste Ansehen.

Kein Rennen in England garantiert größeren Ruhm als die King George VI & Queen Elizabeth Stakes. Es führt über 1,5 Meilen und wird Ende Juli in Ascot gelaufen. Hier treffen die hoffnungsvollen Jungstars der klassischen Rennen auf die Elite der älteren Pferde, gewöhnlich findet das Rennen an einem herrlichen Sommertag statt, was die Festlichkeit der Veranstaltung unterstreicht. Doch der dort geerntete Ruhm kann im Laufe der Saison durchaus verblassen, denn die Ereignisse vom ersten Sonntag im Oktober in Longchamp haben oft weitreichendere Konsequenzen. Unveränderlich ist der hohe Stellenwert des Prix de l'Arc de Triomphe, der über die gleiche Distanz (2400 m) geht. Dieses Rennen ist für viele Pferde die letzte Gelegenheit, das höchste Ziel zu erreichen.

Zudem findet man in Ascot und Longchamp die Elite des europäischen Galopprennsports. Royal Ascot, das viertägige Festival im Juni, berühmt schon seit mehr als einem Jahrhundert, ist nicht nur eins der Highlights im kulturellen Leben, sondern auch der Schauplatz für die größte Konzentration von Galopprennen höchster Qualität. Nirgendwo auf der Welt findet man ähnliches. Nicht weniger als sechzehn Pattern Rennen werden hier ausgetragen, dabei werden alle Altersgruppen abgedeckt, die ersten ernsthaften Tests für Zweijährige sind die Coventry und die Queen Mary Stakes, außerdem wird hier das berühmteste Steherrennen für ältere Pferde gelaufen, der Gold Cup über 2,5 Meilen (4000 m).

Die ganzen Jahre hindurch hat sich Ascot seine besondere Stellung im englischen Rennkalender erhalten, obwohl dort niemals eines der klassischen Rennen ausgetragen wurde, auf denen sich die Tradition der sog. Prestige-Rennen begründete. Die klassische Serie beginnt mit dem 1000 Guineas (Stuten) und dem 2000 Guineas (Hengste), beide werden in Newmarket ausgetragen und führen über eine Meile (1600 m). Newmarket ist immer noch das Zentrum des Galopprennsports, die Nummer Eins unter den Trainingszentren und die Bühne für allerbesten Sport. Tatsächlich hat Newmarket sogar zwei Rennbahnen, die etwas schlichte Rowley Mile, dort laufen die Rennen im Frühling und Herbst (dazu gehören u. a. Rennen der Gruppe I für junge Pferde wie das Middle Park, Cheveley Park, Dewhurst Stakes und die Rennen zur Ermittlung der Champions verschiedener Jahrgänge), auf dem malerischen July Course hingegen werden die Rennen im Sommer ausgetragen, als Hauptattraktion gilt das wichtigste Fliegerrennen Europas, der July Cup, dieses Rennen führt über 1200 m.

Das dritte und vierte klassische Rennen sind das Derby und das Oaks. Seit mehr als zwei Jahrhunderten sind sie die wichtigsten Rennen dieses Typs im Kalender, was durch zahllose ähnliche Ereignisse auf der ganzen Welt bestätigt wird. Diese beiden Klassiker werden in der ersten Juniwoche in Epsom, nicht weit von London gelaufen und führen je über eine Distanz von 2400 m. Den Abschluß der Serie bildet das St. Leger, das früh im September in Doncaster stattfindet und über 2800 m geht.

Allgemein anerkannt ist die Tatsache, daß man im Norden Englands den besten Rennsport in York sehen kann, dort werden wichtige Rennen im Frühling und Herbst gelaufen, unter den späteren Terminen finden sich auch die International Stakes. Im Süden Englands wird gleich guter Sport im natürlichen Amphitheater von Sandown Park geboten, u. a. werden dort die ruhmreichen Eclipse Stakes ausgetragen.

In Frankreich finden Galopprennen auf vielen verschiedenen Bahnen statt. Die besten Veranstaltungen konzentrieren sich auf das Gebiet um Paris, wobei Longchamp im Mittelpunkt steht. Neben dem Prix de l'Arc de Triomphe werden dort viele andere Gruppe I-Rennen gelaufen, z.B. im Frühling das französische Pendant der Guineas, die Poules d'Essai. 18 der 24 Gruppe I-Rennen ganz Frankreichs werden in Longchamp abgehalten. Feste Sommertermine in Chantilly, dem führenden Trainingszentrum Frankreichs, sind die Gegenstücke zum Derby und zu den Oaks, der Prix du Jockey-Club und der Prix du Diane. Neben Paris gilt auch Deauville als Austragungsort hochklassiger Rennen, wo viele der Superstars auf Hufen im August gegeneinander antreten.

In Irland werden 25 der festdatierten 34 Rennen auf dem Curragh, dem Veranstaltungsort aller Klassiker, ausgetragen. Natürlich ist das Irish Derby das bedeutendste aller Rennen. Es kann vorkommen, daß die Sieger der früher in der Saison gelaufenen Derbys von Epsom und Chantilly dort zusammentreffen. Acht der restlichen neun Gruppen-Rennen werden in Leopardstown, nahe bei Dublin, gelaufen, das neunte in Tipperary.

34 von Italiens Gruppen-Rennen finden in Mailand und Rom statt, die anderen in Neapel (eins), Pisa (eins) und Turin (zwei). Rom ist Austragungsort der Derbys und des Premio Roma, eines der wichtigsten Rennen gleichaltriger Pferde, in Mailand werden die Oaks und solche wichtigen Handicap-Rennen wie das Gran Premio del Jockey Club und das Gran Premio di Milano ausgetragen. Die Pferde erhalten je nach Alter zusätzliches Gewicht.

Der italienische Galopprennsport erlangte seine Bedeutung über Italiens Grenzen hinaus allerdings erst, als das Europäische Modell eingeführt wurde. Gleiches gilt für Deutschland, dort waren ausländische Pferde in einigen der bedeutendsten Rennen lange Zeit nicht startberechtigt. Die Vereinigung von West- und Ostdeutschland brachte nun hochklassigen

Reist man von Land zu Land, mögen sich die Bewohner und die Kultur vielleicht ändern, die Hauptdarsteller bleiben jedoch die gleichen.

Galopprennsport zurück nach Hoppegarten, Berlin, drei Gruppe III-Rennen wurden in der Saison 1992 dort bereits gestartet.

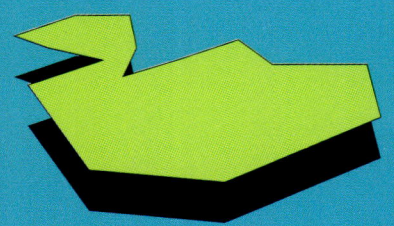

LAYTOWN
Co. Meath

CURRAGH
Co. Kildare

YORK

TRALEE
Co. Kerry

LEOPARDSTOWN
Co. Dublin

CHESTER

ASCOT

NEWBURY

NEWMARKET

SANDOWN PARK
Esher

GOODWOOD
Chichester

EPSOM

WELLINGTON
Ostende

LES LANDES
Jersey

DEAUVILLE-LA TOUQUES

**MAISONS-
LAFFITTE**

CHANTILLY

SAINT-CLOUD

LONGCHAMP
Paris

FRAUENF

LA ZARZUELA
Madrid

PINEDA
Seville

AUSTRIA

(ÖSTERREICH)

FREUDENAU

RENNBAHNSTRASSE, FREUDENAU 65
TEL. 43-222-2189535, FAX 43-222-2189517

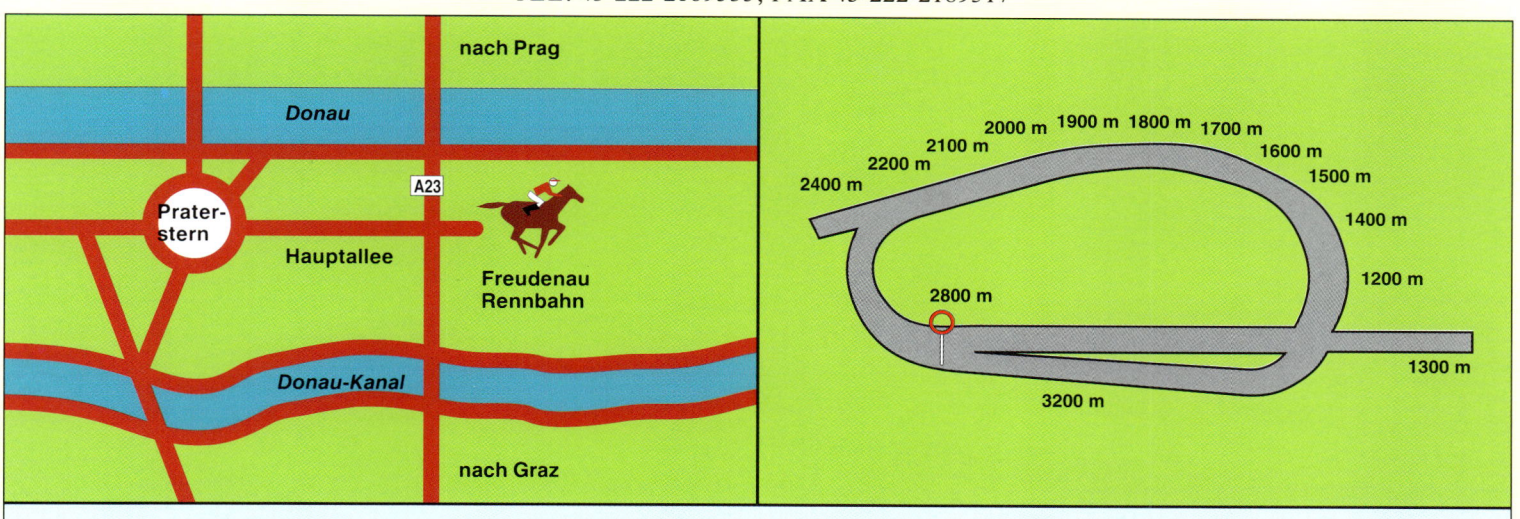

DISTANZEN, VERKEHRSVERBINDUNGEN UND PARKPLÄTZE

Die Rennbahn liegt im berühmten Wiener Vergnügungspark Prater, 8 km von der Innenstadt entfernt, und ist sehr einfach zu erreichen. Entweder über die Autobahn A23, Ausfahrt Handelskai, oder mit der Buslinie 81A, Abfahrt von Praterstern. Freudenau liegt auch nahe beim Flughafen (15 km). Direkt am Rennbahngelände sind neue Parkplätze angelegt worden.

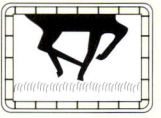 Grasbahn, Rechtskurs, Gesamtlänge der Bahn 2800 Meter. Zusätzlich gibt es eine gerade Bahn von 1300 Metern.

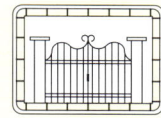 Eintritt: 50 Schilling (ATS)
Für weitere Informationen: Tel. 43-222-2189535

 Für jeden Renntag wird das Programmheft »Galoppsport« veröffentlicht.

 Totalisator

 Vizepräsident, Herr Karl
Vizepräsident, Herr Schweizer

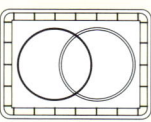 Keine Kreditkarten

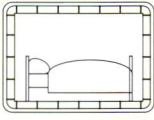 Unterkunft für Pferdepfleger vorhanden.

 Pro Jahr 30 Renntage von Ende März bis November.

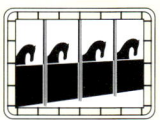 280 Boxen

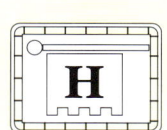 Scandic Crown Hotel, Tel. 43-222-217770

 Für Trainingszwecke stehen Sand- und Grasbahnen zur Verfügung.

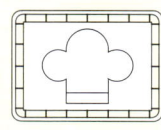 Rausch Restaurant
Reservierung: Tel. 43-222-2189535

 Einige Quarantäneboxen für Pferde aus dem Ausland sind verfügbar.

 Gestüt Eichberg
Gestüt Hernstein
Gestüt Limbachhof
Gestüt Tiny Meadow

 Dr. Otto Lamarsch

 Der Prater und Wien bieten jegliche Form der Unterhaltung.

*E*in Neubeginn für Freudenau

Unter Kaiser Franz Joseph wurde die Rennbahn am 5. Mai 1839 geöffnet, später entwarf der berühmte Architekt Carl von Hasenauer die schönen Tribünen. Derselbe Architekt zeichnet 1870 verantwortlich für die Konstruktion einer neuen Tribüne mit Galerie, genannt Die Kaiserliche Loge.

Leider zerstörte 1883 ein gewaltiges Feuer den größten Teil der Tribünen, doch noch im gleichen Jahr wurde der Schaden mit vereinten Kräften repariert.

Diese Rennbahn war schon immer für ihre Ausstattung berühmt gewesen: Das Bewässerungssystem ist z. B. im Jahre 1887 konstruiert worden.

Im letzten Krieg wurde die Rennbahn sehr stark beschädigt. Die Gebäude wurden praktisch alle zerstört, und man konnte nicht weniger als 250 Bombenkrater auf dem Geläuf zählen.

Die britische Kriegsbehörde begann sofort mit dem Wiederaufbau der Tribünen, 1982 war die Arbeit erfolgreich beendet; die neue Haupttribüne wurde geöffnet, ein elektronisches Totalisatorsystem installiert.

Schließlich wurde 1991 ein Ausschuß ins Leben gerufen (Interrace Rennbahn) mit dem vorrangigen Ziel, diese Rennbahn wieder in den Mittelpunkt des Geschehens zu bringen.

Dieses Gremium ist verantwortlich für die Planung der Rennen, während der Wiener Galoppverein sich um die sportliche Seite der Veranstaltungen kümmert, mit der Unterstützung von der French Société d'Encouragement.

Geplant sind bereits eine Erhöhung der Preisgelder um 20 %, ein neuer Totalisator, ein Umbau der Stallungen, mehr Parkmöglichkeiten und eine verbesserte Video-Aufzeichnung von den Rennen selbst, sowohl für die Presse als auch für die Zuschauer.

Hier kommt der Sieger.

Malerischer Blick auf die Rennbahn und die Tribünen.

Die Kaiserliche Loge.

Die Rennen sind vorbei.

Die Tribünen

DIE BESTEN PFERDE 1991

Name	Alter	Starts	I	II	III	IV	Preisgelder ATS	Name	Alter	Starts	I	II	III	IV	Preisgelder ATS
Kfaaf	4	10	8	–	–	1	690 750	Soft Call	3	6	5	–	–	1	221 640
Amandhia	3	11	5	3	–	–	616 150	Norylsk	2	6	2	–	2	–	218 600
Sekot	3	10	3	3	–	–	566 160	Nobelstern	6	8	3	1	1	1	199 650
Wacio	3	1	1	–	–	–	330 000	Lutza	4	8	1	2	1	2	174 900
Ontara	3	9	5	–	1	2	244 190	Kobrina	3	9	1	3	1	2	162 820

DIE BESTEN TRAINER UND JOCKEYS 1991

DIE BESTEN TRAINER

Name	Starts	I	II	III	IV	Preisgelder ATS
Emmerich Schweigert	362	56	47	45	49	2 961 230
Stefan Bigus	224	38	26	27	31	2 317 580
Friedrich Kainz	213	30	37	32	26	1 733 290
Gérard Martin	224	21	26	24	27	966 160
Adolf Petterman	113	15	15	14	12	639 110
Trevor O'Donoghue	185	14	28	22	22	591 925
Frau Therese Klimscha	40	6	10	5	7	462 300
Jean de Roualie	1	1	–	–	–	330 000
Michael Conroy	47	3	5	7	3	283 300
Karl Csiricserak	24	4	1	2	4	217 910

DIE BESTEN JOCKEYS

Name	Starts	I	II	III	IV	Preisgelder ATS
William Lord	146	43	33	13	15	1 831 290
Jean Pierre Lopez	139	29	15	21	15	1 167 070
Andreas Suborics	136	18	24	24	11	808 210
Thierry Chapusot	143	13	18	19	18	525 400
Erwin Dubrabka jun. (L)	128	12	15	15	21	504 650
Günther Schadler	88	12	9	13	11	481 790
Piotr Piatkowski	80	12	8	5	10	478 050
Peter Heugl	87	8	9	12	11	328 590
Frl. Claudia Neuhuber	64	4	6	8	6	158 000
Heinz Peter Ludwig	18	4	3	4	1	377 180

Vor dem Start des nächsten Rennens wird noch einmal die Form der Pferde in Augenschein genommen.

BELGIUM

(BELGIEN)

 # WELLINGTON

SPORTSTRAAT 48, B-8400 OOSTENDE
TEL. 32-59-806055, FAX 32-59-808646

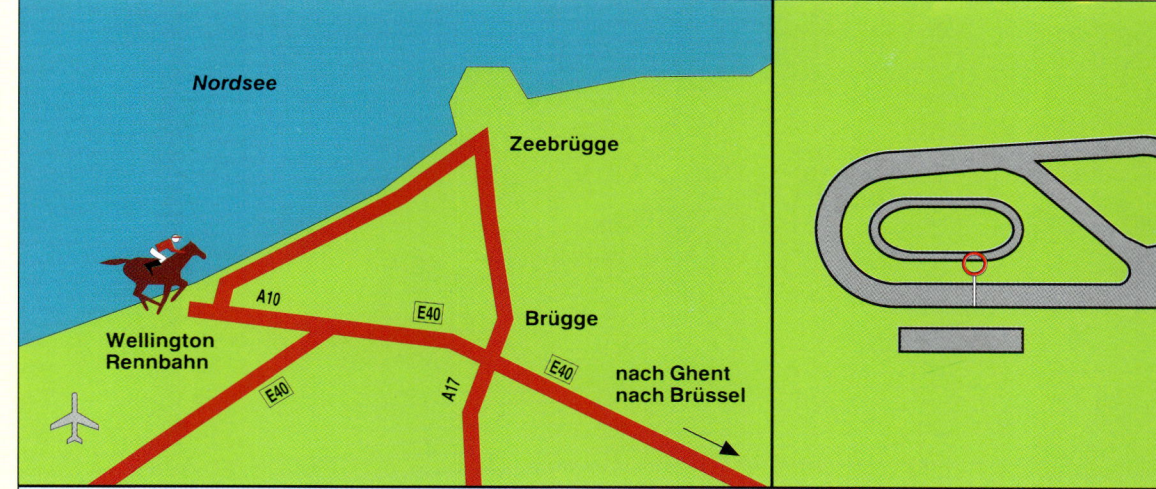

DISTANZEN, VERKEHRSVERBINDUNGEN UND PARKPLÄTZE

Die Wellington Rennbahn liegt an der belgischen Küste, nur fünf Kilometer vom örtlichen Flughafen und 130 Kilometer vom Flughafen Brüssel entfernt. Ganz in der Nähe der Rennbahn gibt es ausreichend Parkplätze (Astridlaan und Wellington Straat).

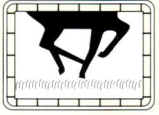 Sandbahn, Rechtskurs: 2200 m mit einer Geraden von 1000 m (eben).

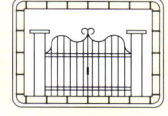 Eintritt: Sonnabend, Sonntag und an Feiertagen: 150 BF, Montag und Donnerstag: 100 BF
Reservation: Tel. 32-59-806055

 Programmhefte gibt es für jeden Renntag.

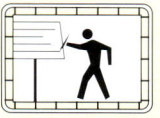 Buchmacher und Totalisator

 Vorsitzender: Herr Thierry Storme
Direktoren: Herr C. Decrop, Herr F. Peeters, Herr F. D'Hondt, Col. P. Francisse, Gen. M. Gysemberg, Herr S. de Kerchove d'Exaerde, Herr H. De Waele.

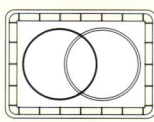 Es werden keine Kreditkarten angenommen.

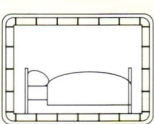 Unterkunft für Pferdepfleger vorhanden.

 Jährlich 37 festgesetzte Rennen im Juli und August (montags, donnerstags, sonnabends und sonntags).

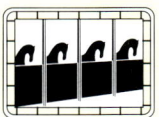 100 Boxen

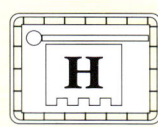 Altea Access Hotel, Tel. 32-59-804082
Andromeda Hotel, Tel. 32-59-806611
Oostendse C°, Tel. 32-59-704816
Thermae Palace Hotel, Tel. 32-59-806644

 Zwei Trainingsbahnen (Sand und Gras) stehen zur Verfügung (1 km von der Rennbahn entfernt).

 Beaulieu Restaurant
Reservation: Tel. 32-59-806464

 72 Quarantäneboxen

 Aalter Breeding Farm, Aalter
Haras de Bronchennes, Lessine
Haras de l'Escaille, Temploux
Haras de Noirchain, Noirchain

 Dr. N. Bentein
Dr. J. Vandemoortele

 Kasino, Schwimmbad, Strand (Segeln und Surfen), Royal Golf Club, Quai-Anlagen

Panoramablick über die Rennbahn.

Qualität und Prestige

Wie eine Lady, die sich vertrauensvoll in die magischen Hände eines Visagisten begibt oder an die Kunst eines Haarstylisten glaubt, so brauchte auch Ostende sehr lange, um wieder eine schöne Stadt zu werden. Dies gilt auch für die Wellington Rennbahn, die schwere Zeiten durchgemacht hatte. Doch in all den wirren Jahren hat das Herz dieser Rennbahn nie aufgehört zu schlagen. Daher ist sie, wenn auch schon alt und ehrwürdig, immer noch lebendig. Diese Lebenskraft spiegelt sich in dem Geläuf wider, dessen Gras so knackig grün aussieht, daß man fast geneigt ist, hineinzubeißen.

Am 29. Juli 1883 wurde das Hippodrom Wellington geöffnet. Nach dem dritten Renntag wurde König Leopold II ein regelmäßiger Zuschauer. Zusammen mit seiner Familie und seinen engsten Freunden genoß er jeden Renntag und er beobachtete von der Königlichen Loge aus alle Rennen. Einmal schloß sich sogar der Schah von Persien der königlichen Familie an, aber für den König war der richtige Begleiter für einen Renntag sein *aide-de-champ*.

Benannt wurde die Rennbahn nach dem Duke von Wellington. Er war einer der ersten Sponsoren und

Ein Plakat von 1914.

gab für eines der Rennen 2500 Belgische Franken, was damals sehr viel Geld war: Der Grand Prix du Roi war zu der Zeit mit 5000 Belgischen Franken dotiert.

1892 belief sich das Preisgeld für die fünf Renntage der Sommersaison auf 100 000 Belgische Franken.

Um 1830 war Ostende einer der beliebtesten Urlaubsorte für die Engländer, die dort im Sommer sehr gerne ein paar Wochen verbrachten. Da sie in der Zwischenzeit ihre Rennleidenschaft nicht aufgeben wollten, kam Marcus Verall auf die Idee, den ersten Renntag auf dem Gelände um den alten Leuchtturm durchzuführen. Er konnte mit der Hilfe von fünf Gönnern aus Ostende (den Herren de Bal, De Ridder, Louis, Eugéne und Jaques Serruys) und vier britischen Freunden des Galopprennsports seinen Plan in die Tat umsetzen. Im August wurden zwei oder drei Rennen angesetzt, das Geläuf selbst war allerdings sehr einfach, nicht bearbeitet, und die Zuschauer brauchten keinen Eintritt zu bezahlen.

Fünfzig Jahre später verlegte man die Rennen in den östlichen Teil des Hafens, in den Schutz der Dünen.

Zu Beginn der 80er Jahre des 19. Jahrhunderts wurde die Société des Courses d'Ostende gegründet, und eine neue Rennbahn wurde dort gebaut, wo Napoleon die Redoute zur Verteidigung des Hafens begann, aber nicht vollendete. Die Redoute hatte zunächst den Namen des französischen Kaisers getragen, als aber Napoleon bei Waterloo geschlagen worden war, wurde sie nach Wellington benannt. Dieses Militärgebäude diente 1870 der Unterbringung französischer Flüchtlinge, sonst war es dort sehr ruhig.

Niemand hätte sich jemals vorstellen können, daß ausgerechnet diese Gebäude einmal ein Ort des Luxus und des weltlichen Vergnügens werden würden, sogar Jahre des Leids überdauernd. Die Besetzer hausten dort zwar wie die Vandalen, zerstörten es aber nicht.

Also konnte das Hippodrom Wellington aus seinen Ruinen auferstehen. Am 11. April 1947 begannen Herr Maurice Bauwens, Mitglied des Ausschusses der Société des Courses d'Ostende, Herr Achille Van Acker und Herr Robert De Man, Minister, zusammen mit Henry Serruys, Oberbürgermeister, mit dem Bau der neuen Tribünen. Dann enthüllte Herr Robert De Man eine Erinnerungstafel, eingraviert war folgendes einfaches Motto: »1942 zerstört und 1947 wieder aufgebaut«.

Es muß darauf hingewiesen werden, daß Herr Max Dugniolle, der neue Präsident, plötzlich die Pläne für den Bau der Rennbahn, wie sie ihm von seinen Vorgängern Baron Vaxelaire und Herrn Maurice Bauwens vorlagen, verwarf, weil sie nicht mehr mit den moderneren Konzepten übereinstimmten.

Bevor die Stallungen gebaut wurden, entschloß sich Dugniolle zu einem neuen Konzept, damit dauerte der Bau so lange, daß im August die Rennsaison nicht eröffnet werden konnte.

So konnte die »Königin der Strände« ihrer Krone eine weitere Perle hinzufügen, eine grüne Schatzkammer mit einem Blumenmeer, wiedererschaffen am Rande der Stadt, an der Straße zu Mariakerke.

Das ist heute der Ort, wo sich Tausende von Zuschauern treffen, um Jahr für Jahr einige der besten Vollblüter zu sehen, die um Ruhm und Ehre laufen. Auch wenn Sie kein Anhänger des Galopprennsports sind, werden Sie die einzigartige Atmosphäre eines Renntages genießen. Planen Sie einen Besuch an einem Sommerabend – das Geläuf ist in Flutlicht getaucht – betreten Sie die mysteriöse Welt der Buchmacher und spüren Sie die Begeisterung der Menge, wenn die Pferde auf die Zielgerade einbiegen. Wer weiß, vielleicht haben Sie ja sogar auf den Sieger gesetzt!

Die Wettschalter.

Eine Luftaufnahme der Rennbahn.

Kurz vor dem Zieleinlauf.

GRAND HANDICAP INTERNATIONAL D'OSTENDE

3jährige und ältere Pferde 2200 m

Jahr	Sieger	Trainer	Besitzer
1982	Waliver Dream	R. Hart	Frau J. De Coninck
1983	Ormus	L. Sward	Herr L. Sward
1984	Daun	Th. Grieper	Haras Röttgen
1985	Badinage	C. Bartholomew	Herr J. F. Gribomont
1986	Boon Point	J. L. Dunlop	Herr N. M. Avery
1987	Boon Point	J. L. Dunlop	Herr N. M. Avery
1988	Salopard (USA)	J. Naylor	Herr J. Lamote
1989	Turbine Blade	S. Piggot	Herr Ali Abdulla
1990	Mister Doc	C. Dondi	Stall Zwart Wit
1991	Lively Cockney	R. Van Stipelen	Stall Pico

PRIX »PRINCE ROSE«

3jährige und ältere Pferde 2200 m

Jahr	Sieger	Trainer	Besitzer
1982	Castle Keep	J. Dunlop	Duchesse of Norfolk
1983	Prima Voce	R. Armstrong	G. J. Durham Matthews
1984	Balkan Prince	Ecurie Franco	Ecurie Franco
1985	Daun	Th. Grieper	Haras Röttgen

PRIX PRESIDENT ET MADAME MAX DUGNIOLLE

3jährige und ältere Pferde 2200 m (G.P.)

Jahr	Sieger	Trainer	Besitzer
1982	Amethyst	P. Lautner	Stall Carolinerhof
1983	Mailman	I. Balding	Frau J. McDougald
1984	Palmetto	Ecurie Franco	Ecurie Franco
1985	Sasebo	Ecurie Franco	Ecurie Franco
1986	Balkan Prince	Ecurie Franco	Ecurie Franco
1987	Kingsfold Flame	M. J. Haynes	Frau B. H. Nye
1988	Val des Rois	H. Van de Poole	Herr R. Lalemant
1989	Yuushun	F. Calaerts	Stall de Loyse Hoeve
1990	Yuushun	F. Calaerts	Stall de Loyse Hoeve
1991	Knock Knock	I. Balding	Herr G. M. Smart

Jahr	Sieger	Trainer	Besitzer
1986	Anatas	Jenitzsch	Haras Ittlingen
1987	Classic Tale	H. R. Stoute	Scheich Mohammed
1988	Street Line	M. Jarvis	Lord Harrington
1989	Highland Chieftain	J. Dunlop	Hunnisett D. R.

Parade des Siegers in wunderschöner Umgebung

WELLINGTON

EIRE

(IRLAND)

LAYTOWN
CO. MEATH
TEL. 353-41-23425

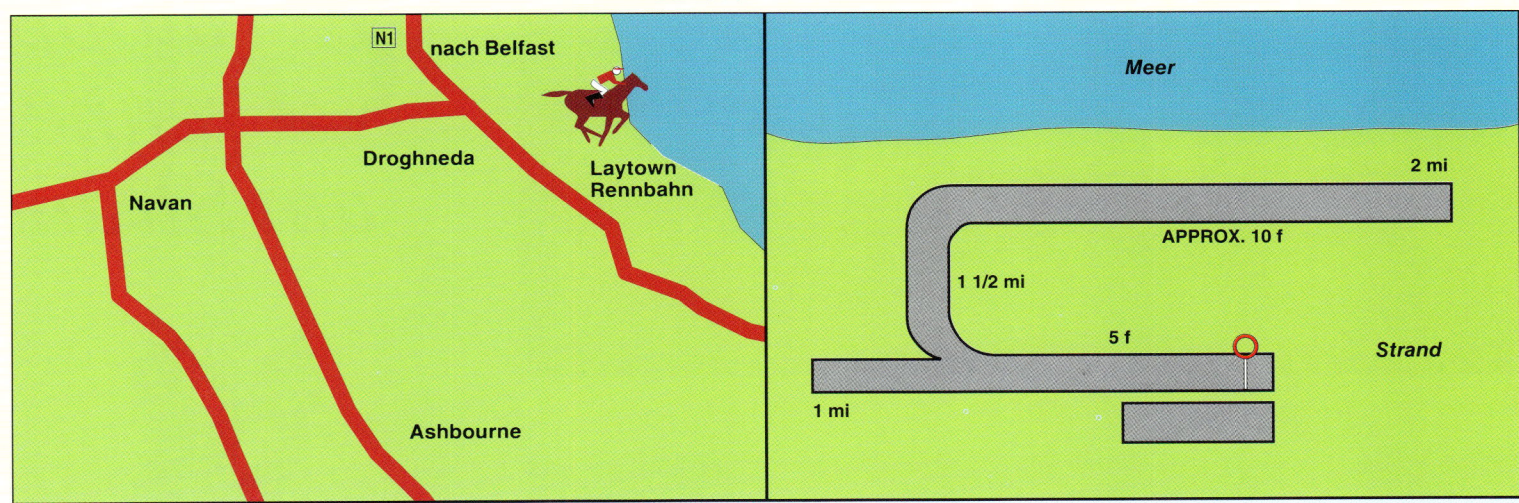

DISTANZEN, VERKEHRSVERBINDUNGEN UND PARKPLÄTZE

Laytown ist ein kleiner Ferienort am Strand. Es liegt an der Ostküste von Irland, 29 Meilen nördlich von Dublin. Mit dem Auto verlassen Sie die Dublin-Belfast-Straße bei Jullanstown. Regelmäßige Zugverbindungen von Drogheda und Dublin (Connolly Station). Spezieller Bus-Service Drogheda-Laytown. Parkplätze vorhanden.

 Linkskurs, auf dem Strand angelegt (in Abhängigkeit von den Gezeiten). Der Kurs ist mit roten Flaggen an weißen Stangen markiert. Es gibt eine Gerade von ca. 1600 m. Die Zielgerade ist ungefähr 900 m lang.

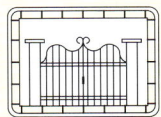 Erwachsene: 5 irische Pfund
Rentner und Studenten: halber Preis
Kinder unter 14: 50 p.

 Programmhefte sind verfügbar

 Buchmacher und Totalisator

 Manager, Herr Joseph Collins
Geschäftsführer, Herr P. R. McGouran

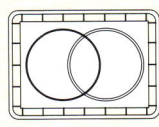 Es werden keine Kreditkarten angenommen.

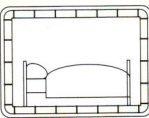 Unterkunft für Pferdepfleger vorhanden

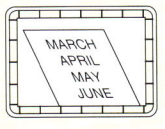 Pro Jahr ein Renntag: zweiter Montag im August.
6 Rennen von 1000 m bis 3200 m.

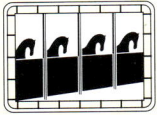 Keine Boxen

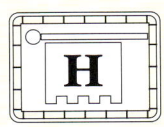 Conyngham Arms, Tel. 353-41-24155
Old Mill House, Tel. 353-41-29133
Rosnaree Hotel, Tel. 353-41-37673

 Keine Trainingsbahnen

 Erfrischungen werden in einem Zelt angeboten.

 Keine Quarantäneboxen

 Bachelor's Lodge
Kilcarn Stud
Stackallan Stud
Tara Stud

 Dr. A. D. Donelly
Dr. J. P. Johnson
Dr. D. Lynch

 Die Rennbahn liegt nahe den historischen Städten Tara, Slane, Newgrange, Dowth, Knowth und dem wunderschönen Boyne Valley. Ganz in der Nähe sind mehrere 18-Loch-Golfplätze.

Der Führring.

Galopprennen am Strand

Die irische Völkerkunde berichtet, daß der Gemeindepfarrer einer der Begründer der Laytown Rennen war, als aber ein neuer Bischof in die Meath Diözese berufen wurde, verbot er dem Gemeindepfarrer, den Galopprennen beizuwohnen. Das kann die Erklärung dafür sein, warum im irischen Rennkalender die ersten Eintragungen von Rekorden der Laytown Rennen aus dem Jahr 1876 stammen, die nächsten aber erst aus dem Jahr 1890 – der Pfarrer scheint sich also an die Anweisung seines Bischofs gehalten zu haben. An beiden Renntagen waren auch zwei Hindernisrennen im Programm, in denen nur National Hunt Pferde startberechtigt waren. 1901 erschien ein Artikel im Drogheda Argus, in dem Herrn Paddy Delany für seinen unermüdlichen Einsatz bei den Rennen in jenem Jahr, sie waren mehrere Jahre nicht durchgeführt worden, gedankt wurde. 1903 berichtete die gleiche Zeitung darüber, wie Frau Delany von der Rennkommission ein Armband erhielt, als Ausdruck tiefer Dankbarkeit für die Arbeit und Mühe, die ihr Gatte in die Rennen der Jahre 1902 und 1903 investiert hatte. Herr Delany hatte sein Grundstück als Gelände zur Verfügung gestellt. Heute werden die Rennen auf dem Besitz von Frau Blana Delany, einer Schwiegertochter des Mannes, der die Rennen erneut ins Leben rief, ausgetragen. Ein anderer Sohn, Eamon, war ein sehr erfolgreicher Trainer und gehörte bis zu seinem Tod im Jahre 1988 der Rennkommission an. Er hatte das berühmte Trainingszentrum Corbal-Lis Stud von seinem Onkel Ned geerbt. Die Farben der Delanys, schwarzer Dress und goldene Kappe, sind mit die ältesten in der Geschichte des irischen Galopprennsports.

Die Laytown Rennen waren niemals das Sprungbrett für einen potentiellen Sieger in einem der klassischen Rennen, erfüllten aber immer den Zweck, die Schnelligkeit von National Hunt Pferden zu testen. Im Jahr 1970 gewann Lisnaree, im Besitz von Herrn Tom More, am 26. August das 2400 m Handicap-Rennen, nachdem er im Juli bereits das Galway Plate gewonnen hatte. Master Owen, einer der besten Deckhengste Irlands von National Hunt Pferden, lief 1961 in Laytown. Er wurde sechster in einem 2000 m Altersgewichtsrennen. Die Rennen haben sich in den vergangenen Jahren nicht viel geändert, aber sie haben nach wie vor eine Sonderstellung, denn sie sind die einzigen »Strand-Rennen« in

Der letzte Bogen aus verschiedenen Blickwinkeln.

Europa, die von den zuständigen Behörden offiziell anerkannt werden. Das Rennbahngelände umfaßt 1,2 Hektar Strand. Die Haupttribüne sind die Sanddünen, in die Stufen hineingebaut wurden. Am Tag vor den Rennen werden Zelte aufgebaut, dort findet man die Waage, die Bar und eine Teestube. Am Morgen des Renntages fühlt man sich an Karneval erinnert, und kurz vor dem Start zum ersten Rennen drängt sich eine dichte Menschenmenge um den Zielpfosten. Die Zuschauer auf dem Strand zahlen keinen Eintritt. Der Kurs ist durch rote Flaggen an weißen Pfosten markiert. Das längste Rennen geht über 3200 m, das kürzeste über 1000 m. Jedes Jahr kommen auch Prominente nach Laytown, 1950 war unter den Besuchern der Aga Kahn mit seiner Frau, der Begum. Es sieht ganz danach aus, daß Laytown auch weiterhin im Irischen Rennkalender seinen Platz behält, denn die Strandrennen sind eine große Touristenattraktion.

Fotos: Gerry Cranham's Colour Library, Richiardi

Das Feld.

Der letzte Bogen.

Wer wird der Sieger sein?

Das Finish.

LAYTOWN

LEOPARDSTOWN

FOXROCK, DUBLIN 18
TEL. 353-1-2893607, FAX 353-1-2892634

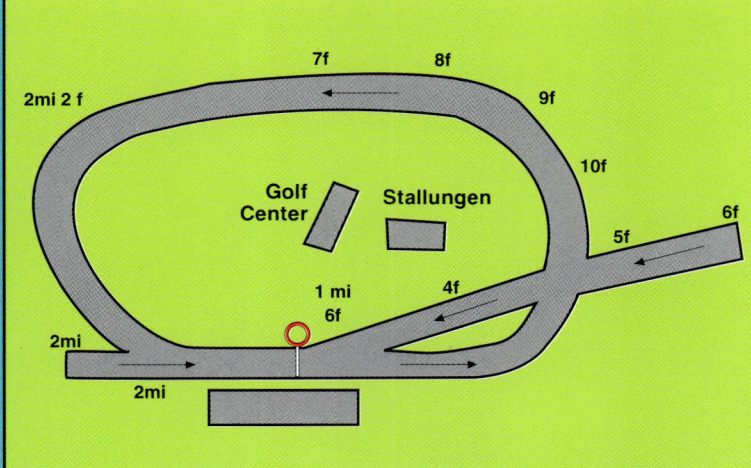

DISTANZEN, VERKEHRSVERBINDUNGEN UND PARKPLÄTZE

Leopardstown Rennbahn liegt westlich von Dublins Stadtmitte (ca. 9,6 km), nicht weit entfernt vom Flughafen Dublin (ca. 19 km). Busse fahren von der Stadtmitte zur Rennbahn. Es stehen viele kostenfreie Parkplätze zur Verfügung.

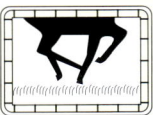 Linkskurs, Grasbahn, der normale Kurs geht über 2800 m, zusätzlich gibt es noch eine Gerade von 1200 m, dort laufen die Pferde im Uhrzeigersinn. Der ganze Kurs ist eben.

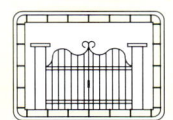 Eintritt: beste Tribünenplätze 20 Pfund
Reservierung: 8 Pfund
Haupttribüne: 6 Pfund

 Für jeden Renntag wird eine Rennkarte veröffentlicht.

 Buchmacher und Totalisator

 Vorsitzender, Herr Denis McCarthy
General-Manager, Herr A. Corcoran
Geschäftsführer, Herr J. Collins

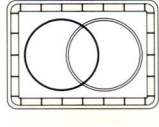 Keine Kreditkarten

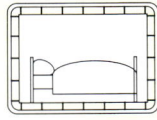 Unterkunft für Pferdepfleger vorhanden

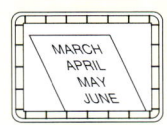 18 Renntage von Mitte März bis Mitte November

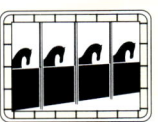 120 Boxen

 Berkeley Court Hotel, Tel. 353-1-601711
Fitzpatrick Castle Hotel, Tel. 353-1-2840700
Mont Clare Hotel, Tel. 353-1-619555

 Es steht eine Grasbahn zur Verfügung.

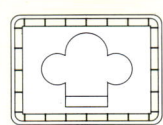 Prince Regent Restaurant
Reservation: Tel. 353-1-2895475
Paddock Restaurant
Reservation: Tel. 353-1-2895641

 5 Quarantäneboxen

 Airlie Stud, Lucan Co. Dublin

 Herr James Kavanagh
Herr Eamon Cahill

 Leopardstown Golf Center, Leopardstown Health and Leisure Center (Tennis, Squash, Schwimmbad, Sporthalle)

Die Haupttribüne.

Eine Rennbahn für alle Jahreszeiten

Trotz einer stürmischen Anfangszeit, war Leopardstown Club vom ersten Tag an der Hit für die Wettbegeisterten und Pferdebesitzer gleichermaßen. Irlands erstes vollständig eingezäuntes Rennbahngelände bot einen hohen Standard, setzte damit neue Richtlinien und sorgte so dafür, daß sich immer mehr Menschen für diesen Sport interessierten.

Ein Zeitgenosse aus der Jahrhundertwende schrieb: »Es gibt hier etwas, das jeden Besucher sofort beeindruckt. Schon ein einziger Blick genügt, um festzustellen, daß in der Planung, Entwicklung und im Bau jedes Details der Rennbahn weder an Zeit, noch an Arbeit, noch an Geld gespart worden ist. Alle Einrichtungen sind up-to-date, die gesamte Anlage ist die Sportsmänner wert, die im Interesse des Vollblüters diese Treffen fördern.«

Mit Büroräumen in Dublin, Harcourt Street 83, wurde der Leopardstown Club begründet und zu dem Zweck, Pferderennen abzuhalten, eingetragen. T. Brindley war der ernannte Richter, T. G. Waters der Clerk of the Scales (Waage-Funktionär), Captain George Quin wirkte als Manager, Sekretär und verwahrte die Wetteinsätze.

Als Quin, ein Engländer, Irland besuchte, fiel ihm die Ähnlichkeit zwischen dem Gelände von Leopardstown und dem von Sandown Park auf. Nachdem er das Gelände sehr preisgünstig erworben hatte, rief er mit seinen Freunden von der anderen Seite des Kanals ein Syndikat ins Leben, das ein Anfangskapital von 20 000 Pfund einbrachte. In seinem Buch »Irish Horseracing« sagt John Welcome, die neue irische Rennbahn wäre genau Sandown Park nachempfunden, allerdings mit dem Unterschied, daß Leopardstown ein Linkskurs wäre, Sandown Park hingegen ein Rechtskurs. Ein frühes Gutachten der Rennbahn brachte Leopardstown die für den Galopprennsport höchste Auszeichnung ein: »Die Rennbahn verdiene die Unterstützung durch die englischen Trainer«.

Doch diese neue Anlage mußte noch vielen Schwie-

Welch eine Veränderung! Heute ist alles ganz locker.

Die Tribünen aus einem anderen Blickwinkel.

Der Führring.

rigkeiten trotzen, bis sie allgemeine Anerkennung fand. Abgesehen von dem Debakel am Eröffnungstag, mußte sich die Rennbahn gegen aufgebrachte Umweltschützer behaupten, die dagegen protestierten, daß die Anlage den bis dahin ungehinderten Blick auf die Dublin Mountains versperrte.

Der autoritäre Captain Quin, ein geborener Despot, wurde durch Platzmangel dazu gezwungen, auf seinem Gelände einen runden 1000 m Kurs zu konstruieren. Dieser fand bei den Pferdebesitzern und Trainern keine Zustimmung, sie wollten ihre Pferde nur sehr ungern um eine rasiermesserscharfe Kurve laufen lassen. Der Platzmangel blieb ein Problem, widerwillig gaben die Stadtväter von Leopardstown ihre Zustimmung für einen geraden 1000 m Kurs. Da Quin sehr wohl wußte, daß in den damaligen Pioniertagen Rennbahnen selten (wenn überhaupt) gemessen wurden, gab er gar nichts auf die Beschwerden seiner Kunden.

Doch die Zeiten, die auf der neuen Bahn gelaufen wurden, sorgten von Anfang an für Unruhe. Sogar der offizielle Handicapper beschwerte sich, daß er »nicht schlau werde aus den Ergebnissen auf der 1000 m Strecke in Leopardstown«. Die Rennleitung stellte sich taub, bis es im August 1897 zum Eklat kam. Auslöser war ein gewisser F. F. MacCabe, der ein paar Pferde bei Sandyford trainierte, und der später fast ewigen Ruhm erlangte mit Orby, dem ersten in Irland trainierten Pferd, das das Epsom Derby gewann.

MacCabe, seiner Zeit entscheidend voraus, war ein Anhänger der neuentwickelten Stoppuhren-Technik, und als seine Sabine Queen im Londonderry Plate, einem Rennen für Zweijährige, auf dem 1000 m Kurs in Leopardstown nach absolut unwahrscheinlichen 56 Sekunden die Ziellinie passierte, war der Trainer davon überzeugt, daß irgend etwas nicht stimmen konnte. Sein Verdacht wurde dann auch bestätigt, als er einen »Vermessungsagenten« beauftragte, die Strecke nachzumessen. Und siehe da, die Messung ergab, daß die Distanz gerade 900 m betrug!

Captain Quin wurde umgehend zu einer Geldstrafe von 100 Sovereigns verurteilt und gezwungen, die Ünmut erregende Rennbahn zu schließen. Daraufhin baute er eine neue 1000 m Strecke, die allerdings

Luxus und Sport in längst vergangenen Tagen.

Parade vor dem Rennen.

ebenfalls ihre Mängel hatte – MacCabe bemängelte, daß man von den Tribünen aus weder den Start noch den Zieleinlauf sehen konnte. Schließlich wurde das fehlende Gelände einige Jahre später von Richard »Boss« Croker, dem Besitzer von Orby, für 1000 Pfund dazugekauft, endlich konnte eine gerade 1000 m Strecke angelegt werden.

Diese Kontroversen aber sorgten dafür, daß Leopardstowns Popularität nur noch schneller wuchs. Dieser Rennbahn Dublins wurde die Ehre zuteil, das erste 1000 Pfund-Rennen auszutragen. Am sehr erfolgreichen Leopardstown Grand Prize nahmen regelmäßig auch junge Pferde vom Kontinent teil, eine weitere Attraktion war die Irish International Steeplechase, die über 4800 m ging.

Immer bereit, mit Neuheiten zu experimentieren, sorgten die Stadtväter von Leopardstown dafür, daß im Januar 1898 eine »Startmaschine« eingesetzt wurde. Leopardstown hatte sich inzwischen sowohl kulturell als auch sportlich einen Namen gemacht, und diese Rennbahn war zur damaligen Zeit die einzige auf den Britischen Inseln, wo am Sonnabend und am folgenden Montag Rennen abgehalten wurden. Auch die Mitglieder der königlichen Familie ließen nicht lange auf sich warten: Der Herzog und die Herzogin von York (später King George V. und Queen Mary) wohnten 1897 der zweiten Sommer-

veranstaltung bei. Es ist sicherlich kein Zufall, daß das erste Flugzeugtreffen in Irland 1910 auf dieser Rennbahn stattfand, und sie schrieb 1955 wieder Geschichte, als dort ein Helikopter landete, das erstemal, daß solch ein Fluggerät auf einem irischen Rennplatz eingesetzt wurde. Doch die Brücke zum modernen Zeitalter wurde von der Clarke-Familie errichtet.

Fred Clarke, ein Tierarzt, Amateurreiter und später auch Trainer, begann 1926 in Leopardstown zu arbeiten, er wurde Sekretär, Direktor und schließlich Vorsitzender der Gesellschaft.

Leopardstown lag in einem Kleinstadtgebiet, das schnell expandierte. Um die Rennbahn für die nächsten Generationen zu bewahren, akzeptierten die Besitzer von Leopardstown, unter der Leitung von Herrn Fred Clarke, ein Angebot der Racing Board für das Rennbahngelände im Jahr 1967. Zwei Jahre später wurde dann die ganze Anlage für 1,25 Millionen Pfund renoviert. Beeindruckende Tribünen entstanden, überdachte Wetthallen, Restaurants und Bars, Aufenthaltsräume, Büros, Stallungen und Einkaufsmöglichkeiten. Wie geplant, öffnete das »neue« Leopardstown im Januar 1971, trotz eines langdauernden Streiks der Zementfirmen, wieder seine Tore für die Besuchermassen. Leopardstowns Ruf, Neuheiten einzuführen, hat sich über die Jahre

hindurch immer wieder bestätigt. Hier in Dublin war es auch, daß zum erstenmal Videokameras und Zielfotoanlagen eingesetzt wurden. Seit 1971 ist Leopardstown die einzige Anlage in Irland, in der der gesamte Besucherkomplex überdacht ist.

Auch das Phänomen »Sponsoren« trat zum erstenmal in Leopardstown derart in Erscheinung, daß eine Gesellschaft alle Rennen einer Veranstaltung übernahm und zwar mit dem sehr beliebten Player-Wills-Meeting aus dem Jahr 1960.

Das letzte große Unternehmen in Leopardstown war ein nochmaliger Ausbau des Tribünenkomplexes für 1 Million Pfund, um die Veranstaltung zur Einhundertjahrfeier angemessen durchzuführen. Der Neubau verbindet alle bereits vorhandenen Tribünen miteinander, das Dach wurde völlig neu konstruiert. Für 450 Besucher gibt es freie Sitzmöglichkeiten, 16 private Boxen wurden gebaut. Vorangetrieben wurde dieses doch etwas waghalsige Unternehmen von Dr. Michael Smurfit, Vorsitzender des Racing Board, dessen feste Absicht es war, alle Rennbahnen Irlands für Zuschauer und Teilnehmer gleichermaßen zu verbessern. »Galopprennen müssen für alle Menschen attraktiv sein«, bemerkt Herr Tony Corcoran, Manager von Leopardstown. »Wir glauben, daß die Zuschauer anspruchsvoller werden und zu Recht besseren Service verlangen«.

Warten auf den Zieleinlauf.

THE CURRAGH
CO. KILDARE
TEL. 353-45-41205, FAX 353-45-41478

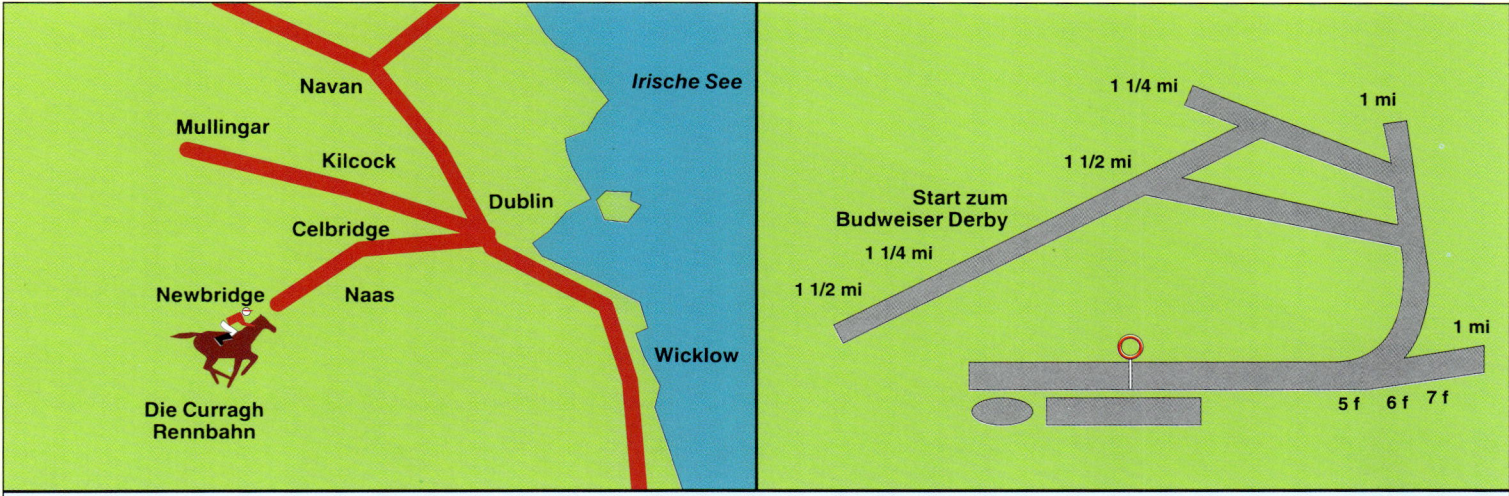

DISTANZEN, VERKEHRSVERBINDUNGEN UND PARKPLÄTZE

Der Curragh liegt ungefähr 30 Meilen westlich von Dublin. Vom Flughafen Dublin führt die N 7 zum Curragh (ungefähr 35 Meilen). Die Rennbahn ist mit der Eisenbahn, mit dem Bus, mit dem Auto oder mit dem Helikopter zu erreichen. Der große Autoparkplatz (gratis) faßt über 5000 Autos.

 Grasbahn, hufeisenförmig, Rechtskurs, keine scharfen Bögen über 3200 m, 600 m lange Zielgerade, ansteigend. Die Zuteilung der Startnummern hat keinen nennenswerten Einfluß.

 Für jede Veranstaltung wird eine Rennkarte veröffentlicht.

 Hauptverwalter, Brig. H. J. de W. Waller
Manager, Herr James H. Marsh
Geschäftsführer, Herr Joseph Collins

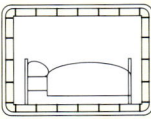 Unterkunft für Pferdepfleger nicht vorhanden.

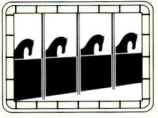 105 Boxen

 Um das Rennbahngelände herum stehen für Trainingszwecke ca. 90 km Grasbahn und 16 km Bahnen mit Hobelspänen zur Verfügung.

 Keine Quarantäneboxen

 An Renntagen ist ein Veterinärteam in Bereitschaft.

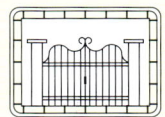 Derby-Tag: 8 – 22 Irische Pfund
Klassische Rennen: 7,50 Irische Pfund
Normale Renntage: 6 Irische Pfund

 Buchmacher und Totalisator.

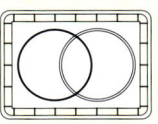 Access, American Express, Diners Club, Visa.

 20 Renntage im Jahr, von März bis Anfang November.

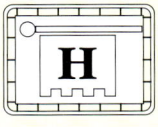 Ambassador Hotel, Tel. 353-45-77064
Keadeen Hotel, Tel. 353-45-31666
Moyglare Manor, Tel. 353-1-6286351
Setanta House, Tel. 353-1-6271111

 Es gibt ein Restaurant auf dem Rennbahngelände.
Reservierung: Tel. 353-1-369793
(Herr Jamie Conlon)

 Ballymany Stud, Newbridge
Irish National Stud, Kildare
Kildangan Stud, Monasterevin
Ragusa & Ardenode Stud, Ballymore Eustace

 Japanischer Garten und Irish Horse Museum (Tully), Maynooth Castle, Castletown House (Celbridge), mindestens 9 sehr gute Golfkurse in der näheren Umgebung, Fischen, Wasserski, Tennis, Squash, Autorennen.

Blick auf die Tribünen.

Heimat der klassischen Rennen

In dem Land, wo die Zucht klassischer Rennpferde genauso weit verbreitet ist wie das grüne Gras, auf dem sie weiden, ist die Heimat der klassischen Rennen die Curragh Rennbahn. Hier läßt sich die Geschichte des Galopprennsports zurückverfolgen, der altertümliche gälische Name »Curragh« bedeutet tatsächlich »Rennbahn«, und in ganz alten irischen Manuskripten wird Curragh als Sportstätte der keltischen Könige und ihrer Familien erwähnt. Vom 12. Jahrhundert an, nach der normannischen Eroberung Irlands, ging der Curragh in königlichen Besitz über.

Im späten 17. Jahrhundert, zur Zeit der Restauration, wurde der Curragh eine Sportstätte für die hohen Regierungs- und Verwaltungsbeamten Irlands. Jeden Sommer war Dublin Castle förmlich verwaist, wenn der Vizekönig mit seinem Gefolge nach Kildare zog, um den Rennen beizuwohnen oder sogar daran teilzunehmen. Mitte des nächsten Jahrhunderts wetteiferten alle rennsportbegeisterten Adeligen miteinander um die Siegprämien oder Pokale, die entweder von ihnen selbst oder von der königlichen Familie gespendet worden waren. Der

Einsatz sollte die Zucht dieser klassischen Rasse unterstützen.

Die Zahl an King's Plates-Rennen veränderte sich ständig in den zwei Jahrhunderten von 1700 bis 1900, aber fast alle wurden auf dem Curragh ausgetragen. Daher ist es auch keineswegs überraschend, daß in jener Zeit der Curragh der kulturelle Mittelpunkt Irlands war und, was den Galopprennsport betraf, eine Vorreiterrolle innehatte. In den 60er Jahren des 18. Jahrhunderts hatte sich dort ein Jokkey Club gebildet, der den Rennsport förderte, die Mitglieder unterhielten in Kildare Town ein Coffee

House. Gegen 1790 entstand aus dem Jockey Club der Turf Club, aus ihm wiederum entwickelte sich das zentrale Organ, das den Galopprennsport in Irland kontrollierte. Ende des 18. Jahrhunderts war der Curragh mehr und mehr von Stallungen und Logen der prominentesten Pferdebesitzer, Züchter und Trainer umgeben. Diese Logen und Stallungen stehen noch heute, sie tragen dieselben Namen und gehören ebenso illustren Vertretern der heutigen rennsportbegeisterten Gesellschaft.

Mitte des 19. Jahrhunderts arbeitete der Turf Club als Manager der Curragh Rennbahn und auch als

Hier sind die Hauptdarsteller: Pferde.

Organisator des Galopprennsports in ganz Irland. Zur gleichen Zeit waren auf dem Curragh eine Vielzahl von Rennstrecken entstanden, die Distanzen reichten von 1000 m bis zu 6400 m, kaum eine andere Rennbahn konnte ein gleiches Angebot bei gleicher Qualität liefern.

Das erste Irische Derby wurde auf dem Curragh 1866 gelaufen. Heute, 126 Jahre später, sind viele berühmte Pferde im Irischen Derby gelaufen.

1907 gewann Boss Crokers »Orby« das Epsom Derby und das Irische Derby, weitere zweifache Sieger waren Santa Claus (1964), Nijinski (1970), Grundy (1975), The Minstrel (1977), Shirley Heights (1978), Troy (1979), Shergar (1981), Shahrastani (1986), Kahyasi (1988) und Generous (1991).

Seit 1866 haben neun Stuten das Irische Derby gewonnen, die letzte Siegerin war 1990 Salsabil. Den Aufzeichnungen nach gab es zwei tote Rennen, nämlich in den Jahren 1924 und 1934.

Auch die noch verbleibenden Klassiker wurden auf der Curragh Rennbahn erstmalig ausgetragen: die Oaks (1895), das St. Leger (1915), die 2000 Guineas (1921) und die 1000 Guineas (1921).

Der Curragh ist ein hufeisenförmiger Rechtskurs ohne scharfe Bögen, 3200 m lang, mit einem geraden Zieleinlauf, leicht bergauf, von 600 m.

Gestartet wird bei 1000 m, 1260 m und 1400 m auf dem geraden Kurs, dann gibt es hier noch ein 1600 m Rennen bergab und ein 1600 m Rennen auf dem runden Kurs.

Zwanzig Renntage werden auf dem Curragh jedes Jahr abgehalten, einschließlich der klassischen Veranstaltungen und der Moyglare Stud Stakes (Gr. I).

Eine Nahaufnahme von den dichtgedrängten Menschenmassen am Führring.

Generous gewinnt das Budweiser Derby 1991.

KILDANGAN STUD IRISH OAKS

3jährige Stuten – 2400 m – Gruppe 1

Jahr	Pferd	Besitzer	Trainer	Jockey	Vater	Wettquote	Zeiten
1982	Swiftfoot	Lord Rotherwick	W. R. Hern	W. Carson	Run the Gantlet	4/1	2:33.8
1983	Give Thanks	Mrs. O. White	J. S. Bolger	D. Gillespie	Relko	7/4	2:32.3
1984	Princess Pati	Mrs. J. R. Mullion	C. Collins	P. Shanahan	Top Ville	9/2	2:28.6
1985	Helen Street	Sir M. Sobell	W. R. Hern	W. Carson	Troy	3/1	2:39.9
1986	Colorspin	Helena Springfield Ltd.	M. Stoute	P. Eddery	High Top	6/1	2:40.9
1987	Unite	Sheikh Mohammed	M. Stoute	W. R. Swinburn	Kris	8/13	2:34.9
1988	Diminuendo	Sheikh Mohammed	H. Cecil	S. Cauthen	Diesis	2/9	2:36.4
1988	Melodist	Sheikh Mohammed	M. Stoute	W. R. Swinburn	The Minstrel	11/1	–
1989	Alydaress	Sheikh Mohammed	H. Cecil	M. J. Kinane	Alydar	7/4	2:31.2
1990	Knight's Baroness	F. Salman	P. Cole	T. Quinn	Rainbow Quest	13/8	2:31.7
1991	Possessive Dancer	Ahmed Al Maktoum	A. Scott	S. Cauthen	Shareef Dancer	8/1	2:31.1
1992	User Friendly	W. J. Gredley	C. Brittain	G. Duffield	Slip Anchor	8/11	2:33.7

BUDWEISER IRISH DERBY

3jährige, 2400 m, Gruppe 1

Jahr	Pferd	Besitzer	Trainer	Jockey	Vater	Wettquote	Zeiten
1982	Assert	R. E. Sangster	D. V. O'Brien	C. Roche	Be my Guest	4/7	2:33.2
1983	Shareef Dancer	M. Al Maktoum	M. Stoute	W. R. Swinburn	Northern Dancer	8/1	2:29.4
1984	El Gran Senor	R. E. Sangster	M. V. O'Brien	P. Eddery	Northern Dancer	2/7	2:31.5
1985	Law Society	S. Niarchos	M. V. O'Brien	P. Eddery	Alleged	6/1	2:40.2
1986	Shahrastani	H. H. Aga Khan	M. Stoute	W. R. Swinburn	Nijinski	–	2:32.1
1987	Sir Harry Lewis	H. Kaskel	B. W. Hills	J. Reid	Alleged	6/1	2:40.2
1988	Kahyasi	H. H. Aga Khan	L. Cumani	R. Cochrane	Ile de Bourbon	4/5	2:32.5
1989	Old Vic	Sheikh Mohammed	H. Cecil	S. Cauthen	Sadler's Wells	4/11	2:29.8
1990	Salsabil	H. Al-Maktoum	J. Dunlop	W. Carson	Sadler's Wells	11/4	2:33.0
1991	Generous	F. Salman	P. Cole	A. Munro	Caerleon	–	2:33.2
1992	St. Jovite	Virginia Kraft Payson	J. S. Bolger	C. Roche	Pleasant Colony	7/2	2:25.6

Das Rennen im Bild festgehalten – die Pferde kommen die Gerade herauf.

THE CURRAGH

TRALEE

BALLYBEGGAN PARK, TRALEE, CO. KERRY
TEL. 353-66-36148, FAX 353-66-28007

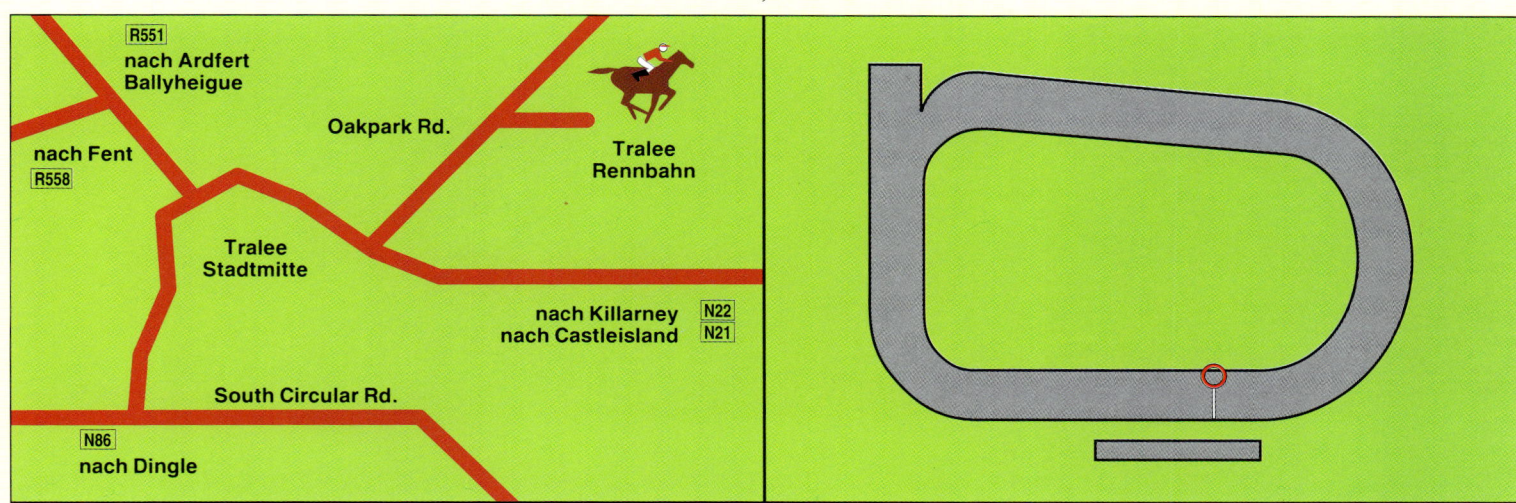

DISTANZEN, VERKEHRSVERBINDUNGEN UND PARKPLÄTZE

Tralee ist die Hauptstadt von Co. Kerry, eine der schönsten Gegenden Irlands. Die Rennbahn liegt nahe der Stadtmitte, der County Kerry Flughafen ist 17,6 km entfernt. Den Hauptbahnhof der wichtigsten Eisenbahnstrecke erreicht man nach 3,2 km. Es steht reichlich kostenfreier Parkraum zur Verfügung.

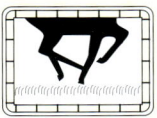 Grasbahn, Linkskurs, Umfang 1800 m. 1000 m bergab, 500 m bergauf, Zieleinlauf eben.

 Eintritt 6 Irische Pfund
Platzreservierung: 2 Irische Pfund Aufschlag
Keine Kleidervorschrift

 Für jeden Renntag werden Rennkarten verkauft (1 Irisches Pfund).

 Buchmacher und Totalisator

 Vorsitzender, Herr James Barry
Sekretär, Herr Patrick Crean
Geschäftsführer, Herr Peter McCouran

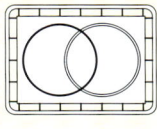 Keine Kreditkarten

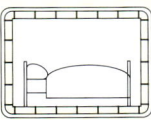 Unterkunft für Pferdepfleger vorhanden.

 8 Renntage pro Jahr. Erster Sonntag und Montag im Juni. Festival: letzte Augustwoche (Sonntag bis Freitag).

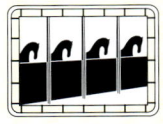 140 Boxen

 Ballygarry House Hotel, Tel. 353-66-23322
Brandon Hotel, Tel. 353-66-23333
Earl of Desmond Hotel, Tel. 353-66-21299
Grand Hotel, Tel. 353-66-21499

 Es stehen keine Trainingsbahnen zur Verfügung.

 3 Restaurants an der Rennbahn (keine Reservierung):
The Bailey Bar
The Diarmuid Crean Suite
The Slieve Mesh

 Keine Quarantäneboxen

 Keine Gestüte

 Dr. William McCarthy
Dr. Brian Quilter

 Ein 18-Loch Golfplatz, angelegt von Arnold Palmer.
Strände, Segelboote, Ruderboote.
Museen.

Start zum Rose of Tralee, eines der bekanntesten Rennen, an dem nur weibliche Jockeys teilnahmeberechtigt sind.

Die Heimat des Festivals

Wenn heutzutage ein Anhänger des Galopprennsports die Wörter »Tralee Rennen« hört, denkt er sofort an Tausende von Menschen, die in festlicher Stimmung die Innenstadt von Tralee bevölkern, und an viele tolle Mädchen, die alljährlich nach Tralee kommen, um auf den begehrten Titel »Rose of Tralee« Jagd zu machen, dieses Rennen steht im Mittelpunkt des jährlichen Festivals of Kerry.

Seit 1959 ist das Festival of Kerry ein internationales Ereignis und gilt als Synonym der Tralee Races; vielleicht entspricht es der Wahrheit, wenn man sagt, die eine Veranstaltung ergänzt die andere. Mehr Wahrheit liegt allerdings in der Aussage, das Tralee Race Festival ist durch das Festival of Kerry bedeutender geworden, hat entscheidend an Ausmaß und Ansehen gewonnen. In John Welcomes sehr informativem Buch »Irish Horse-Racing« findet man einen sehr interessanten Artikel, gewidmet der Rennveranstaltung in Tralee vom 29. August 1805.

Eine Bestimmung in der Ausschreibung für ein Rennen um einen Teller, gestiftet von den damaligen Rechtsanwälten in Kerry County, schrieb vor, daß der Besitzer eines jedes teilnehmenden Pferdes mindestens 200 Pfund in einem Prozeß verloren haben mußte. Wer gar 1000 Pfund oder mehr in einem Rechtsstreit eingebüßt hatte, dessen Pferd durfte 31 Pfund weniger Gewicht tragen. Es war der Liberator selbst, Daniel O'Connell, der zu dieser ungewöhnlichen Bestimmung mit beitrug.

Gewonnen wurde dieses Rennen von einem protestantischen Geistlichen, Rev. Denis of Wicklow. Interessant ist auch die Information, daß The Liberator – dieses Pferd gewann das Grand National 1879 – von der Stokes Familie gezogen worden war. Sie lebte damals im Golf Links' Clubhouse in Mounthawk, am Stadtrand von Tralee. Dort wurde das Pferd dem Vernehmen nach vor dem Clubhouse auf dem neunten Grün begraben.

Der Ballybeggan Racecourse wurde zuerst von der Tralee Race Company für Galopprennen benutzt. 1896 besaß die Gesellschaft Aktien (Wert pro Stück 1 Pfund) im Gesamtwert von 4500 Pfund. Vom ersten Dezember desselben Jahres stammt die beglaubigte Eintragung, daß ein gewisser Michael O'Connor, Schneidermeister, wohnhaft in Tralee, Market Place, fünf dieser Aktien erworben hatte.

Das Rennen um die Arthur Blennerhassett Memorial Trophy läßt sich bis zum Jahr 1909 zurückverfolgen. 1911 – 12 wurde dort der Irish Coursing Cup ausgetragen, das Rennen lief auf eine Teilung hinaus, beide Hunde, sie hießen Ballyrameen und Behenagh, gehörten James Baily. Bis in die 30er Jahre des 20. Jahrhunderts führte diese Gesellschaft Rennen durch, dann mußte sie den Bankrott erklären. Ihr gehörte das Land bei Ballybeggan nicht. Besitzer war Denis Slattery aus der berühmten Slattery-Familie, die eine große Schinkenfabrik besaß, er kaufte das Gelände für 3500 Pfund.

Mitte der 40er Jahre wurde die Ballybeggan Park Race Company ins Leben gerufen, und mit dem Kauf der Company of Ballybeggan brach eine neue Epoche des Galopprennsports in Tralee an. Nach zehnjähriger Pause ließ man so den Rennsport wieder auferstehen. Die Race Company hatte 48 Aktionäre. Bei der ersten Versammlung im Jahr 1946 waren anwesend: Jim Clarke, Gerald Baily, Paddy Barry, J. J. O'Donnell (Sekretär und später Vorsitzender bis zu seinem Tode), Diarmuid Crean, John Kelliher, Charlie Downing (Vorsitzender) und Denis Slattery. Tralee Races war erneut auf dem Weg nach oben, aber es sollte noch eine ganze Weile dauern, bis das jährliche Ereignis wieder für die höheren Klassen der Rennsportgemeinde interessant wurde. Zu jenem Zeitpunkt existierte nur die alte Tribüne, die heute als Zusatztribüne genutzt wird.

Es gab damals den Hinweis, daß der Aufenthalt im Tribünenbereich auf eigene Gefahr geschah, außerdem gab es auf dem ganzen Gelände gerade sechs Ställe. An einem besonders schlechten Tag soll Martin Moloney sein Pferd sogar im Waschraum der Männer gesattelt haben. Was die Ballybeggan Rennbahn betraf, wurden Verbesserungen erst vorgenommen, als das Festival of Kerry dort veranstaltet werden sollte. Heute ist Roger Harty, neben Paddy O'Sullivan, der einzige noch lebende Direk-

tor von den ursprünglich 50 Aktionären der Ballybeggan Rennbahn.

Bedauerlicherweise haben sich die Reihen in letzter
Zeit gelichtet, im Dezember 1991 starb der frühere
Sekretär Joe Grace und erst kürzlich der Vorsitzende John O'Donnell. 1959 wurden die Tralee Galopprennen wiederbelebt, weil das Festival of Kerry,
immer ein Treffpunkt vieler Menschen, dorthin
verlegt wurde, dieses, so sagt Roger Harty ohne zu
zögern, ist größtenteils dem Einsatz und der Vor-
ahnung Dan Nolans zu verdanken, einem der Grün-
dungsmitglieder des Festivals of Kerry, Direktor
von The Kerryman und Direktor der Ballybeggan
Park Race Co. »Dan Nolan sagte, die Race Company benötige eine neue Attraktion«, erinnert sich
Roger Harty, dessen Schanklokal mitten in Tralee
das ganze Jahr über ein beliebter Treffpunkt für
Rennsportfreunde ist. »Auf einem Treffen schlug
Dan vor, das Festival of Kerry mit einzubeziehen.
In den frühen 60er Jahren wurden Jimmy Barrett

Der Rennbahndirektor begrüßt die »Rose of Tralee«.

Der Führring.

Die Pferde gehen zur Rennbahn.

und ich als neue Rennbahndirektoren vorgeschla-
gen«. Roger läßt keine Zweifel daran, daß die Verbindung der Tralee Rennen mit dem Festival of Kerry eine perfekte Kombination war. »Beide Veranstaltungen profitieren davon,« behauptet er. »Sie
benötigten einander, die eine Veranstaltung konnte
ohne die andere nicht existieren, und so ist es bis
heute geblieben.«

Und so wurde aus der zunächst zweitägigen Veranstaltung in Tralee eine dreitägige, viertägige und
nun eine fünftägige, und jetzt sieht es so aus, als ob
dieses Jahr zum erstenmal auch am Sonntag Rennen gestartet werden.

Der verstorbene Diarmuid Crean von The Spa war
der erste Rennbahn-Sekretär der neuen Race Company, und er investierte unglaublich viel Arbeit in
den Aufbau des Geländes. Sein Nachfolger von
1946 bis 1957 wurde Johnny O'Donnell.

Als Rennbahn-Sekretär folgte dann Joseph J. Grace, ein dynamischer Mann aus Waterford, in der
Welt des Galopprennsports besser bekannt als Joe
Grace. Er schloß sich einem Rechtsunternehmen in
Tralee an, schon dadurch war fast sichergestellt,
daß er über kurz oder lang in der örtlichen Rennsportszene mitmischen würde. Und das tat er.

Joe Grace war Rennbahn-Sekretär, als die Tralee
Races und das Festival of Kerry zu einer Veranstaltung zusammengeschlossen wurden, und sein ange-
borenes Organisationstalent, seine Fähigkeit, in der
Rennsportszene bekannte Leute für Tralee zu begeistern und seine tiefe Liebe zum Rennsport machten
ihn zum idealen Mann, das Schicksal der Tralee Races die nächsten Jahre hindurch zu bestimmen. Das
Charisma dieses Mannes wurde perfekt in folgen-
dem Artikel erfaßt, der am 12. September, einem
Sonntag, in The People erschien. Die Überschrift
lautete »Grace auf dem richtigen Weg« und dann
folgte: »Major Leslie Petch aus York ist sicherlich
einer der fähigsten Veranstalter für Galopprennen
in England, aber County Kerry scheint Irlands Antwort auf Leslie Petch entdeckt zu haben, Joe Grace
aus Tralee, sicherlich der zielstrebigste Rennbahn-
Sekretär seines Landes. Nebst der Schönheit der
Rennbahn in Tralee ist die bemerkenswerte Atmosphäre dieses Ortes doch am auffälligsten. Jedermann – Besitzer, Trainer, Jockeys und Rennbahnbesucher – spüren, daß sie überaus willkommen
sind. Die Rennbahn in Tralee ist auf einem steilen
Weg nach oben, hier werden sehr wahrscheinlich
neue Dimensionen des irischen Galopprennsports
geschaffen.« Der Galopprennsport hat durch den

TRALEE

Ankunft der »Rose«. Am Donnerstag des Festivals kommen die neugekrönte Rose of Tralee (sie wird am Abend vorher im nationalen Fernsehen gewählt) und alle Teilnehmerinnen am Finale zum Rennen.

zu frühen Tod von Joe Grace viel verloren, das gilt vor allem für die Rennen in Tralee. Doch wenigstens hat Tralee später Glück gehabt, als Rennbahn-Sekretär einen überaus fähigen und tüchtigen Mann zu gewinnen, Pat Crean, einen Sohn des verstorbenen Diarmuid Crean. Pat Crean wandelte erfolgreich in den Fußstapfen seines Vorgängers und seine jugendlichen Visionen und sein Eifer stellen sicher, daß die Rennen in Tralee ihre Popularität bewahren und noch steigern werden. Pat übernahm den Posten im Jahr 1971. Die 70er Jahre waren eine Zeit großer Veränderungen in Ballybeggan. Eine neue Tribüne mit Bars und Mittagstisch entstand. Neue Parkplätze wurden geschaffen und die Einstallmöglichkeiten enorm vergrößert.

Der Kurs wurde verändert, die Flachrennen führen jetzt außen herum, die Hindernisse stehen innen, damit wurde etwas mehr Platz geschaffen. Letztes Jahr kam eine Waage hinzu, und das gesamte Gelände wurde neu drainiert. Bereitwillig erkennt Paddy Crean an, daß die Race Company ihren Hauptsponsoren sehr viel zu verdanken hat. »Aus den Carling Black Label Stakes wurde der Bass Gold Cup, gesponsort von Beamish and Crawford. Nun ist es ein eingetragenes Rennen und gehört damit zur höchsten Gruppe. Dieses Jahr wird es zum 24. Male gelaufen und ist genauso oft gesponsort worden. Das Havasnack-Rennen hat im Laufe der Jahre einige der größten National Hunt Hoffnungen des Landes hervorgebracht. Das Rose of Tralee Ladies' Race, gesponsort von der Ulster Bank, wurde schon von Teilnehmerinnen aus Indien, Amerika und Frankreich gewonnen, aber auch von den besten Reiterinnen aus England und Irland.« Rennbahn-Sekretär Crean ist voll des Lobes über die Mitglieder des Ballybeggan Racegoers Club. »Sie sponsern zwei Hürdenrennen – Ballybeggan Racegoer Club und Paddy Kearns Memorial – stecken also viel Geld in das in Vorbereitung befindliche Festival«, sagte er. Weitere Attraktionen sind das Russell Arcade Handicap am Montag und die Kerry Co-Op. Chase am Dienstag. Einige Ereignisse sind eingetreten, über die Paddy Crean besonders glücklich ist: 1982 gewann der überragende Dawn Run zwei Rennen in Tralee, das Castlemaine Flachrennen im Juni, geritten von seiner Besitzerin Frau Charmian Hill, und beim Festival dann das Havasnack mit Tony Mullins im Sattel. Dann gab es im November 1977 den spektakulären Auftritt von Peter Walwyns Huahinee, geritten von Pat Eddery. Und dann war da noch das Meisterstück von Dermot Weld, der 1970 an einem einzigen Tag fünf Sieger sattelte, eine Leistung, die wohl kaum wiederholt werden wird.

Das Finish.

FRANCE

(FRANKREICH)

CHANTILLY
ROUTE DES AIGLE, 60500 CHANTILLY
TEL. 33-44-624100, FAX 33-44-573489

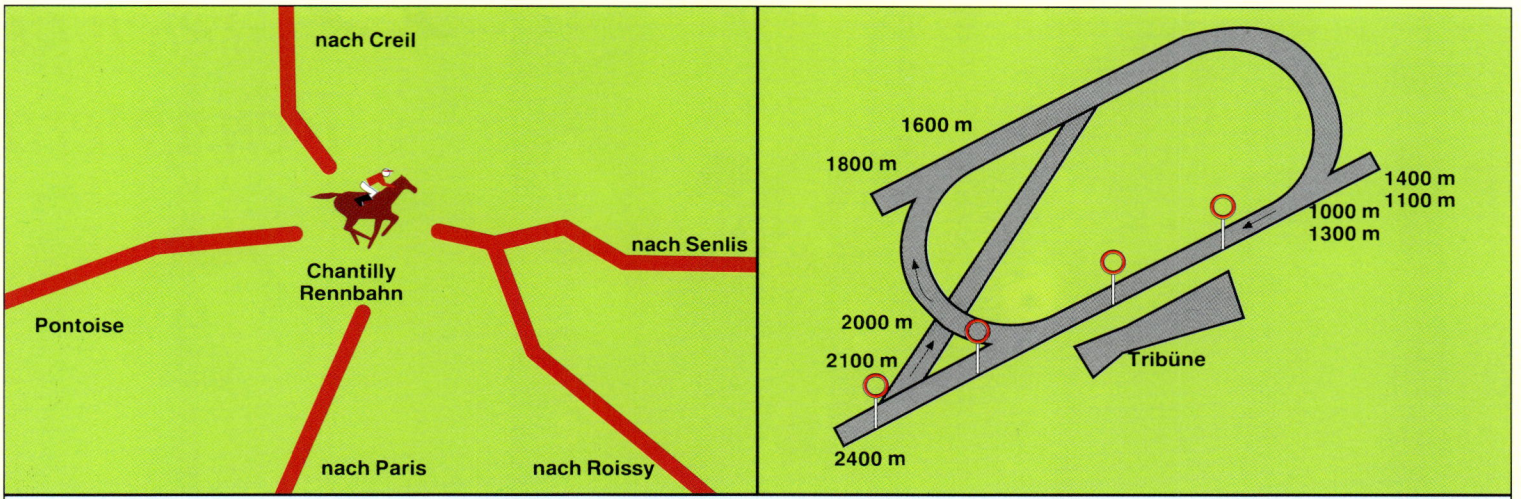

DISTANZEN, VERKEHRSVERBINDUNGEN UND PARKPLÄTZE

Chantilly Rennbahn liegt nördlich von Paris (33,5 km vom Porte de la Chapelle) an der Route Nationale 16 und der A 1 (Ausfahrt Survilliers oder Senlis); 25 km von Roissy (Charles de Gaulle Flughafen); 44 km mit dem Zug von Paris Gare du Nord (die Bahnstation Chantilly liegt 450 m von der Rennbahn entfernt). Hubschrauber Service: Picardie Hélicoptère, Aéroport du Bourget, Tel. 33-1-4859044. An der Rennbahn gibt es Parkmöglichkeiten für nicht weniger als 5000 Autos.

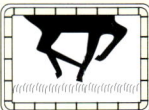 Grasbahn, Rechtskurs, leicht bergauf ab dem Start an der 2400 m Marke, bergab bis zur Grandes Ecuries, vom Schloß wieder bergauf bis zum Ziel.

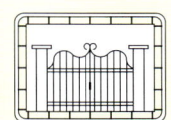 40 FF(sonntags)
20 FF (wochentags)
Jackett und Krawatte
Stehplatz (nur Sonntag): 5 FF

 Es gibt kostenfreie Programme für jeden Renntag, Herausgeber ist die Société d'Encouragement et des Steeple-Chases de France.

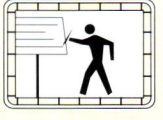 Totalisator

 Präsident, Baron B. Du Breuil
Vize-Präsident, Herr B. Belinguier
General-Manager, Herr L. Romanet
Geschäftsführer, Herr C. de Lagarde

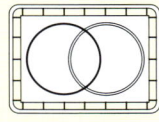 Visa

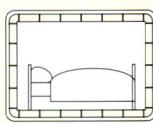 Unterkunft für Pferdepfleger vorhanden.

 6 Renntage, die ersten zwei Sonntage im Juni und 4 Renntage während der Woche.

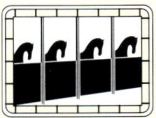 15 Boxen an der Rennbahn.

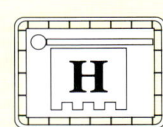 Hostellerie du Lys Tel. 33-44-212619
Hotel du Park Tel. 33-44-582000

 Chantilly, Gouvieux, Lamorlaye, Coyela-Forêt, Avilly-Saint-Leonard zusammen können nicht weniger als 100 Trainer und 3000 Pferde unterbringen.

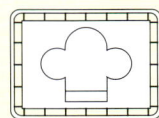 Restaurant Hippodrome
Reservierung: Tel. 33-44-571671 (an Renntagen)
Tel. 33-42-885577 (während der Woche)

 In Lamorlaye, mitten im Trainingszentrum, gibt es 12 Quarantäneboxen für Pferde aus dem Ausland.

 Keine Gestüte in der Nähe.

 In der Saison hat ein Tierärzteteam Dienst an der Rennbahn.

 Schloß aus dem 18. Jahrhundert mit Condé Museum.
Musée vivant du Cheval bei Grandes Ecuries.
Information: Tel. 33-44-571313.
Forêt de Chantilly (57 km²)

Beim Schloß ...

Das König-reich der Rennpferde

Prince Labanoff, Lord Seymour und der Duke of Normandy entdeckten die Heide von Chantilly während eines Jagdtreffens 1833. Schon im nächsten Jahr wurde die erste Rennveranstaltung von der Société d'Encouragement et des Steeple-Chases de France, unterstützt vom Duke d'Orleans, organisiert. Seitdem stehen Vollblüter im Mittelpunkt dieses kleinen Dorfes nördlich von Paris.

Heute werden dort nicht weniger als 3000 Pferde von 800 verschiedenen Besitzern trainiert, es arbeiten dort 100 Berufstrainer.

Um dieser großen Anzahl Athleten gerecht zu werden, besitzt die Société d'Encouragement mehr als 1 km² herrliches Grasland und 120 km Sand- und Allwetterbahnen.

Chantilly, Gouvieux, Lamorlaye, Coye-la-Forêt und Avilly-Saint-Leonard sind eine richtige »industrie de pur-sang« mit über 2000 Menschen: Trainer, Pferdepfleger, Jockeys, Angestellte der Société d'Encouragement et des Steeple-Chases, Fahrer, Schmiede, Tierärzte, Sattler usw.

In Chantilly ist der Galopprennsport nicht mehr der Sport der Könige, sondern König des Sports.

Jedes Jahr laufen die besten europäischen Pferde in dem Lancia Prix du Jockey Club und im Prix de Diane Hermès, um in den Rennen über die mittleren Distanzen ihre Überlegenheit zu demonstrieren und einen neuen Champion zu ermitteln.

Pro Jahr werden nur sechs Renntage abgehalten, aber jeder Zuschauer hat die einmalige Gelegenheit,

Blick auf die Rennbahn mit dem Grandes Ecuries im Hintergrund.

Auf der Ziellinie.

Teil des Trainingsgeländes.

eine Parade von Rennpferden aus den besten Zuchtlinien zu sehen, die um einen Platz in der Geschichte der Vollblüter laufen.

In den letzten Jahren haben bei den Hengsten Top Ville, Caerleon, Darshaan, Bering, Old Vic, Sanglamore und Suave Dancer, bei den Stuten Allez France, Highclere, Mrs. Penny, Northern Trick, Lypharita und Indian Skimmer entweder den Lancia Prix du Jockey Club oder den Prix de Diane Hermès gewonnen. Ihnen gelangen weitere bedeutende Siege, wodurch sie mit zu den einflußreichsten Rennpferden auf der ganzen Welt gehören.

Neben der Rennbahn und dem Trainingszentrum kann jeder Besucher weitere beeindruckende Sehenswürdigkeiten genießen, das Musée Condè, das Schloß und das Musée vivant du Cheval im Grandes Ecuries.

Das große Schloß, erbaut von Duke d'Aumale ist in einem hervorragenden Zustand. Im Innern findet man eine Sammlung von Meisterstücken, geschaffen von Künstlern wie Raffaelo, Clouet, Poussin, Watteau, Delacroix, Van Dyck usw.

Der berühmte Architekt Aubert schuf 1730 das Grandes Ecuries für den Duke de Bourbon – ein wahrer Tempel, der Großartigkeit des Pferdes und des Jagens gewidmet – und 1982 erhielt Yves Benaime vom Institut de France die Genehmigung, aus diesem Komplex das Musée vivant du Cheval e du Poneys erstehen zu lassen. Das Museum erhielt die Bezeichnung »vivant« (lebendig), weil das Pferd die Verkörperung des Lebendigen schlechthin ist. Besucher können sich darüberhinaus auch noch Schauvorstellungen mit Pferden ansehen, die ein sehr hohes Niveau aufweisen.

Das alles findet man im Forêt de Chantilly, auf 57 km² wunderschöner Landschaft mit gigantischen Bäumen.

Fotos: Archives of Sociéte d'Encouragement et des Steeple-Chases de France und Pierre et Jean-Paul Bertrand
Gerry Cranham's Colour Library

Suave Dancer gewinnt 1991 den Lancia Prix du Jockey Club.

Zweijährige nach dem Training.

Die Tribünen.

CHANTILLY

Polytain gewinnt 1992 den Prix du Jockey Club Lancia.

SIEGER IM PRIX DU JOCKEY CLUB LANCIA

3jährige, 2400 m, Gruppe I

Jahr	Besitzer	Trainer	Sieger	Jockey
1982	R. Sangster	D. V. O'Brien	Assert	C. Roche
1983	R. Sangster	M. V. O'Brien	Caerleon	P. Eddery
1984	HH Aga Khan	A. de Royer-Dupré	Darshaan	Y. Saint-Martin
1985	HH Aga Khan	A. de Royer-Dupré	Mouktar	Y. Saint-Martin
1986	Mme. A. Head	Mme. C. Head	Bering	G. W. Moore
1987	HH Aga Khan	A. de Royer-Dupré	Natroun	Y. Saint-Martin
1988	Mise de Moratalla	P. L. Biancone	Hourse Aftert	P. Eddery
1989	Sheikh Mohammed	H. R. A. Cecil	Old Vic	S. Cauthen
1990	Khalid Abdullah	R. J. Carlton	Sanglamore	P. Eddery
1991	H. Chalhoub	J. E. Hammond	Suave Dancer	C. Asmussen
1992	B. Houillon	A. Spanu	Polytain	L. Dettori

SIEGER IM PRIX DE DIANE HERMÈS

3jährige Stuten, 2100 m, Gruppe 1

Jahr	Besitzer	Trainer	Sieger	Jockey
1982	Ecurie Aland	Mme. C. Head	Harbour	F. Head
1983	Frau J. Fellows	J. Fellows	Escaline	G. W. Moore
1984	S. Niarchos	F. Boutin	Northern Trick	C. Asmussen
1985	L. T. Aswaldi	A. Fabre	Lypharita	L. Piggot
1986	G. A. Oldham	F. Boutin	Lacovia	F. Head
1987	Sheikh Mohammed	H. R. A. Cecil	Indian Skimmer	S. Cauthen
1988	J. L. Legardére	F. Boutin	Ressless Kara	G. Mossé
1989	M. Adbul Karim	R. Wojtowiez	Lady in Silver	A. S. Cruz
1990	Prince A. Feisal	H. R. A. Cecil	Rafha	W. Carson
1991	K. Nitta	J. de Roualle	Caerlina	E. Legrix
1992	K. Abdullah	A. Fabre	Jolypha	P. Eddery

ZWISCHENZEITEN DER REKORDLÄUFE

Distanz Datum	Rennbahn Rennen	Sieger Alter, Gewicht								Rekord
1000 m 6.6.82	Ligne droite Prix du Gros Chene Gr.2	Kind Music (GB) 3, kg 58,5	1000 – 800 m 11,9 s	800 – 600 m 11,5 s	600 – 400 m 11,0 s	400 – 200 m 10,6 s	200 – 0 m 10,2 s			55,2 s
1200 m 19.6.84	Ligne droite Prix D'Orry H.	Harifa 3, kg 59	1200 – 1000 m 11,9 s	1000 – 800 m 10,0 s	800 – 600 m 11,4 s	600 – 400 m 10,2 s	400 – 200 m 11,6 s	200 – 0 m 11,5 s		1:06,6 m
1400 m 25.7.78	Ligne droite Prix se Saint-Maximin	Nadjar 2, kg 56	1400 – 1000 m 24,6 s	1000 – 800 m 12,0 s	800 – 600 m 11,7 s	600 – 400 m 11,9 s	400 – 200 m 12,1 s	200 – 0 m 11,9 s		1:24,2 m
1400 m 29.7.83	Ligne droite Prix des Villiers	Dapper Moss 2, kg 56	1400 – 1000 m 25,4 s	1000 – 800 m 11,4 s	800 – 600 m 11,6 s	600 – 400 m 12,0 s	400 – 200 m 12,0 s	200 – 0 m 11,9 s		1:24,2 m
1600 m 23.6.81	Piste ronde Prix de Chaumont	Ree The Toulhouse 8, kg 56	1600 – 1400 m 13,3 s	1400 – 1000 m 21,3 s	1000 – 800 m 11,7 s	800 – 600 m 11,2 s	600 – 400 m 12,2 s	400 – 200 m 12,4 s	200 – 0 m 12,2 s	1:34,3 m
1800 m 6.6.82	Piste ronde Prix Jean Prat Gr.2	Melyno (IRE) 3, kg 58	1800 – 1400 m 23,1 s	1400 – 1000 m 22,3 s	1000 – 800 m 11,9 s	800 – 600 m 12,0 s	600 – 400 m 12,1 s	400 – 200 m 12,4 s	200 – 0 m 12,3 s	1:46,1 m
2000 m 8.6.86	Piste Jockey Club Prix Dollar Gr.2	Iades 4, kg 57,5	2000 – 1800 m 13,7 s	1800 – 1400 m 23,4 s	1400 – 1000 m 23,5 s	1000 – 800 m 12,3 s	800 – 600 m 12,6 s	600 – 400 m 11,5 s	400 – 200 m 12,2 s	200 – 0 m 11,5 s	2:00,7 m
2100 m 16.6.85	Piste Jockey Club Prix de Diane Gr.1	Lypharita 3, kg 58	2100 – 1800 m 16,5 s	1800 – 1400 m 22,6 s	1400 – 1000 m 25,2 s	1000 – 800 m 12,7 s	800 – 600 m 11,6 s	600 – 400 m 11,6 s	400 – 200 m 12,5 s	200 – 0 m 13,2 s	2:05,9 m
2400 m 8.6.86	Piste Jockey Club Prix du Jockey Club Gr.1	Bering (GB) 3, kg 58	2400 – 1800 m 36,6 s	1800 – 1400 m 21,7 s	1400 – 1000 m 24,3 s	1000 – 800 m 11,4 s	800 – 600 m 13,0 s	600 – 400 m 12,4 s	400 – 200 m 12,5 s	200 – 0 m 12,2 s	2:24,1 m

DEAUVILLE-LA TOUQUES

45 AVENUE HOCQUART DE TURTOT, 14800 DEAUVILLE
TEL. 33-33-31882008, FAX 33-33-31887320

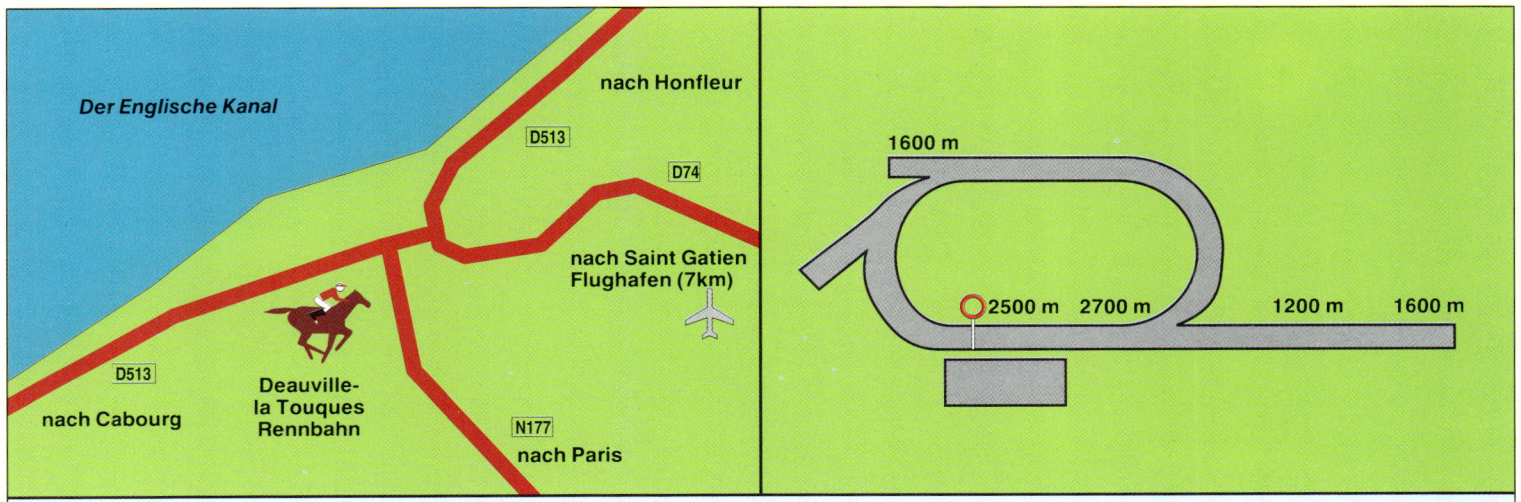

DISTANZEN, VERKEHRSVERBINDUNGEN UND PARKPLÄTZE

Diese berühmte Rennbahn liegt im Bezirk Calvados. Deauville selbst liegt am Englischen Kanal vor Jersey. Vom Bahnhof Saint-Lazare in Paris erreicht man die Rennbahn dank guter Bahnverbindungen in weniger als zwei Stunden. Mit dem Auto fährt man am besten über die A13 bis Caen, die Ausfahrt ist gut beschildert. Von England aus kann man auch sehr bequem bis St. Gatien fliegen, dieser kleine Flughafen liegt 7 km von der Rennbahn entfernt. Parkmöglichkeiten sind vorhanden.

 Grasbahn, Rechtskurs, Rundkurs von 2200 m. Zusätzlich ein Geradeauskurs von 1600 m.

 Für jeden Renntag wird eine Rennkarte ausgegeben.

 Präsident, Baron B. Du Breuil
Vize-Präsident, Herr B. Belinguier
General-Manager, Herr L. Romanet
Geschäftsführer, Herr Y. Deshayes

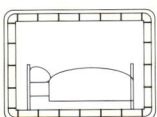 Unterkunft für Pferdepfleger vorhanden

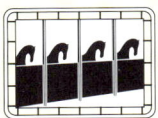 500 Boxen

 Eine Gras- und zwei Sandbahnen stehen für Trainingszwecke zur Verfügung. Viele Trainer benutzen auch bis um 10 Uhr vormittags den Strand.

 6 Quarantäneboxen

 An Renntagen ist ein Tierärzteteam in Bereitschaft.

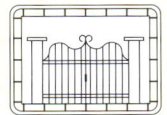 Eintritt:
33 FF (sonntags)
22 FF (wochentags)

 Totalisator

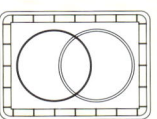 Bekannte Kreditkarten werden angenommen.

 17 Renntage im August

 Golf Hotel, Tel. 33-33-31881901
Normandy Hotel, Tel. 33-33-31881842
Royal Hotel, Tel. 33-33-31881641

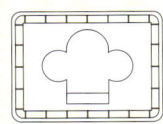 Le Brantome
Reservation: Tel. 33-33-31882008

 Einige der wichtigsten Gestüte liegen in diesem Gebiet:
Haras d'Etreham, Haras de Meautry, Haras du Quesnay usw.

 Golf, Rudern, Schwimmen
Thalassotherapie
Kasino

Panorama vom »Hippodrome de la Cote Fleurie«.

Eins der französischen Königreiche für Vollblüter

Der Duke of Morny ist verantwortlich für die Eröffnung dieser schönen Rennbahn im Jahr 1864. 1913 beschloß die Société des Courses de Deauville, dem Rundkurs eine Gerade von 1600 m hinzuzufügen, um das Vermögen der besten Vollblüter zu testen. Zudem wurden reich ausgestattete Tribünen erstellt. 1921 wurde die Rennbahn an die Société d'Encouragement verkauft, alles wurde renoviert und verbessert. Heute sind La Touques und Deau-

ville Orte, wo die einflußreichsten Geschäftsleute, die mit dem Galopprennsport verbunden sind, den Monat August verbringen, um sehr gute Rennen von internationalem Niveau zu sehen und um die Jährlingsauktion, organisiert von der Agence Française, zu erleben. In den letzten Jahren sind einige französische Trainer nach Deauville gezogen, um die dortigen guten Trainingsmöglichkeiten zu nutzen, so daß sie ihre Pferde optimal für die großen Rennen vorbereiten können. Der Höhepunkt der Saison ist im August der Prix du Haras de Fresnayle-Buffard Jaques Le Marois, ein Rennen für Dreijährige und ältere Pferde, gelaufen auf der geraden Strecke über 1600 m. Ein wichtiges Rennen für Zweijährige ist der Prix Morny, gesponsort von der Agence Française, ein Gruppe I-Rennen wie das Jaques Le Marois. Sogar Lancel gehört zur Elite der Sponsoren für den Grand Prix de Deauville.

Der Absattelplatz.

Das Finish.

Morgenarbeit auf der Rennbahn.

Am Strand.

BEDEUTENDE SIEGER

PRIX DU HARAS DE FRESNAY-LE-BUFFARD JAQUES LE MAROIS

Dreijährige und ältere Pferde, 1600 m, Gruppe I

Jahr	Besitzer	Trainer	Geschlecht	Alter	Pferd	Jockey	Zeit
1987	S. Niarchos	F. Boutin	Stute	3	Miesque (USA)	F. Head	1:35,0 m
1988	S. Niarchos	F. Boutin	Stute	4	Miesque (USA)	F. Head	1:38,6 m
1989	Sheikh Mohammed Al Maktoum	A. Fabre	Hengst	3	Polish President (USA)	C. Asmussen	1:37,3 m
1990	Ecurie Skymarc Farm	F. Boutin	Hengst	3	Priolo (USA)	A. Lequeux	1:38,2 m
1991	S. Niarchos	F. Boutin	Hengst	3	Hector Protector (USA)	F. Head	1:39,4 m

GRAND PRIX DE DEAUVILLE LANCEL

Dreijährige und ältere Pferde, 2500 m, Gruppe 2

Jahr	Besitzer	Trainer	Geschlecht	Alter	Pferd	Jockey	Zeit
1987	Sheikh Mohammed Al Maktoum	J. Dunlop	Hengst	4	Almaarad (IRE)	W. Carson	3:01,4 m
1988	F. Salman	P. Cole	Hengst	4	Ibn Bey (GB)	M. Roberts	nicht erfaßt
1989	P. de Moussac	A. Fabre	Hengst	3	Borromini (GB)	D. Boeuf	3:10,5 m
1990	D. Wildenstein	E. Lellouche	Hengst	4	Robertet (USA)	D. Boeuf	2:48,6 m
1991	Martyn Arhib	P. Cole	Hengst	4	Snurge (IRE)	T. Quinn	2:46,3 m

Blick von der Rennbahn auf die Haupttribüne.

DEAUVILLE-LA TOUQUES

LONGCHAMP

BOIS DE BOULOGNE, 75016 PARIS
TEL. 33-1-44307500, FAX 33-1-45205098

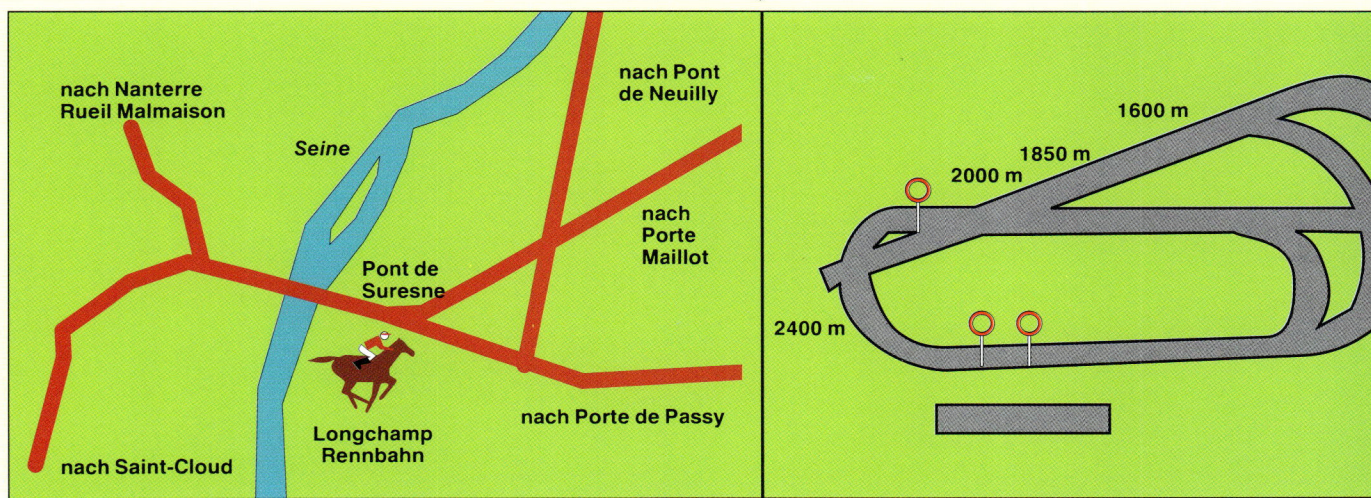

DISTANZEN, VERKEHRSVERBINDUNGEN UND PARKPLÄTZE

Die Longchamp Rennbahn liegt mitten in der Bois de Boulogne, sehr nahe am Stadtzentrum. Alle drei Pariser Flughäfen (Charles de Gaulle, Le Bourget und Orly) sind nur 20 bis 30 Kilometer entfernt. Sonntags und an Renntagen verbindet eine Buslinie (244) Porte Maillot mit Longchamp. Von der Pariser Innenstadt benötigt man mit dem Auto oder Taxi 20 Minuten. Parkmöglichkeiten sind außerhalb der Rennbahn vorhanden.

 Rechtskurs, Grasbahn, leicht welliges Geläuf, Zielgerade ca. 500 m (Grande Piste). In der Mitte der Rennbahn ist eine Gerade von 1000 m, dort laufen die Pferde gegen den Uhrzeigersinn.

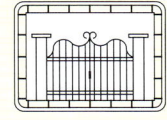 Eintritt: Sonntags 37 FF, wochentags 22 FF
Keine Kleidervorschrift.
Arc de Triomphe: 50 FF

 Für jede Veranstaltung gibt es ein Programm. Für das Wochenende, an dem der Arc de Triomphe stattfindet, wird eine spezielle Cigahotel Karte ausgegeben.

 Totalisator

 Präsident, Baron B. du Breuil
Vize-Präsident, Herr B. Belinguier
General-Manager, Herr L. Romanet
Geschäftsführer, Herr H. Catrice

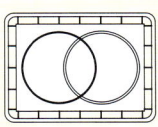 Alle bekannten Kreditkarten werden angenommen.

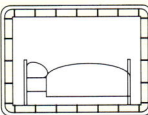 Unterkunft für Pferdepfleger vorhanden

 Drei Rennsaisons und 34 Renntage:
Frühling: April und Mai
Sommer: Ende Juni – Mitte Juli
Herbst: September und Oktober

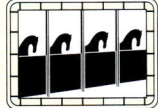 90 Boxen

 Adagio Hotel, Tel. 33-1-48258080
Ibis Hotel, Tel. 33-1-45064488
Alle größeren Hotels in Paris werden empfohlen.

 Ausländische Pferde können nur die Rennbahn benutzen.

 Brasserie
Gladiateur
Panoramique (Anzug und Krawatte)
Reservierung: Tel. 33-1-42885577

 Keine Quarantäneboxen

 Keine Gestüte in der Nähe.

 Ein Tierärzteteam ist während der Saison auf dem Gelände in Bereitschaft.

 In Paris findet man Unterhaltung und Vergnügen jeglicher Art.

*F*ranzösische Mode, internationale Champions

Exbury und Sea Bird, sowie einige der begehrtesten Hengste unserer Zeit wie Sassafrass, Mill Reef, Alleged, Dancing Brave, Trempolino, Saumarez und Suave Dancer haben dieses wahrlich internationale Rennen gewonnen. Zu den Siegern gehörten auch herausragende Stuten wie Allez France, All Along und Ivanjica. Sie alle gewannen vor dem elegantesten Publikum, das auf Rennbahnen zu finden ist.

Als die Société d'Encouragement beschloß, die Champ de Mars Rennbahn wegen der Bodenverhältnisse zu schließen, wurde ein neuer Standort für eine Rennbahn mitten in der Bois de Boulogne festgelegt.

Kaiser Napoleon II eröffnete am 27. April 1857 (Sonntag), vor einer großen Menschenmenge die reichhaltig ausgestattete Longchamp Rennbahn. Das allererste Rennen wurde von Eclaireur gewonnen. Er schlug die abfallende Miss Gladiator. Von dieser Stute stammt Gladiateur, das erste in Frankreich gezüchtete Pferd, das das mit dem höchstem Ansehen dekorierte Epsom Derby gewann.

Im Frühjahr werden die besten dreijährigen Hengste und Stuten ermittelt, zunächst laufen sie nur getrennt, bis sie im Grand Prix de Paris Louis Vuitton, einem Gruppe 1-Rennen über 2000 m, aufeinandertreffen. Im Herbst starten dann die besten Pferde Europas in einem der bedeutendsten Altersgewichtsrennen der Welt gegeneinander: in Cigahotels Prix de l'Arc de Triomphe.

Dieses Rennen wurde 1920 zum erstenmal ausgetragen, schon bald galt es als Weltmeisterschaft der Vollblüter und wird seit 1988 von Ciga, einer international führenden Hotelkette, gesponsort.

Die besten Pferde der Vergangenheit wie Ksar, Motrico, Brantome, Corrida, Djebel, Tantieme, Ribot,

Musik während des CIGA-Wochenendes.

Auf dem Weg zur Parade.

Start zum CIGA-Prix de l'Arc de Triomphe.

Der letzte Bogen, im Hintergrund die Tribünen.

LONGCHAMP

Oben und unten: Der Führring.

CIGA PRIX DE L'ARC DE TRIOMPHE

3jährige und ältere Pferde, 2400 m, Gruppe 1

Jahr	Besitzer	Trainer	Geschlecht	Alter	Gewicht	Sieger	Vater	Jockey	Zeit
1983	D. Wildenstein	P. L. Blancone	Stute	4	57,5 kg	All Along	Targowice	W. R. Swinburn	2:28,10 m
1984	D. Wildenstein	P. L. Blancone	Hengst	4	59 kg	Sagace	Luthier	Y. Saint-Martin	2:29,10 m
1985	K. Abdullah	A. J. Tree	Hengst	3	59 kg	Rainbow Quest	Blushing Groom	Pat Eddery	2:29,50 m
1986	K. Abdullah	G. Harwood	Hengst	3	56 kg	Dancing Brave	Lyphard	Pat Eddery	2:27,70 m
1987	P. de Moussac	A. Fabre	Hengst	3	56 kg	Trempolino	Sharpen Up	Pat Eddery	2:26,30 m
1988	Frau V. Gaucci	L. Camici	Hengst	5	59 kg	Tony Bin	Kampala	J. Reid	2:27,30 m
1989	A. Balzarini	M. Jarvis	Hengst	4	59 kg	Carroll House	Lord Gayle	M. J. Kinane	2:30,80 m
1990	B. McNall	N. Clement	Hengst	3	56 kg	Saumarez	Rainbow Quest	G. Mossé	2:29,80 m
1991	H. Chalhoub	J. E. Hammond	Hengst	3	56 kg	Suave Dancer	Green Dancer	C. Asmussen	2:31,40 m

MAISONS-LAFFITTE

1, AVENUE DE LA PELOUSE, 78600 MAISONS-LAFFITTE

TEL. 33-1-39629095, FAX 33-1-39627608

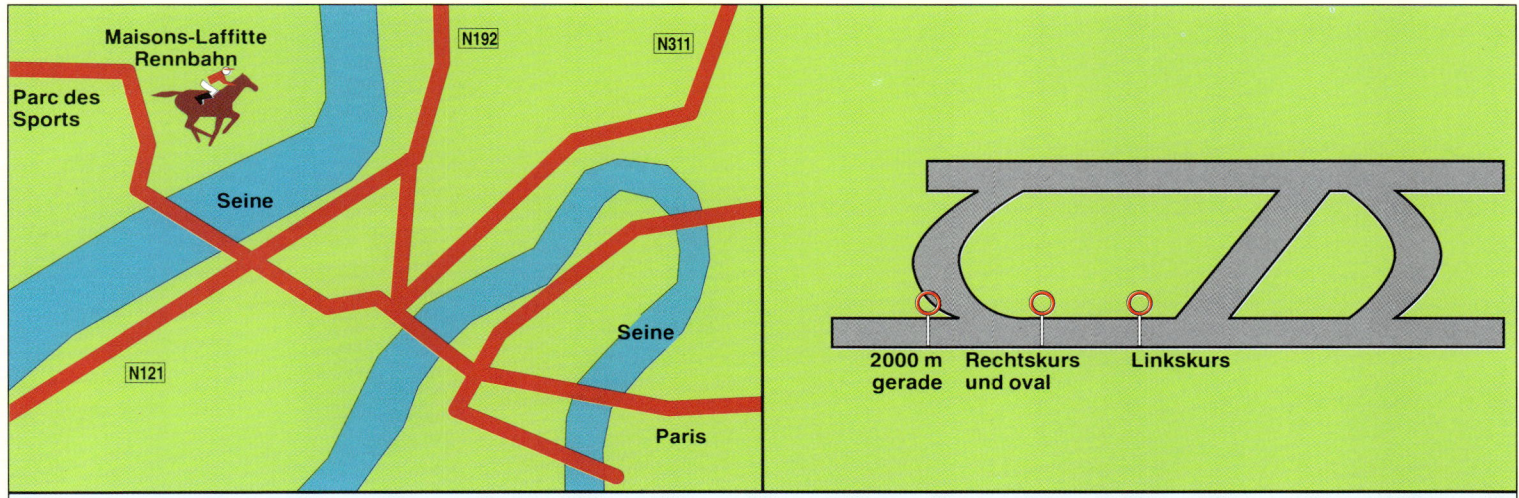

DISTANZEN, VERKEHRSVERBINDUNGEN UND PARKPLÄTZE

Diese Rennbahn liegt westlich von Paris, nicht weit entfernt vom Stadtzentrum, sie ist von Saint-Lazare mit der Eisenbahn zu erreichen (15 Minuten). Von Maisons-Laffitte fahren regelmäßig Busse zur Rennbahn. Mit dem Bus sollten Sie entweder zum Porte Maillot oder zum Place de la République fahren: An Renntagen gibt es von dort regelmäßige Anschlüsse zur Rennbahn. Mit dem Auto sollten Sie Paris bei Porte Maillot verlassen und dann auf der Nationale 308 weiterfahren. Der internationale Flughafen Charles de Gaulle ist ca. 20 km entfernt. Parkplätze sind reichlich vorhanden.

 Grasbahn, Rechtskurs, Linkskurs, oval und geradeaus (2000 m), alle eben.

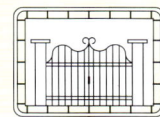 Eintritt: 25 FF
Keine Kleidervorschrift

 Für jede Veranstaltung gibt es ein Programm.

 Totalisator

 Präsident, Herr Armand de Coulange
General-Manager, Herr D. Weibel

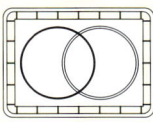 American Express, Diners Club, Visa.

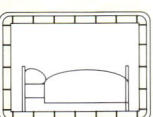 Unterkunft für Pferdepfleger vorhanden

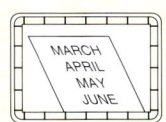 35 Renntage von Ende März bis Anfang Dezember (im August finden keine Rennen statt).

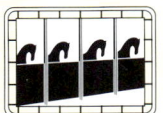 70 Boxen

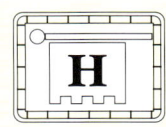 Climat Hotel, Tel. 33-1-39122020

 87 Trainer arbeiten mit mehr als 1800 Pferden auf einem Gelände von ca. 50 000 m².

 Restaurant Panoramique
Brasserie
Reservierung: Tel. 33-1-39629095.

 10 Quarantäneboxen

 Keine Gestüte in der Nähe

 An Renntagen ist ein Tierärzteteam auf dem Gelände in Bereitschaft

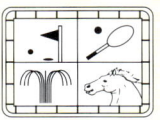 Die Rennbahn von Maisons-Laffitte liegt so nahe an Paris, daß jegliche Form der Unterhaltung und des Vergnügens zu finden ist.

*T*raining und Rennen unter Bäumen

Die gerade Rennstrecke von Maisons-Laffitte (ca. 2000 m) ist nur mit der Rowley Mile in Newmarket vergleichbar, sie stellt sehr hohe Anforderungen an die Kondition der Pferde. Von Februar bis Dezember werden hier die besten Vollblüter trainiert. Die Rennen werden auf drei verschiedenen Bahnen ausgetragen (Rechtskurs, Linkskurs und geradeaus), es geht um die Siege in einigen der wichtigsten eingetragenen Rennen, wie z.B. dem Prix Robert Papin, dem ersten schwierigen Test für die Zweijährigen, dem Prix Messidor, dem Coupe und dem Critèrium, ein weiteres Rennen nur für Zweijährige, allerdings am Ende einer sehr langen Saison. Ganz in der Nähe des Saint-Germain Waldes werden ca. 1800 Pferde von 80 verschiedenen Trainern auf einem sehr ruhigen Gelände von fast 50 000 m² trainiert. Einige berühmte Champions wie Match, Exbury, Relko, Sea Bird, Arctic Tern und in letzter Zeit Nureyev und Kendor haben wichtige Rennen in Maisons-Laffitte gewonnen, sie sind Meilensteine in der Geschichte des französischen Galopprennsports. Als Krönung wurde 1990 in den prächtigen Räumen des alten Schlosses das Rennsport-Museum eröffnet.

Die Tribüne.

Der Führring.

Noch einmal die Tribüne.

MAISONS-LAFFITTE

Sie sind unterwegs (rechtsherum).

Sie sind unterwegs (linksherum).

MAISONS-LAFFITTE

SAINT-CLOUD

1, RUE DU CAMP CANADIEN, 92210 SAINT-CLOUD

TEL. 33-1-47716926, FAX 33-1-47713774

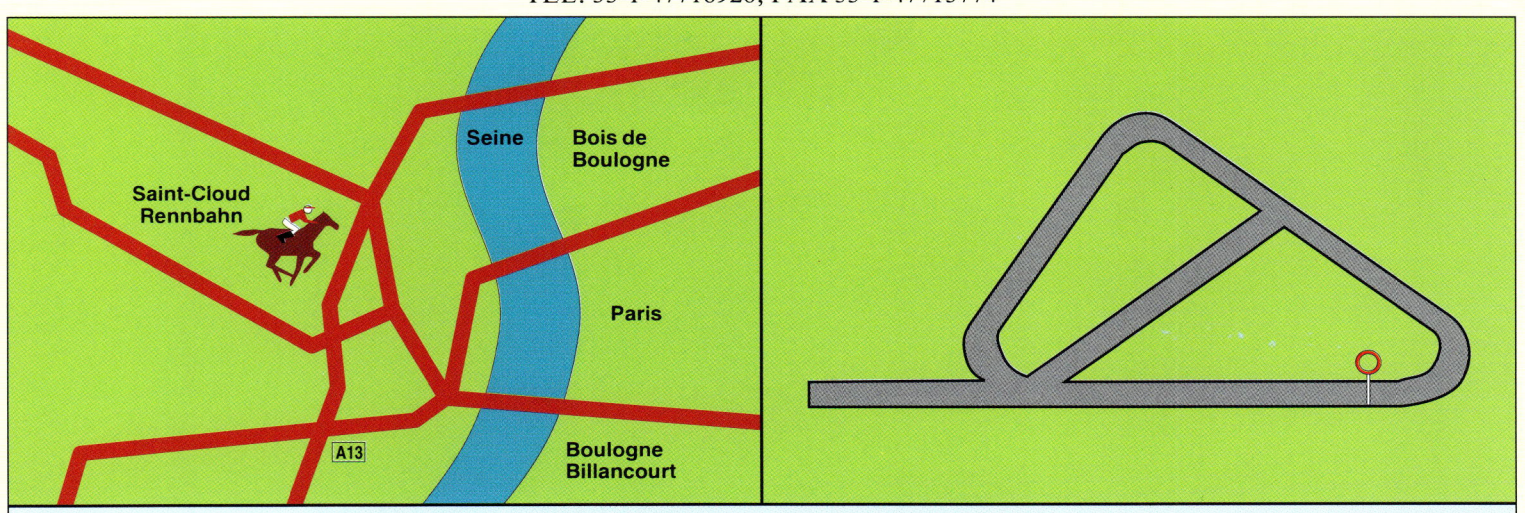

DISTANZEN, VERKEHRSVERBINDUNGEN UND PARKPLÄTZE

Diese Rennbahn liegt westlich von Paris, in der Nähe des Stadtzentrums. Sehr leicht gelangt man von Paris Saint-Lazare nach Val d'Or oder Saint-Cloud. Man kann auch die Buslinie 244 von Porte Maillot oder die 360 von La Défence nehmen. Mit dem Auto sollte man durch die Bois de Boulogne fahren und auf der Suresnes Brücke die Seine überqueren, dann gelangt man auf dem Boulevard Henri Sellier zum Haupteingang. Der internationale Flughafen Charles de Gaulle liegt ca. 20 km entfernt.

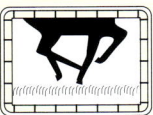
Grasbahn, Linkskurs, Gesamtlänge der Bahn 2200 m, Zielgerade 600 m, eben.

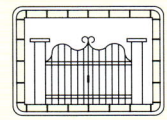
Eintritt: 25 FF
Keine Kleidervorschrift

Für jede Veranstaltung gibt es ein Rennprogramm.

Totalisator

Präsident, Herr Armand de Coulange
General-Manager, Herr D. Weibel

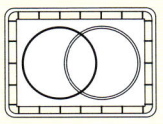
American Express, Diners Club, Visa.

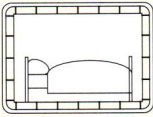
Unterkunft für Pferdepfleger vorhanden

48 Renntage von Ende Februar bis Anfang Dezember (im August finden keine Rennen statt).

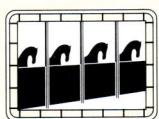
80 Boxen stehen für teilnehmende Pferde zur Verfügung.

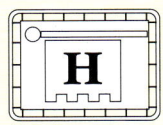
Saint-Cloud Rennbahn liegt so nahe an Paris, daß Hotels jeglichen Standards zu finden sind.

Keine Trainingsbahnen vorhanden.

Restaurant Panoramique
Brasserie
Reservierung: Tel. 33-1-47716926

20 Quarantäneboxen

Keine Gestüte in der Nähe

An Renntagen ist ein Tierärzteteam auf dem Gelände in Bereitschaft.

Die Rennbahn von Saint-Cloud liegt so nahe an Paris, daß jegliche Form der Unterhaltung und des Vergnügens zu finden ist.

*E*ine Rennbahn im Park

Im Jahr 1901 beschloß Edmond Blanc, ein sehr wohlhabender Geschäftsmann (Unterhaltung und Kasinos), von Monaco nach Paris zu ziehen, um in das Rennsportgeschäft einzusteigen. Mit dieser Vorstellung kam er nach Saint-Cloud. Fasziniert von dem Blick über Paris ließ er diese prächtige Rennbahn anlegen. Bis 1974 gehörte dieses Gelände Edmond Blancs Nachfolger, dem verstorbenen Marcel Boussac, einem Textil-Magnaten mit einem großen Rennstall. Seit 1974 gehört das Areal der Société Sportive d'Encouragement. Diese Rennbahn liegt der berühmten Bois de Boulogne, auf der anderen Seite der Seine, gegenüber, hier werden einige

der wichtigsten eingetragenen Rennen Frankreichs gelaufen: Die Prix Jean de Chaudenay, Eugène Adam, Maurice de Nieuil, das Critèrium und der Grand Prix, der im Juli ausgetragen wird. Jedes Jahr haben die Dreijährigen die Chance, ihre älteren Konkurrenten in diesem Altersgewichtsrennen, das über 2400 m führt, zu schlagen. Hier in Saint Cloud geht »le chic parisien« jeden Mai an eine große Modenschau: Prix de la Femme. Saint-Cloud ist ein wahres Paradies für Vollblüter und Leute von heute, und dies ganz in der Nähe des Zentrums einer der schönsten Städte der Welt.

Die Tribüne.

Die Haupttribüne.

SAINT-CLOUD

Der Führring aus verschiedenen Blickwinkeln.

Die Pferde kommen die Gerade herunter.

SAINT-CLOUD

GERMANY

(DEUTSCHLAND)

BADEN-BADEN
RENNBAHNSTRASSE 14, D-7557 IFFEZHEIM
TEL. 49-7221-21120, FAX 49-7221-211222

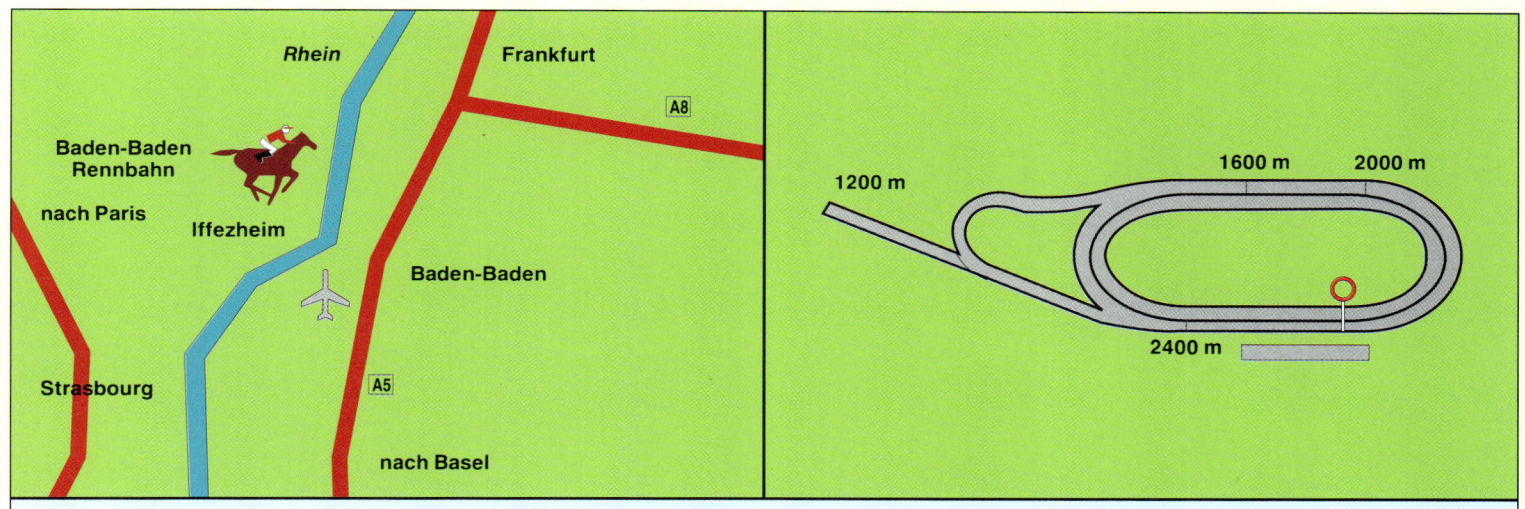

DISTANZEN, VERKEHRSVERBINDUNGEN UND PARKPLÄTZE

Die Rennbahn liegt in Iffezheim, ca. 15 km nordwestlich von Baden-Baden, wo die Ausläufer des Schwarzwaldes einen malerischen Hintergrund bilden. Sie erreichen die Rennbahn mit dem Auto über die Autobahn A5 (Karlsruhe-Basel), oder mit dem Zug vom Hauptbahnhof Baden-Baden aus. Linienflugzeuge landen auf den zwei nächsten großen Flughäfen (Stuttgart, ca. 120 km entfernt und Frankfurt ca. 160 km entfernt). Der nächste Flughafen ist in Strasbourg (ca. 60 km entfernt). Privatflugzeuge können den Flughafen in Baden-Baden anfliegen. An der Rennbahn gibt es Parkplätze für 7000 Autos.

 Linkskurs, Grasbahn, eben, Zielgerade mehr als 400 m.
Drei Bahnen: Alte Bahn, Neue Bahn und Gerade.

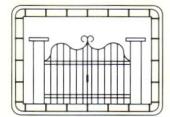 Haupttribüne: 9 – 13 DM
Reservierte Sitzplätze: 25-55 DM
Reservierung: Tel. 49-7221-211211

 Für jeden Renntag gibt es kostenlose Programme.

 Totalisator

 Präsident, S.H. Hartmann Freiherr von Richthofen
General Manager, Herr Karsten von Werner
Geschäftsführer, Herr Peter Banzhaf

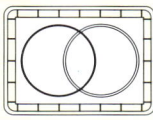 Eurocard

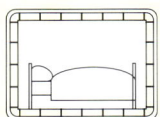 In der Nähe der Rennbahn ist ein Hotel für das Personal.

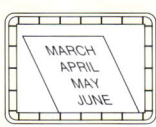 Frühjahr: 6 Renntage (Mai/Juni);
Große Woche: 6 Renntage (August/September).

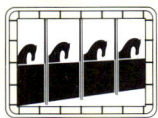 Ungefähr 500 Boxen

 Steigenberger Hotel Badischer Hof, Tel. 49-7221-22827
Brenner's Park Hotel, Tel. 49-7221-3530
Steigenberger Hotel Europ. Hof, Tel. 49-7221-23561
Golf Hotel, Tel. 49-7221-23691

 Es stehen Sand- und Grasbahnen zum Training zur Verfügung.

 Zwei Restaurants an der Rennbahn:
Schwarzwald-Terrasse, Wein-Terrasse
Reservierung: Tel. 49-7221-21120

 10 Quarantäneboxen in der Nähe der Rennbahn.

 Gestüt Burg Eberstein, Hofgut Westerhaus
Gestüt Erlengrund, Bad-Homburg
Gestüt Etzean, Beerfelden-Etzean
Gestüt Eulenberger, Hof, Waibstadt

 Dr. Ulrich Kissling

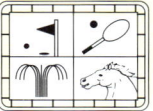 Golf, Tennis, Kurbäder (Caracalla und Friedrichsbad), Weindistrikt (Rebland), Heißluftballons, Schwimmbäder, Museen, Casino.

Eine sehr freundliche Atmosphäre.

Blick auf die Rennbahn von der Haupttribüne.

Iffezheim, das Rennsport-Städtchen

Vollblüter sind die Aristokraten unter den Pferden. Ihre Zucht gilt als das höchste, soweit es Tierhaltung betrifft. Von England ausgehend trat der Vollblüter im Galopp seinen Siegeszug in die ganze Welt an. In den letzten drei Jahrhunderten spiegelten die atemberaubenden Kämpfe auf den Rennbahnen den natürlichen Lebenskampf wider.

1858 wurde in Baden-Baden aus dem Traum von Anmut, Geschwindigkeit und Kraft des Galopprennsports Wirklichkeit. Urheber war Edouard Bénazet, das französische Genie, der das Casino gründete. Es war seine Idee, den verwöhnten Besuchern des weltberühmten Kurortes Baden-Baden eine zusätzliche Attraktion zu bieten. Von Anfang an legte er besonderen Wert auf ausländische Beteiligung, so legte Bénazet den Grundstein für die »Internationalen Galopprennen Baden-Baden«.

Nach dem französisch-preußischen Krieg 1870/71 und dem Ende der sogenannten französischen Epoche in Baden-Baden, waren die Aussichten für den Galopprennsport mehr als trübe, vor allem, weil das Casino 1872 geschlossen wurde, denn das war die Hauptgeldquelle gewesen. Gerettet wurde der Galopprennsport in Baden-Baden durch die Gründung

einer Vereinigung führender Turf-Spezialisten zum Internationalen Club, seit 1872 ist dieser Club verantwortlich für die Organisation und das Management aller Rennveranstaltungen. Der Internationale Club ist mittlerweilen ein eingetragener Verein mit 130 Mitgliedern, Präsident ist z. Zt. Hartmann Freiherr von Richthofen.

Durch die Entwicklung des Galopprennsports in Deutschland und auf der ganzen Welt ist es absolut notwendig, eine solch große Organisation wie den Internationalen Club geschäftsmäßig zu führen.

Die Komplexität der Aufgaben wird reflektiert in der Personalstruktur und den verschiedenen Kompetenzbereichen. Seinen Sitz hat der Internationale Club im Palais Rothschild in der Lichtentaler Allee.

Hier werden die Internationalen Galopprennen Baden-Baden organisiert und hier werden Sie auch auf jede Frage eine Antwort erhalten. Das Team vom Internationalen Club wird Ihnen voller Begeisterung helfen, ob es sich nun um eine Reservierung handelt oder ein Babysitter gefunden werden muß.

Der Führring.

Entspannen und dabei Informationen über die Form der Pferde einholen.

Zwei Veranstaltungen werden vom Club organisiert, was Kommunikationsbereitschaft und Kameradschaft voraussetzt. Diese Eigenschaften schaffen die gelöste Atmosphäre der Baden-Badener Renntage.

In Baden-Baden, auf einer der schönsten Rennbahnen Europas, wird nicht nur das Zusammentreffen von Mensch und Pferd zelebriert, sondern Männer und Frauen aus allen Bereichen des Lebens und der Gesellschaft finden ihren Weg nach Iffezheim. Der Internationale Club lädt Zuschauer aus der ganzen Welt zum »Frühjahrs-Meeting«, Ende Mai/Anfang Juni, und zur »Großen Woche« ein. Zweimal sechs Tage pro Jahr werden Galopprennen der Spitzenklasse, Dramatik und Aufregung geboten.

Die Visitenkarte des Bürgermeisters zeigt ein Bild der Rennbahn; Straßen tragen die Namen berühmter Rennpferde und Gestüte, Iffezheim ist fast ein Synonym für die Internationalen Galopprennen Ba-

den-Baden. Die beiden Rennveranstaltungen sind für die 4000 Einwohner des Städtchens praktisch eine fünfte Jahreszeit, für fast alle Einwohner eine Zeit großer Aktivität. Die örtlichen Behörden, Schulen, das Geschäftsleben – alles wird in Iffezheim durch die Rennveranstaltungen bestimmt. Diese enge Verbundenheit der Einwohner mit dem Rennsport erklärt die große Begeisterung und den Enthusiasmus.

Unter den deutschen Sportveranstaltungen gehören die Internationalen Galopprennen von Baden-Baden für die Medien, die sich Jahr für Jahr in Iffezheim einfinden, zu den wichtigsten. Entsprechend ausführlich sind auch die lokalen und nationalen Berichterstattungen von den Rennveranstaltungen. 1989 berichtete z. B. das Deutsche Fernsehen 198 Minuten über die Internationalen Galopprennen Baden-Baden. Die Vertreter von Presse, Radio und

Fernsehen finden hervorragende Arbeitsbedingungen vor, alle technischen Einrichtungen des modernen Journalismus stehen den Reportern im großen Presseraum im obersten Stockwerk der Clubhaus-Tribüne zur Verfügung.

Jährlich kommen 160 000 Besucher, die als Augenzeugen den Rennen beiwohnen wollen. Seit mehreren Jahrzehnten sind die Internationalen Galopprennen Baden-Baden ein ganz großes sportliches und kulturelles Ereignis, weswegen sich hier hervorragende Möglichkeiten für Sponsoren bieten. Weltbekannte Firmen sind schon lange Partner des Internationalen Clubs: Blaupunkt, Casino Baden-Baden, Fürstenberg, Jacobs Suchard, Mercedes-Benz und Moet & Chandon, hinzu kommen viele Unternehmen mit lokalen und nationalen Interessen.

Baden-Baden und die Umgebung der Stadt bieten wunderbare Möglichkeiten, die Zeit vor, während und nach den Rennen sinnvoll zu verbringen und den Aufenthalt zu einem unvergeßlichen Erlebnis zu machen. Die Geschäfte und Freizeitangebote bieten Natur und Kultur pur, Fitness, Lebensart und »joie de vivre«, Charme, Atmosphäre und Flair. Als Kurbäder finden Sie die Caracalla-Thermen und Friedrichsbad, es gibt das berühmte Kurhaus mit seinem Casino, Theater, Konzerte und die schöne Lichtentaler Allee, die historische Altstadt, elegante Boutiquen, Geschäfte und natürlich weltberühmte Hotels und Restaurants. Doch nicht nur die Stadt Baden-Baden ist eine Attraktion. Das benachbarte »Rebland« (Weinanbaugebiet) ist landschaftlich wunderschön, dort werden mit die besten Weine Deutschlands hergestellt. Das Rebland ist der Tip für Liebhaber kulinarischer Genüsse und reizvoller Landschaft, und überquert man mit dem Auto den Rhein, ist man in wenigen Minuten im Elsaß, wo man die vielgerühmten Feinschmeckerlokale findet.

Kurz vor der Ziellinie.

Vor der Ziellinie.

Vorstellung des siegreichen Teams um Lomitas, Sieger im Großen Preis von Baden-Baden 1991.

BADEN-BADEN

HAMBURG
RENNBAHNSTRASSE 96, D-2000 HAMBURG 74
TEL. 49-40-6518229, FAX 49-40-6556615

 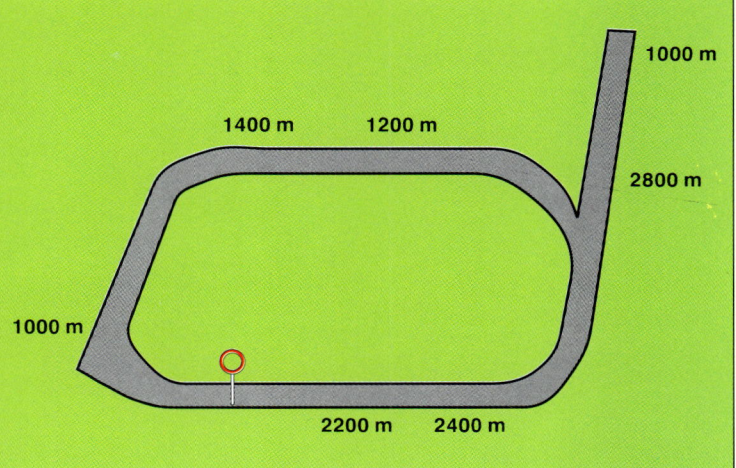

DISTANZEN, VERKEHRSVERBINDUNGEN UND PARKPLÄTZE

Die Rennbahn liegt nahe am Stadtzentrum (ca. 10 km entfernt) und an der Autobahn nach Berlin, am äußeren Ring Nord. Auch der internationale Flughafen Fuhlsbüttel ist nur 10 km entfernt, gegenüber vom Haupteingang gibt es eine Bushaltestelle und eine U-Bahn-station. Für ca. 500 Autos stehen Parkplätze an der Rennbahn zur Verfügung.

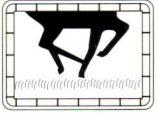 Grasbahn, Rechtskurs, ca. 2000 m.

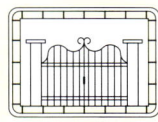 Eintritt: 7 – 100 DM/Tag 43 – 200 DM/Woche

 Für jeden Renntag gibt es ein Rennprogramm.

 Totalisator

 Präsident, Herr Franz-Günther von Gärtner
Vize-Präsident, Herr Albert Darboven
Vize-Präsident, Herr Fritz Klein
General-Manager, Herr Günther Gudert

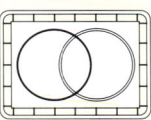 Keine Kreditkarten

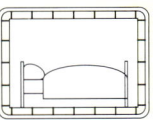 Unterkunft für Pferdepfleger im Gästehaus der Jugend und einige Zimmer in der Haupttribüne.

 26. Juni – 4. Juli 1993

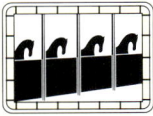 230 Boxen

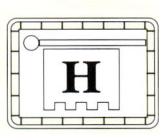 Atlantic Kempinski Hotel, Tel. 49-40-28880
Intercontinental Hotel, Tel. 49-40-41415192

 Während der Rennwoche wird das Geläuf auch zum Training benutzt.

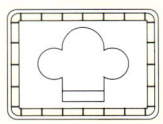 Restaurant in einem Zelt
Reservierung: Tel. 49-40-6518229

 Keine Quarantäneboxen

 Gestüt Brümmerhof, Soltau
Gestüt Fährhof, Fährhof
Gestüt Idee, Hamburg

 Dr. Rüdiger Stein-Schomburg
Dr. Georg Kubitza

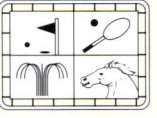 Golf (mehrere Golfplätze), Tennis, Bootsfahrten im Hafen, Museen

Die Rennbahn aus der Vogelperspektive.

Heimat des Deutschen Derbys

1869 fand auf der Hamburger Galopprennbahn das erste Deutsche Derby statt. Veranstaltet wurde es vom Hamburger Rennclub.

1842 und 1844 versuchte der Herzog von Braunschweig mit allen Mitteln, wenn auch erfolglos, in Braunschweig das Derby zu organisieren, der Breslauer Rennverein probierte das gleiche 1852 und 1853 in Niederschlesien.

31 Pferde waren für das erste Derby genannt, fünf gingen an den Start, der Sieger war Investment aus dem Stall Ulrich von Oertzen, geritten von dem englischen Jockey Little. Das Pferd gewann relativ leicht, trotz eines sehr schlechten Starts.

In den letzten Jahren des vorangegangenen Jahrzehnts ist von einigen Rennverbänden sehr viel unternommen worden, um das Derby in eine andere Stadt zu holen, doch da war gar nichts zu machen.

Durch den Einsatz solch guter Sponsoren wie BMW und der Hamburger Holsten-Brauerei wird heute das Derby immer attraktiver.

Es gibt sogar eine Kutschen-Parade.

Der Derby-Tag.

1901 wurde eines der teilnehmenden Pferde, Pförtner, vom Starter so schwer verletzt, daß es eingeschläfert werden mußte.

1905 starteten nur fünf Pferde, 1971 hingegen mit 24 startenden Pferden das bisher größte Feld.

1979 ritt die 18jährige Monika Blasczyk Varanes und 1985 ein japanischer Jockey den Außenseiter Ordensadler. Beide beendeten das Rennen unter »ferner liefen«.

Die Spitzenjockeys, besten Trainer und Besitzer 1992 waren Andrei Tylicki, Bruno Schütz und Gestüt Fährhof.

Der Einlauf beim BMW Derby 1992.

Der Absattelplatz.

Die Wettschalter.

Sie durchqueren das Wasser.

Der Führring.

Das siegreiche Team.

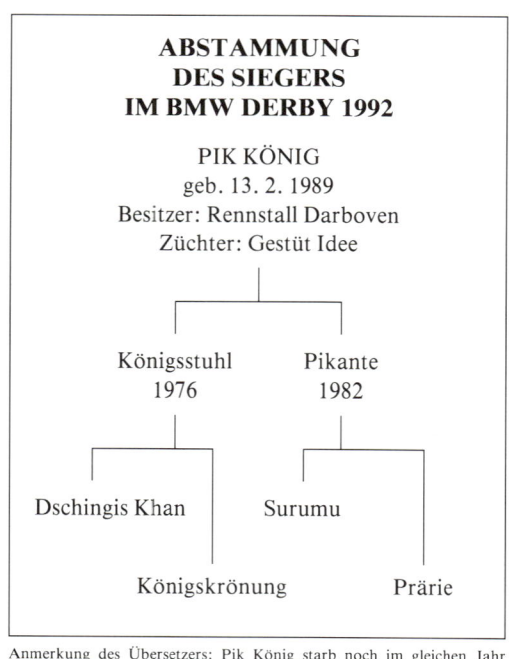

ABSTAMMUNG DES SIEGERS IM BMW DERBY 1992

PIK KÖNIG
geb. 13. 2. 1989
Besitzer: Rennstall Darboven
Züchter: Gestüt Idee

	Königsstuhl 1976		Pikante 1982	
	Dschingis Khan		Surumu	
		Königskrönung		Prärie

Anmerkung des Übersetzers: Pik König starb noch im gleichen Jahr durch einen Unfall.

HOPPEGARTEN

GOETHEALLEE 1, POSTFACH 4702, 1271 DAHLWITZ-HOPPEGARTEN
TEL. 49-3342-80351, FAX 49-3342-7745

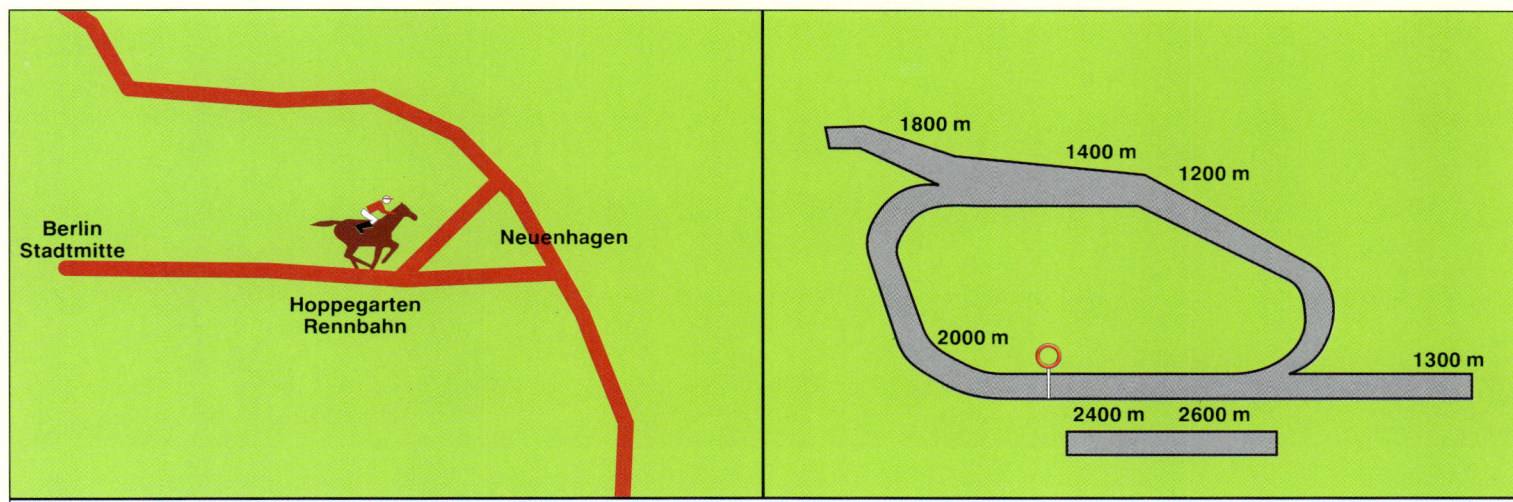

DISTANZEN, VERKEHRSVERBINDUNGEN UND PARKPLÄTZE

Die Hoppegartener Rennbahn liegt ca. 25 km östlich von Berlins Stadtmitte. Mit der U-Bahn erreicht man sie in ungefähr 30 Minuten. Es gibt an der Rennbahn Parkplätze für mehr als 1000 Autos.

 Grasbahn, Rechtskurs, Gesamtlänge der Bahn 2400 m. Die Zielgerade ist 550 m lang.

 Für jeden Renntag wird ein Rennprogramm herausgegeben.

 Präsident, Herr Kurt Becker
Vize-Präsident, Herr K. D. Ellerbrake
General Manager, Herr Artur Boehlke

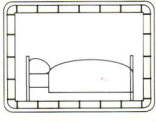 Unterkunft für Pferdepfleger vorhanden

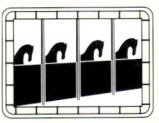 400 Boxen

 Sand-, Gras- und Equitrackbahnen stehen für Trainingszwecke zur Verfügung.

 20 Quarantäneboxen

 Dr. J. Mill

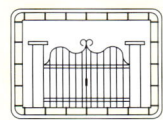 Eintritt: 5 DM
Reservierte Sitzplätze: 25 DM
Keine Kleidervorschrift

 Buchmacher und Totalisator

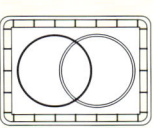 Keine Kreditkarten

 18 Renntage (hauptsächlich sonntags) von April bis Oktober.

 Logierhaus Hotel, Tel. 49-3342-80345

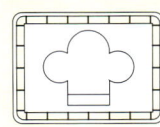 Oleander Restaurant
Reservation: Tel. 49-3342-80309.

 Keine Gestüte in der Nähe.

 Die Hoppegartener Rennbahn liegt so nah an der Berliner Stadtmitte, daß man jede Form der Unterhaltung und des Vergnügens findet.

75

Ein Blick von den Tribünen auf die Rennbahn beim Großen Preis Zino Davidoff.

Menschenmassen nach dem Fall der »Mauer«

Hoppegarten liegt östlich von Berlin im ländlichen Bezirk Strausberg. Am 17. Mai 1868 fand dort das erste offizielle Rennen statt, seither ist diese Rennbahn die einzige in Groß-Berlin.

Die Rennbahn liegt auf einem 440 Hektaren großen Gelände. Es gibt zusätzlich noch drei Trainingsbahnen mit einer Gesamtlänge von 18 km, rund 400 Boxen stehen zur Verfügung.

Die Haupttribüne faßt 4000 Besucher, gilt als architektonische Besonderheit und steht daher unter Denkmalschutz. Daneben gibt es noch zwei kleinere Tribünen für ca. 1000 Zuschauer. Außerdem findet man noch zwei Restaurants auf dem Rennbahngelände.

In der Vergangenheit war Hoppegarten einer der bedeutendsten internationalen Treffpunkte für Teilnehmer in Galopprennen. Viele der wichtigsten Rennen wurden hier ausgetragen, am bekanntesten sind das Henkel-Rennen, das Schwarzgold-Rennen, die Goldene Peitsche, der Große Preis der Reichshauptstadt, das Union-Rennen und das St. Leger.

Es gab internationale Rennwochen, bei denen der Große Preis von Berlin im Mittelpunkt stand. Auf diesem Kurs war es auch, daß der legendäre Otto Schmidt, inzwischen verstorben, den ersten seiner 2218 Siege errang, mit Omaha im Jahr 1915. Am 1. Juni 1930 startete »Otto-Otto« in sechs Rennen und siegte in fünf, u. a. im Preis der Diana, im Silbernen Pferd und im Hindenburg-Rennen.

Nach den letzten turbulenten und weniger ruhmreichen Jahren, in denen drei Länder Anspruch auf dieses Gelände erhoben, ist die Zukunft von Hoppegarten noch ungewiß.

Nach dem Fall der Mauer 1991 wurde die Rennbahn allerdings wieder in Ordnung gebracht, im Großen Preis von Berlin starteten ausländische Pferde, und eine große Menschenmenge besuchte die Veranstaltung.

Dichte Menschenmengen füllen die Tribünen vor dem Start.

Das Feld passiert die Tribünen.

Hoppegartens Chefjockey Lutz Pynitz ist sehr glücklich über seinen Sieg im Holsten-Brauerei Grand Prix 1992.

HOPPEGARTEN

Hoppegarten aus der Vogelperspektive.

BAHNREKORDE

Distanz	Zeit	Datum	Pferd	Alter	Gewicht	Abstammung	Jockey	Trainer
1000 m (*)	0:58,6	18. 8. 91	Orange Sunblaze	2	54	Blazing Saddles-This Sensation	L. Pyritz	E. M. Leistner
1200 m (*)	1:09,6	8. 6. 91	Ravelien	3	55	Noblequest-Rain Drops	O. Schick	H. Blume
1400 m	1:25,1	23. 7. 72	Immunis	4	61,5	Imperial-Mikrozkop	T. Farkas	M. Gelicz
1400 m (*)	1:22,0	16. 6. 91	Irish Stew	3	59	Dalsaan-Ich Dien	L. Pyritz	H. Blume
1600 m	1:35,8	14. 7. 91	Flying Brave	3	53	Persian Bold-Flying Sauce	J. A. Reid	J. Dunlop
1800 m	1:52,0	30. 5. 66	Menam	3	60	Mio-Mayfair	A. Mirus	R. Lehmann
2000 m	2:03,3	27. 7. 69	Notas Kapitany	3	58	Nostrademus-Pacsirta	T. Farkas	G. Matyu
2200 m	2:17,4	26. 6. 60	Abendsang	5	58,5	Lysander-Abendstille	W. Held	E. Schneck
2400 m	2:27,0	22. 6. 91	Obrero	5	57	Surumu-Ocana	A. Tylicki	H. Jentzsch
2600 m	2:47,8	25. 8. 57	Steinadler	5	63	Ticino-Sonnenbalz	E. Czaplewski	E. Schneck
2800 m	2:56,1	9. 2. 79	Czubaryk	3	56,5	Erotik-Czeczma	E. Salagaj	A. Gozdzik

(*) Gerade Strecke

MÜNCHEN-RIEM

GRAF-LEHNDORFF STRASSE 36, 8000 MÜNCHEN 81

TEL. 49-89-908881, FAX 49-89-908197

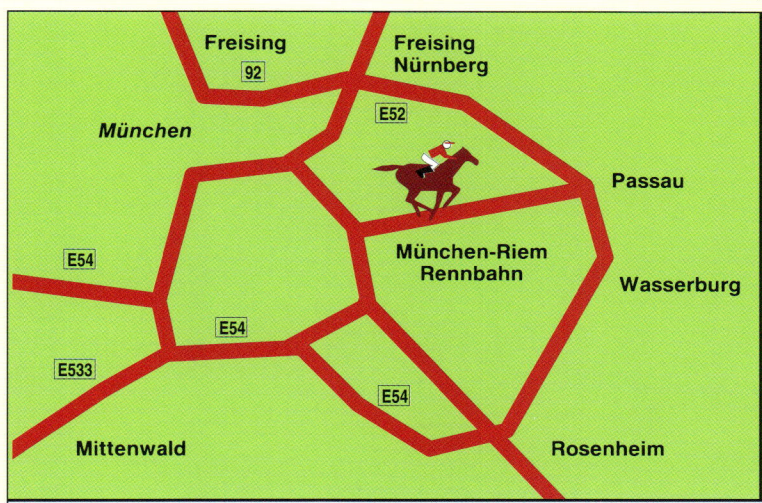

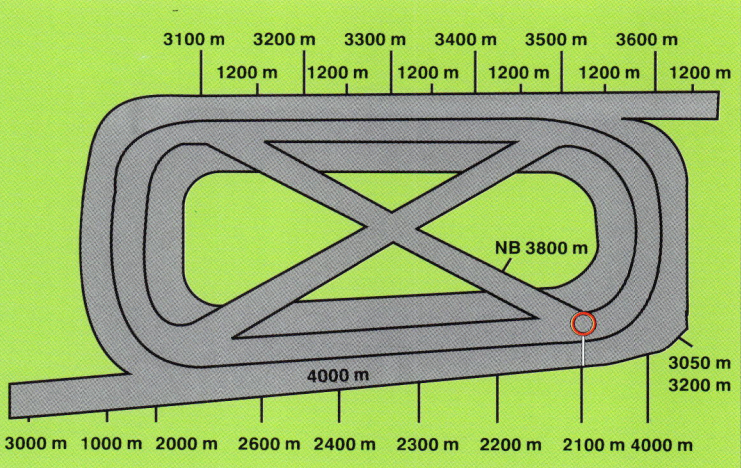

DISTANZEN, VERKEHRSVERBINDUNGEN UND PARKPLÄTZE

Die Rennbahn liegt im Münchener Vorort Riem, ca. 8 km von der Münchener Innenstadt entfernt. Die Rennbahn liegt nahe am alten Flughafen und ca. 18 km vom neuen Flughafen entfernt, letzterer wurde 1992 eröffnet und ist sehr gut mit dem Auto oder mit öffentlichen Verkehrsmitteln zu erreichen. Es stehen 100 Pferdeboxen zur Verfügung und Parkplätze für mehr als 2500 Autos.

 Linkskurs, Grasbahn, eben, 1836 m.

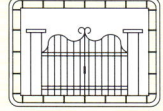 Eintritt: 6 DM
Tribüne: 10 – 25 DM
Reservierung: Tel. 49-89-908881

 Für jeden Renntag gibt es eine Rennkarte.

 Buchmacher und Totalisator

 Präsident, Herr Dietrich von Bötticher
Vize-Präsident, Herr Peter Bönisch
General-Manager, Herr Horst G. Lappe

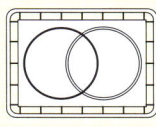 Keine Kreditkarten

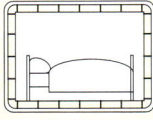 Keine Unterkunft für Pferdepfleger vorhanden.

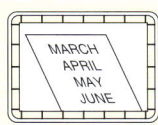 27 Renntage von Ende März bis Anfang November (Meistens sonnabends und sonntags).

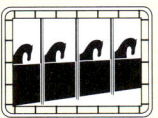 450 Boxen

 Hotel zur Post, Tel. 49-89-9032027
Hotel Schreiberhof Tel. 49-89-90006459

 Zum Training steht eine Sandbahn von 2000 m zur Verfügung.

 Käfer Party-Service
Pub Alte Tribüne
Reservierungen nur: Tel. 49-89-908881

 6 Quarantäneboxen in einer Tierklinik (Dr. Breuer).

 Gestüt Ammerland, Ammerland
Gestüt Hachtsee, Habach
Gestüt Isarland, Starnberg-Percha

 Dr. Dieter Breuer
Dr. Maximilian Pick

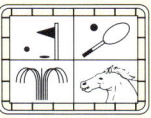 Für Unterhaltung und Vergnügen:
Information unter Tel. 49-89-2391209

Die Rennbahn.

Galopprennen in München

Die bayerische Hauptstadt München hat eine der schönsten Galopprennbahnen Deutschlands. Diese ist im Besitz des Münchener Rennvereins, welchem auch das Management dieser seit mehr als einem Jahrhundert bestehenden Rennbahn obliegt. Die ersten organisierten Galopprennen wurden in München zu Beginn des 19. Jahrhunderts auf der Theresienwiese in der Innenstadt ausgetragen. Heute findet dort jedes Jahr das weltberühmte Oktoberfest statt.

Von Ende März bis Anfang November gibt es jährlich 27 Renntage in Riem, meistens an Sonn- oder Feiertagen. Es werden fast nur Galopprennen ausgetragen, obgleich es gelegentlich auch Trabrennen gibt, denn München ist ein Zentrum des Trabrennsports. Die zwei wichtigsten Rennen in München sind der Große Hertie-Preis von Deutschland (Gruppe 2) für Dreijährige über 2200 m Mitte Mai und der Große Mercedes-Benz Preis (Gruppe I) für dreijährige und ältere Pferde über 2000 m am ersten Sonntag im August. Beide Rennen sind international sehr interessant; so wurde der Große Hertie-Preis 1991 von Scheich Mohammeds Malmsey gewonnen, dieses Pferd wurde von André Fabre in Frankreich trainiert und von Steve Cauthen geritten, 1992 siegte in diesem Rennen D. R. Hunnisetts Captain Horatius (Trainer John Dunlop, Jockey John Reid). Den Mercedes-Benz Preis gewann 1991 Aga Khans Kartajana (William Mongil), ein weiteres in Frankreich trainiertes Pferd, Fortune's Wheel (Lester Piggot), wurde Zweiter. In der Rennsaison werden in München noch zahlreiche andere wichtige Prüfungen entschieden, einschließlich einer ganzen Reihe eingetragener Fliegerrennen. Das Geläuf selbst ist ein hervorragender Linkskurs, der immer in erstklassigem Zustand ist; die vielen internationalen Trainer und Jockeys, die zu den Rennen nach München kommen, sind stets des Lobes voll.

Der Führring.

Aga Khans Kartajana (Jockey W. Mongil) gewinnt den Großen Mercedes-Benz Preis 1991.

Der Führring.

MÜNCHEN-RIEM

Die letzten 50 m.

DIE ERFOLGREICHSTEN TRAINER UND JOCKEYS 1991

Trainer	Siege	Starts	%	Preisgelder
Erich Pils	34	321	10,59	327 550 DM
Mario Hofer	17	142	11,97	170 450 DM
H. J. Koll	14	150	9,33	192 850 DM
W. Figge	12	85	14,12	87 050 DM
F. Drechsler	12	78	15,38	113 600 DM
H. Ziese	10	110	9,09	127 500 DM
D. Brümmer	10	147	6,80	91 400 DM
Frau J. Mayer	10	72	13,89	81 200 DM
D. Fechner	9	92	9,78	75 700 DM
W. Sonntag	8	85	9,41	78 000 DM
W. Gülcher	8	40	20,00	56 300 DM
Dr. A. Falewicz	7	80	8,75	52 600 DM
O. Gervai	5	129	3,88	45 800 DM
J. Albrecht	5	43	11,63	33 800 DM
G. Kussatz	4	49	8,16	37 900 DM

Jockey	Siege	Starts	%	Preisgelder
Dave Wildman	20	166	12,05	210 900 DM
H. P. Ludewig	19	132	14,39	176 700 DM
J. L. Pelletan	17	147	11,56	212 250 DM
A. M. Bond	17	92	18,48	173 300 DM
S. Grais	12	97	12,37	79 300 DM
G. Huber	10	83	12,05	126 000 DM
A. Luce	10	95	10,53	87 700 DM
J. D. Hillis	8	75	10,67	55 800 DM
Frl. G. Utke	7	80	8,75	50 550 DM
G. Förg	6	57	10,53	71 100 DM
Frl. S. Ullman	6	78	7,69	53 350 DM
T. Kelleher	5	104	4,81	83 300 DM
A. Freeman	5	61	8,20	68 900 DM
J. P. Lopez	5	23	21,74	30 300 DM
Manfred Hofer	4	22	18,18	48 300 DM
J. Beulay	4	15	26,67	58 300 DM

Der erste Bogen.

Der Absattelplatz.

GREECE

(GRIECHENLAND)

FALIROU

DELTA FALIROU, ATHEN
TEL. 30-1-9417761, FAX 30-1-9431699

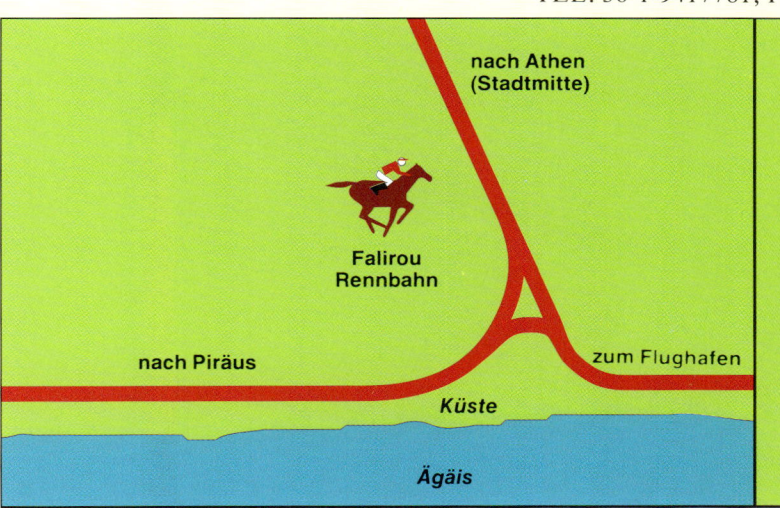

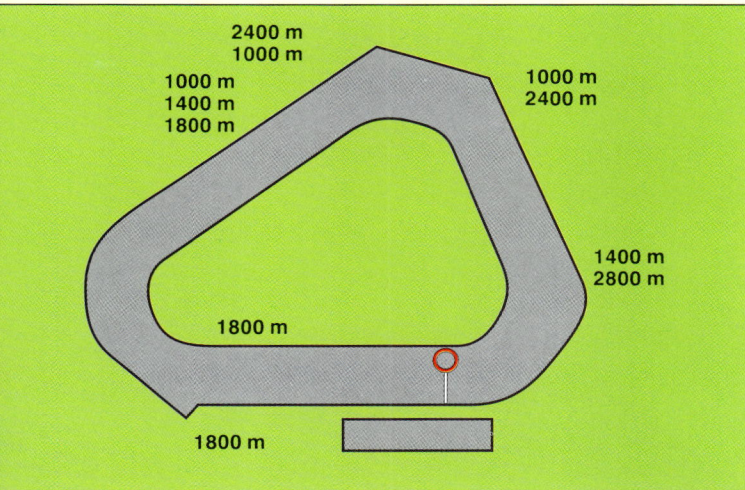

DISTANZEN, VERKEHRSVERBINDUNGEN UND PARKPLÄTZE

Diese Rennbahn liegt sehr nahe am internationalen Flughafen (ca. 5 km entfernt) und an der Athener Innenstadt (ca. 6 km entfernt). Man erreicht die Rennbahn sehr bequem mit der U-Bahn (Omonia Station), es gibt aber auch Parkplätze.

 Dirt-Track, Linkskurs, eben, Gesamtumfang ca. 1600 m.

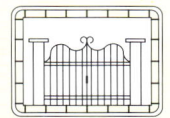 Haupttribüne: 1000 Drachmen (DR)
Erste Klasse: 400 DR
Zweite Klasse: 200 DR

 Für jede Veranstaltung wird ein Rennprogramm herausgegeben.

 Totalisator

 Präsident, Herr S. Demestichas
Vize-Präsident, Herr E. Karathanos
General Manager, Herr G. Diapoulis
Manager, Herr P. Chimoniadis, Herr J. Kalizakos

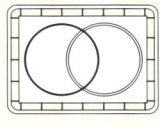 Keine Kreditkarten

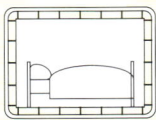 Unterkunft für Pferdepfleger vorhanden.

 Drei Renntage/Woche (Montag-Mittwoch-Freitag), ganzjährig.

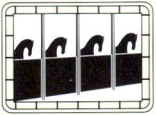 1200 Boxen

 Handris Hotel, Tel. 30-1-9414824
Intercontinental Hotel, Tel. 30-1-9220007
Lidra Marriott Hotel, Tel. 30-1-9347711

 Auf dem Rennbahngelände stehen Trainingsbahnen zur Verfügung.

 Im Zentrum des Rennbahngeländes gibt es ein Restaurant.
Reservierung: Tel. 30-1-9417761

 30 Quarantäneboxen in Anavissos, ca. 40 km entfernt.

 Anavissos Farm
Ipoteur Farm
Kopaida Farm
Lazarinas Farm

 Dr. V. Barous
Dr. M. Glikis
Dr. A. Omirou
Dr. A. Perrakis

 Schwimmen, Rudern, Segeln. Nahe der Rennbahn gibt es ein Planetarium.

Die Tribünen und die Rennbahn.

Galopprennen am Piräus

Ein paar Geschäftsleute gründeten 1924 die erste eingetragene Rennsportvereinigung in Griechenland. Die ersten Rennen wurden im selben Jahr ausgetragen. Amateurrennen waren genauso beliebt wie die der Profis, der beste Amateur war Papagiannis, ein Offizier in der Armee, während der beste Profi-Jockey A. Batis war. Das erste Griechische Derby fand am 1. November 1925 statt. Gewonnen wurde es von dem sehr berühmten Dream Dance.

1926 wurde der Jockey Club Griechenlands gegründet.
1951 war William Riz, ein Engländer, der alleinige Gouverneur der griechischen Rennsportvereinigung.
1968 übernahm die Horse Racing Organisation von Griechenland die Austragung von Galopprennen in Falirou, einer Rennbahn nahe der Athener Innenstadt.

Blick auf das gesamte Rennbahngelände.

Blick auf das Restaurant.

Sie sind gestartet.

Parade vor den Tribünen.

Der Führring.

Der Sieger.

Der Sieger wird hereingeführt.

Präsentation des siegreichen Teams.

ERFOLGREICHSTE TRAINER 1991

Trainer	Rennen	Siege
Herr Polikandritis	688	124
Herr Solomonidis	555	108
Herr Gianoulis	364	63

ERFOLGREICHSTE JOCKEYS 1991

Jockey	Rennen	Siege
Herr Sotiropoulos	375	114
Herr Stavrou	426	81
Herr Georgiou	349	62

ITALY
(ITALIEN)

AGNANO

VIA RAFFAELE RUGGIERO, 80125 NAPOLI

TEL. 39-81-5701660, FAX 39-81-5700377

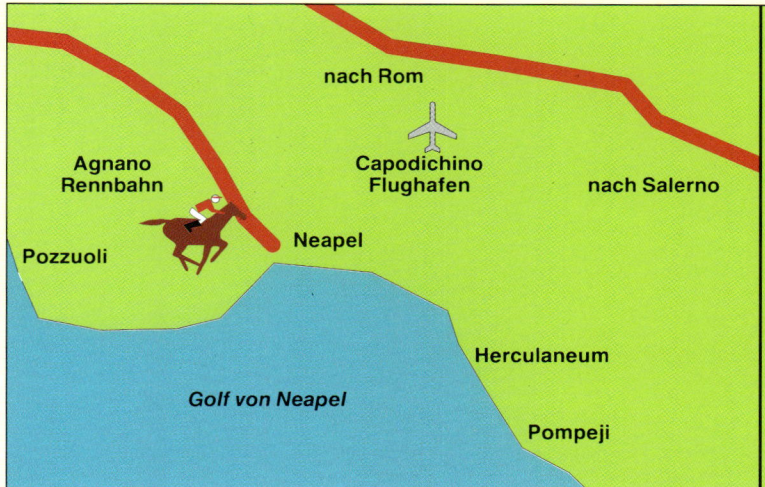

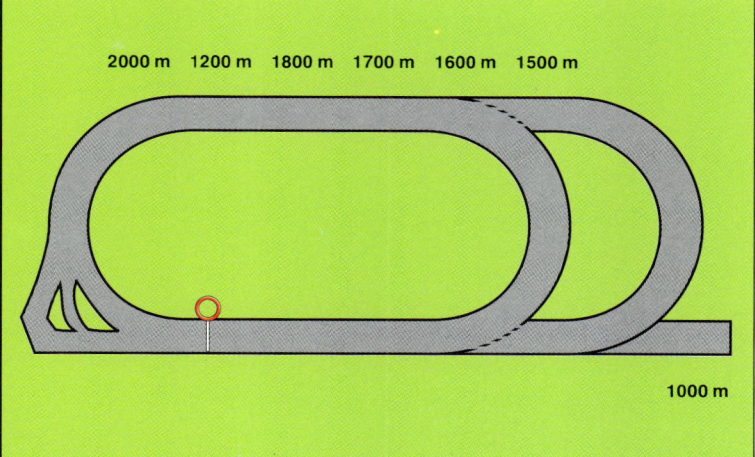

DISTANZEN, VERKEHRSVERBINDUNGEN UND PARKPLÄTZE

Die Rennbahn liegt nördlich von Neapels Innenstadt (30 Minuten mit dem Auto). Sie ist aber auch mit öffentlichen Verkehrsmitteln zu erreichen: Buslinie 102 vom Stadtzentrum. Der internationale Capodichino Flughafen ist ca. 20 km entfernt. Das für seine Solfatara (Vulkangestein mit Schwefelgasaushauchung) bekannte Städtchen Pozzuoli liegt ganz in der Nähe. Die ganze Gegend ist reich an natürlichen Thermalquellen. An der Rennbahn können ca. 1000 Autos parken.

 Die größere Grasbahn ist ca. 2500 m lang, Rechtskurs, mit langer Zielgeraden von 750 m (bergauf). Die innere Grasbahn mißt ca. 1800 m. Die Gerade, ebenfalls eine Grasbahn, mißt ca. 1000 m.

 Für jeden Tag wird eine Rennkarte ausgegeben.

 Präsident, Herr Annibale Viscomi
Vize-Präsident, Herr Pio Bruni
Manager, Herr Giovanni Branchini

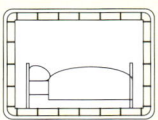 Unterkunft für Pferdepfleger vorhanden.

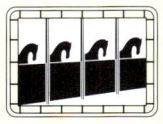 400 Boxen

 Eine Trainingsbahn von ca. 800 m steht zur Verfügung (Dirt-Track).

 75 Quarantäneboxen

 Dr. Vincenzo Biondi
Dr. Lino Longobardi
Dr. Vincenzo Villani

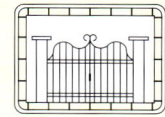 Haupttribüne: 5000 Lire (keine Kleidervorschrift)
Clubhaus: auf Anmeldung
Information: Tel. 39-81-5700972

 Buchmacher und Totalisator

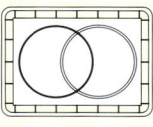 Keine Kreditkarten

 64 Renntage (Januar, Februar, November und Dezember: Tagrennen. Juni, Juli und August: Nachtrennen).

 Excelsior Hotel, Tel. 39-81-7640111
Royal Hotel, Tel. 39-81-7644800
Vesuvio Hotel, Tel. 39-81-7640591

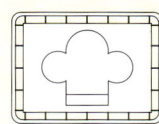 Ristorante Ippocampo-Pizzeria
Reservierung: Tel. 39-81-7626496

 Keine Gestüte in der Nähe.

 Kurbad, Tennis, Schwimmen, Rudern.

Die Rennbahn in der Abenddämmerung.

Einmalige Atmosphäre nahe den berühmten Solfatara

Zu Beginn dieses Jahrhunderts beschloß Herr Raffaele Ruggiero, der Gemeinde Neapel ein Stück Land zu geben – eigentlich war es der See Agnano, den er kurz vorher trockengelegt hatte – damit dort eine Rennbahn für Galopprennen angelegt werden konnte.

Am 2. Juni 1931 wurde im Beisein von Herrn Francesco de Luca, einem Notar, die Società Villa Glori gegründet, und nur vier Jahre später, am 2. Juni 1935, wurde die Rennbahn eröffnet und sowohl Mitglieder der königlichen Familie als auch Vertreter der Aristokratie wohnten der Veranstaltung bei.

Bernina, eine Stute aus dem Besitz des großen Tesio-Incisa Stalles, gewann die erste Ausgabe des Gran Premio Città di Napoli.

Schon bald, nachdem die Società Villa Glori Agnano ihre Arbeit aufgenommen hatte, wurde innerhalb der Galopprennbahn ein Dirt-Track für Trabrennen gebaut.

Neben Treviso, wo nur wenige Renntage im Jahr abgehalten werden, ist Agnano die einzige italienische Rennbahn, wo auf demselben Gelände sowohl Trab- als auch Galopprennen stattfinden.

Vollblüter galoppieren auf drei Grasbahnen, zum Training steht ein Dirt-Track zur Verfügung; weitere vier Bahnen, davon eine zum Trainieren, sind für die Traber vorhanden.

Die Grasbahnen stellen hohe Anforderungen an die Ausdauer der Pferde, denn die Zielgerade ist bis auf die letzten 200 m stark ansteigend.

Das Gelände ist so hervorragend drainiert, daß noch nicht einmal heftige Regenfälle die Rennen beeinträchtigen können, noch nicht eine einzige Veranstaltung mußte abgesagt werden, weil die Bahn unter Wasser stand.

Es gibt ca. 1000 Pferde, einschließlich 650 Traber, in Agnano, die sich in dieser einzigartigen Atmosphäre sichtlich wohl fühlen.

Blick auf den Führring.

Die Pferde verlassen die Stallungen.

Auf dem Rückweg.

Die dichtbesetzte Tribüne.

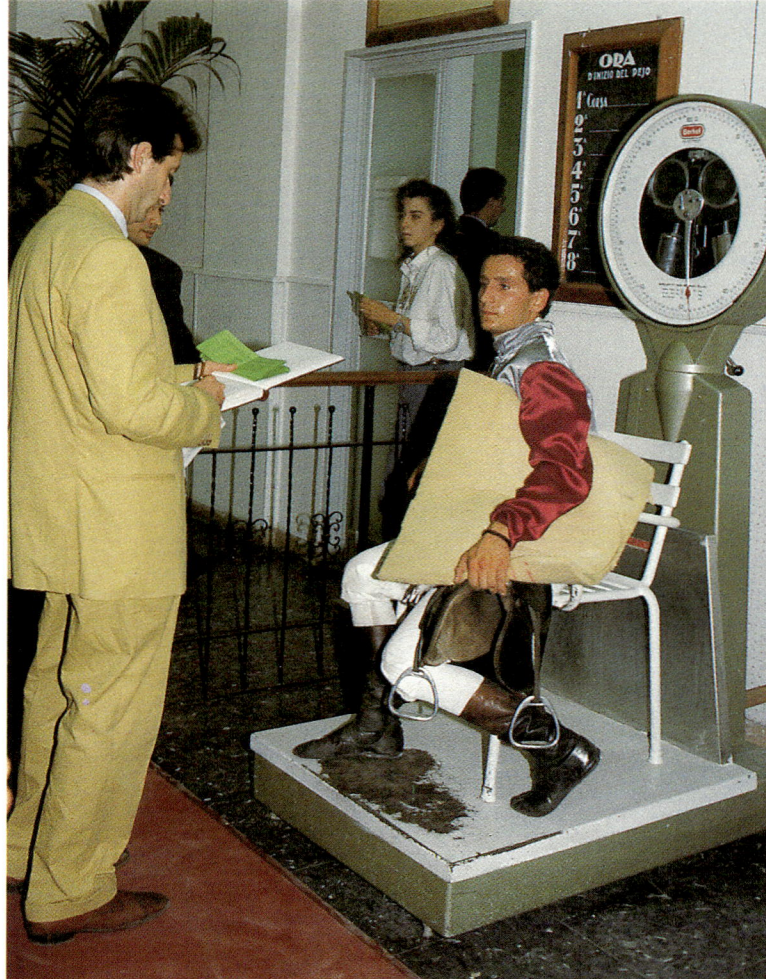

Eingewogen!

Der Sieger wird hereingeführt.

AGNANO

CAPANNELLE

VIA APPIA NUOVA 1255, 00178 ROMA

TEL. 39-6-7183143/4/5, FAX 39-6-7188591

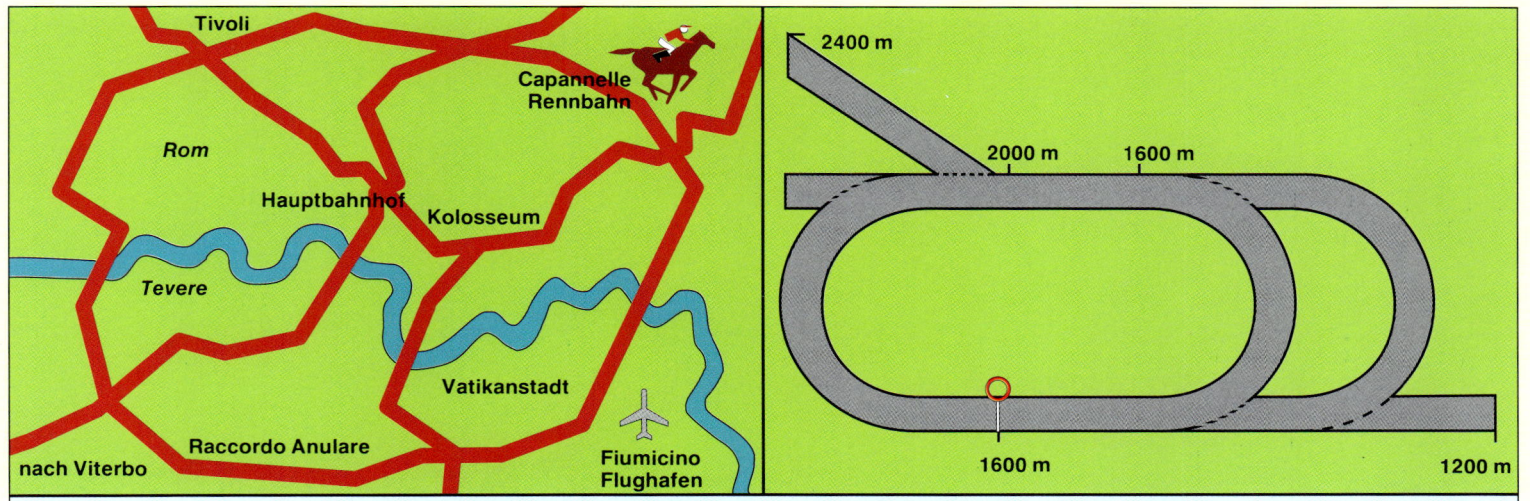

DISTANZEN, VERKEHRSVERBINDUNGEN UND PARKPLÄTZE

Die Capannelle Rennbahn liegt im südlichen Teil von Rom (12 km vom Kolosseum) an der Abzweigung Appia Nuova und GRA (Ausfahrt 23). Ciampino Airport liegt nur 1 km entfernt, Fiumicino Airport 25 km. Von Rom-Termini braucht der Zug 15 Minuten bis Capannelle, und der Bahnhof von Capannelle liegt ca. 600 m vom Haupteingang der Rennbahn entfernt. U-Bahn: Nehmen Sie die A-Linie bis Colli Albani, dann den Bus 664 bis zum Haupteingang des Rennbahngeländes. Taxi: Rufen Sie Tel. 3570/3775/8433. In der Nähe der Rennbahn können ca. 4000 Autos parken.

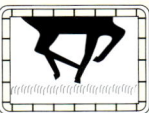 Rechtskurs, Gras- und Sandbahn vom Start her leicht bergauf, zu Beginn der Zielgeraden bis ins Ziel leicht bergab.

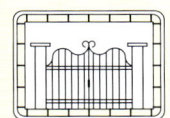 Peso: 5000 Lire an Sonntagen 4000 Lire an Wochentagen (Jackett und Krawatte im Clubhaus). Prato: freier Eintritt

 Für jeden Renntag gibt es ein Rennprogramm kostenfrei.

 Buchmacher und Totalisator

 Präsident und Direktor, Conte Guido Melzi d'Eril General Manager, Herr Alessandro Berardelli Geschäftsführer, Herr Piero Celli

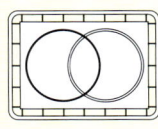 Bargeld (Banca Nazionale del Lavoro)

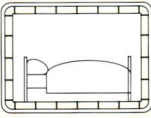 Unterkunft für Pferdepfleger vorhanden.

 Drei Renntage pro Woche im Frühling und Herbst (März bis Mitte Juni und von September bis November), zwei Renntage pro Woche im Winter.

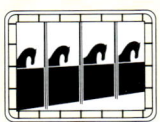 Boxen stehen zur Verfügung.

 Hilton Hotel, 39-6-31511 Le Grand Hotel, 39-6-4709 Sheraton Hotel, Tel. 39-6-5453

 Für Trainingszwecke stehen in Ciampino, unterhalb der GRA, eine Gras- und eine Sandbahn zur Verfügung. Nicht weniger als 100 Trainer und 1100 Pferde können untergebracht werden.

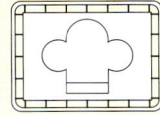 Ristorante Mimmo (nur an Renntagen) Reservierung: Tel. 39-6-7184692 Trattoria delle Corse (täglich) Reservierung: Tel. 39-6-7187238

 4 Quarantäneboxen

 Keine Gestüte in der Nähe.

 In der Rennsaison ist ein Tierärzteteam auf dem Rennbahngelände in Dienstbereitschaft.

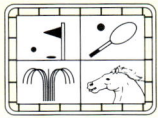 Kinderspielplatz an der Rennbahn, Golf Club Acquasanta (3 km): Tel. 39-6-7803407

Der Führring.

Von Porta S. Giovanni … bis Capannelle

Der Galopprennsport in Rom hatte mit vielen Schwierigkeiten zu kämpfen, bevor er in Capannelle ein Zuhause fand. Unter päpstlichem Regime, vor 1870, wurden Galopprennen in der Gegend von Porta S. Giovanni durchgeführt. Die Veranstaltungen wurden aber gleich wieder eingestellt, weil patriotische Demonstrationen stattfanden. Der Papst selber war zu der Zeit sehr gegen Prinz Gianetto Doria, Rennpferdebesitzer, dessen Farben weiß, rot und grün denen der italienischen Flagge entsprachen, eingestellt.

Einige Jahre später gründeten Rennsportanhänger eine Gesellschaft, um regelmäßig Galopprennen in der Gegend von Capannelle durchzuführen. Die Programme der Veranstaltungen glichen denen in ganz Europa. In der Zwischenzeit wurden als Kontrollorgane des Galopprennsports zunächst der Italienische Jockey Club und später die Società degli Steeple-Chases d'Italia ins Leben gerufen.

Etwas später, im Jahre 1911, baute Conte Felice Scheibler mit der Hilfe des Italienischen Jockey Clubs und der Società degli Steeple-Chases eine neue Rennbahn, Parioli, die noch im selben Jahr eröffnet wurde. Der berühmte Badajoz aus Frankreich, in den Farben von Herrn Michel Lazard, gewann das Omnium. Er schlug dabei den hoch favorisierten Guido Reni. Andere internationale Veranstaltungen wurden in Tor di Quinto abgehalten. Diese Rennbahn wurde später von der berühmten Scuola di Cavalleria erworben.

Die VIP-Tribüne.

Blick von der Rennbahn auf die Tribüne.

CAPANNELLE

1926 eröffnete Marchese Alberto Teodoli, zusammen mit den Herren Ranucci, Centurini und Parodi Delfino, Marchese Camillo Casati und Conte Moncada die majestätische Rennbahn Capannelle.

Der erste Sieger mit Format war Apelle, der vor einer großen Menschenmenge im Premio dell'Inaugurazione das Feld mit einem Start-Ziel Sieg deklassierte. Später siegte er dann noch in wesentlich bedeutenderen Rennen wie dem Derby und dem Gran Premio di Milano in S. Siro.

Hergerichtet wurde die Rennbahn von dem Baumagnaten Herrn Giuseppe Tudini und dem damals sehr berühmten Architekten Herrn Vietti Violi. General Manager und Sekretär war Herr Ambrogio Peluzio.

Die Tribünen, die Grasbahn und der Dirt-Track sind in eine großartige Landschaft hineingebaut worden. Sie befinden sich ganz in der Nähe von Kaiser Claudius' Äquadukt, der verschwenderisch ausgestatteten Villa von Lucrezia Romana am Fuße der Albani-Hügel.

Die Tribünen können über 30 000 Zuschauer fassen. Viel Arbeit und hervorragende Organisation verschafften Capannelle den Ruf, eine der besten Rennbahnen Europas zu sein, das Gelände umfaßt ca. 1,6 km².

Der Dirt-Track hat sich in den Galopprennen sehr bewährt, denn sie werden im Winter gelaufen, von Januar bis Ende März. Gleichzeitig werden einige der wichtigsten National Hunt Rennen Italiens ausgetragen. Auch die Trainingsbedingungen sind erstklassig: eine 2600 m lange Grasbahn und ein Dirt-Track gleicher Länge stehen zur Verfügung. Auf der Innenseite sind zwei weitere Grasbahnen von 1800 m, eine davon mit Gräben und Hindernissen. Sogar die Stallungen sind von einer 1200 m langen Sandbahn umgeben, so daß die Pferde optimal trainiert werden können. Die hier gebotenen Alternativen verhindern Langeweile und Nervosität.

Im Zweiten Weltkrieg wurde Capannelle schwer beschädigt, doch der Vorstand der Gesellschaft unternahm alle denkbaren Anstrengungen, die Rennbahn vollständig auszubessern und zu restaurieren. Sogar die Verantwortlichen der Società Capannelle, diese Gesellschaft verwaltet heute die Rennbahn, haben sich selbst dazu verpflichtet, die Rennbahn ständig zu verbessern, um die Anlage immer up-to-date zu haben. Der Wettumsatz, die Teilnehmerzahl und die Qualität der vorgestellten Pferde sprechen für sich.

Der Restaurationsbetrieb.

Der frühere italienische Präsident Herr F. Cossiga und der frühere Premierminister Herr G. Andreotti mit dem siegreichen Team am Derby-Tag im Mai 1991.

Der frühere Premierminister, Herr G. Andreotti, wird von Herrn P. Bruni und Herrn C. D'Alessio, einem einflußreichen Pferdebesitzer, geehrt.

Mittagszeit am Derby-Tag.

WETTUMSATZ (in Lire)

	1987	1988	1989	1990	1991
Buchmacher	29 210 468 000	30 798 000 000	31 382 745 000	28 852 690 000	31 654 660 000
Totalisator	19 787 140 000	23 482 644 000	26 929 210 000	25 998 008 000	28 346 872 000
Total	48 997 608 000	54 280 644 000	58 311 955 000	54 850 698 000	60 001 532 000
Renntage	106	106	106	106	109

WETTUMSATZ UND BESUCHER AM DERBY-TAG

1988		1989		1990		1991		1992	
Total:	Lit. 1 378 135 000	Total:	Lit. 1 446 050 000	Total:	Lit. 1 472 946 000	Total:	Lit. 1 708 813 000	Total:	Lit. 1 615 500 000
Buchmacher:	Lit. 729 470 000	Buchmacher:	Lit. 817 050 000	Buchmacher:	Lit. 756 165 000	Buchmacher:	Lit. 818 350 000	Buchmacher:	Lit. 801 000 000
Totalisator:	Lit. 648 665 000	Totalisator:	Lit. 629 000 000	Totalisator:	Lit. 716 781 000	Totalisator:	Lit. 890 463 000	Totalisator:	Lit. 814 500 000
Besucher (Zahl):	12 200	Besucher (Zahl):	12 000	Besucher (Zahl):	11 500	Besucher (Zahl):	12 800	Besucher (Zahl):	11 600
Mitglieder:	2 800	Mitglieder:	2 800	Mitglieder:	2 760	Mitglieder:	2 800	Mitglieder:	2 800
Einladungen:	1 800	Einladungen:	1 800	Einladungen:	2 300	Einladungen:	2 500	Einladungen:	1 800

Hailsham, rechts vorne, gewinnt das Derby Italiano 1991.

CAPANNELLE

MAIA

VIA PALADE, 39012 MERANO
TEL. 39-473-43308, FAX 39-473-36154

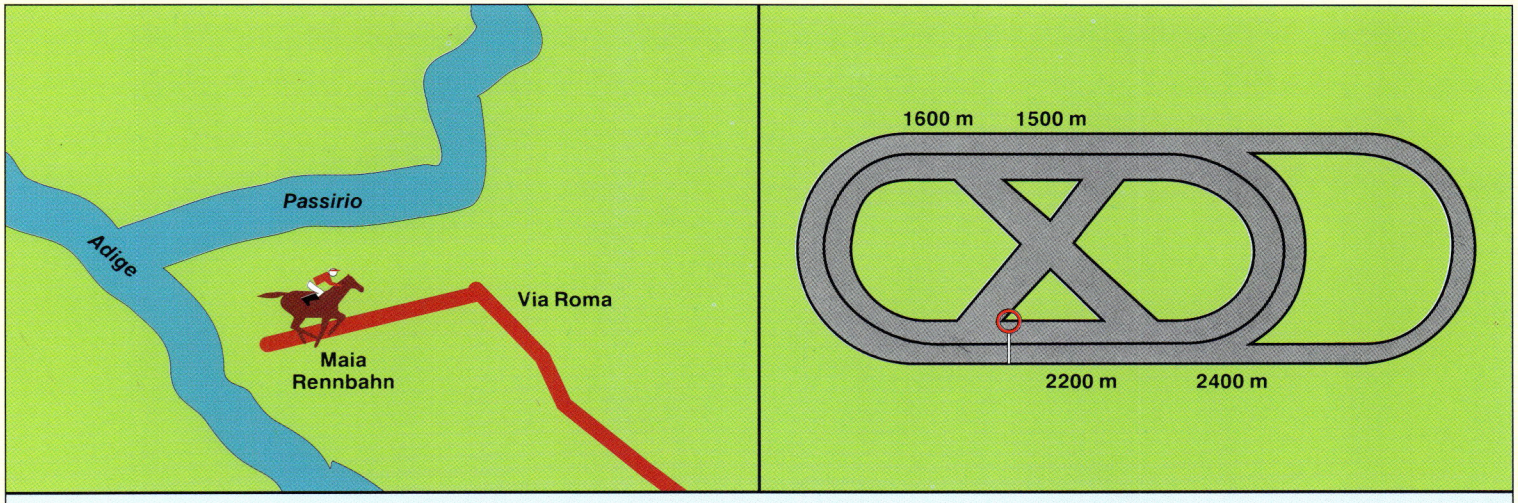

DISTANZEN, VERKEHRSVERBINDUNGEN UND PARKPLÄTZE

Maia Rennbahn liegt im Stadtzentrum von Meran. Der Bahnhof Maia Bassa ist nur 400 m von der Rennbahn entfernt und vom Stadtzentrum aus gibt es eine Busverbindung (Linie 11). Von Milano und Venedig braucht man mit dem Auto 2 1/2 Stunden bis Meran, von Innsbruck (Österreich) aus nur 1 1/2 Stunden. Parkplätze gibt es in der Nähe des Hauptbahnhofs.

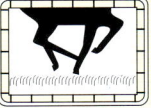 Grasbahn, Rechtskurs, eben. Die Gesamtlänge der Pista Grande beträgt ca. 2000 m.

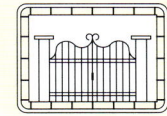 Eintritt: 7000 Italienische Lire
Keine Kleidervorschrift

 Für jeden Renntag wird ein Rennprogramm ausgegeben.

 Buchmacher und Totalisator

 Präsident, Herr Franco Richard
Vize-Präsident, Herr Paolo Franceschini
General Manager, Frau Carla Zanfrà

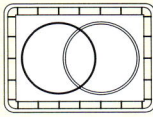 Bekannte Kreditkarten werden akzeptiert.

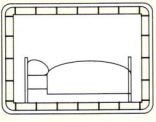 Unterkunft für Pferdepfleger vorhanden.

 22 Renntage von Ende April bis Ende Oktober

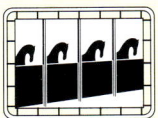 400 Boxen

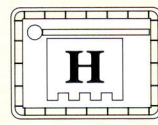 Palace Hotel, Tel. 39-473-211300
Meranerhof Hotel, Tel. 39-473-30230
Villa Eden, Tel. 39-473-36583

 Trainingsmöglichkeiten: Dirt-Track ca. 2200 m
Grasbahn ca. 1300 m
Übungsbahnen für Jagd- und Hindernispferde

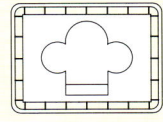 Keine Restaurants

 10 Quarantäneboxen

 Keine Gestüte in der Nähe.

 Dr. Maurizio Cornali

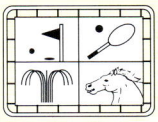 Winzerfest, Theater, Konzerte,
Centre de remise en Forme (H. Chenot).

Die Rennbahn aus der Vogelperspektive.

Rennsport vor malerischem Hintergrund

Fast in der Mitte des kleinen Städtchens Meran gelegen, gilt die Maia Rennbahn in ihrer Anlage als einzigartig.

Meran ist Urlaubsort und berühmtes Kurbad. Die Stadt liegt in einer malerischen, reizvollen Landschaft.

Schon in der Belle Epoche gab es in Meran eine kleine Rennbahn, wo gewöhnlich die besten Jockeys und Reiter aus Zentral-Europa ihr Können zeigten. Mitglieder der Königsfamilie und des Adelsstandes aus St. Petersburg, die Erzherzöge von Hofsburg, Kaiser Franz Joseph, seine Tochter Sissi und Baron von Ludwigsdorf wohnten jedem Rennen bei, seien es Galopprennen, Steeple-Chases oder Trabrennen. 1901 gewann Baron von Ludwigsdorf selbst

das erste durchgeführte Steeple-Chase Internazionale.

Und das war nur der Anfang.

Nach dem Ersten Weltkrieg wurde die Rennbahn trotz großer finanzieller Probleme der verantwortlichen Gesellschaft wieder aufgebaut. Die Probleme wurden jedoch immer größer, weil Hitler die Grenzen schließen ließ, was sich sehr zum Nachteil von Wirtschaft und Tourismus auswirkte.

1934 beschlossen die Verantwortlichen, im Zusammenhang mit dem Gran Premio eine Lotterie zu kreieren. Die erste Ausgabe dieses Rennens war mit einem garantierten Preisgeld von 1 000 000 Lire dotiert, zur gleichen Zeit waren das Derby Reale 400 000 Lire wert und der Grand Prix de Paris 700 000 Lire.

Herr Vietti Violi, ein sehr berühmter Architekt, entwarf die Tribünen, und ein Spezial-Kommitee wurde damit beauftragt, technische Probleme aufzudecken, alles mit dem Ziel, die Franzosen daran zu hindern, die besten Preise zu gewinnen. Außerdem versprachen Galopp- und Jagdrennen im Cross-Country-Stil immer qualitativ hochwertigen Sport, weil die besten Pferde genannt wurden. Der große Tenerani, Vater von Ribot, startete einmal, kam aber mit dem Geläuf nicht zurecht und wurde geschlagen.

In Meran finden zwei Rennveranstaltungen statt:

eine im Frühjahr, die andere im Spätsommer (Oktober), das Preisgeld beläuft sich auf 5 Billionen Lire. Während im Sommer die großen Rennbahnen geschlossen sind, ist Meran der einzige Ort, wo Pferde 1600 m mit nur einer Kehre laufen können.

Aus diesem Grund haben UNIRE (die italienische Steuerbehörde) und der Jockey Club Italiano beschlossen, sich dort sehr für Galopprennen während der Sommerferien einzusetzen.

Die Preisgelder sind so attraktiv, daß selbst Pferde aus dem Ausland kommen, um ihre Chancen auf einen Sieg in Maia wahrzunehmen. Für die Jagdrennen ist die Rennbahn auch als »La Scala« bekannt.

Einige der besten Galopp-Trainer haben sich dazu entschlossen, den August in Maia zu verbringen, um ihren besten Zweijährigen die optimale Vorbereitung für ihren letzten Start in der Saison zu geben.

Zur Hauptveranstaltung kommen nicht nur ausländische Pferde aus Europa, sondern auch aus Australien und Neuseeland.

Die Direktoren der Società Meranese planen, die Trainingsmöglichkeiten noch mehr zu verbessern. Dieses und die bereits bestehenden Vorteile dieser Rennbahn, wie die bereits vorhandene veterinärmedizinische Klinik, das gute Klima und die Thermalquellen machen diese Rennbahn sogar im Winter zu einem idealen Aufenthaltsort.

Man kann sogar zur Rennbahn fliegen.

Die Pferde biegen auf die Zielgerade ein.

Kopf an Kopf im Finish.

MAIA

Galopprennen vor dichtbesetzten Rängen.

Sie überwinden »La Riviera«.

Noch ein spektakulärer Sprung.

SAN ROSSORE

VIALE DELLE CASCINE, 153, 56122 PISA
TEL. 39-50-530011, FAX 39-50-533094

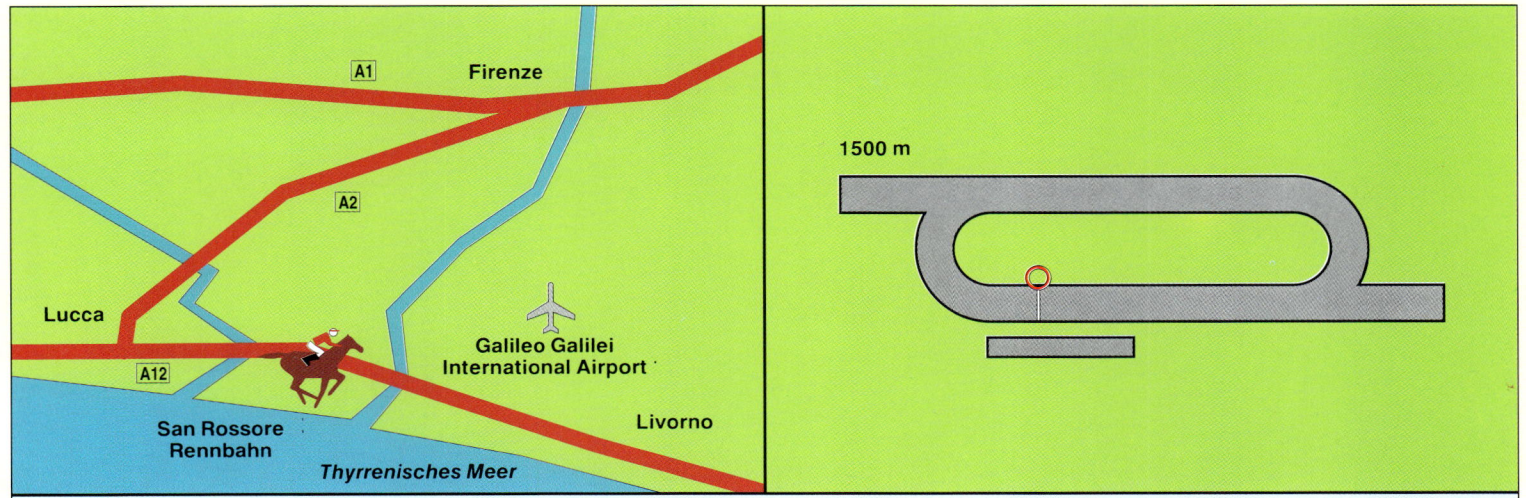

DISTANZEN, VERKEHRSVERBINDUNGEN UND PARKPLÄTZE

San Rossore liegt in der beeindruckenden Gegend genannt Parco Nazionale Tenuta San Rossore, ca. 3 km östlich von Pisas Stadtzentrum. Vom Flughafen in Pisa braucht man ca. 15 Minuten zur Rennbahn, auch Florenz ist nicht weit entfernt (ungefähr 90 km auf der Autobahn A 11). Die nächste Eisenbahnstation ist Pisa Stadtmitte. Außerhalb der Rennbahn gibt es Parkmöglichkeiten.

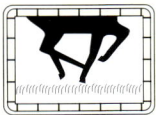 Grasbahn, Rechtskurs von ca. 1800 m (eben).

 Eintritt: 5000 Lire
Reservierung (Tribüne) für Besitzer und Trainer: nach Vereinbarung.
Keine Kleidervorschrift

 Für jeden Renntag gibt es ein Rennprogramm.

 Buchmacher und Totalisator

 Präsident, Herr Piero Studiati Berni
Vize-Präsident, Herr Cosimo Bracci-Torsi
Vize-Präsident, Herr Cesare Turri
General Manager, Herr Stefano Meli

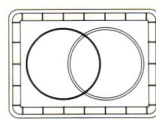 Keine Kreditkarten. Bargeld ist an der Rennbahn erhältlich (Geldautomat).

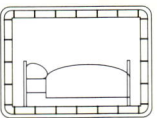 Unterkunft für Pferdepfleger vorhanden.

 41 Renntage von November bis April

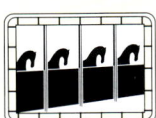 40 Boxen an der Rennbahn

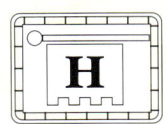 Continental Tirrenia Hotel, Tel. 39-50-37031
Duomo Hotel, Tel. 39-50-561894
Jolly Cavalieri Hotel, Tel. 39-50-43290

 Zum Training stehen 7 verschiedene Grasbahnen und 3 Sandbahnen zur Verfügung (Cotoni und Incavezzature). Nicht weniger als 1000 Pferde können untergebracht werden.

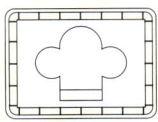 Ristorante dell'Ippodromo
Reservierung: Tel. 39-50-533180

 6 Quarantäneboxen

 Es gibt viele mittelgroße Gestüte in der Gegend. Für weitere Information: Tel. 39-50-530011

 Ein Tierärzteteam steht im G. Fogliata Tages-Hospital zur Verfügung.

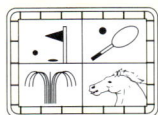 Tirrenia Golfplatz, Tennis, Reiten, Kurbad (San Giuliano Uliveto ca. 10 km), 5 Minuten Autofahrt zu den Stränden, Rudern (Marina di Pisa).

Die Rennbahn ist immer gut besucht.

Wo Pferde regieren

Andreina, das erste Pferd, das 1884 das Galopprennen beim Italienischen Derby gewann, wurde in Barbaricina, einem kleinen Vorort von Pisa, geboren. Dieses Städtchen ist besser bekannt unter dem Namen »das Dorf der Pferde«.

Die Carabinieri führen die Parade an, hier vor den Besitzern und Trainern.

Andreina wurde von Thomas Rook trainiert. Ihr Galopptraining fand auf den langen Geraden von Cotoni in San Rossore statt, wo die Stute auf ihre zukünftige Karriere als Rennpferd vorbereitet wurde. Vor und nach Andreina kamen Tausende von Rennpferden dorthin, wo sich die Trainer ein genaues Bild von der Form ihrer Pferde machen konnten.

Die Geschichte von Andreina, die als erste das Italienische Derby gewann, ist eins der Highlights in der langen Geschichte der Pferde und Reiter von Barbaricina und San Rossore, der beiden Städtchen, die das »Dorf der Pferde« wurden.

Seit der Zeit des Lorenzo il Magnifico (1448 – 1492) werden Pferde in San Rossore gezüchtet. Der gewaltige Park erstreckt sich über 5000 ha zwischen

Pisa und dem Meer. Die Qualität der Zucht schwankte sehr in den folgenden Jahrhunderten, bis – so können wir im Archiv nachlesen – Francis II von Lorraine an die Macht kam. 1785, als das Gestüt in San Rossore unter der Leitung von Cavalier Niccolò stand, befanden sich dort 936 Pferde. Die Französische Revolution, Italien unter Napoleons Macht und der Erwerb des Gestütes durch Jacques Reinard bedeutete für die Pferde das Todesurteil; sie wurden geschlachtet und von der Armee verspeist. Die »Rasse« wurde stark reduziert, aber nicht vollständig eliminiert. Als Napoleons Ruhm verblaßte und die Lorraines wieder an die Macht kamen, erstrahlte das Gestüt bald wieder im alten Glanz. 1825, während der Herrschaft von Leopold II, belief sich die Zahl der Zuchttiere in San Rossore wieder auf 500 Stück; der Großherzog hatte den dort gezogenen Berbern, türkischen, asiatischen und spanischen Pferden, englische Vollblüter hinzugefügt. Eine Weile waren die Vollblüter im Medici Arsenal von Pisa stationiert, doch dann wurden sie nach San Rossore gebracht, wo sie für kommende Rennen trainiert wurden. Leopold II, ein Liebhaber von Natur und Tieren, machte San Rossore zu seinem Landsitz. 1829 begann er auf seinem Besitz mit wichtigen Bauvorhaben: dem Palazzo Granducale bei Cascine Vecchie (1944 von den deutschen Truppen zerstört), der breiten Avenue, die von der Villa nach Gombo führt und einer Rennbahn, die direkt an seiner Villa neben einem Eichenwald liegt. Nach dem Eichenwald ist diese Rennbahn benannt, sie ist bekannt unter dem Namen »Prato degli Escoli«.

Leopolds Verlangen nach Einsamkeit wurde nach dem Tode seiner Frau Maria Anna Carolina am 24. März 1832 größer. Seine Verbundenheit mit San Rossore, mit dem Frieden und der Natur dort, wuchs, und seine Leidenschaft für Rennpferde veranlaßte ihn dazu, sein Gelände nicht nur seinen

Schrittarbeit und Aufwärmen zum Galopp am frühen Morgen.

eigenen Rennpferden zum Training zur Verfügung zu stellen. Ein Oval von 1656 m wurde angelegt, genau wie das in Firenze am Prati del Quercione, dort hatten Vollblüter schon seit Jahren um lohnende Preise gekämpft. So ließ der Großherzog aus seinem Prato degli Escoli eine Rennbahn erstehen. Es

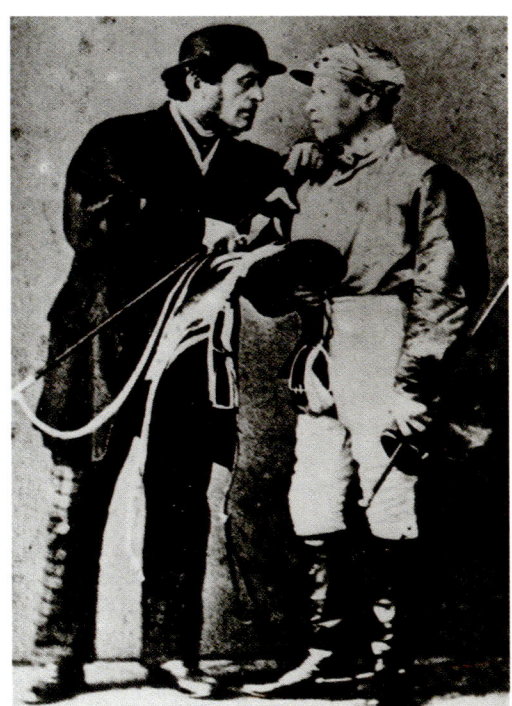

Jacopo Barchielli (links) mit George Pratt, Spitzenjockey aus dem Jahr 1865.

muß allerdings erwähnt werden, daß Leopolds Interesse an Vollblütern nicht ganz ohne Selbstzweck war; er hatte die Rennbahn aus gutem Grund gebaut: Er wollte Pferde für die Rennen auf dem Prati del Quercione trainieren. Seine Leidenschaft war ein Geheimnis, allerdings ein offenes – jedermann wußte, daß sich hinter dem Namen »Razza Gentile«, dessen Jockeys weiße Hemden mit purpurroten Ärmeln und eine schwarze Mütze trugen, der Großherzog verbarg.

Mit der Eröffnung des Prato degli Escoli wurde San Rossore der perfekte Ort, Pferde auf die Rennsaison vorzubereiten. Die Liebe des Großherzogs zu Pferden und seine aus verschiedenen Rassen bestehende Zucht wurden zum Garten Eden für Englische Vollblüter: ein weites, offenes Paradies, Grasbahnen, die selbst der schlimmste Regen nicht beschädigen konnte, ein mildes Klima nahe am Meer und Weiden, so weit das Auge reicht. In nur zwanzig Jahren ließen sich zehn Rennställe in Barbaricina nieder.

Durch die Weiterentwicklung des Prato degli Escoli konnten Pferderennen in immer größerem Ausmaß stattfinden. 1854 wurden aus Kiefernholz einige Tribünen errichtet, und am 3. April wurde die erste Veranstaltung in San Rossore durchgeführt. Diese Neuigkeit wurde schnell in der Toskana verbreitet, von Lucca nach Pisa wurden von der Eisenbahngesellschaft Sonderzüge eingesetzt.

Eine Schlüsselfigur im italienischen Galopprennsport war Ranieri Galletti, ein Spitzenjockey und -trainer. Galletti wurde 1831 in der Provinz Pisa geboren und ist Urheber der italienischen Lehre des Galopprennsports. Bis dahin herrschte die englische

Lehre vor. Ein junger Jockey, Thomas Rook, geboren 1836, repräsentierte Stil und Können in höchster Vollendung. Vittorio Emanuele di Savoias Trainer, Elijah Carter, engagierte ihn, und er ritt sein erstes Rennen in Italien am 11. Mai 1856. Das Pferd wurde ihm zugeteilt. Das Rennen wurde in Torino gelaufen, und dort, sein Pferd war Games Lad, traf er auf Ranieri Galletti. Es gab einen Streit, fast schon einen Kampf; die Richter intervenierten und veranlaßten den jungen Engländer, sich zurückzuziehen. Dieses erste Duell war der Beginn einer Rivalität, die für den Rest des Jahrhunderts die Rennsportszene belebte. Auch Rook wollte nach Barbaricina, als er den aufgelösten Königlichen Stall verließ. 1868 hängte dieser berühmte englische Jockey seine Gerte für immer weg und wandte sich dem Training und der Zucht von Vollblütern zu. Viele andere Begebenheiten trugen zu dem außergewöhnlichen Erfolg von San Rossore bei. Da ist zunächst das herrliche Mittelmeerklima zu nennen, relativ mild sogar im Winter, ohne extreme tägliche Temperaturschwankungen, vor See- und Landwinden durch dichte Wälder abgeschirmtes Trainingsgelände, Prato degli Escoli war (und ist) wie durch ein Schild geschützt.

Leichter Galopp auf der Sandbahn.

PREMIO PISA

3jährige und ältere Pferde, 1500 m, Gruppe I

Jahr	Sieger	Zweiter	Dritter	Starter
1983	SHENABLE (So Blessed) – M. Depalmas – Razza La Tesa	Stradivari – M. Papoin	My Top – P. S. Perlanti	10
1984	SINIO (Sassafras) – P. S. Perlanti – Scuderia Gabriella	Flying Postman – F. Dessi	Paramaribo – B. Raymond	9
1985	SPEGASH (Orone) – S. Atzori – Scuderia Rencati	Sirlad Junior – S. Dettori	Dyscolos – L. Ficuciello	12
1986	SOUTH THATCH (Thatch) – S. Dettori – Scuderia Cieffedi	Svelt – S. Fancera	Mexican Summer – G. Lobina	7
1987	GENEVIEN (Astrolabio) – W. Carson – Scuderia Brotini	Mon Coeur – E. Tasende	Glad Tap – S. Fancera	11
1988	DORDONE (General Home) – V. Mezzatesta – Razza Dormello-Olgiata	Full Listing – F. Iovine	The Windrider – L. Ficuciello	10
1989	FLIGHT OF DESTINY (Tolomeo) – V. Panici – Scheich Mohammed	Black Dimension – J. L. Kessas	Good Return – W. Ryan	8
1990	CAPOLAGO (Horage) – M. Bucci – C. Turri	Sunny Prince – S. Bezzu	Loukos – G. Scardino	12
1991	PIANI DI CAIANO (Gorytus) – G. Dettori – Allevamento Adolfo Verde	Le Lingot – L. Sorrentino	Satalite Boy – D. Campeis	13
1992	WORLDWIDE (Sayyaf) – G. Dettori – S. Drevet	That'll be the Day – L. Dettori	Improvement – M. Boutin	12

Schwimmen im Meer. Eine Alternative, um einen Champion aufzubauen!

Die zentrale Lage Pisas war schon immer ein Vorteil und diese Vorrangstellung wurde bis heute immer mehr gefestigt, letztlich durch einen internationalen Flughafen, von wo täglich Flüge in alle Hauptstädte Europas gehen. San Rossore selbst hat gegenüber anderen Rennbahnen den großen Vorteil, daß die Bodenqualität außerordentlich gut ist, fürs Training und Rennen gleichermaßen hervorragend geeignet. Die Zusammensetzung des Bodens ist derart einzigartig, daß weder Regen noch Frost seine Elastizität beeinflussen können. Deshalb kamen in der zweiten Hälfte des letzten Jahrhunderts die größten italienischen Rennställe nach Barbaricina; die Engländer waren sowieso »en masse« vorhanden. Die großen Städte (Mailand, Rom, Neapel, Turin und Florenz) hatten bereits festgesetzte Rennsaisons. Auf diesen Bahnen liefen die Pferde nach ihrem Winteraufenthalt in Barbaricina und gewannen spielend. Auch Pisa konnte sich ab 1854 einer kurzen Rennsaison im Winter rühmen; aus den ursprünglich zwei Tagen sind nun allerdings 41 geworden. Die bereits erwähnten Vorteile von Barbaricina machten diese Stadt zum Zentrum für Vollblüter in Italien. 1912, kurz vor Ausbruch des zweiten Weltkrieges, hatten sich sehr viele Rennställe in Barbaricina niedergelassen: Im Norden waren die Stallungen von Conte Scheibler, im Süden die von Principe Caracciolo, im Zentrum die von William Smith und Galettis Erben und an der Straße nach San Rossore die der Regolis, Tesios, Turners und Rocks.

In den Jahren zwischen den beiden Weltkriegen wurde die Position Barbaricinas als nationales Zuchtzentrum mehr und mehr gefestigt, denn es hatten sich die bedeutendsten italienischen Rennställe dort angesiedelt. Die Stallungen und die Rennbahn wurden im Zweiten Weltkrieg schwer beschädigt, viele historische Gebäude wie die Villa Madrèe wurden zerstört. Der Wiederaufbau, von der Alfea Organisation mit viel Aufwand und Mühe durchgeführt, brachte den alten Glanz der Rennbahnen von Barbaricina und San Rossore zurück. Dieser Einsatz war auch verantwortlich für den Erfolg solcher Vollblüter wie Ribot, Weimar, Stone, Capo Bon und Isopach, die alle dort den Winter verbrachten und den Premio Pisa, ein Gruppe I-Rennen unter den europäischen Klassikern, gewannen. Ein herausragendes Jahr war 1967. In dieser Rennsaison lief der große Sir Ivor, trainiert von Vincent O'Brien. In den nun folgenden Jahren, bis in die Gegenwart, hat Alfea die Trainingsmöglichkeiten und die Stallungen ständig verbessert. Heute können in Barbaricina 1000 Vollblüter untergebracht werden, betreut von einem Veterinärsteam; die Trainingsbahnen bedecken 120 ha Land, ausgestattet mit einem modernen Bewässerungssystem; die Rennsaison geht von November bis April.

SAN SIRO

PIAZZALE DELLO SPORT 16, 20151 MILANO
TEL. 39-2-482161, FAX 39-2-48204732

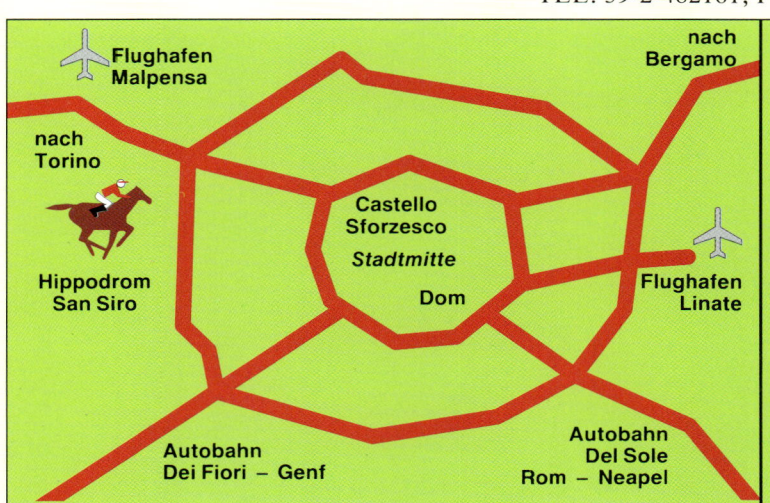

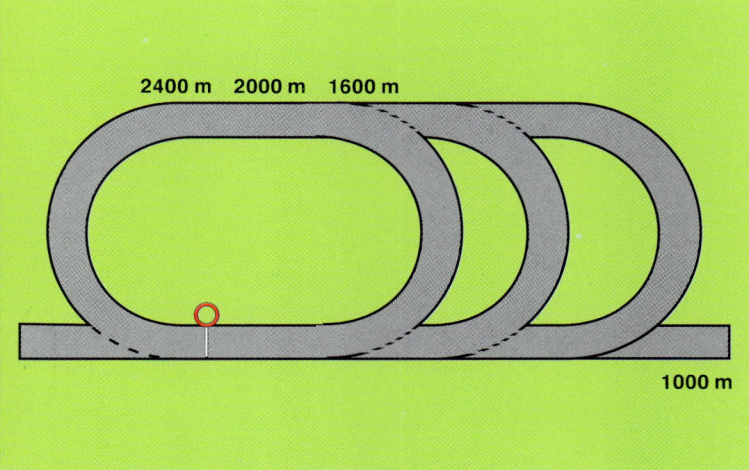

DISTANZEN, VERKEHRSVERBINDUNGEN UND PARKPLÄTZE

Die Rennbahn liegt nördlich der Innenstadt Mailands. Mit dem Auto braucht man von der Stadtmitte aus nur 10 Minuten und auch mit öffentlichen Verkehrsmitteln ist die Rennbahn leicht und bequem zu erreichen. Nehmen Sie die U-Bahn Linie 1, ausgeschildert als MM, steigen Sie an der Haltestelle Lotto aus und gehen Sie zu Fuß (ca. 15 min) zum Haupteingang. Sie können aber auch ein Taxi nehmen. Die Buslinien 90 und 91 fahren ebenfalls zum Piazzale dello Sport. Der Flughafen Linate liegt ca. 15 km entfernt, der interkontinentale Flughafen Malpensa ca. 40 km. Vor den Toren des Geländes können ungefähr 2500 Autos parken, Parkgebühr 3000 Lire.

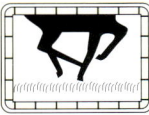 Drei Grasbahnen (eben) von 2800, 2000 und 1800 Metern, Rechtskurs. Die längste Zielgerade ist 800 m lang. San Siro ist dafür bekannt, die Ausdauer der Pferde zu testen.

 Für jeden Renntag gibt es das Rennprogramm »Start«, in dem alle Teilnehmer vorgestellt werden.

 Präsident, Herr Riccardo Rotti
Vize-Präsident, Herr Luciano Garza
Direktor, Herr Giuliano Moroni
General Manager, Herr Francesco Cottarelli

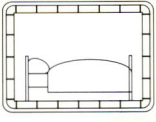 Mehr als 200 Pferdepfleger können in einer Herberge in der Nähe der Rennbahn untergebracht werden.

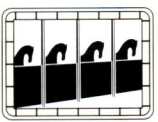 950 Boxen

 Das Trainingsgelände umfaßt ca. 1 km², es stehen zwei Grasbahnen (1800 und 1600 m), 2 Sandbahnen und eine All-Wetter-Bahn in der Nähe der Rennbahn zur Verfügung.

 25 Quarantäneboxen

 Dr. Marco Marcon

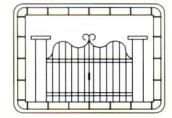 Große Veranstaltungen: 8000 Lire
Sonntags: 7000 Lire
Mittwochs: 6000 Lire
Keine Kleidervorschrift

 Buchmacher und Totalisator

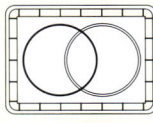 Geldautomat

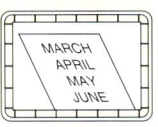 86 Renntage von Mitte März bis Mitte November, keine Rennen im August. Drei Renntage pro Woche: Mittwoch, Sonnabend und Sonntag.

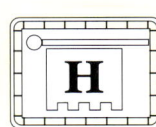 Grand Hotel Brun, Tel. 39-2-45271
Duca di Milano Hotel, Tel. 39-2-6284
Palace Hotel, Tel. 39-2-6336
Principe di Savoia Hotel, Tel. 39-2-6230

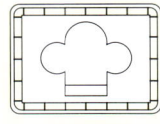 Ristorante dell'Ippodromo.
Reservierung: Tel. 39-2-48707335

 Keine Gestüte in der Nähe.

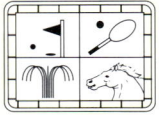 San Siro liegt so nah an der Innenstadt, daß jegliche Form der Unterhaltung und des Vergnügens zur Verfügung steht.

Das Finish.

Wo Ausdauer ein Muß ist

Geht man zurück in die Vergangenheit, entdeckt man, daß im Jahre 1807 in den Vororten Mailands, wo man heute auf dem Corso Buenos Aires einkaufen kann, die ersten regelmäßigen Galopprennen stattfanden. Damals trugen alle Jockeys Seidenhemden und Kappen.

Später, im Jahr 1842, gründeten einige Mitglieder des exklusiven Clubs Unione eine Gesellschaft, um Galopprennen in der Piazza d'Armi, nur wenig hinter dem Castello Sforzesco gelegen, zu organisieren. Kurz vor der berühmten »Cinque Giornate«, der

örtlichen Revolution gegen General Radetzky und seine Truppen, wurde die Gesellschaft von den Österreichern aufgelöst. Galopprennen fanden erst wieder im Jahr 1852 statt. 1857 entstand eine neue Gesellschaft, die Società Lombarda. Sie verlegte das Renngeschehen in die nördlichen Vororte von Mailand. 1877 rief der Conte Gian Pietro Cicogna eine neue Veranstaltung in Casbeno ins Leben, durchgeführt von der Società Ippica Varesina. 1873 baute die Società Lombarda eine ordentliche Rennbahn in der Heide bei Castellazzo, in der Nähe von Senago.

Die Rückseite der Haupttribüne in einer alten Aufnahme.

Einige Glückliche können von ihren Balkons aus die Rennbahn überblicken.

Im selben Jahr wurde der Gran Premio di Lombardia gelaufen. Das Preisgeld war gewaltig: 7000 Lire! Als 1880 der Jockey Club Italiano gegründet wurde, fing man in Milano an, von einer neuen Rennbahn zu sprechen, näher an der Stadtmitte gelegen. Schließlich wurde ein Gebiet bei San Siro ausgewählt, wo schon im Frühjahr des Jahres 1886 die ersten Rennen gelaufen wurden. Ein berühmter Bauingenieur, Herr Giulio Valerio, entwarf die Rennbahn, die früh im Jahr 1888 eröffnet wurde. Der 10. und 13. Mai waren die ersten Renntage. Galopprennen waren sehr beliebt und es wurde, da sich der Galopprennsport unheimlich schnell ausbreitete, 1909 in der Nähe der Rennbahn ein Trainingszentrum eröffnet. Das Trainingsgelände wurde von wunderschönen Gebäuden und luxuriösen Stallungen mit liebevoll angelegten Blumenbeeten gesäumt.

Die Società Lombarda wurde übernommen und umbenannt in S.I.R.E., Vorsitzender und Direktor war Conte Emilio Turati. Die erste Amtshandlung dieser neuen Gesellschaft war die Eröffnung einer wunderschönen neuen Rennbahn, entworfen von dem berühmten Architekten Herrn Paolo Vietti Violi.

Heute, mehr als ein Jahrhundert später, hält die Società Milanese Corse dei Cavalli San Siro in einem Top-Zustand. Es finden lukrative Rennen für die besten Vollblüter, die auf der Pista Grande über kräftezehrende 2400 m ihre Ausdauer unter Beweis stellen müssen, statt.

Die Form der Pferde wird studiert.

SAN SIRO

Ein klarer Sieger.

Das siegreiche Team.

Besitzer und Trainer auf dem Absattelplatz.

SAN SIRO

SPAIN

(SPANIEN)

LA ZARZUELA

CARRETERA DE LA CORUNA KM 7,800, 28023 MADRID

TEL. 34-1-3572896, FAX 34-1-3572633

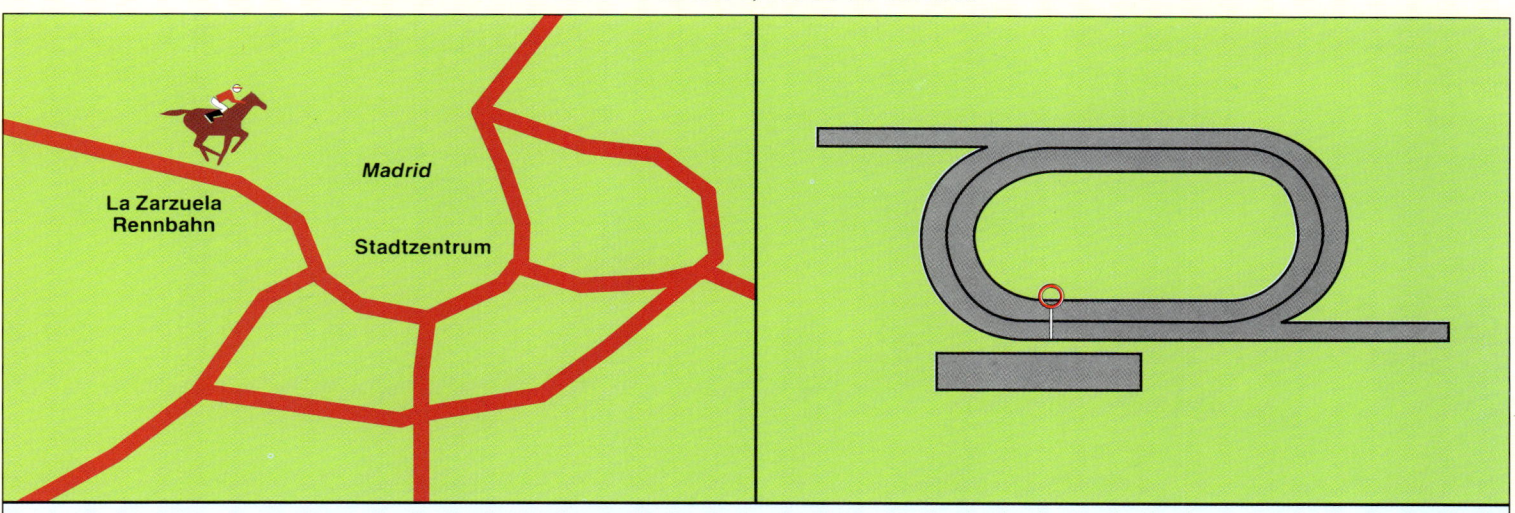

Madrid

La Zarzuela
Rennbahn

Stadtzentrum

DISTANZEN, VERKEHRSVERBINDUNGEN UND PARKPLÄTZE

Die Rennbahn liegt ca. 8 km nordwestlich von Madrids Innenstadt und auch nahe am Flughafen (18 km). An Renntagen verkehren in kurzen Zeitabständen kostenlos Busse von der Innenstadt (Moncloa) zu La Zarzuela. Parkplätze gibt es an der Rennbahn für mehr als 10000 Autos.

 Grasbahn, Linkskurs, 1800 m
Dirt-Track, Linkskurs, 1600 m

 Tribünenplätze für Mitglieder: 2000 Peseten
Logenplätze auf der Tribüne: 1000 Peseten
Tribünenplätze: 300 Peseten

 Für jeden Renntag wird ein kostenloses Rennprogramm ausgegeben.

 Totalisator

 Verantwortliche:
Herr José Luis Cano Cristobal
Herr Yves Redón de Diego
Herr Rodrígo Figueroa Melgar

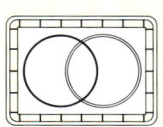 Alle bekannten Kreditkarten werden angenommen.

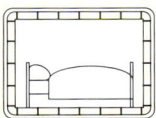 Unterkunft für Pferdepfleger vorhanden.

 Rennen finden das ganze Jahr über statt.
Nachtrennen (gelegentlich) von Juli bis September.

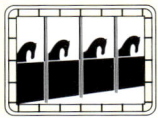 1059 Boxen

 Melia Hotel, Tel. 34-1-5418200
Palace Hotel, Tel. 34-1-4297551
Ritz Hotel, Tel. 34-1-5212857

 Für Trainingszwecke stehen 4 Dirt-Tracks zur Verfügung.

 2 Restaurants und 5 Cafeterias sind an der Rennbahn.
Reservierung, Tel. 34-1-3071743

 Keine Quarantäneboxen

 Gestüt Aranjuez, Aranjuez, Madrid
Gestüt El Cortigo, Aranjuez, Madrid
Gestüt Jacaranda, Aranjuez, Madrid
Gestüt Madueno, Cotos de Monterrey, Madrid

  Dr. Fernando Munoz Galilea
Dr. Carlos Garcillán

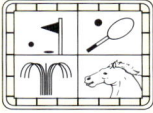 La Zarzuela liegt so nah an der Madrider Innenstadt, daß man jegliche Form der Unterhaltung und des Vergnügens findet.

Blick auf die Rennbahn von der Haupttribüne.

*E*in nationales Denkmal für Rennpferde

Wann in Spanien der Galopprennsport aus der Taufe gehoben wurde, das kann heute keiner mehr genau sagen. Das Interesse an Pferderennen läßt sich aber viele, viele Jahre zurückverfolgen. Es war Enrique II de Castilla, der Kriterien festlegte, nach denen die Pferde der königlichen Familie ausgewählt wurden. Er hatte auch bestimmt, daß Pferde nur mit besonderer Erlaubnis den Hof verlassen oder betreten durften. Erst 1818 dachten die Spanier daran, den Galopprennsport zu organisieren. Nach englischem und französischem Vorbild gründeten sie die Sociedad de Fomento, die sehr dem English Jockey Club und der französischen Société d'Encouragement ähnelte. Niemand weiß, wann die ersten offiziellen Rennen stattfanden, sicher ist aber, daß die positive Entwicklung des Galopprennsports in Spanien eng mit dem Herzog von Osuna verbunden ist. Man sagt, daß am 20. April 1843 Galopprennen veranstaltet wurden. Das erste Rennen soll ein Preisgeld von 6000 »Reales« gehabt haben, es

Der Führring.

Der Führring unter Flutlicht.

Die Pferde laufen an den Tribünen vorbei.

führte über die Distanz von 3000 »Varas«. Der Sieger war Pagoda, gezogen vom Marquis von Guadalcazar, in der Rekordzeit von 5 Minuten und 5 Sekunden. Während des Bürgerkrieges wurden keine Rennen veranstaltet, und als dieser Krieg 1939 schließlich zu Ende war, fanden sich die Direktoren der Sociedad de Formento de la Cria Caballar de Espana (SFCCE) in einer sehr schwierigen Situation, vor allem, weil La Zarzuela so schwer beschädigt worden war. Zu Beginn der 50er Jahre war die

SFCCE dann allerdings, trotz sehr vieler Probleme, in der Lage, in Spanien wieder Galopprennen durchzuführen, und am 4. Mai 1951 wurde La Zarzuela wiedereröffnet. Später wurde ein Plan zur Renovierung der Rennbahn in Angriff genommen, verantwortlich waren der Ingenieur Herr E. Torroya und zwei Architekten, die Herren Arniches und Dominguez. La Zarzuela, ein wunderschöner Komplex, wurde ein nationales Denkmal. In den 50er Jahren wurde das Rennbahngelände weiter

und weiter verbessert, in den 60ern wurden dann die Preisgelder angehoben. Am 28. Februar 1971 wurde zum erstenmal die Startmaschine verwendet. 1973 wurde ein Kurs für Hindernis- und Jagdrennen hinzugefügt, im darauffolgenden Jahr führte die SFCCE dann den Totalisator ein. Seit den 80er Jahren können landesweite Wetten abgeschlossen werden, die Quinella-Wette wurde eingeführt und ... Galopprennen unter Flutlicht (1988). Heute sind diese Veranstaltungen ein großer Erfolg.

Die Wettschalter.

Blick auf die Tribünen.

Die Ziellinie.

ERFOLGREICHSTE TRAINER UND JOCKEYS 1991

Trainer	Rennen	Siege	Peseten	Jockey	Ritte	1.	2.	3.	4.	Peseten
E. Bedouret	122	22	27 110 000	F. Gonzales	71	12	7	13	7	10 955 000
A. Imaz	31	9	7 930 000	C. Medina	79	10	14	8	7	8 517 500
R. Avial	64	7	7 200 000	J. C. Fdez R.	61	7	5	7	4	4 157 000
M. Vasquez	63	12	6 175 000	J. Reid	16	6	4	2	1	13 280 000
R. Martin	88	4	5 105 000	B. Gelabert	54	6	1	3	3	3 060 000
A. F. Sanchez	56	8	4 630 000	T. R. Quinn	19	6	1	1	6	3 860 000
M. Carrasco	42	3	4 260 000	J. C. Jarcovsky	24	5	3	3	2	4 230 000
M. Alonso	70	4	3 840 000	S. Vidal	54	4	6	8	1	3 130 000
C. Minguez	27	2	3 670 000	J. A. Machado	39	4	2	1	6	2 325 000
L. Maroto	58	4	2 530 000	J. I. Horcajada	24	4	2	1	2	1 985 000
J. A. Borrego	38	4	2 090 000	R. B. Gonzales	48	4	1	8	3	2 490 000
A. Peralvo	40	2	1 620 000	A. Carrasco	29	3	5	—	1	3 460 000
M. J. Perez	26	3	1 565 000	F. Martin	34	3	4	6	6	2 150 000
A. Barderas	16	3	1 400 000	S. A. Perez	30	3	3	—	5	2 005 000
G. Villarta	39	—	1 220 000	S. Calle	20	3	1	—	3	1 300 000

PINEDA

AVENIDA DE JEREZ S / N, SEVILLA

TEL. 34-54-626303, FAX 34-54-273007

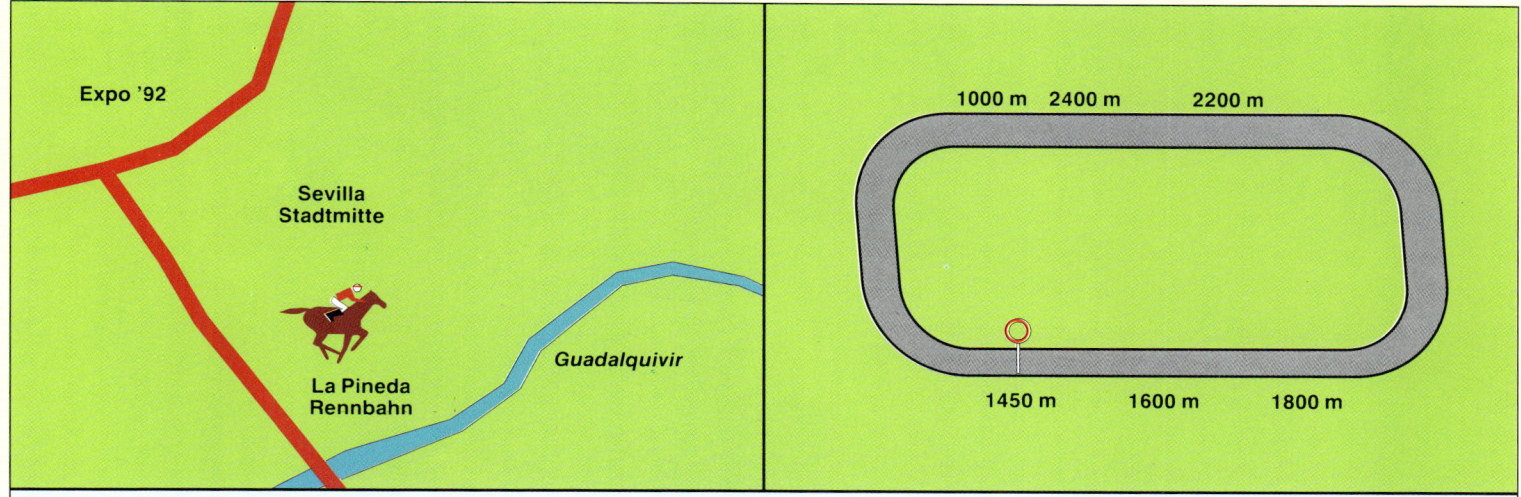

DISTANZEN, VERKEHRSVERBINDUNGEN UND PARKPLÄTZE

Die Rennbahn liegt sehr nahe an der Stadtmitte, sie ist Teil des großen Privatbesitzes (ca. 1 km²) vom Real Club Pineda. Pineda liegt nur ca. 10 km vom Flughafen entfernt und nur 500 m von der Autobahn Sevilla-Cadiz. Parkmöglichkeiten gibt es für mehr als 1500 Autos.

 Dirt-Track, Rechtskurs, eben mit einem Umfang von 1450 m, die Zielgerade ist ca. 350 m lang.

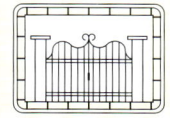 Eintritt: 500 Peseten
Keine Kleidervorschrift

 Kein Rennprogramm

 Totalisator

 Präsident, Herr José Pinar Parias
Präsident der Asociación de Carreras de Caballos de Sevilla, Frau Mora-Figueroa Camino

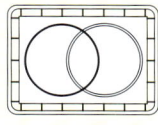 Bekannte Kreditkarten werden angenommen.

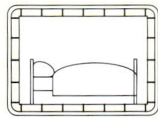 Unterkunft für Pferdepfleger vorhanden.

 10 Renntage (nur sonntags) im Januar, Februar und März.

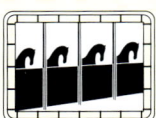 100 Boxen

 Alfonso XIII Hotel, Tel. 34-54-4222850
Andalus Palace Hotel, Tel. 34-54-4230600
Melia Sol Hotel, Tel. 34-54-4230600

 Die Rennbahn steht auch für Trainingszwecke zur Verfügung.

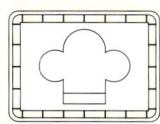 Restaurant Pineda
Reservierung: Tel. 34-54-4626303

 4 Quarantäneboxen

 Gestüt El Bosque, Cadiz
Gestüt Las Cuevas, Cordoba
Gestüt Luchana, Los Palacios

 Dr. Francisco Herrera Gil
Dr. José Miguel Jurado
Dr. Luis Vasquez Munos

 Golf, Schwimmen, Tennis, Paddeln.

Der Zieleinlauf vor dichtbesetzten Tribünen.

Galopprennen im milden Klima Andalusiens

Das Jahr 1941 ist ein Meilenstein in der Geschichte des spanischen Galopprennsports: Der Real Club Pineda de Sevilla wurde gegründet, und als erste Amtshandlung wurde eine Rennbahn in Sevilla erstellt. Das erste schriftlich festgehaltene Rennen war der Premio Guadalquivir, gelaufen am 8. Dezember 1941. Es gewann Canichon in den Farben des Regimento de Caballeria 12, geritten von Alvaro Diaz und trainiert von Juan Ponce de Leon. Zur damaligen Zeit liefen nur Halbblüter, und die »Klassiker« waren das Prueba de Productos und das Poule de Potros Cruzados.

1945 baute man eine Rennbahn mit einem Belag auf Kohlenstoffbasis, dort wurden ansprechende Rennen gelaufen. Erst 1968 beschloß der Real Club, auf Dirt-Track umzustellen, heute gilt die Rennbahn in Pineda als bester Dirt-Track in Spanien. Im selben Jahr wurde erstmalig das Temporada de Invierno de Carreras de Caballos (Winter-Meeting) durchgeführt, das wichtigste Rennen war das Gran Premio de Sevilla (heute das Gran Premio Andalucia) für 4jährige und ältere Pferde, es führte über eine Distanz von 2200 m. Der erste Sieger war Faraon, aus dem Besitz des verstorbenen Grafen von Villapadierna, einem sehr erfolgreichen Pferdemann, der sogar Pferde in Newmarket im Training hatte, bei einem jungen italienischen Trainer namens Luca Cumani. Jahr für Jahr wird diese Veranstaltung immer beliebter, das liegt größtenteils wohl an dem hervorragenden Sport und an dem milden Klima dieser Region. 1987 übernahm die Association de Carreras de Caballos de Sevilla, eine Gruppe Rennsportbegeisterter aus Andalusien und Sevilla, die Leitung der Rennbahn in Pinada. Sie haben die Preisgelder gewaltig angehoben, und im Gran Premio de Andalucia, dieses Rennen führt heute über 2400 m, winkt dem Sieger ein Preisgeld von 1 200 000 Peseten. Welch eine Gelegenheit, wenn die Pferde den Winter sowieso in Andalusien verbringen!

Vor dem Start des Rennens wird herumgebummelt.

Der Starter hat das Kommando.

Sie sind unterwegs.

Das Feld durchläuft den ersten Bogen.

Der Zieleinlauf.

Das Feld ist noch dicht beisammen.

GRAN PREMIO DE ANDALUCIA

4jährige und ältere Pferde, 2400 m (2200 m bis 1991)

Jahr	Besitzer	Sieger	Gewicht	Jockey	Trainer	Starter
1981	Rosales	Royalti	56 kg	C. Carudel	F. Diego	7
1982	Rosales	Number One	54 kg	C. Carudel	F. Diego	7
1983	Asturias	Real Decreto	51 kg	D. Martinez	J. Barderas	14
1984	Dial	Fantomas	50,5 kg	F. Martin	F. Garcia	11
1985	Dial	Fantomas	55 kg	J. C. Fdez. R.	F. Garcia	8
1986	Haras de Lujan	Kermoss	55 kg	B. Gelabert	A. Imaz	6
1987	Rosales	El Gran Condor	52,5 kg	C. Carrasco	C. Carudel	5
1988	Paganini	Senor Uvas	51,5 kg	M. Hdez.	C. Carudel	7
1991	Jala	El Visionista	64 kg	A. Lopez	R. Jurando	8
1992	Celso Mendes	Alce	56 kg	S. Vidal	Ch. Delcher	9

BAHNREKORDE

m	Pferd	Zeit	m	Pferd	Zeit
1000	Buena Racha	1:03,4 min	2000	Bold Toro	2:22,4 min
1500	Trotamundoa	1:40,4 min	2200	El Visionista (IRE)	2:27,8 min
1600	Cinnamon Horse Comezo (IRE)	1:45,8 min	2400	Senor Uvas	2:42,0 min

PINEDA

SWITZERLAND

(SCHWEIZ)

FRAUENFELD

ALLMEND, CH-8500 FRAUENFELD
TEL. 41-54-7471440, FAX 41-54-7471663

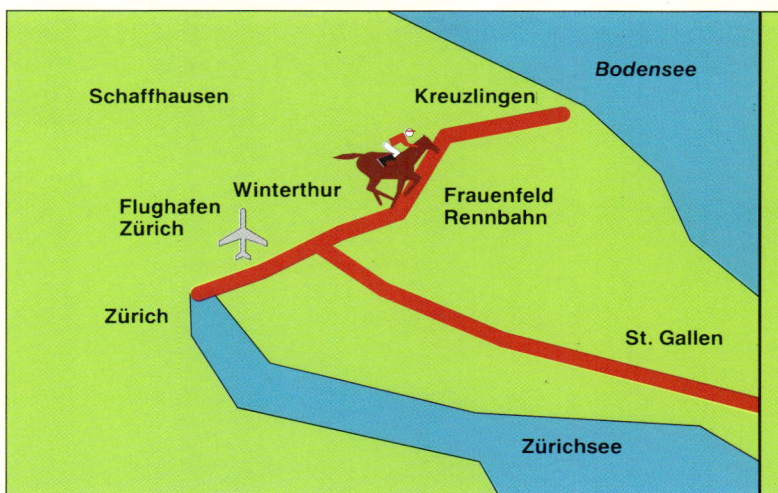

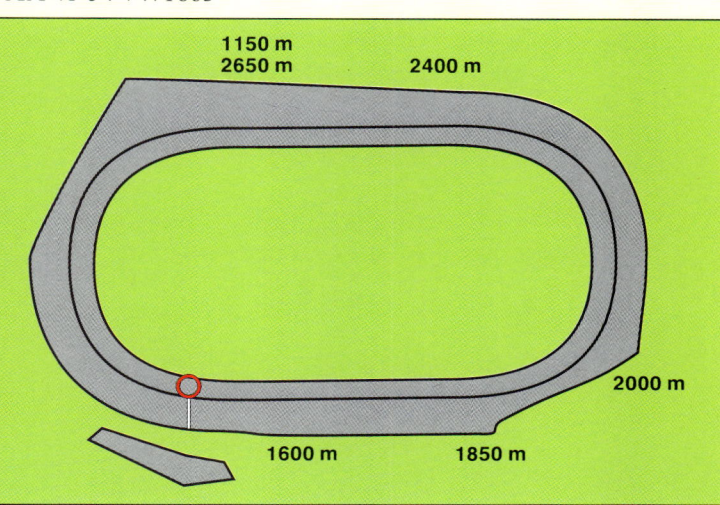

DISTANZEN, VERKEHRSVERBINDUNGEN UND PARKPLÄTZE

Die Rennbahn in Frauenfeld liegt 3 km nördlich der Stadtmitte Frauenfelds. An Renntagen gibt es einen regelmäßigen Busverkehr zwischen dem Bahnhof und der Rennbahn. Sie ist ca. 40 km von Zürich und 300 km von München entfernt. Parkmöglichkeiten gibt es für mehr als 3000 Autos.

 Rechtskurs, Grasbahn (Umfang 1500 m). Die Zielgerade führt leicht bergauf und ist ca. 500 m lang.

 Haupttribüne: 30 Schweizer Franken (SFr) − 40 SFr. Keine Kleidervorschrift
Buchung: Tel. 41-54-218875

 Ein kostenloses Rennprogramm wird für jeden Renntag ausgegeben.

 Totalisator

 Vorsitzender, Herr Max Rindlisbacher
Stellvertreter, Herr Karl Schmid
Manager, Herr Christoph Müller

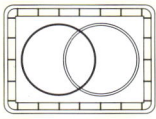 Keine Kreditkarten

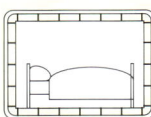 Personal kann im Blumenstein Hotel untergebracht werden. Tel. 0041-54-214728

 5 − 6 Veranstaltungen im Jahr. Hauptereignisse: Pfingstmontag und der dritte Sonntag im Juni, Tag des Derbys.

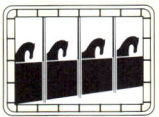 100 Boxen

 Gasthof zum Goldenen Kreuz
Tel. 41-54-7201110

 Vor jedem Renntag kann die Bahn ein- bis zweimal die Woche für Trainingszwecke genutzt werden.

 Tribünenrestaurant
Reservierung: Tel. 41-54-216611

 Keine Quarantäneboxen

 Gestüt Schloß-Burg, Häuslenen

 Dr. Karl Schmid

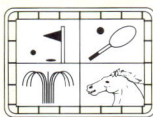 Kartause Ittingen, Warth
Tel. 41-54-7484411
Ein altes Kloster dient als Museum und als Konferenzzentrum.

Blick von der Rennbahn auf die Tribünen.

Ein Treffpunkt für Pferdefreunde

Seit dem Jahr 1919 wird die große Militärbasis nördlich der Stadt für viele verschiedene Pferdesportveranstaltungen genutzt.

Springreiten, Military, Dressur, Fahren und natürlich Galopprennen haben heute eine große Tradition. Auch internationale Veranstaltungen haben schon in Frauenfeld stattgefunden, u. a. die Military-Europameisterschaft 1983. Die Hauptattraktion im Allmend-Stadion sind allerdings die internationalen Galopprennen, die fünf- bis sechsmal im Jahr durchgeführt werden. Bis in die späten 70er Jahre gab es in Frauenfeld nur ein oder zwei Renntage – Pfingstmontag war und ist immer noch der Hauptveranstaltungstag, bis zu 15 000 Besuchern wurden schon gezählt.

Seit 1981 wird auf dieser Bahn das Swiss Derby ausgetragen, dadurch konnte die Zahl der Galopprennen noch gesteigert werden.

Im zwölften Jahr erlangte das Swiss Derby internationale Anerkennung und Klasse. Viele berühmte Jockeys haben hier geritten und gewonnen. Lester Piggot und Yves Saint-Martin waren die ersten Spitzen-Jockeys (sie ritten auf die Plätze). Cash Asmus-

Sie sind ab!

Der Führring.

sen gewann das Derby viermal – jeden seiner Ritte beschloß er mit einem Sieg!

Dieses bezaubernde Hippodrom ist in den vergangenen Jahren vergrößert und verbessert worden. In den Jahren 1989/90 betrafen die Ausbesserungsarbeiten hauptsächlich das Geläuf: Neue Rails aus Kunststoff begrenzen jetzt die Galopp- und Steeple-Chase-Bahnen; das neue Bewässerungssystem hält die Bahn auch im Sommer in einem guten Zustand.

In Frauenfeld werden alle Arten von Pferderennen ausgetragen. Neben einigen der wichtigsten Schweizer Galopprennen gibt es jeden Tag wenigstens ein Steeple-Chase-Rennen, häufig auch Jagdrennen und, als besondere Attraktion für das Publikum, Cross-Country Rennen, eine Prüfung davon geht in die Wertung für die Europameisterschaft der Amateure ein.

Auch die Traber haben hier ihre Auftritte – dem Publikum wird also ein interessantes und abwechslungsreiches Programm geboten.

Für Frauenfeld wird das Jahr 1994 die nächste große Gelegenheit sein, Fortschritte internationale Rennen betreffend unter Beweis zu stellen: Am 75. Jahrestag (Pfingstmontag) veranstaltet der Rennverein Frauenfeld das »Piaget d'Or International« mit einem Preisgeld von 200 000 Schweizer Franken, das Hauptereignis des Tages – in der Schweiz das mit Abstand am höchsten dotierte Rennen.

Auf ansteigendem Geläuf kämpfen die Pferde um Sieg und Plätze.

Auf dem Weg zum Ruhm.

SIEGER IM BANKVEREIN SWISS DERBY

3jährige, 2400 m (bis 1989: 2440 m), Gruppe III

Jahr	Sieger	Geschlecht	Besitzer	Jockey	Gewicht	Trainer	Zeit
1981	Beyssac	Hengst	W. Heimberg	M. Planard	62 kg	E. Lellouche	2:41,5 min
1982	Magnum Opus	Hengst	H. Raschle	A. Gilbert	58 kg	A. Klimscha	2:35,4 min
1983	Maganyos	Stute	D. W. Samuel	A. Lequeux	56,5 kg	Y. Porzier	2:36,1 min
1984	Tryffoc	Hengst	A. Koch	J. P. Lefevre	58 kg	A. Klimscha	2:44,2 min
1985	Remoy	Hengst	E. & H. P. Sorg	S. Prou	58 kg	H. Van de Poele	2:39,2 min
1986	Toscarino	Hengst	Stall Weierhof	E. Schindler	58 kg	F. Müller	2:36,5 min
1987	Katoleme	Hengst	R. & V. Züger	A. S. Cruz	58 kg	K. Schafflützel	2:48,3 min
1988	Prince Disco	Hengst	P. Baumgartner	C. Asmussen	58 kg	J. Laumain	2:41,6 min
1989	Capel Meister	Hengst	P. Baumgartner	C. Asmussen	58 kg	G. Collet	2:39,0 min
1990	My Style	Hengst	P. Baumgartner	C. Asmussen	58 kg	J. de Roualle	2:30,9 min
1991	Wacio	Hengst	P. Baumgartner	J.-M. Breux	58 kg	J. de Roualle	2:45,2 min
1992	Mon Domino	Hengst	H. Chalhoub	C. Asmussen	58 kg	R. Collet	2:36,8 min

Auch die Traber haben ihre Auftritte.

ST. MORITZ

CH-7500 ST. MORITZ

TEL. 41-82-35455, FAX 41-82-31062

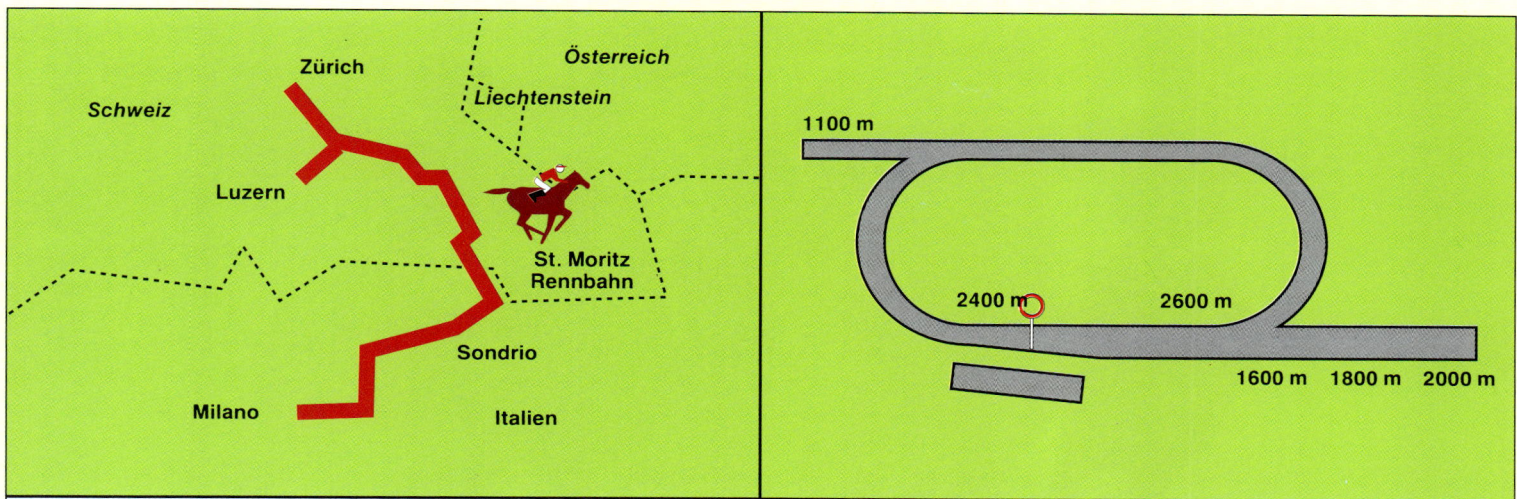

DISTANZEN, VERKEHRSVERBINDUNGEN UND PARKPLÄTZE

St. Moritz ist möglicherweise der berühmteste Ferienort der Welt. Chic, elegant, exklusiv und kosmopolitisch liegt diese Stadt 1856 m über dem Meeresspiegel, umgeben von glitzernden Seen und hochaufragenden Berggipfeln des Oberengadin in der Schweiz, 4 km vom Flughafen Samedan, 200 km von Zürich und 170 km von Milano entfernt. Hinter den Tribünen des Eissees können Hunderte von Autos parken.

 Von Spezialmaschinen gepreßter Schnee. Grundlage: Das Eis des zugefrorenen Sees. Rechtskurs, oval, Länge: 1200 m, Länge der Geraden: 800 m, Gesamtlänge: 1740 m. Diese einzigartige Rennbahn ist zwischen 25 und 40 m breit.

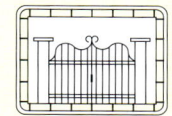 Information unter: Tel. 41-1-3112137 Fax 41-1-3113651

 Ein Rennprogramm erscheint regelmäßig. Information unter: St. Moritz Touristenzentrum Tel. 41-82-33147, Fax 41-82-32952

 Totalisator

 Präsident, Herr Adolf Hörler Vize-Präsident, Herr Ruedi Fopp-Heller Vize-Präsident, Herr August Christen

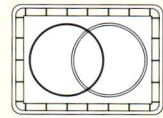 Keine Kreditkarten

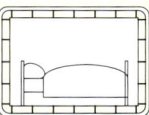 Unterkunft für Pferdepfleger nicht vorhanden.

 Drei Renntage im Februar (sonntags)

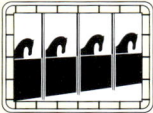 130 Boxen

 St. Moritz Touristenzentrum: Tel. 41-82-33147 Fax. 41-82-32952

 Trainingsmöglichkeit auf der Bahn des gefrorenen Sees.

 An Renntagen gibt es ein Restaurant und ein VIP-Zelt. Reservierungen: St. Moritz Touristenzentrum, Tel. 41-82-33147 Fax 41-82-32952

 Keine Quarantäneboxen

 Keine Gestüte in der Nähe.

 Dr. Attilio Bivetti, Sils

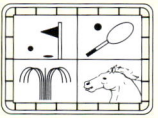 Olympia-Bobbahn, The Cresta Run; Olympia-Skipisten von Corviglia, viele Veranstaltungen und Galas im Februar.

Die Pferde durchlaufen den Bogen hinter der Ziellinie.

*G*alopprennen »on the Top of the World«

Die offizielle Geburtsstunde der Pferderennen von St. Moritz war am 1. März 1906 um 15.00 Uhr. Genau um diese Uhrzeit starteten 12 reiterlose Pferde und ein Maultier an der Post von St. Moritz zum ersten Pferderennen in St. Moritz, und zwar zum Skijöring (reiterlose Pferde ziehen einen Skifahrer hinter sich her). Noch am selben Abend wurde beschlossen, in St. Moritz »richtige« Pferderennen auf dem gefrorenen See durchzuführen, nach dem Vorbild der großen Turf-Ereignisse. Noch heute gilt die Beurteilung des Universitätsprofessors Heim, daß eine 14 Zentimeter dicke Eisschicht »ein mit schwerer Rüstung ausgestattetes Kavallerieregiment im gestreckten Galopp« tragen würde.
Diese Aussage überzeugte selbst die größten Skeptiker. Und so begann am 27. Januar 1907, mit einem »Skijöring«-Rennen und einem »Trabrennen mit Rennschlitten«, die eigentliche Geschichte dieser heute weltberühmten Rennen auf der runden, 770 000 m² Schnee- und Eisbahn auf dem See von St. Moritz, auf rund 1770 m Höhe über dem Mee-

resspiegel im spektakulären Engadin. Keine andere Rennbahn der Welt ist so vom Wetter abhängig wie die auf dem zugefrorenen See in St. Moritz. Diese Rennbahn ist die am höchsten gelegene Rennbahn der Welt. Obgleich die Rennen normalerweise ausgetragen werden können, mußten sie doch im Laufe der Jahre ein paar mal abgesagt werden:

1915 – 1919 Erster Weltkrieg
1936 (zu warm)
1940 – 1951 Zweiter Weltkrieg
1960 (zu warm)
1968 (zu warm) (1 Renntag)
1970 (Pferdevirus) (Skalma)
1979 (nur an zwei Tagen fanden Rennen statt).

1907 wurde der Rennverein St. Moritz gegründet. Schon ein Jahr später wurden bereits sechs Rennen veranstaltet, und die Zuschauer hatten zum erstenmal die Gelegenheit, ihre Wetten am Totalisator abzuschließen. Am 3. Februar 1924 wurde der heute weltbekannte und traditionelle »Grand Prix von St. Moritz« gelaufen – in der gleichen Form wie heute. Dieses Ereignis ist immer noch eines der bedeutendsten Pferderennen in der Schweiz, außerdem gehören die Preisgelder mit zur Spitze dessen, was im Schweizer Galopprennsport gezahlt wird.
Es ist wie in alten Zeiten, wenn sich Könige, Prinzen und einflußreiche Leute aus Politik, Wirtschaft und, natürlich, dem Showbusiness an der verschneiten Rennbahn der Engadiner Metropole tummeln. Früher kamen Pferde aus Deutschland, Frankreich, England, Italien, Österreich, aus der ganzen

Schweiz und sogar aus Rußland, Polen, Ungarn und der Tschechoslowakei, um einige Wochen hier zu verbringen und auch heute noch sind die Pferderennen in St. Moritz ein Treffpunkt für die Berühmten und Besten der Welt.
Auch berühmte Pferde kamen zu dieser einzigartigen natürlichen Rennbahn, um ihre Überlegenheit zu demonstrieren. Namen wie Klairvimy, Multo Rapido, Sectori, Mykonos, Grand Tour und Last Midnight zieren die Teilnehmerlisten.
Charlie Chaplin und Ernest Hemingway waren genauso regelmäßig bei diesen Rennen wie die berühmten Jockeys George Archibald, Franck Bullock, Hein Bollow, Peter und Harro Remmert, Fritz Drechsler, Ossi Langner, oder aus England Pat Eddery, J. J. O'Neil und Tommy Stack aus Irland, und der berühmte Alexander Tschuguewitz und die Fegentri-Champions Pascal Adda, Adolf Renk und Kurt Schafflützel.
Einzigartig sind nicht nur die Bedingungen, unter denen diese Pferderennen auf einer Eisfläche, die über eine Million Menschen tragen könnte, stattfinden, sondern auch die Tatsache, daß, abgesehen von den 130 Pferdeboxen, die gesamte Infrastruktur jedes Jahr für die drei Renntage neu aufgebaut werden muß: Tribünen für 1500 Zuschauer, der Totalisator mit seinen 34 elektronischen Wettschaltern, Umkleideräume, Sektbars und ein gewaltiges VIP-Zelt. Auf dem zugefrorenen See werden sogar Parkmöglichkeiten für mehrere tausend Autos geschaffen – genau dort, wo sich im Sommer Segler, Windsurfer und Angler tummeln.

Exotische Rennen auf dem gefrorenen See (Skijöring mit Vollblütern), 1856 m über dem Meeresspiegel.

Seit 1979 werden drei Renntage an drei aufeinanderfolgenden Sonntagen im Februar durchgeführt. Ein Trabrennen, ein »Skijöring-Rennen«, ein Hürden- und zwei Galopprennen finden an jedem dieser drei Tage statt. Die Galopprennen über 1800 m dienen der Vorbereitung auf den »Piaget Großer Preis von St. Moritz«, der am dritten Tag gelaufen wird.

Seit 1991 ist das Hauptereignis des zweiten Renntages das neu eingeführte 1100 m Fliegerrennen. Gemäß der Entwicklung im internationalen Pferdesport ist diese Veranstaltung, mit einem Preisgeld von 20000 Schweizer Franken und der zuschauerwirksamen kurzen Distanz über den stiebenden Schnee, sehr erfolgreich. Aufmerksamkeit und Anerkennung wird selbst von den Einflußreichsten der Galopprennszene gezollt.

Seit 1992 ist der »Piaget Großer Preis von St. Moritz« das erste Listen-Rennen der Schweiz, das über eine Distanz von 2000 m führt. 10000 Zuschauer bejubelten in diesem Jahr den ungarischen Sieger im 53. »Großer Preis«, dotiert mit 70000 Schweizer Franken. Höhepunkte des dritten Renntages sind der »Internationale Große Preis« für Traber über 1900 m und das 2800 m Hürdenrennen, das erste Wertungsrennen für die Schweizer Hürden-Trophy. In der Zukunft wird der »Große Preis von St. Moritz« als erste Europameisterschaft auf Schnee für 4jährige und ältere Pferde gelaufen, über die gleiche Distanz und einem vermutlichen Preisgeld von 120000 Schweizer Franken.

Die Europameisterschaft wird als Listen-Rennen ausgeschrieben. Es werden Teilnehmer aus Deutschland, Italien, Österreich, England, Frankreich und Polen erwartet, angelockt durch die höchsten Siegprämien, die es je in der Schweiz gegeben hat. Die Erfahrungen mit der internationalen Galopprennsportszene wird ein weiterer Meilenstein in der Geschichte der Schweizer Galopprennen sein, geschrieben in »St. Moritz, Top of the World«.

Auch Trabrennen finden auf dem See statt.

ST. MORITZ

Auf dem See wird sogar gesprungen!

Hier ist die Rennbahn.

DIE SIEGER

SIEGER IM PIAGET GROSSER PREIS VON ST. MORITZ

Jahr	Besitzer	Trainer	Pferd	Jockey	Jahr	Besitzer	Trainer	Pferd	Jockey
1982	O. Kuhn	H. Woop	King for a Day	R. Suerland	1988	H. Clavadetscher	H. Woop	Kyros	G. Huber
1983	T. Habermacher	F. Rindlisbacher	Multo Rapido	Am. F. Wirz	1989	P. Zöllig	H. Woop	Mykonos	Am. B. Renk
1984	D. & A. Furter	H. Woop	Sectori	Am. R. Stadelmann	1990	Stall Schilthof	A. Vogel	Grand Tour	An. S. Bühler
1985	D. & A. Furter	H. Woop	Sectori	U. Suter	1991	Stall Schilthof	A. Vogel	Last Midnight	An. S. Bühler
1986	P. Baumgartner	H. Woop	Mourski	Am. M. Düblin	1992	Kentaurs Farm	A. Klimscha	Ryan's Gift	A. Klimscha
1987	H. J. Angst	W. Scheuring	Friedenstifter	P. Schade					

Ein herrlicher Blick von der höchsten Stelle dieser wunderschönen Gegend.

ST. MORITZ

TURKEY

(TÜRKEI)

VELIEFENDI
BAKIRKÖY, ISTANBUL
TEL. 90-1-5422480/90, FAX 90-1-5839557/58

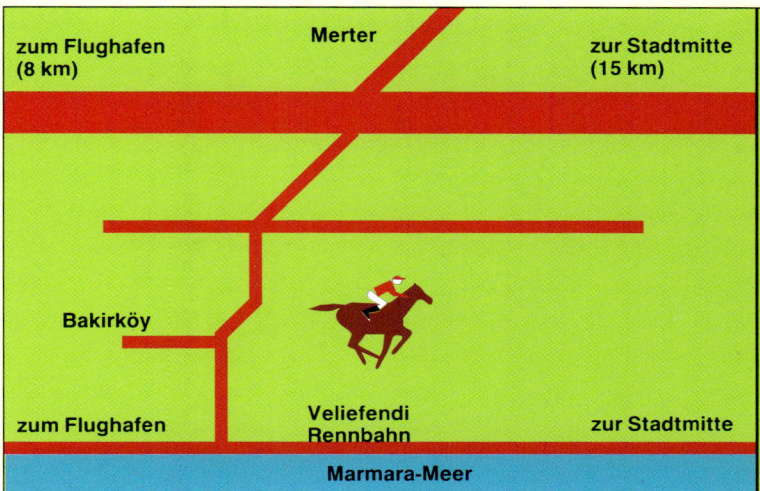

zum Flughafen (8 km)

Merter

zur Stadtmitte (15 km)

Bakirköy

Veliefendi Rennbahn

zum Flughafen

zur Stadtmitte

Marmara-Meer

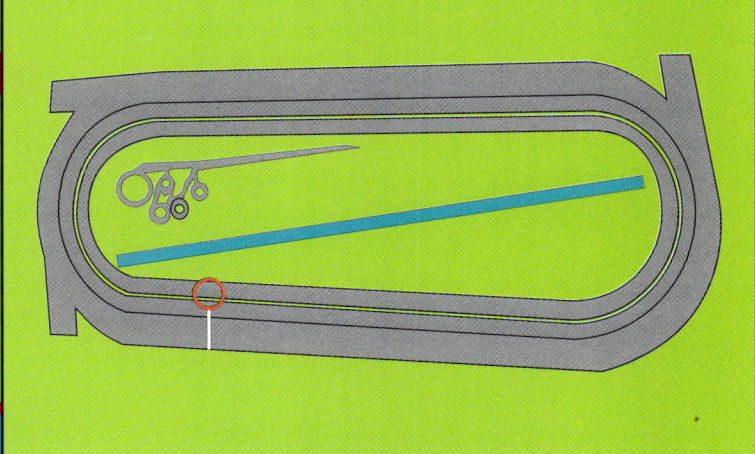

DISTANZEN, VERKEHRSVERBINDUNGEN UND PARKPLÄTZE

Veliefendi liegt nahe am Flughafen (8 km) und am Stadtzentrum von Istanbul (15 km). Veliefendi können Sie mit dem Schiff, dem Bus, per Zug, Taxi oder Kleinbus erreichen. Wenn Sie sich entschließen, mit dem Auto zu fahren, folgen Sie der Straße nach Bakirköy. Seeweg: Steigen Sie in Bonstanci oder Yenikapi ein und verlassen Sie das Schiff in Bakirköy. Eisenbahn: Steigen Sie in Sirkeci ein und verlassen Sie den Zug in Bakirköy, von dort nehmen Sie ein Taxi. Vor dem Haupteingang stehen viele Parkplätze zur Verfügung.

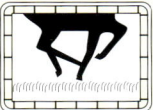
Gras-, Sandbahn, beide Rechtskurs. Die Grasbahn ist ca. 2000 m lang, Zielgerade 540 m. Die Sandbahn ist 1800 m lang. Beide Bahnen sind so gut wie eben.

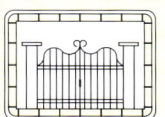
Haupttribüne: 10000 Türkische Pfund
Strand: 2000 Türkische Pfund
Privatlogen: 80000 Türkische Pfund
Tenue de ville (Gazi Trophy und Präsident Trophy)

Für jeden Renntag wird eine offizielle Rennkarte ausgegeben.

Totalisator

Direktor, Herr Tansu Plevneli
Geschäftsführer, Herr Ali Saglam
Finanz-Manager, Herr Ali Kut
Werbe-Manager, Herr Nur Saner

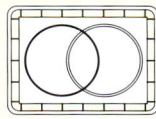
Keine Kreditkarten

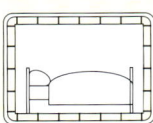
Unterkunft für Pferdepfleger vorhanden.

April-Dezember, drei Renntage pro Woche.

1168 Boxen (nicht für fremde Pferde)

Cinar Hotel, Tel. 90-1-5732910
Holiday Inn, Tel. 90-1-5604110

Es steht eine Sandbahn von 1720 m zum Training zur Verfügung.

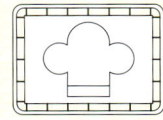
Ganyan Restaurant
Reservierung: Tel. 90-1-5422480/258

Eine Anlage von 12 Stallungen liegt von den anderen Boxen getrennt, nahe an der Grasbahn.

Keine Gestüte in der Nähe.

Tierärzte stehen zur Verfügung

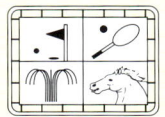
Museum für Pferderennsport in Veliefendi.

Der Endspurt beginnt.

Die Geschichte des Galopprennsports in der Türkei

Die Geschichte des Galopprennsports in Istanbul geht zurück bis zur Zeit der Römer. Im Jahre 203 v. Chr. baute Septimus Severus ein Hippodrom für Kampfwagenrennen, ähnlich dem Circus Maximus in Rom. Das Hippodrom stand auf dem Platz, der jetzt der Blauen Moschee, der Moschee von Sultan Ahmet, vorgelagert ist. Jahre später, während des Byzantinischen Reiches, arteten die Kampfwagenrennen in blutige Konfrontationen zwischen den »Blauen« und den »Grünen«, Anhängern gegnerischer Fahrer, aus.

Benannt ist die Rennbahn nach Veliefendi, einem Scheich des Mevlevi-Stammes (Wirbelnde Derwische). Veliefendi war reich und stand bei Sultan Abdülaziz (1861 – 1876) in hoher Gunst. Trotzdem mußte er nach Süd-Anatolien ins Exil gehen, und sein Besitz wurde konfisziert, nachdem er mit einer Nebenfrau des Sultans eine Affäre gehabt hatte. Kurz danach wurde er von Abdülhamit II begnadigt, der ihm darüberhinaus auch noch das Stück Land gab, wo heute die Rennbahn steht. Dieses Stück Land war ein beliebtes Ausflugsziel, als der unternehmungslustige Veliefendi es übernahm. Danach wurde es schnell zu einem Ort vieler Festlichkeiten. Schließlich fing Veliefendi auch noch an, dort Pferderennen abzuhalten, was nicht nur die in der Nähe wohnenden Menschen begeisterte, sondern die ganze Bevölkerung Istanbuls. So wurden also dieses Land und die viel später erstellte moderne Rennbahn nach dem vielseitig interessierten Scheich benannt.

Nach der Festigung der konstitutionellen Monarchie im Osmanischen Reich und nach den ersten Jahren des Ersten Weltkrieges beschloß Enver Pasha, Verteidigungsminister des neuen Regimes, eine richtige Rennbahn in Veliefendi zu errichten. Er reagierte damit auf Anregungen von Freunden und den alliierten deutschen Offizieren, die in Istanbul stationiert waren. Die Deutschen hatten sich schon andere mögliche Standorte angesehen, aber Veliefendi schien die besten Voraussetzungen zu bieten. Es wurden eine hölzerne Tribüne und ein Turm für die Ordner gebaut. Das natürliche Geläuf war eine spärlich bewachsene Grasbahn.

Bis 1918 wurden Rennen gelaufen, danach mußte der Rennbetrieb eingestellt werden, weil die zentralen Mächte den Krieg verloren hatten und die deutschen Offiziere wieder abgezogen worden waren. Schon ein paar Jahre später wurde der Rennbetrieb mit der Unterstützung der vor der bolschewistischen Revolution fliehenden Menschen aus Weißrußland und der britischen Besetzer wieder aufgenommen.

Ein wunderschöner Blick auf den Führring.

Sie sind ab . . . die Spannung ist kurz vor dem Höhepunkt.

Kurz vor der Ziellinie.

Buskashi (außen) und Abbas Kopf an Kopf auf dem Weg zur Kocatepe Trophy.

Die Zielfotoanlage auf der Veliefendi Rennbahn.

Trabrennen in Veliefendi wurden zuerst von den Russen abgehalten. 1922 übernahm das Makrikeny Rennsport-Syndikat unter dem Vorsitz von Sir Loftus Bates die Leitung der Rennbahn.

Das Syndikat bestand nicht lange, es ging schon 1924 bankrott. 1925 übernahm die Türkische Reiterliche Vereinigung (Sipahi Ocagi) die Rennbahn, und mit Hilfe der Russen und einiger Ungarn wurden die Rennveranstaltungen wieder aufgenommen. Die meisten Rennen waren für Araber, nur wenige für Vollblüter.

1926 entstand das Racing Reform Committee, danach fanden in der ganzen Türkei organisierte Galopprennen statt. Nachdem 1950 der Jockey Club der Türkei gegründet worden war, erhielt dieser mit dem »Gesetz über Pferderennen« die Vollmacht, alle Galopprennen der Türkei zu koordinieren und zu organisieren.

Durch das sehr gute Management des Jockey Club der Türkei wurde Veliefendi schon bald als »richtige« Rennbahn anerkannt. Modernisiert wurde die Rennbahn zunächst durch die Installation einer Zielfotoanlage. Dann wurden eine hervorragende Grasbahn angelegt, Tribünen aus Beton gebaut, Startboxen und eine TV-Anlage und schließlich auch elektronische Wettschalter erstellt. Heute finden auf der Rennbahn Veliefendi, sie faßt gut 30000 Zuschauer, Rennveranstaltungen im Frühjahr, Sommer und Herbst statt.

Jockey Club der Türkei

Der türkische Jockey Club wurde am 23. Oktober 1950 gegründet und gilt als einer der führenden Clubs in diesem Land. Der Club ist ein gemeinnütziger Verein, wirtschaftet also nicht auf Gewinn. Die Zentrale ist in Istanbul. Die Gründer sind die Herren Fevzi Lütfü Karaosmanoglu, Saim Önhon, Ali Muhittin Hacibekir, Prince Halim Sait, Sait Akson und Nejat Evliyazade. Nach dem türkischen Rennsportgesetz aus dem Jahr 1953 ist das Landwirtschaftsministerium an der Organisation von Pferderennen beteiligt.

Sich auf dieses Gesetz berufend, unterzeichnete das Ministerium einen Vertrag, der den Jockey Club bevollmächtigte, in den folgenden zwanzig Jahren überall in der Türkei unter der Schirmherrschaft des Ministeriums Galopprennen durchzuführen. Dieser Vertrag wurde am 19. November 1973 für weitere zwanzig Jahre erneuert. Daher werden alle bestehenden Rennbahnen in der Türkei (Istanbul, Izmir, Adana und Bursa) vom türkischen Jockey Club betrieben. Außerdem unterhält der Club bei Izmir ein Gestüt, wo ca. 150 Stuten und 10 Hengste gehalten werden, um die Rennpferdezucht im Land zu unterstützen.

Ein internationaler Appell

1991 schrieb der türkische Jockey Club fünf Rennen international aus. Die Preisgelder beliefen sich auf US-$ 800 000. Das war nur möglich, weil die Quarantänebestimmungen aufgehoben wurden, da die Landwirtschaftsminister endlich eingesehen hatten, daß die Afrikanische Pferdeseuche (Jahre vorher war sie in der Türkei nach einem 30jährigen Kampf ausgerottet worden) ein Problem der Vergangenheit war.

Um Teilnehmer aus Übersee anzulocken, bietet der türkische Jockey Club Fahrtkostenrückerstattung an und zahlt jedem Team, dessen Pferd nicht ins Geld läuft, eine Prämie von $ 2000 (ca. 1600 Pfund). Das Preisgeld in der Türkei beträgt ca. 2000 Pfund pro Rennen, Unterstell- und Trainingsgebühren betragen rund 300 Pfund im Monat.

Die Rennbahn aus der Vogelperspektive.

GRÖSSERE NATIONALE RENNEN 1991

GAZI TROPHY (Türkisches Derby)
2400 m Grasbahn
1. ABBAS (Castle Rising-Square Note)

OAKS
2100 m Grasbahn
1. NORTH WIND (Night Shift-Crimson Damasque)

CALDIRAN TROPHY
1600 m Grasbahn
1. CAGLAYAN I (King Efe-Caglam)

PRESIDENT TROPHY
2400 m Grasbahn
1. CARTEKITT (Cartegena-Makita)

PRIME MINISTER TROPHY
2000 m Grasbahn
1. CARTEKITT (Cartegena-Makita)

ANKARA STAKES (Türkisches St. Leger)
2800 m Grasbahn
1. SHETLAND (Centroline-Cedrella)

BESUCHERZAHLEN ALLER RENNBAHNEN 1991

	Minimum	Maximum
Istanbul Rennbahn	17 920	35 470
Izmir Rennbahn	11 960	23 734
Adana Rennbahn	7 630	19 573
Bursa Rennbahn	5 720	13 670

WETTUMSATZ 1991
(in Türkischen Pfund)

Istanbul	179 599 749 900, –
Ankara	29 244 993 500, –
Izmir	58 231 570 000, –
Adana	26 311 805 900, –
Bursa	9 892 872 700, –
	303 280 992 000, –

IN VELIEFENDI
SIND HOHE EINSÄTZE BELIEBT

80 % DER FAVORITEN SIEGTEN 1991

INTERNATIONALE RENNEN 1991

CONQUEROR MEHMET TROPHY
27. Juli 1991, 1600 m, Grasbahn
1. AUDIO (GER), 3jährig, 54,5 kg

ISTANBUL PRIZE
7. September 1991, 1600 m, Grasbahn
1. DEVIR (TUR), 3jährig, 60 kg

TOPKAPI TROPHY
27. Oktober 1991, 1900 m, Grasbahn
1. LUCKY GUEST (IRE), 4jährig, 60 kg

BOSPHORUS TROPHY
28. Juli 1991, 2400 m, Grasbahn
1. MARAAKIZ (USA), 3jährig, 53,5 kg

JOCKEY CLUB CUP
8. September 1991, 2400 m, Grasbahn
1. WACIO (FR), 3jährig, 55,5 kg

UNITED KINGDOM

(Vereinigtes Königreich)

ASCOT

ASCOT, BERKSHIRE JL5 7JN

TEL. 44-344-22211, FAX 44-344-28299

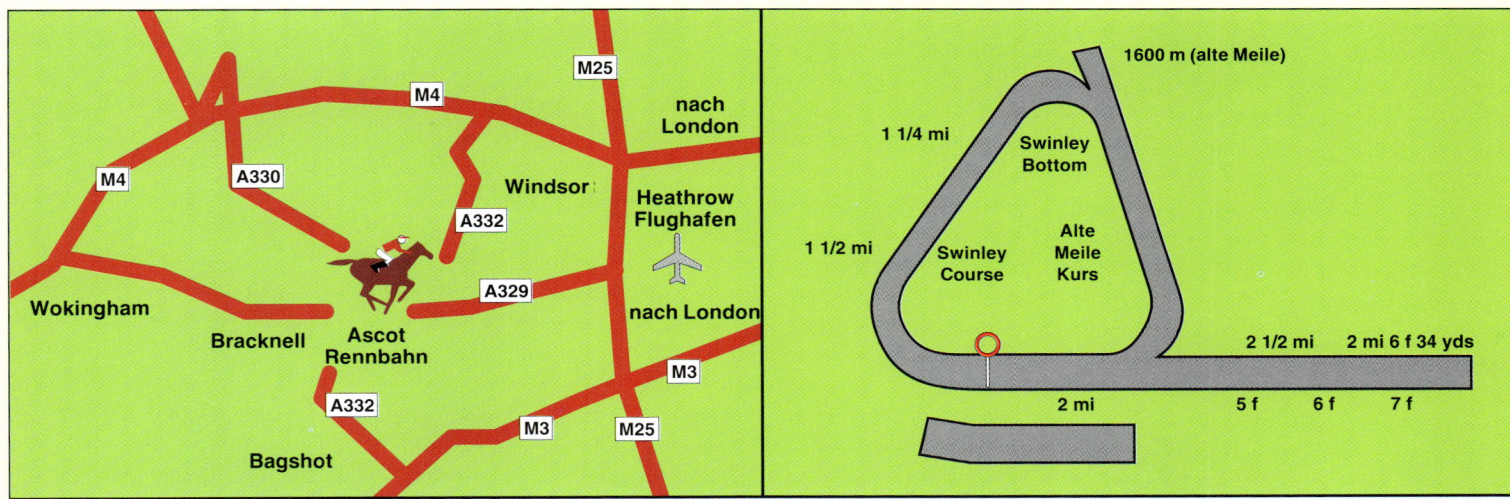

DISTANZEN, VERKEHRSVERBINDUNGEN UND PARKPLÄTZE

Die Ascot Rennbahn liegt in Berkshire, 28 Meilen westlich von London. Sie liegt auch sehr nahe am Londoner Flughafen Heathrow (ca. 20 km) und auch Gatwick ist gut zu erreichen (ca. 64 km). Von London nach Ascot gelangt man am besten mit dem British Rail Service. Von Waterloo fahren Züge in kurzen Zeitabständen, während des Royal Meetings werden auch Sonderzüge eingesetzt. Vom Bahnhof in Ascot erreicht man die Rennbahn in einigen Minuten zu Fuß. Parkmöglichkeiten sind vorhanden.

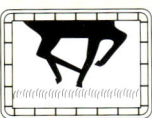 Rechtskurs, Dreiecksform, Grasbahn, schnelles, festes Geläuf mit einigen Wellen. 2800 m Umfang, Zielgerade 500 m. Es gibt eine gerade Meile und eine runde Meile. Alle Rennen bis 1400 m werden auf dem geraden Kurs gelaufen.

 Für jede Veranstaltung gibt es ein Rennprogramm (50 p).

 Repräsentant der Königin, Col. Sir Piers Bengough Marquess of Hartington
Geschäftsführer: Captain the Honorable E. N. C. Beaumont

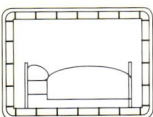 Unterkunft für Pferdepfleger vorhanden.

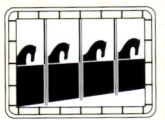 150 Boxen

 Keine Trainingsmöglichkeiten.
Nur Pferde, die in den größeren Rennen genannt sind, können die Bahn für die Morgenarbeit nutzen.

 Keine Quarantäneboxen

 An Renntagen ist ein Tierärzteteam auf dem Gelände in Bereitschaft.

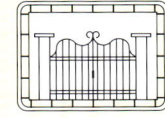 Königliche Loge: Vermittlung durch Botschaften (offizielle Kleidung) Haupttribüne: 19 – 22 Pfund. Andere Tage: Mitglieder 11,50 – 20 Pfund (Jackett und Krawatte), Haupttribüne: 7,50 – 13,50 Pfund.

 Buchmacher und Totalisator

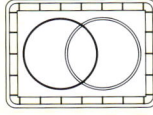 Keine Kreditkarten

 13 Renntage (von April bis Oktober).
Royal Meeting: dritte Woche im Juni. Diamond Day: letzter Sonnabend im Juli. Festival Day: letzter Sonnabend im September.

 Berystede Hotel Tel. 44-344-23311
Royal Berkshire Tel. 44-344-23322

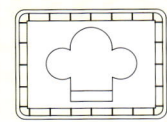 Viele Restaurants, Champagne & Seafood Bar. Reservierung und weitere Information unter: Tel. 44-344-22211

 Keine Gestüte in der Nähe.

 Golf, Museum Windsor Castle, Schiffahrten auf der Themse.

Royal Meeting: Blick auf die Königliche Loge.

Royal Ascot und seine Geschichte

Dem Royal Forest von Ascot vorgelagert, sieht Ascot Heath heute immer noch genauso aus, wie im Jahre 1711, als Queen Anne nach Jagden mit der Meute dort entlangfuhr. Sie erkannte, daß der praktisch ebene Boden ideal zum Galoppieren geeignet war und befal dem Duke of Somerset, Master ihrer Meute, zum nächsten Aufenthalt der königlichen Familie in Windsor einige Rennen zu organisieren, und zwar 10 km nordöstlich von dieser Stelle.

Am 11. August 1711 fanden in Ascot die ersten Rennen statt. Es gab keine Rails, geschweige denn Tribünen, nur 558 Pfund, 19 Shilling und 5 Dime waren ausgegeben worden, um die Bahn zu säubern und Markierungspfosten zu setzen. Die eingesetzten Pferde, sie liefen Rennen zwischen 3200 m und 6400 m, waren die kräftigen Englischen Hunter, aus denen, durch Kreuzung mit Arabern, die Vollblüter entstanden.

In jenen Tagen durften in vielen Rennen nur Pferde starten, die den Huntsmen oder anderen Offiziellen der Royal Buckhounds, bekannt unter dem Namen Yeoman Prickers, gehörten.

Noch heute erinnern die lodengrünen Mäntel mit

Royal Meeting: Queen-Vase-Rennen.

Der Führring.

Die alten Zeiten.

Goldbesatz, die von den Pförtnern beim Royal Meeting getragen werden, an die damaligen Uniformen. Die Urheberin dieses Meetings wird durch das Eröffnungsrennen unvergessen bleiben – das Queen Anne Stakes.

Die ersten Könige aus dem Haus Hannover, die Nachfolger von Queen Anne, hatten für den Galopprennsport wenig übrig, also wurde auch nur wenig getan, die Veranstaltungen in Ascot weiter auszubauen. Erst in den 80er Jahren des 18. Jahrhunderts gab es mit den zwei ältesten Söhnen von King George III, dem Prince of Wales, später Prinzregent, und dem Duke of York wieder zwei rennsportbegeisterte Mitglieder der königlichen Familie. Die Stakes, benannt nach dem Landhaus des Herzogs in der Nähe von Weybridge, wurde das erstemal 1790 gelaufen. Dieses Rennen wurde das wichtigste im

ganzen Land und hatte viele Jahre eine höhere Stellung als das Derby.

Das nächste wichtige Ereignis, das in Ascot aus der Wiege gehoben wurde, war 1807 der Gold Cup über 4000 m. Da die 6400 m Rennen immer mehr aus der Mode kamen, wurde diese Veranstaltung bald als die beste Prüfung für Steher anerkannt und Derby-Sieger wurden weitertrainiert, um ihre Karriere mit einem Sieg im Gold Cup zu krönen.

Ungefähr zur selben Zeit, als der Gold Cup zum erstenmal gelaufen wurde, entstand die erste permanente Tribüne in Ascot. Auf dieser Tribüne, Betting Stand, fanden 1650 Menschen Platz.

Zu den engsten Freunden des Prinzregenten gehörte der gefeierte Dandy Beau Brummel, der verkündete, daß der Mann von Welt einen schwarzen Überzieher zu tragen hätte, einen weißen Binder und lan-

ge Beinkleider, keine Reithosen und Stiefel. Aus dieser Mode, kreiert von Beau Brummel vor 200 Jahren, entwickelte sich, mit überraschend wenig Änderungen, die Kleidung der Männer in der Königlichen Loge. Die Ernennung des Prinzregenten zum König, er wurde King George IV, im Jahre 1820, brachte unvermeidlich Veränderungen in Ascot. Diese spiegelten den erlesenen Geschmack des neuen Königs wider und seine Vorliebe für Prunk und Pomp. John Nash, der Architekt des Buckingham Palace, entwarf 1822 die neue Königliche Loge, die sie umgebenden Rasenflächen wurden für Gäste des Königs reserviert. Die Exklusivität dieses Teils der Rennbahn ist heute noch in der Königlichen Loge zu spüren.

King George IV brachte noch eine weitere Dimension von Prunk nach Ascot, indem er sich 1825 mit

Die Edwardian Ära.

Der Sieger auf dem Weg zum Absattelplatz.

einer ganzen Prozession offener Kutschen zur Veranstaltung fahren ließ.

Mit dieser Fahrt begründete King George eine Tradition, an der Ihre Majestät die Königin noch heute festhält.

Die Pimms Bar.

Die King George VI und Queen Elizabeth Diamond Stakes

Major Sir John Crocker Bulteel war Ascots weit voraussehender Geschäftsführer. 1951 war ein Festival-of-Britain Jahr, und Crocker Bulteel veranstaltete dazu ein 2400 m Rennen, in dem die besten Dreijährigen (mit 6 kg Gewicht weniger) gegen ältere Pferde liefen, er wurde hoch geehrt für seine Bemühungen, als die ersten drei Läufe der King George VI und Queen Elizabeth Stakes von Dreijährigen gewonnen wurden. Die Namen der ruhmreichen Sieger sind an den Wänden des Büros, wo Ascots Geschäftsführer, Captain the Honorable Nicholas Beaumont, arbeitet, niedergeschrieben. Dort finden sich Namen wie Ribot, Nijinsky, Mill Reef, Brigadier Gerard, Shergar und Dancing Brave.

Mode in Ascot

»Ascot ist immer wieder der beste Ort in England, um schöne Frauen in herrlichen Kleidern zu sehen«, schrieb die Times im Jahr 1924. Seit der Zeit von Queen Anne sind Royal Ascot und Mode genauso eng miteinander verbunden wie Weihnachten und Weihnachtslieder: Ein alljährlicher Vorwand, sich herauszuputzen, Rennbahnbesucher können den Alltag hinter sich lassen und sich der Modenschau auf dem grünen Rasen von Ascot anschließen; ein passender Hintergrund zum Glanz und zur Aufmachung der Pferde auf der Bahn. Während der Regentschaft von King George IV wurde die Royal Ascot Woche zu einem riesigen Open Air Picknick im ganzen Land. In Cawthorne und Herods Buch Royal Ascot erscheint eine Beschreibung der letzten Woche in Ascot unter King George IV: »Die Menschenmenge war erdrückend, ebenso die Hitze; überwältigend, vornehm, grotesk; Menschen mit Maskerade, aber alle voll Humor ... auffallende Männer, elegante Frauen, Lords in weißen Hosen und mit schwarzen Schnauzbärten; Ladies mit schmalen Gesichtern aber riesengroßen Hüten; Ox-ford Studenten mit Tandems und Randoms ... Lords Ladies, geschmackvoll geschmückt mit Rosen und Fliederblüten, sie zeigten vornehme Blässe; Töchter und Ehefrauen von Farmern glänzten in Seide, mit vom Wind und Bier rosig gefärbten Wangen«. Royal Ascot wurde konventioneller als Queen Victoria den Thron bestieg. Der Ausbau des Eisenbahnnetzes und die Errichtung einer Haupttribüne ermöglichte es einer neuen Mittelklasse von »Städtern«, sich als Besucher der Rennbahn unter die Adeligen und Ansässigen zu mischen. Heute ist die Atmosphäre in Ascot noch genau so.

Der zukünftige King Edward VII während des Gold Cups 1896.

ROYAL ASCOT IN ZAHLEN

1. 1992 kamen zum viertägigen Royal Ascot 199 278 Besucher, nur 0,6 % weniger als 1991 (200 533).

2. Zum Gold Cup 1992 kamen am Donnerstag (Ladies' Day) 70 394 Zuschauer, nur zweimal zuvor waren mehr Menschen vor Ort.

3. Der Wettumsatz an den vier Tagen im Jahr 1992 betrug 4 007 859 Pfund, im Vergleich waren es 1991 4 242 006 Pfund.

4. Bewirtet wurden die Zuschauer mit mehr als 18 000 Flaschen Champagner, 25 000 Flaschen Wein, 160 000 Pints Bier, 4000 Hummern, drei Tonnen Lachs, drei Tonnen Fleisch und 2,5 Tonnen Erdbeeren.

Ihre Königliche Majestät Queen Elizabeth, die Königinmutter, überreicht dem siegreichen Jockey die Ritz Trophy.

DAS FESTIVAL DES BRITISCHEN RENNSPORTS

Es lag auf der Hand, Ascot als Austragungsort des Festivals zu bestimmen, denn die Rennen am Samstag während des September Meetings boten sich als zentrale Veranstaltung für das Festival an.

Am 26. September 1987 wurde in Ascot Geschichte geschrieben, ein höheres Gesamt-Preisgeld hatte es unter der Leitung des Jockey Clubs noch nie gegeben. Die sechs Rennen dieses ersten Festivals of British Racing waren zusammen dotiert mit mehr als einer halben Million Pfund.

Das höchste Preisgeld gab es mit 219 584 Pfund im Queen Elizabeth II Stakes.

CHESTER

CHESTER RACE CO. LTD., THE RACECOURSE, CHESTER CH1 2LY

TEL. 44-244-323170, FAX 44-244-344971

DISTANZEN, VERKEHRSVERBINDUNGEN UND PARKPLÄTZE

Die Stadt ist an das nationale Autobahnnetz angeschlossen, Manchester Flughafen liegt nicht weit entfernt (ca. 30 km). Es gibt schnelle Inter-City Zugverbindungen nach London und zu anderen größeren Städten. Mit dem Auto sollte der Besucher die Inner Ring Road befahren und dann die A548 Queensferry Road nehmen. Eisenbahnreisende können in ein Taxi umsteigen; ins Zentrum von Chester fahren auch viele Busse; von City Cross aus kann man die Rennbahn zu Fuß erreichen, indem man die Watergate Street heruntergeht, die Inner Ring Road überquert und Watergate folgt. Parkmöglichkeiten gibt es für mehr als 4000 Autos.

 Linkskurs, Grasbahn, kurze Zielgerade von nur 200 m.

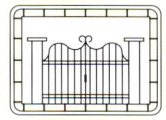 Eintritt: von 9 Pfund (Tattersalls & Führring) bis 22 Pfund (County Stand) am Chester Cup Day – County Stand: Jackett und Krawatte.

 Für jeden Renntag gibt es ein Rennprogramm. Sehr interessant ist »The Roodee – 450 Jahre Galopprennen in Chester«.

 Totalisator und Buchmacher

 General-Manager, Herr Ray Walls
Geschäftsführer, Capt. C. B. Toller
Sekretär, Herr Eric Lightfoot

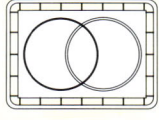 Keine Kreditkarten

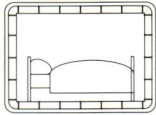 95 Betten für Pferdepfleger, Kantine & Ruheraum

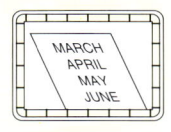 Festival im Mai, Wochenenden im Juni, Juli, August und September.

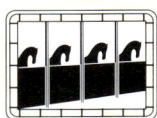 175 Boxen an der Rennbahn.

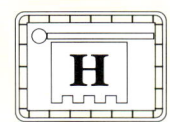 Blossoms Hotel, Tel. 44-244-323186
The Chester Grosvenor, Tel. 44-244-324024
Chester International Hotel, Tel. 44-244-322330

 Trainer können mit ihren Pferden nur an Renntagen arbeiten.

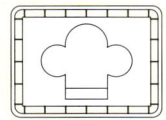 Restaurant im County Stand: keine Reservierung.

 Quarantäneboxen vorhanden

 Keine Gestüte

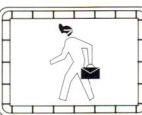 Prof. R. S. Jones
Prof. G. B. Edwards
Prof. G. S. Walton

 Grosvenor Park & Museum, Conwy Castle, Chester Zoo, Bootfahren. Chester ist eines der schönsten Einkaufszentren außerhalb von London.

Aus der Vogelperspektive: County Stand und Führring ... eine Rennbahn im Herzen der Stadt.

Geschichte und eine gute Anlage

Es wäre sehr schwierig, in einem anderen Land eine Stadt zu finden, in der Galopprennen in einer lieblicheren und geschichtsträchtigeren Umgebung stattfinden als es Chesters ehrwürdiges Roodee bietet. Seit über vierhundert Jahren ist dieses grüne Stadion, das direkt westlich der roten Sandsteinmauern liegt, mit dem Sport verbunden, und bereits vor dieser Zeit spielte das Stadion eine wichtige Rolle im bürgerlichen Leben als Veranstaltungsort sportlicher Wettbewerbe und anderer Festlichkeiten.

Heute gibt es im Norden keine beliebtere Veranstaltung als Chesters dreitägiges Rennsportereignis im Mai, und Chester Cup Day wirkt wie ein Magnet auf Rennsportfreunde im ganzen Land. Läßt man dann seinen Blick über das gefüllte Roodee schweifen hin zu den Welsh Mountains, wird man sich bewußt, daß eines der wichtigsten im Norden ausge-

tragenen Rennen in einer Umgebung stattfindet, die diesem Ereignis angemessen ist.

Die Geschichte Roodees ist zumindest seit 1540 mit dem Galopprennsport verbunden, Henry VIII regierte und Henry Gee, »Mayre of the King's Citie of Chester«, veranstaltete für das Shrovetide Sportlertreffen ein Galopprennen. Damals allerdings war das Hauptereignis ein Fußball-Spiel zwischen den Tuchwarenhändlern und den Schuhmachern der Stadt, dabei war das alte Kreuz das eine Tor, das Haus des Bürgermeisters das andere.

Eine Zeitlang danach waren Pferderennen beim alljährlichen Sportfestival in Shrove ein fester Bestandteil, und dann, im Jahr 1609, stiftete ein Robert Ambridge, Sheriff von Chester, drei silberne Glocken, später wurden sie die St. George's Bells genannt (weil die Rennen am St. George Tag gelaufen wurden), für die drei erstplazierten Pferde in einem Rennen, das über fünf Runden im Roodee führte.

Es wäre natürlich sehr passend, könnte man das St. George's Bells Rennen als Vorläufer des Chester Cups anführen. Tatsächlich aber entwickelte sich daraus das City Plate, das allerdings nicht mehr gelaufen wurde, nachdem 1835 der Municipal Capitals Reform Vertrag in Kraft getreten war, und öffentliche Gelder nicht mehr als Siegprämien ausgegeben werden durften. Der Vorläufer des Chester

Cups war der Tradesman's Cup, dieses Rennen wurde 1824 zum erstenmal gelaufen. Damals zeichnete sich die City Corporation in erster Linie verantwortlich für die Galopprennen bei diesen Veranstaltungen, doch mit dem Vertrag von 1835 wurde das geändert.

Der Sieger im ersten Tradesman's Cup, in dem die Pferde am Schloßtor starten, dann eine ganze Runde laufen mußten und schließlich am Coming-in-Chair die Ziellinie passierten, war ein Sechsjähriger, Doge of Venice, aus dem Besitz von Sir Thomas Stanley aus Hooton Hall, Mitglied einer der bekanntesten Sportlerfamilien des Landes. In den ersten zehn Jahren wurde der Cup ausschließlich von Pferden gewonnen, welche Gutsbesitzern der Umgebung gehörten. Während dieser Zeit waren die Preisgelder für Hahnenkämpfe, die ein wichtiger Bestandteil der Rennwoche waren, höher als jene, die man auf der Rennbahn holen konnte.

Das erste wirklich berühmte Pferd, das den Cup gewann, war wohl die großartige Stute Alice Hawthorn, sie gehörte Herrn John Plummer aus Skipton und wurde trainiert von den Hesseltines auf den Hambleton Hills in Yorkshire. Sie gewann den Cup 1842, wurde am nächsten Tag wieder gesattelt und gewann ein Handicap-Rennen. Vierundzwanzig Stunden später errang sie ihren dritten Sieg in Folge im Cheshire Stakes.

Während der Chester Cup, dieses Rennen führt über 3670 m, seinen alten Reiz für die Rennsportenthusiasten aus dem Norden bewahrt hat, gibt es viele, die das Chester Vase, 1907 zum erstenmal gelaufen, es führt über 2465 m, heute als das wichtigste der Veranstaltung ansehen. Startberechtigt sind drei- und vierjährige Pferde, dieses Rennen gilt als guter Test für die Teilnehmer an den »Klassikern« seit 1890 der Sieger, Bayardo (im Besitz von Herrn A. W. Fax, der seine Pferde unter dem Decknamen »Herr Fairie« starten ließ), dann auch das St. Leger gewann.

Später wurde das Vase-Rennen sogar zum Derby-Test erklärt, möglicherweise, weil die Rennbahn in Chester (wie die in Epsom) ein Linkskurs ist, Papyrus (1923), Hyperion (1939) und Windsor Lad (1934) beendeten vor ihrem Derby-Sieg das Vase-Rennen ebenfalls als erster. 1959 wurde dann die Starterliste auf dreijährige Pferde beschränkt, im gleichen Jahr siegte Fidalgo, der dann im Epsom Derby Zweiter wurde, das Irische Derby allerdings gewinnen konnte.

Das Vase-Rennen und die Dee-Stakes galten als Vorbereitungsrennen für die in den klassischen Rennen laufenden Dreijährigen. Die Ormonde Stakes tragen ihren Namen nach dem bedeutenden Sieger, der in Eaton, in der Nähe, gezogen wurde und dem Duke of Westminster gehörte. Diese Ormonde Stakes gelten als die erste gute Startmöglichkeit für Pferde, die den Ascot Gold Cup anvisieren.

Nach dem Krieg kamen neue Rennen hinzu, von diesen wurde die Cheshire Oaks, zum erstenmal 1950 verzeichnet und über dieselbe Distanz wie das Vase-Rennen führend, schnell zu einem weiteren, frühen Test für dreijährige Stuten, die in den Klassikern starten sollten.

Der Platz für den Sieger.

Die perfekte Bühne für Galopprennen.

CHESTER

Die Rennbahn in Chester hat in den vergangenen Jahrhunderten viele Rückschläge hinnehmen müssen, aber alles war nichts gegen das nächtliche Desaster, das über das alte Roodee hereinbrach. Es war in den frühen Morgenstunden des 28. September 1985, einem Sonnabend, als der Manager Ray Walls von dem Geräusch zerbrechenden Glases erwachte. Der Lärm kam vom County Stand neben seinem Haus. Er rannte hinaus und es bot sich ihm der schrecklichste Anblick, den man sich nur vorstellen kann ... die historische Tribüne war ein einziges Flammenmeer!

Alle Feuerwehren in Cheshire waren im Einsatz, aber nach drei Stunden war die schöne alte Tribüne, seit Anfang des 20. Jahrhunderts war sie das Schmuckstück des Roodees, nur noch Schutt und Asche. Verglichen mit anderen wichtigen Gebäuden in Chester war der County Stand ein relativ moderner Bau, aber irgendwie war in ihm der Geist der Geschichte zu finden, jedes Holzbrett, jeder Punkt erzählte von der Vergangenheit.

Out of evil cometh good! (Aus dem Bösen kommet das Gute!) So sagte Viscount Leverhulme, Vorsitzender der Chester Race Company, bei der Eröffnung des prächtigen neuen County Stand zu Beginn des Mai-Festivals 1988.

Fast drei Jahre waren seit dem tragischen Brand vergangen, und obwohl Turfgeschichte sich in dieser schicksalhaften Septembernacht in Rauch aufgelöst hatte, begann für Chester jetzt eine neue Ära.

Die reizende Stadt Chester ist für die älteste Rennbahn des Landes genau die passende Kulisse.

Jedes Jahr versammeln sich hier die Freunde des Galopprennsports – zum dreitägigen Festival-Meeting im Mai, wo der Chester-Cup und das Chester-Vase ausgetragen werden; und zu den Wochenendveranstaltungen im Juni, Juli und August/September.

Firmen jeglicher Art können die Vorteile der geschäftigen und aufregenden Renntage ausnutzen, oder aber ganzjährig die elegante Umgebung in dem zweckmäßig gebauten County Stand genießen, der erst im Mai 1988 eröffnet wurde.

Konzipiert, um allen Anforderungen höchster Gastfreundschaft gerecht zu werden, können Besucher des County Stands das beeindruckende Panorama des Roodees überblicken, die blauen Fluten des Flusses Dee, die majestätische Grosvenor Bridge und die Welsh Hills in der Ferne.

Private Logen

Der Tulyar Room, der Sea Pigeon Room und der Windsor Lad Room sind nur drei von 15 privaten Logen, alle benannt nach berühmten Pferden, die bei den Chester Rennen ein Gastspiel gaben, und alle bieten höchste Diskretion und allerbeste Bewirtung für kleine Gesellschaften.

Das County Restaurant

Auf zwei Etagen finden 135 Menschen Platz, die intime Atmosphäre und das traditionelle Dekor des County Restaurants ist unvergleichlich. Außer an Renntagen kann es entweder allein oder mit anderen Einrichtungen zusammen gemietet werden, die Küche ist allererste Klasse, ob nun ein Frühstück, ein Buffet oder ein Sechs-Gang-Menü bestellt wird.

Bewirtung in Zelten

An Renntagen stehen auf dem Roodee Zelte, in denen die Besucher mit dem Feinsten bewirtet werden – eine beliebte und immer wieder gern gesehene Form der Unterhaltung.

DALHAM CHESTER VASE

3jährige Pferde, 2465 m, Gruppe III

Jahr	Sieger	Besitzer	Jockey	Trainer
1984	Kaytu	Herr R. N. Khan	W. Carson	W. R. Hern
1985	Law Society	Herr S. S. Niarchos	P. Eddery	M. V. O'Brien
1986	Nomrood	Herr Fahd Salman	T. Quinn	P. Cole
1987	Dry Dock	Herr R. Hollingsworth	W. Carson	W. R. Hern
1988	Unfuwain	Hamdan-Al-Maktoum	W. Carson	W. R. Hern
1989	Old Vic	Scheich Mohammed	S. Cauthen	H. Cecil
1990	Belmez	Scheich Mohammed	S. Cauthen	H. Cecil
1991	Toulon	K. Abdullah	P. Eddery	A. Fabre
1992	Twist and Turn	Scheich Mohammed	S. Cauthen	H. Cecil

Hier kommen sie ... Ein herrlicher Blick auf die Rennbahn und die römische Mauer.

EPSOM

EPSOM DOWNS, SURREY KT18 5LQ

TEL. 44-372-726311, FAX 44-372-748253

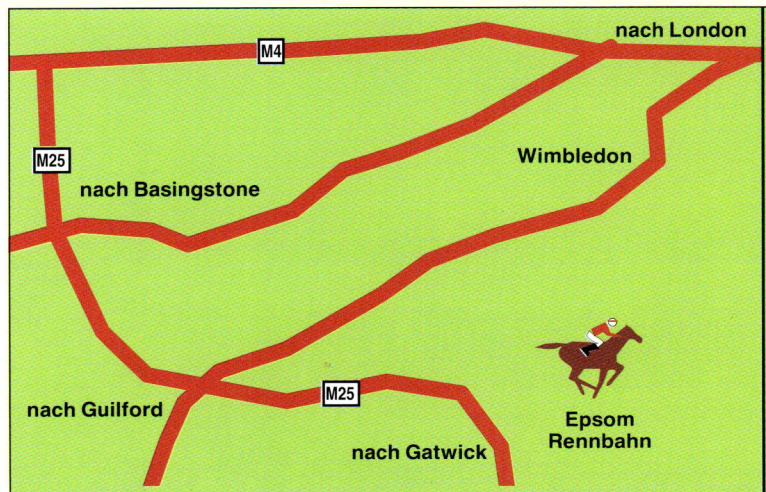

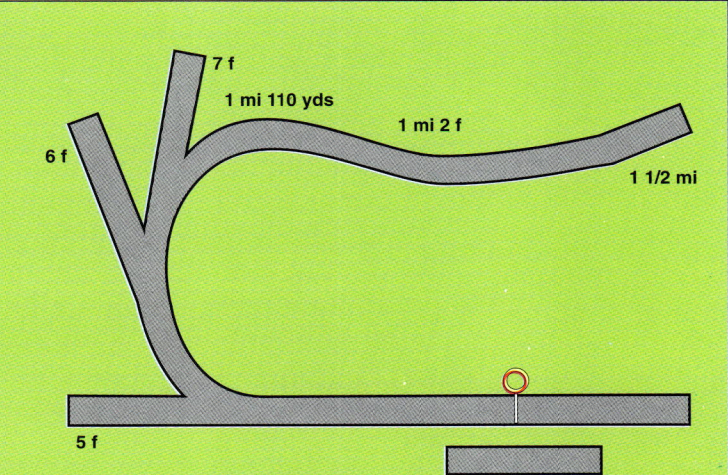

DISTANZEN, VERKEHRSVERBINDUNGEN UND PARKPLÄTZE

Epsom selbst liegt auf den Surrey Downs. Wie man am besten dahingelangen kann, das hängt sehr von der Rennveranstaltung ab, die gerade stattfindet. Am Derby-Tag herrscht ein solcher Andrang, daß sogar Hubschrauber regelmäßig nach Epsom fliegen. Die Rennbahn liegt relativ nahe an der Innenstadt von London, mit dem Auto sollte man die A3 südlich bis zur Ausfahrt Tolworth fahren. Empfehlenswert ist es, mit dem Zug zur Rennbahn zu fahren. Von Viktoria und Waterloo Station fahren Züge direkt nach Epsom. Die Flughäfen Heathrow und Gatwick sind gut zu erreichen. Es sind viele Parkplätze vorhanden.

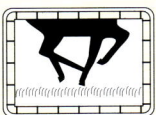
Grasbahn mit Wellen, 2400 m lang, Linkskurs.

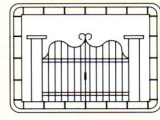
Mitglieds-Tribüne am Derby-Tag: 40 Pfund, am Oaks-Tag: 20 Pfund. Nur für Jahresmitgliedschaften. Haupttribüne: 16 Pfund. Führring: 9 Pfund (6 Pfund am Oaks-Tag).
Für normale Renntage: Tel. 44-372-726311

Für jeden Renntag wird eine Rennkarte gedruckt.

Buchmacher und Totalisator

Direktor: Herr T. P. Neligan
Geschäftsführer: Major R.M.O. Webster

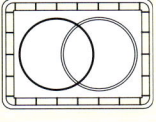
Kreditkarten: Access und Barclaycard

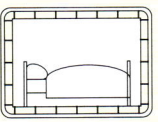
Unterkunft für Pferdepfleger vorhanden.

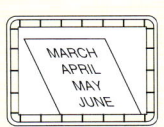
8 Renntage von April bis September. Das Derby findet immer am ersten Mittwoch im Juni statt.

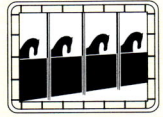
105 Boxen

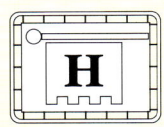
The Burford Bridge Hotel, Tel. 44-306-884561
Ghyll Manor, Tel. 44-29384-571
White Horse Hotel, Tel. 44-306-881138

Trainingsgelände in Epsom: Gras, Hobelspäne und Sand

Final Furlong Restaurant
The Horseshoe Restaurant
Reservierung: Tel. 44-372-8216222

Keine Quarantäneboxen

Keine Gestüte in der Nähe.

An Renntagen ist eine Tierärzteteam auf dem Rennbahngelände in Bereitschaft.

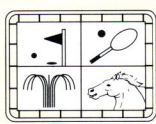
Golf-Platz

Die prächtige neue Haupttribüne, eingeweiht am Derby-Tag 1992.

Epsom: Derby-Tag!

Epsom, die berühmteste Rennbahn Englands und Heimat des Derbys, liegt ca. 24 km außerhalb der Stadtmitte Londons. Die Bahn ist ein Linkskurs und weist viele Steigungen auf. Der über 2400 m führende Derby-Kurs führt zunächst bergauf, dann folgt ein relativ steil abfallender Teil zum Tattenham Corner. Das nächste ansteigende Stück auf der Geraden sind dann erst wieder die letzten zweihundert Meter. Dieser Kurs ist sicherlich nichts für Pferde, die nicht in Top-Kondition sind. Seit mehr als 300 Jahren werden in Epsom Galopprennen veranstaltet.

Die ersten überlieferten Rennen nach dem Zusammenbruch des Commonwealth fanden 1661 auf den Banstead Downs, Epsom Downs ist ein Teil davon, statt.

Der zwölfte Lord Derby veranstaltete während der Galopprennen in Epsom Feste in seinem Hause, genannt »The Oaks«. Die Oaks, ein Rennen für dreijährige Stuten, wurde 1779 ins Leben gerufen, das Derby, dazu bestimmt, das berühmteste Rennen der Welt zu werden, ein Jahr später. Die ersten vier Derbys führten über 1600 m, dann wurde die Distanz auf 2400 m verlängert.

Es ist schwierig, in dem berühmten Tattenham Corner Bogen keinen Boden zu verlieren.

Dr. Devious gewinnt das Ever Ready Derby 1992.

Die neue Tribüne aus einem anderen Blickwinkel.

Die erste Haupttribüne in Epsom, wo der verstorbene Herr Beeton lebte, wurde 1829 erbaut und stand bis 1927, als eine neue eröffnet wurde. Epsom ist kein eingezäuntes Gelände, die Downs sind offen und für jedermann frei zugänglich. Noch heute campieren während der Derby-Woche Zigeuner dort, und es findet ein Jahrmarkt statt. Dieser erreicht aber bei weitem nicht die Größe der Kirmes, die dort im neunzehnten Jahrhundert alljährlich stattfand. Der Derby-Tag war damals ein öffentlicher Feiertag, und das Parlament, sehr zum Ärger der mürrisch blickenden Radikalen, hielt keine Sitzung ab. Das Rennen selbst war eigentlich nebensächlich. Im Mittelpunkt standen die Feiern und der Jahrmarkt. Heute wird das Rennen sehr viel ernster genommen, und der größte Teil des bunten Trei-

bens ist verschwunden. Der vielleicht größte aller Derby-Tage war im Jahr 1896, als vor einer begeisterten Menschenmenge der großartige Persimmon, das Pferd des Prince of Wales, den Sieg errang. Das Hauptereignis in Epsom ist das viertägige Sommermeeting, das entweder Ende Mai oder Anfang Juni stattfindet. Wichtige Rennen neben dem Derby, das am Mittwoch gelaufen wird und den Oaks am Samstag sind die Woodcote Stakes, der Coronation Cup sowie die Acorn und Diomed Stakes.
Hauptereignisse des dreitägigen Frühjahrsmeetings im April sind zwei klassische Prüfungen, die Blue Riband Stakes und die Princess Elisabeth Stakes und zwei traditionellen Handicap-Rennen, das City and Suburban über 2400 m und das Great Metropolitan über 4000 m. Das Great Metropolitan war viel-

leicht das erste gesponsorte Rennen, denn als es 1846 ins Leben gerufen wurde, erhöhten Gastwirte das Preisgeld; noch heute wird dieses Rennen auch »Das Gastwirts-Derby« genannt.
Beim zweitägigen Bank Holiday-Meeting Ende August stehen das Steve Donoghue Handicap für Lehrlinge und das Moet & Chandon Silver Magnum (für Amateure) im Mittelpunkt. In den letzten Jahren gab es in Epsom Probleme. Diese konnten aber beseitigt werden, indem eine weitere Tribüne gebaut wurde.
(Roger Mortimer, Richard Onslow, Peter Willett, »Biographical Encyclopaedia of Racing«, MacDonald und Jane's Ltd, London).
Fotos: Gerry Cranham's Colour Library
Mel Fordham

Das siegreiche Team.

EVER READY DERBY

3jährige, 2400 m, Gruppe I

Jahr	Pferde	Distanzen	Jockey	Trainer
1983	**Teenoso**		**L. Piggott**	**G. Wragg**
	Carlingford Castle	3 Längen	M. Kinane	
	Shearwalk	3 Längen	W. R. Swinburn	
1984	**Secreto**		**C. Roche**	**D. V. O'Brien**
	El Gran Senor	kurzer Kopf	P. Eddery	
	Mighty Flutter	3 Längen	B. Rouse	
1985	**Slip Anchor**		**S. Cauthen**	**H. R. A. Cecil**
	Law Society	7 Längen	P. Eddery	
	Damister	6 Längen	Y. Saint-Martin	
1986	**Shahrastani**		**W. R. Swinburn**	**M. Stoute**
	Dancing Brave	1/2 Länge	G. Starkey	
	Mashkour	2 1/2 Längen	S. Cauthen	
1987	**Reference Point**		**S. Cauthen**	**H. R. A. Cecil**
	Most Welcome	1 1/2 Längen	Paul Eddery	
	Bellotto	kurzer Kopf	P. Eddery	
1988	**Kahyasi**		**R. Cochrane**	**L. M. Cumani**
	Glacial Storm	1 1/2 Längen	M. Hills	
	Doyoun	1 1/2 Längen	W. R. Swinburn	
1989	**Nashwan**		**W. Carson**	**W. R. Hern**
	Terimon	5 Längen	M. Roberts	
	Cacoethes	2 Längen	G. Starkey	
1990	**Quest for Fame**		**P. Eddery**	**R. Charlton**
	Blue Stag	3 Längen	C. Asmussen	
	Elmaamul	1 1/2 Längen	W. Carson	
1991	**Generous**		**A. Munro**	**P. Cole**
	Mariju	5 Längen	W. Carson	
	Star of Gdansk	7 Längen	C. Roche	
1992	**Dr. Devious**		**J. Reid**	**P. Chapple-Hyam**
	St. Jovite	2 Längen	C. Roche	
	Silver Whisp	kurzer Kopf	Paul Eddery	

Der Siegerring.

GOODWOOD

GOODWOOD, CHICHESTER, WEST SUSSEX PO18 OPX
TEL. 44-234-774107, FAX 44-234-774313

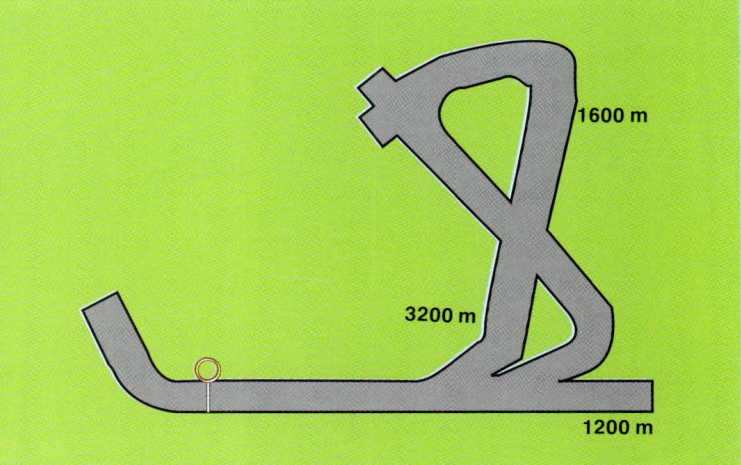

DISTANZEN, VERKEHRSVERBINDUNGEN UND PARKPLÄTZE

Die Goodwood Rennbahn liegt 100 km südlich von London und 190 km von Dover entfernt. Von Heathrow oder Gatwick braucht man bei zügiger Fahrt mit dem Auto ca. 80 Min. Mit dem Zug ab London erreicht man in 1 Stunde 40 Minuten Chichester, die letzten 7 km legt man mit dem Bus oder einem Taxi zurück. Hubschrauber-Service: Heliflair, Tel. 44-243-779222. In der Nähe der Rennbahn können ca. 7500 Autos parken.

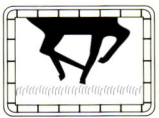 Grasbahn, Rechtskurs, besteht aus einer fast 1200 m langen Geraden und einer Acht in Dreiecksform.

 Rennkarten werden für 1 Pfund verkauft.

 Vorsitzender, Duke of Richmond
Geschäftsführer, Herr R. Fabricius
Manager, Herr J. Thompson

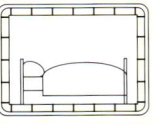 Pensionen, Unterkunft und Cafeteria für Pferdepfleger vorhanden.

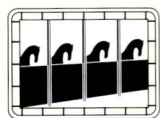 94 Boxen

 Keine Trainingsmöglichkeiten

 Keine Quarantäneboxen

 J. Walmsley & Partner

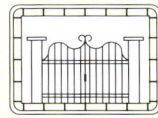 Richmond Loge 13 Pfund (Jackett und Krawatte)
Gordon Loge 9 Pfund (Festival 15 Pfund)
Öffentliche Tribüne 3,50 Pfund (Festival 5 Pfund).
Buchungen: Tel. 44-243-774107

 Buchmacher und Totalisator

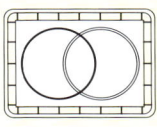 Access, Visa, nicht beim Eintritt (außer im voraus)

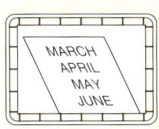 18 Tage zwischen Mai und Oktober, einschließlich des 5tägigen Festivals im Juli.

 Goodwood Park Hotel Golf & Country-Club
Tel. 44-243-775537
Spread Eagle Hotel
Tel. 44-730-6911

 Charlton Hunt Restaurant
Reservierung: Tel. 44-243-775350

 Lavington Stud, Nr. Petworth
Sussex Stud, Nr. Hortsham.

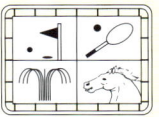 Golf & Schwimmen (Goodwood Park Hotel Golf & Country Club), Weald & Dowland Open Air Museum, Chichester Cathedral.

Panoramablick auf die Tribünen.

Glorious Goodwood

Der dritte Duke of Richmond brachte Galopprennen nach Goodwood, allerdings weniger aus einer Leidenschaft für diesen Sport heraus, sondern mehr, weil er sich als Oberst seinen Offizieren gegenüber dazu verpflichtet fühlte. Jahrelang hatten die Offiziere ihre jährlichen Pferderennen im nahegelegenen Petworth Park mit der Genehmigung des Earl of Egremont abgehalten, als dieser kapriziöse Adlige aber seine Einladung 1801 nicht wiederholte, rettete der Duke of Richmond die Veranstaltung, indem er einen Kurs in dem Teil von Goodwood Park absteckte, der heute unter dem Namen The Harroway bekannt ist.

Der Duke war über den Erfolg des ersten Renntages so begeistert, daß er im darauffolgenden Jahr ein dreitägiges Treffen nach den Regeln des Jockey Clubs organisierte. Am ersten Tag ritt er mit einem Pferd namens Cedar gleich zum Sieg, aber am dritten Tag wurde Cedar von Trumpator, im Besitz vom Prince of Wales, später King George IV, geschlagen.

Um auch seinen vornehmeren Gästen gerecht zu werden, ließ der Duke eine kleine Tribüne errichten. Der erste Duke of Richmond, der Goodwood Estate 1720 erwarb, war ein unehelicher Sohn von Charles II und Louise de Querouaille, Duchess of Portsmouth. Ihr Enkel, der Begründer der Veranstaltungen in Goodwood, war ein Mann mit Geschmack und bemerkenswerten Talenten. Er war einer der ersten Gönner von George Stubbs, der häufig nach Goodwood kam, und als Magistrat ließ er das Gebiet vermessen. Diese Karte hat heute noch ihre Gültigkeit. Als der erste Duke 1806 starb, vermachte er Titel und Besitz seinem Neffen, einem Soldat mit allen Ehren, der Seite an Seite mit seinem Freund, dem Duke of Wellington, in der Schlacht bei Waterloo gekämpft hatte. Die militärischen Verpflichtungen des vierten Dukes hinderten ihn daran, viel Zeit auf seinem Besitz zu verbringen. In dieser Zeit, nämlich 1812, wurde der Goodwood Cup zum erstenmal gelaufen, und zwei Jahre später, auf einen Vorschlag seines Sohnes, dem Earl of March, hin, wurde die Veranstaltung vom Mai in den Juli verlegt. Dieser Termin hat bis heute Gültigkeit.

Als das Rennen im Juli stattfand, war es ein durchschlagender Erfolg, das Ansehen des Meetings stieg erheblich. Es schloß sich dem Ende der Londoner Rennsaison an und erlangte seine relativ zwanglose Atmosphäre zurück. Die Adeligen genossen diese neue Veranstaltung, bevor sie sich für den Rest des Sommers auf ihre Landsitze begaben. Goodwoods

Der Führring.

Popularität als Treffpunkt für Galoppsportfreunde nahm immer mehr zu, besonders nach dem zweiten Weltkrieg. Während des Krieges selbst hatten keine Rennen auf diesem Kurs stattgefunden. 1953 waren am Dienstag des Juli-Meetings 55 000 Zuschauer vor Ort, 21 000 standen allein an den Hängen des Trundle Hill.

Diese Zahl ist seither nicht überboten worden. Die stetig steigende Nachfrage nach Galopprennen auf dieser malerischsten aller Rennbahnen, führte zur Einführung neuer Veranstaltungen im Jahr 1965. Das Mai-Meeting wurde 1968 zum erstenmal abgehalten, 1970 wurde das Juli-Meeting durch Hinzunahme des Sonntags auf fünf Tage ausgedehnt, 1985 kamen Abendveranstaltungen im Juni neu ins Programm.

Wichtige Veränderungen sind seither an der Rennbahn durchgeführt worden. 1976 wurde der Parade-Ring zur Südseite der Rennbahn verlegt, hinter die March-Tribüne. Zur gleichen Zeit errichtete man

Bewirtung im Pavillon.

Die Zuschauermenge.

die neue Waage an der Nordseite des Parade-Rings. Dabei mußte auch die alte Straße südlich der Rennbahn verlegt werden.

Die alte Tribüne wurde nach dem Juli-Meeting 1979 abgerissen und durch die moderne March-Tribüne ersetzt. Dieser Bau erhielt eine Auszeichnung durch die Royal Fine Arts Commission. Die Queen eröffnete die neue Tribüne 1980.

Der nächste Entwicklungsabschnitt begann 1989, als zum Juli-Meeting die neue Charlton-Tribüne eröffnet wurde. Gleichzeitig wurde die Ziellinie um gute 28 Meter in Richtung des 1200 m-Starts verlegt. Die Konsequenz war, daß alle Startlinien verändert werden mußten. Der Goodwood Cup, normalerweise über 4200 m führend, wurde auf 4000 m verkürzt, 1991 dann auf 3200 m.

King Charles II errichtete das Hauptquartier des englischen Galopprennsports inmitten der eintönigen Herrlichkeit von Newmarket Heath. Im völligen Kontrast dazu errichtete sein Nachfahre, der Duke of Richmond, die wunderschönste Rennbahn Englands inmitten einer lieblichen, welligen und abwechslungsreichen Landschaft mit Blick auf die glitzernden Wasser des Hafens von Chichester.

Der Finish.

GOODWOOD

Hier ist der Sieger!

DIE WICHTIGSTEN RENNEN

SUSSEX STAKES

3jährige und ältere Pferde, 1600 m, Gruppe I

Jahr	Name	Alter	Jockey	Trainer	Dist.	Pf.
1991	Second Set	3	L. Dettori	L. Cumani	1,5	8
1990	Distant Relative	4	W. Carson	B. Hills	0,5	7
1989	Zilzal	3	W. R. Swinburn	M. Stoute	3	8
1988	Warning	3	Pat Eddery	G. Harwood	1,5	9
1987	Soviet Star	3	G. Starkey	A. Fabre (FR)	0,5	7

WILLIAM HILL STEWARD'S CUP (HANDICAP)

3jährige und ältere Pferde, 1200 m, Gruppe I

Jahr	Name	Alter	Jockey	Trainer	Dist.	Pf.
1991	Notley	4	R. Perham	R. Hannon	2,5	29
1990	Knight of Mercy	4	B. Raymond	R. Hannon	–	30
1989	Very Adjecent	4	D. Gibson	G. Lewis	k.K.	22
1988	Rotherfield Greys	6	N. Day	C. Wall	2	28
1987	Madraco	4	P. Hill	P. Calver	4	30

GOODWOOD CUP

3jährige und ältere Pferde, 3200 m, Gruppe III

Jahr	Name	Alter	Jockey	Trainer	Dist.	Pf.
1991	Furter Flight	5	M. Hills	B. Hills	1	10
1990	Lucky Moon	3	W. Carson	J. Dunlop	2,5	6
1989	Mazzacano	4	Pat Eddery	G. Harwood	–	5
1988	Sadeem	5	G. Starkey	G. Harwood	1	6
1987	Sergeyevich	3	W. Carson	J. Dunlop	0,5	5

SCHWEPPES GOLDEN MILE (HANDICAP)

3jährige und ältere Pferde, 1600 m

Jahr	Name	Alter	Jockey	Trainer	Dist.	Pf.
1991	Sky Cloud	5	T. Quinn	R. Akehurst	–	15
1990	March Bird	5	N. Adams	J. Sutcliffe	1,5	16
1989	Safawan	3	W. Carson	M. Stoute	K.	14
1988	Strike Force	3	M. Hills	B. Hills	–	21
1987	Waajib	4	M. Roberts	A. Stewart	–	20

ZEITEN UND DISTANZEN

REKORDE

Dist.	Zeit	Alter	Verlauf	Pferd	Datum
1000 m	0:56,31	6	sicher	Jondebe Boy	24. 5. 1990
1200 m	1:10,73	4	sicher	Knight of Mercy	31. 7. 1990
1600 m	1:36,06	4	sicher	Distant Relative	1. 8. 1990
2000 m	2:04,96	3	sicher	Kartajana	4. 8. 1990
2400 m	2:31,84	4	sicher	Black Monday	1. 8. 1990
2400 m	2:31,84	3	sicher	Hajade	3. 8. 1990
3200 m	3:28,69	5	gut	Further Flight	2. 8. 1991

JOCKEY-REKORDE

Erfolgreichste Jockeys in Goodwood (noch aktiv) bis 1991

Name	Siege in Goodwood	Siege Juli-Meeting
Piggott, Lester	193	116
Eddery, Pat	191	61
Carson, Willie	151	77
Cauthen, Steve	91	33
Reid, John	57	15

STANDARD-ZEITEN

Distanz	Zeit	Distanz	Zeit
1000 m	0:57,60	2000 m	2:05,00
1200 m	1:10,40	2400 m	2:31,70
1600 m	1:37,60	3200 m	3:26,60

TRAINER-REKORDE

Erfolgreichste Trainer in Goodwood (noch aktiv) bis 1991

Name	Siege in Goodwood	Siege Juli-Meeting
Harwood, G.	112	32
Cecil, H.	110	44
Dunlop, J.	108	28
Hern, W.	107	56
Walwyn, P.	61	17

LES LANDES
ST. OUEN, JERSEY, CHANNEL ISLANDS
TEL. 44-534-863484, FAX 44-534-864136

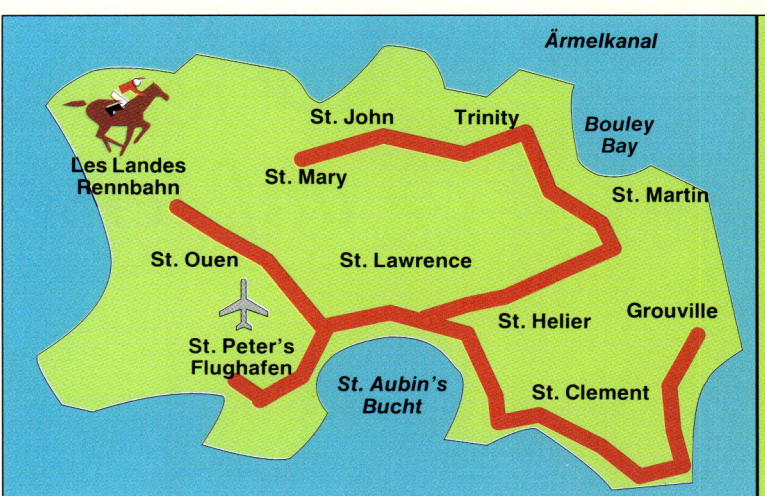

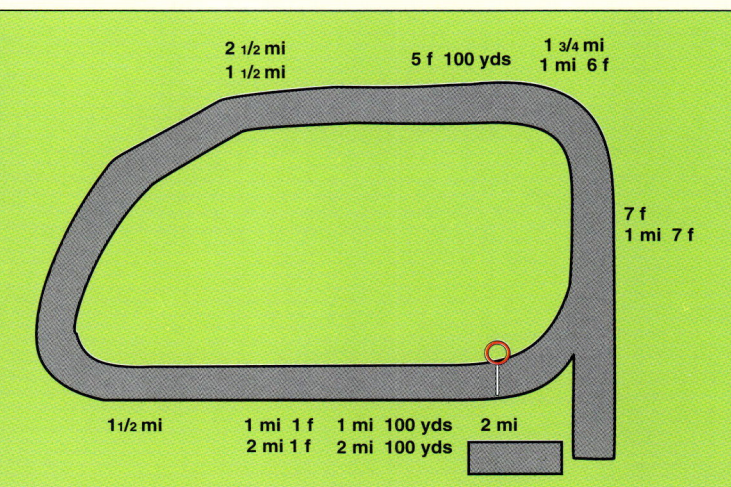

DISTANZEN, VERKEHRSVERBINDUNGEN UND PARKPLÄTZE

Die Rennbahn liegt in der Gemeinde von St. Ouen, in der nordwestlichen Ecke der Insel Jersey. Außerhalb und innerhalb der Rennbahn gibt es viele Parkplätze.

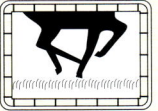 Grasbahn, Rundkurs (links), 1600 Meter, wellig.

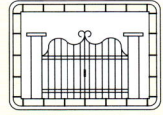 Eintritt: 3 Pfund.
Information unter: Tel. 44-534-863484

 Für jeden Renntag gibt es eine Rennkarte.

 Buchmacher und Totalisator

 Präsident, Herr P.R. Edwards
Kassenwart, Herr B. Woodcock
Geschäftsführer, Herr A.J. Greenwood
Sekretär, Frau J. Reed

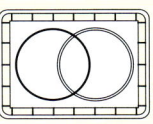 Keine Kreditkarten

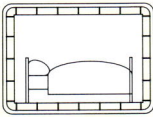 Keine Unterkunft für Pferdepfleger auf dem Rennplatz, viele Hotels in der Nähe.

 Die Rennsaison (9 Veranstaltungen) beginnt am Ostermontag und geht bis Ende August (August Bank Holiday Monday).

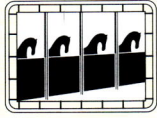 Keine Boxen

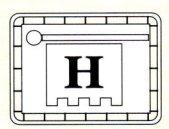 Auskunft unter: 44-534-863484

 In Les Landes gibt es eine Trainingsbahn, auch der Strand steht zur Verfügung.

 Ein Restaurant ist im Zelt für die Mitglieder.

 Keine Quarantäneboxen

 Keine Gestüte in der Nähe.

 Dr. G. Gruchy
Dr. J. Hamilton

 Jersey ist nur 120 km² groß, Sie können Sport jeglicher Art ausüben und dabei den herrlichen Blick auf die anderen Kanalinseln und die französische Küste genießen.

Da laufen sie!

*G*alopp-rennen auf Jersey

Alte Karten und Bilder belegen, daß schon im letzten Jahrhundert auf Jersey an mehreren Stellen Galopprennen durchgeführt wurden. Rennbahnen gab es auf jeden Fall in Vinchelez, St. Ouen, südlich der heutigen Rennbahn, eine weitere war in Trinity bei Jardin d'Olivet und eine dritte bei Grouville Common, auf einem Teil des heutigen Royal Jersey Golf Club Course. Die letztgenannte Rennbahn hatte ihre Blütezeit am Anfang dieses Jahrhunderts, doch kurz vor Ausbruch des ersten Weltkrieges wurden die Galopprennen nach Quennevais, S. Brelade verlegt. Bis in die frühen 50er Jahre, unterbrochen nur während der Besetzung der Insel durch die Deutschen, wurden dort Rennen durchgeführt, dann stand das Gelände für diese Veranstaltungen nicht mehr zur Verfügung.

Es wurde in Les Landes eine neue Bahn gebaut, diese ist bis heute fast unverändert geblieben.

Vor dem zweiten Weltkrieg kamen Pferde per Schiff von England und wurden mit einem Kran in St. Helier an Land gebracht. Es gab zwei oder drei Veranstaltungen im Jahr. Heute werden acht oder neun Renntage auf Jersey abgehalten, weitere drei auf Guernsey nach den Statuten des Channel Islands Racing and Hunt Clubs. Dieser Verband wird von allen Ländern als Rennsportorganisation anerkannt.

Bis zum zweiten Weltkrieg war der Jersey Race Club verantwortlich für die Rennveranstaltungen. Von 1948 bis 1981 übernahm der Jersey Drag Hunt and Chase Club diese Rolle. Seit 1981 führt der Jersey Race Club wieder die Rennveranstaltungen durch. Der Jersey Drag, Hunt & Chase kümmert sich seither wieder nur um Jagd- und Point-to-Point Rennen.

Es muß einfach erwähnt werden, daß Jersey in mancherlei Hinsicht, was den Galopprennsport betrifft, dem Vereinigten Königreich eine Nasenlänge voraus war. Schon in den 50er Jahren gab es in Quennevais Galopprennen, in denen nur weibliche Jockeys startberechtigt waren, erst einige Jahre später ermöglichte der Jockey Club gleiches in England. 1972 trafen in einem Rennen auf Jersey weibliche Jockeys auf männliche Konkurrenten. Der Jockey Club schloß sich wiederum an. Auf Jersey wurden auch die ersten Rennen am Sonntag gelaufen, zum erstenmal am 5. August 1984.

Die sehr zwanglose und entspannte Atmosphäre an der Rennbahn.

Der Führring.

Der Führring und die Wettschalter aus einem anderen Blickwinkel.

LES LANDES

Der eigene Favorit wird unter die Lupe genommen.

Startbereit.

Immer schneller.

LES LANDES

NEWBURY

NEWBURY RACECOURSE, NEWBURY, BERKSHIRE RG 14 7N2,
TEL. 44-635-40015, FAX 44-635-528345

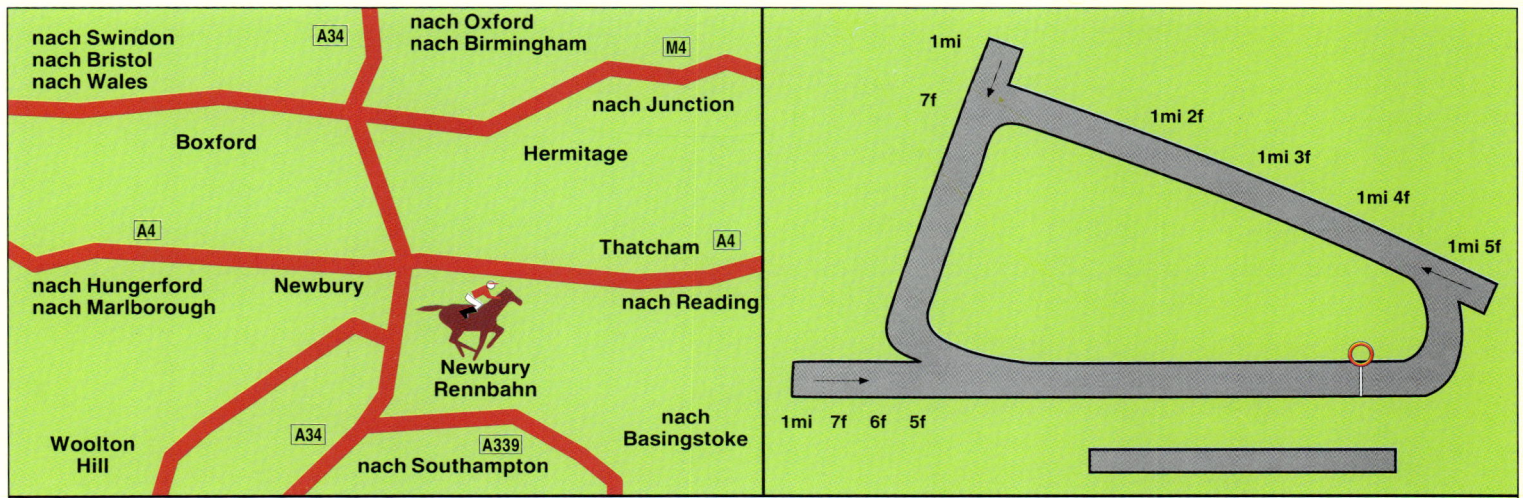

DISTANZEN, VERKEHRSVERBINDUNGEN UND PARKPLÄTZE

Newbury liegt westlich von London. Die Rennbahn hat eine eigene Eisenbahnstation. Rennbahnbesucher, die mit der Eisenbahn von London kommen (Paddington Station), können ein Spezial-Ticket der British Rail lösen. Neben der Rennbahn ist eine Landebahn für die kleinen Flugzeuge, die nur an Renntagen die Bahn anfliegen. Information: Tel. 44-635-40015. Über das Autobahnnetz ist Newbury sehr gut zu erreichen. Von London kommend, sollten Autofahrer bei Theale (Exit 12) die Autobahn verlassen und dann der A4 folgen. An der Rennbahn stehen kostenfreie Parkplätze zur Verfügung.

Grasbahn, ovaler Linkskurs, von Ziellinie zu Ziellinie sind es mehr als 2800 m. Die Rennbahn hat eine gerade, leicht wellige Meile (1600 m). Erstklassiges Geläuf.

Club-Loge: 8 – 10 Pfund
Tattersall-Loge: 6 – 8 Pfund
Silver Ring: 3 Pfund

Rennkarten gibt es für 50 p.

Buchmacher und Totalisator

Vorsitzender, Earl of Carnarvon
Handlungsbevollmächtigter, Major-General J.D.G. Pank
Geschäftsführer, Captain C. B. Toller

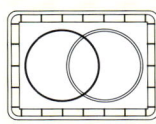
Keine Kreditkarten

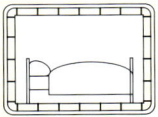
54 Betten für Pferdepfleger
10 Betten für Pferdepflegerinnen

15 Renntage (nur Galopprennen) von April bis Ende Oktober.

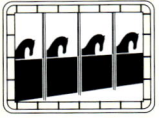
143 Boxen

Hilton National Newbury Hotel, Tel. 44-636-529000
Chequers Hotel, Tel. 44-635-38000
Foley Lodge Hotel, Tel. 44-635-528770

Keine Trainingsmöglichkeit

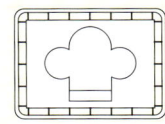
Members Restaurant,
Reservierung: Tel. 44-635-521081.

40 Quarantäneboxen

Aston House, Oxford
Aston Upthorpe, Oxford
Highclere Stud, Newbury
Swettenham Stud, Marlborough

An Renntagen werden vom Jockey Club ein Tierarzt und von der Rennbahnkommission zwei Tierärzte gestellt.

Autorennstrecke, 20 Bays Par 3 Neun-Loch-Golfplatz, Freizeitclub soll im April 1993 fertiggestellt sein (Tennisplätze und -halle, Schwimmbad, Sporthalle, Tanzstudio, Jacuzzi).

H ier ist der Zuschauer »König«

Newbury liegt zwischen den Hampshire und Berkshire Downs, diese Rennbahn ist eines der ältesten und bekanntesten Galoppsportzentren des Landes. Erbaut wurde die Rennbahn schon um die Jahrhundertwende, und zwar auf Grund eines zufälligen Treffens zwischen einem sehr bekannten Trainer jener Tage und Edward VII., der dieses Vorhaben unterstützte. 1905 wurde der Kurs fertiggestellt. Schnell wurde Newbury eines der bekanntesten

Zentren für Galopprennsport der Spitzenklasse im ganzen Land.

Im ersten Weltkrieg wurde die Rennbahn requiriert, Truppen wurden dort stationiert und Vorräte gelagert, Panzer wurden getestet und repariert. Außerdem diente die Rennbahn als Kriegsgefangenenlager.

Bis zum zweiten Weltkrieg standen wieder Galopprennen im Mittelpunkt in Newbury, dann stationier-

Die neue Berkshire Tribüne, eröffnet im Oktober 1992.

ten die Amerikaner dort ihre Truppen und benutzten sie auch als Kriegsgefangenenlager.

Geoffrey Freer, John Osgood und sein Neffe Frank begannen 1947 mit der Restauration der Rennbahn, ihr Ziel war es, 1949 wieder Galopprennen durchzuführen.

1,8 Millionen Kubikmeter Schlacke und Asche wurden abgetragen und 310 000 Ballen Torf verwendet, um wieder ein ebenes Geläuf herzustellen. Rund 3 Tonnen Grassamen wurden ausgesät, um die Bahnen für die Jagd- und Hindernisrennen wiederherzustellen. Am 1. April 1949 fanden zum erstenmal wieder Rennen in Newbury statt und bis zum heutigen Tag gab es keine Unterbrechungen mehr. Im Oktober 1992 wurde der Geschichte dieser einzigartigen Rennbahn ein neues Kapitel hinzugefügt, die Berkshire Tribüne. Im Erdgeschoß dieses 10-Millionen-Pfund Projekts findet man zahlreiche Kantinen. Im ersten Stock liegt die beeindruckende, glasgedeckte »Long-Bar«, von der aus die ganze Rennbahn überblickt werden kann. Außerdem sind in dieser Tribüne 41 private Logen, ein Speisesaal für Mitglieder, mehrere andere Bars, ein neuer Abwiegeraum, Umkleideräume für Jockeys und ein Raum für Interviews.

Aufwärmen.

BAHNREKORDE

Distanz	Zeit	Alter	Verlauf	Pferd	Datum
1030 m	59,80	3	gut	Minstrals Gallery	18. 6. 55
1030 m	1:00,60	2	sicher	Zuccherene	25. 6. 59
1207 m	1:10,79	3	gut	Dancing Dissident	19. 5. 89
1207 m	1:11,61	2	sicher	Bright Crocus	10. 6. 82
1400 m (ge)	1:24,40	3	sicher	Firestreak	29. 5. 59
1400 m (ge)	1:25,93	2	gut	Zoffany	14. 8. 82
1460 m (rd)	1:26,80	4	sicher	Bucktail	25. 6. 59
1460 m (rd)	1:29,12	2	sicher	Kalaglow	19. 9. 80
1607 m (rd)	1:35,19	3	schnell	Dancing Tribute	23. 9. 80
1607 m (rd)	1:37,29	2	sicher	Master Willie	1. 10. 79
1600 m (ge)	1:36,21	4	sicher	Kris	17. 5. 80
1600 m (ge)	1:39,65	2	schnell	Zinaad	20. 7. 91
1800 m	1:52,25	3	sicher	Port Sunlight (IRE)	20. 9. 91
2006 m	2:02,79	3	schnell	Monastery	23. 9. 89
2006 m	2:02 (Hand)	3	sicher	Sudden Love (FR)	13. 5. 88
2205 m	2:17,51	4	schnell	Hateel	19. 5. 90
2405 m	2:29,20	4	hart	Vidi Vici	21. 6. 51
2660 m	2:45,16	5	schnell	Drum Taps (USA)	17. 8. 91
3200 m	3:26,41	3	gut	Sunnyboy	8. 9. 73

Die Rennbahn mit den Tribünen im Hintergrund.

THE JULY COURSE

NEWMARKET, SUFFOLK CB8 0TG

TEL. 44-638-663482, FAX 44-638-663044

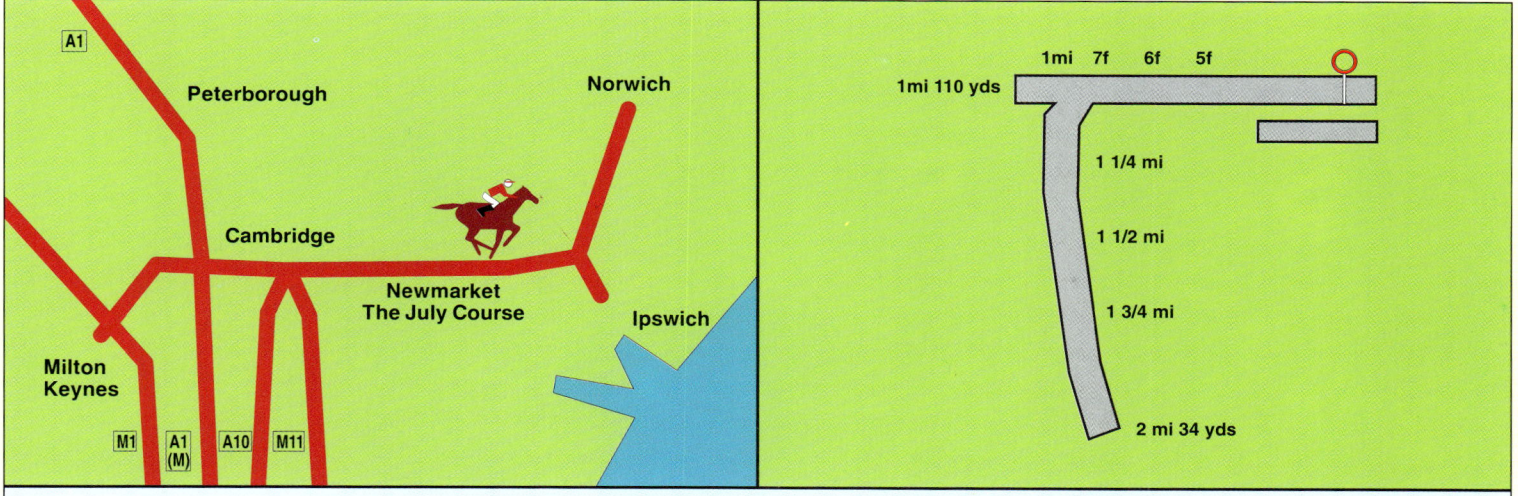

DISTANZEN, VERKEHRSVERBINDUNGEN UND PARKPLÄTZE

Der July Course liegt am Stadtrand dieser sehr bekannten Stadt in Suffolk, 96 km nördlich von London an der Verbindung zwischen der A 11 und der A 45, 25 km von Cambridge entfernt. London Stansted Airport ist 40 km entfernt. Zwischen Liverpool Street Station in London und Newmarket gibt es eine direkte Zugverbindung (an Renntagen verkehren Sonderzüge), vom gleichen Bahnhof oder von King's Cross fahren auch Züge nach Cambridge. Zur Rennbahn können Sie auch mit dem Bus fahren. An der Rennbahn stehen viele Parkplätze zur Verfügung.

 Die Grasbahn ist 3400 m lang, auf halber Strecke ist eine Rechtskurve, die ersten 1600 m sind Teil des Cesarewitch Kurs, die letzten 1600 m sind die gerade Bunbury Mile (Linkskurs).

 Mitglieder-Loge: 12 – 17 Pfund (Jackett und Krawatte). Haupttribüne und Führring: 8 Pfund Familienloge: 2 Pfund

 Für jeden Renntag gibt es eine Rennkarte.

 Buchmacher und Totalisator

 Vorsitzender, Sir Thomas Pilkington Rennbahn-Manager, Herr C. R. Kennedy Leitung und Geschäftsführer, Capt. N.E.S. Lees

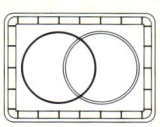 Visa

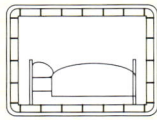 44 Betten für Pferdepfleger, 20 Betten für Pferdepflegerinnen. Eine Kantine ist ebenfalls vorhanden. Diese Einrichtungen werden mit der Rowley Mile-Rennbahn geteilt.

 14 Renntage (Juni, Juli und August).

 102 Boxen, auch für die Rowley Mile-Rennbahn.

 Bedford Lodge, Tel. 44-638-663175 Moat House Hotel, Tel. 44-638-667171 Swynford Paddocks, Tel. 44-638-70234

 Newmarkets Trainingsgelände umfaßt 11 km², dort können sich ca. 60 Trainer und 2500 Pferde aufhalten.

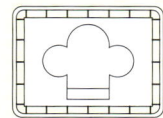 The Member's Restaurant. Reservierung: Tel. 44-638-662750

 Keine Quarantäneboxen

 Newmarket ist das Mekka der Vollblutzucht im Vereinigten Königreich, mehr als 50 Gestüte findet man in Newmarket u. den umliegenden Dörfern, u.a. das National Stud, das praktisch neben der Rennbahn liegt.

 Greenwood, Ellis & Partners (auch für die Rowley Mile-Rennbahn zuständig).

 National Horseracing Museum, National Stud, Newmarket Golf Course, Tattersalls Vollblutauktionen.

163

Der Führring.

*G*alopprennen mitten in der Natur

Der July Racecourse, umgeben von Buchenwäldern, ist eine der schönsten Rennbahnen der Welt und berühmt für seine Flora und die strohgedeckten Häuser. Seit über 350 Jahren werden hier Galopprennen durchgeführt. Die Veranstaltungen finden in einer entspannten Atmosphäre statt, man fühlt sich fast wie auf einer Gartenparty. Die Rennsaison auf dem July Course beginnt in der letzten Juniwoche und geht bis Ende August. Bei der wichtigen

Training auf der Heide.

Newmarket: Frühe Morgenarbeit auf der Heide.

Das Finish des Ladbroke Bunbury Cup 1991.

dreitägigen Veranstaltung im Juli werden der July Cup, ein internationales Gruppe I-Rennen und das wertvollste 1200 m-Rennen in Europa, und weitere vier Gruppen-Rennen ausgetragen. Auf dem July Course finden auch vier sehr beliebte Freitagabend-Veranstaltungen statt. Nach dem letzten Rennen gibt es ein großes Barbecue und Live-Shows berühmter Künstler. Folgende Größen aus dem Showgeschäft sind in letzter Zeit in Newbury aufgetreten: George Melly, Alan Price und seine Band, Showaddywaddy, The Pasadena Roof Orchestra und die Rocking Berries.

Fotos: Gerry Cranham's Colour Library.

Henry Cecil, Spitzentrainer, zeigt sein Lot einem der Rennbahn-Korrespondenten in der Heide.

Die wichtigsten Rennen in Newmarket

Pursuit of Love (Pat Eddery) gewinnt das European Free Handicap 1992.

2000 GUINEAS STAKES

3jährige Pferde, 1600 m, Gruppe I

Jahr	Sieger	Zeit	Trainer	Jockey
1987	Don't forget me	1:36,8	R. Hannon	W. Carson
1988	Doyoun	1:41,8	M. Stoute	W. Swinburn
1989	Nashwan (USA)	1:36,4	W. Hern	W. Carson
1990	Tirol	1:35,8	R. Hannon	M. Kinane
1991	Mystiko (USA)	1:37,8	C. Brittain	M. Roberts
1992	Rodrigo de Triano (USA)	1:38,6	P. Chapple-Hyam	L. Piggot

1000 GUINEAS STAKES

3jährige Stuten, 1600 m, Gruppe I

Jahr	Sieger	Zeit	Trainer	Jockey
1987	Miesque (USA)	1:38,4	F. Boutin	F. Head
1988	Ravinella (USA)	1:40,8	Mrs. C. Head	G. Moore
1989	Musical Bliss (USA)	1:42,6	M. Stoute	W. R. Swinburn
1990	Salsabil	1:38,0	J. Dunlop	W. Carson
1991	Shadayid (USA)	1:38,2	J. Dunlop	W. Carson
1992	Hatoof (USA)	1:39,8	Mrs. C. Head	W. R. Swinburn

JULY CUP

3jährige, 1200 m, Gruppe I

Jahr	Sieger	Zeit	Trainer	Jockey
1987	Ajdal (USA)	1:11,02	M. Stoute	W. R. Swinburn
1988	Soviet Star (USA)	1:12,55	A. Fabre	C. Asmussen
1989	Cadeaux Genereaux	1:09,82	A. Scott	Paul Eddery
1990	Royal Academy (USA)	1:11,46	M.V. O'Brien	J. Reid
1991	Polish Patriot (USA)	1:12,98	G. Harwood	R. Cochrane
1992	Mr. Brooks	1:11,80	R. Hannon	L. Piggot

THE ROWLEY MILE

NEWMARKET, SUFFOLK CB8 OTG

TEL. 44-638-663482, FAX 44-638-663044

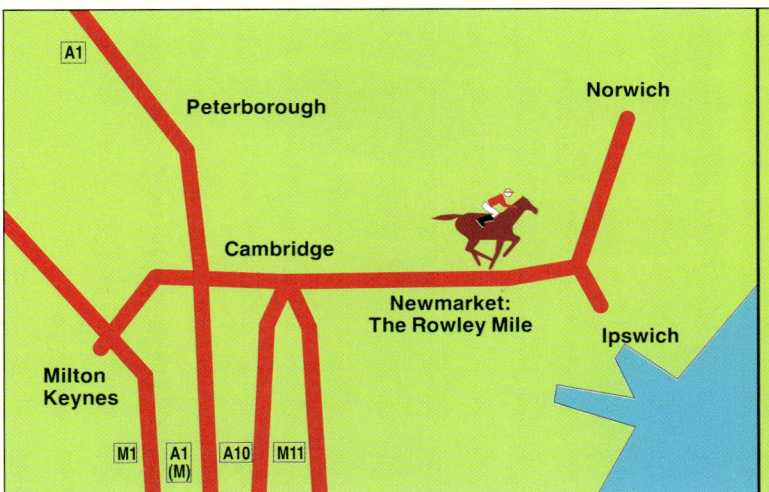

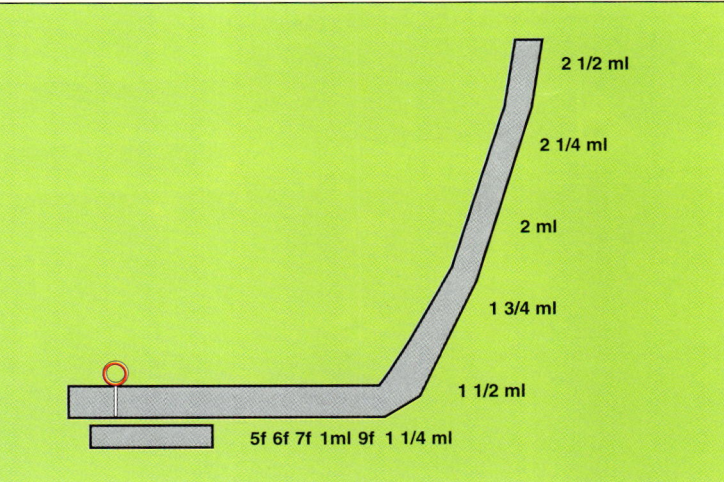

DISTANZEN, VERKEHRSVERBINDUNGEN UND PARKPLÄTZE

Die Rowley Mile Rennbahn liegt in einem Randbezirk dieser sehr berühmten Stadt in Suffolk, 100 km nördlich von London an der Verbindung der A 11 und der A 45, nur 25 km östlich von Cambridge. London Stansted Airport ist 40 km entfernt. Von Liverpool Street Station in London gibt es eine direkte Zugverbindung nach Newmarket (an Renntagen fahren zusätzlich noch Sonderzüge), von der gleichen Haltestelle oder von King's Cross gelangen Sie auch nach Cambridge, von dort fahren Busse zur Rennbahn. An der Rennbahn stehen viele Parkplätze zur Verfügung.

Die Cesarewitch Bahn (Gras) ist 4000 m lang, auf halber Strecke ist eine Rechtskurve, über die letzten 2000 m erstreckt sich die Gerade Across the Flat (wellig), die letzten 200 m führen bergauf. (Rechtskurs).

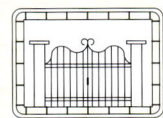

Mitglieder-Loge: 12 – 20 Pfund (Jackett und Krawatte).
Haupttribüne und Führring: 8 – 10 Pfund.
Silver Ring: 2 – 4 Pfund.

Für jeden Renntag gibt es eine Rennkarte.

Buchmacher und Totalisator

Vorsitzender, Sir Thomas Pilkington
Rennbahn-Manager, Herr C.R. Kennedy
Leitung und Geschäftsführer, Capt. N.E.S. Lees

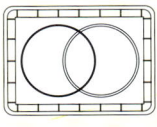

Visa

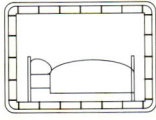

44 Betten für Pferdepfleger, 20 Betten für Pferdepflegerinnen. Es gibt auch eine Kantine. Diese Einrichtungen werden mit dem July Course geteilt.

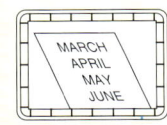

17 Renntage (April u. Mai, September u. Oktober).

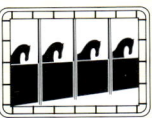

102 Boxen, die auch für Veranstaltungen auf dem July Course genutzt werden.

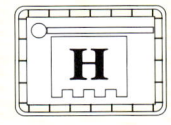

Bedford Lodge, Tel. 44-638-663175
The Moat House Hotel, Tel. 44-638-667171
Swynford Paddocks, Tel. 44-638-70234

Newmarket hat ein Trainingsgelände von ca 11 km², 60 Trainer u. 2500 Pferde können sich dort aufhalten.

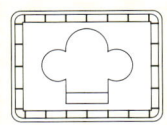

The Guineas Restaurant
The Members' Restaurant
Reservierung: Tel. 44-638-662750

Keine Quarantäneboxen

Newmarket ist das Mekka der Vollblutzucht im Vereinigten Königreich, mehr als 50 Gestüte gibt es in Newmarket und Umgebung, u. a. das National Stud.

Greenwood, Ellis & Partners (auch für den July Course zuständig).

International Horseracing Museum, National Stud, Newmarket Golf Course, Tattersalls Vollblutauktionen.

Die Pferde vor der Haupttribüne.

Heimat des »Guineas«

Diese historische Rennbahn, mitten in der weiten Ausdehnung der Heide, ist nach dem Lieblingspferd von King Charles II, Rowley, benannt.

Es gibt eine Rennsaison im Frühjahr und eine im Herbst.

Im Frühjahr werden acht Renntage von Mitte April bis Mitte Mai abgehalten, u. a. finden die beiden ersten Klassiker der Saison statt, die 1000 und 2000 Guineas Stakes. Die Herbstsaison wird mit der viertägigen Veranstaltung in der ersten Oktoberwoche eröffnet, gelaufen werden die 1200 m-Rennen für die Meisterschaft der Zweijährigen, die Cheveley Park Stakes und die Newgate Middle Park Stakes, außerdem das berühmte William Hill Cambridgeshire Handicap. Beim Houghton Meeting Mitte Oktober werden die Dubai Champion Stakes entschieden, der Höhepunkt des Jahres für die mittlere Distanz, die Tote Cesarewitch und die Dewhurst Stakes. Galopprennen auf der berühmten Rowley Mile bestätigen, daß Newmarket die »Welthauptstadt des Pferderennsports« ist.

Fotos: Gerry Cranham's Colour Library

Leichter Galopp auf der Allwetter-Bahn in Warren Hill.

Galopp in Limekilns.

Der Führring.

Die Rennbahn und die Haupttribüne aus einem anderen Blickwinkel.

Auf dem Weg zurück in den Stall.

ROWLEY MILE

SANDOWN PARK

ESHER, SURREY KT10 9AJ

TEL. 44-372-464348, FAX 44-372-470427

 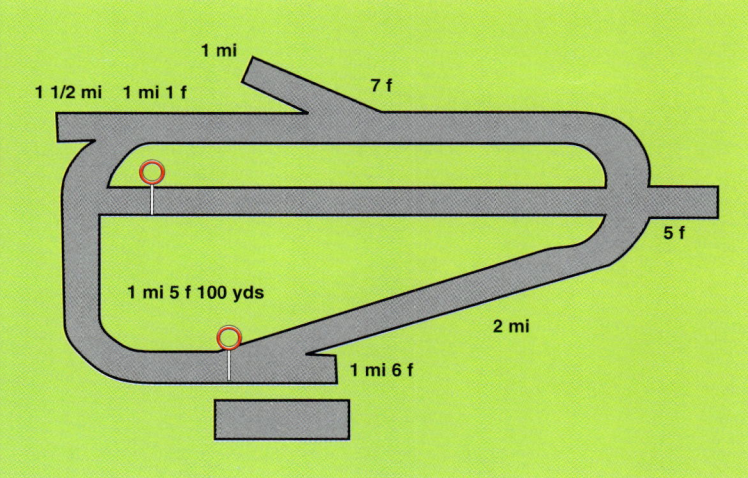

DISTANZEN, VERKEHRSVERBINDUNGEN UND PARKPLÄTZE

Die Rennbahn liegt 24 km von der Stadtmitte Londons entfernt im Vorort Esher. Am besten fährt man auf der A3 aus der Hauptstadt heraus. Die A308 und A309 sind nahegelegene Hauptstraßen, die Rennbahn selbst liegt an der A307, der Portsmouth Road. Die Zugverbindung Waterloo-Esher führt an der Rennbahn vorbei. Heathrow und Gatwick sind nicht weit entfernt. An der Portsmouth Road gibt es kostenfreie Parkplätze. Im Parkraum für Mitglieder wird eine Gebühr von 2 Pfund erhoben.

 Grasbahn, Rechtskurs, oval, fast eben, zur Ziellinie auf den letzten 600 m ansteigend. Zusätzlich gibt es eine 1000 m-Sprintstrecke.

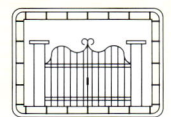 Mitglieder-Loge: 22/15/13 Pfund
Tattersalls: 13/10/9 Pfund
Silver Ring: 4/3 Pfund

 Rennkarten werden beim Rennen gedruckt.

 Buchmacher und Totalisator

 Direktor, Herr T.P. Neligan
Geschäftsführer, Herr A.N. Cheyne

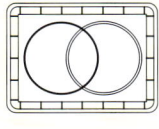 Access und Barclaycard

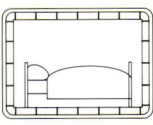 Es gibt eine Herberge für Pferdepfleger.

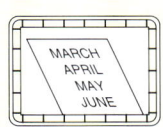 16 Galopprennen von Ende April bis Ende September.

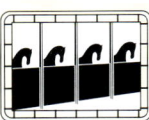 105 Boxen

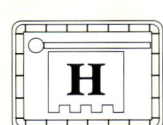 Hilton National Tel. 44-932-64471
The Woodlands Park Hotel Tel. 44-372-843933

 Keine Trainingsmöglichkeit

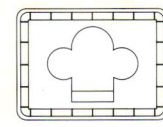 An der Rennbahn gibt es mehrere Restaurants. Weitere Information unter: Tel. 44-372-765292

 Keine Quarantäneboxen

 Keine Gestüte in der Nähe

 An Renntagen ist ein Tierärzteteam auf dem Rennbahngelände im Einsatz.

 Golfplatz, Billard-Halle, Squashhalle und Grasski

Der Start ist erfolgt!

Die Rennbahn des Jahres

Nur 24 km von Londons Stadtzentrum entfernt, öffnete Sandown Park seine Tore im Jahr 1875 mit einer »gemischten« Veranstaltung. Diese Rennbahn war die erste im Land, die vollständig eingezäunt war. Der Energie und dem Einsatz von Herrn Hefa Williams, 50 Jahre lang Vorsitzender und Geschäftsführer, ist es zu verdanken, daß Sandown Park entstanden ist. Sandown war bei Galopprennsportfreunden immer sehr beliebt. Neben der Rennbahn erstreckt sich ein Hügel, wo die Tribünen errichtet wurden; daher ist es sehr leicht, das gesamte Geschehen auf der Rennbahn im Auge zu behalten. Jahrelang fand hier das Grand Military Meeting statt. 1973 wurde die neue Haupttribüne eröffnet, die für 3 000 000 Pfund durch die tatkräftige Unterstützung von Lord Wigg gebaut werden konnte. Wie für Epsom und Kempton ist die United Racecourse Ltd, eine Tochtergesellschaft von Levy Board, für Sandown zuständig.

Das große Ereignis in Sandown sind die Eclipse Stakes über 2000 m im Juli, jetzt gesponsort von Coral Bookmakers. Als dieses Rennen 1886 zum erstenmal gelaufen wurde, war es das erste Rennen im ganzen Land, das mit 10 000 Pfund dotiert war. Die National Breeders Produce Stakes über 1000 m waren einmal das wichtigste und wertvollste Rennen der Saison für Zweijährige. Seit 1960 werden sie als National Stakes gelaufen, haben aber allmählich an Prestige verloren.

Die Bahn ist ein Rechtskurs, oval und hat einen Umfang von ca. 2600 m; das Geläuf führt bis zum 2000 m-Start bergab, bis zur 900 m langen Zielgeraden verläuft die Bahn dann eben. Die Zielgerade selbst führt bis zur Ziellinie relativ steil bergauf. Die zusätzliche 1000 m-Gerade steigt vom Start bis zum Ziel gleichmäßig an. 1200 m Rennen werden in Sandown nicht durchgeführt. Die wichtigsten Galopprennen: The Thresher Classical Trial, The T.G.I. Fridays Gordon Richards E.B.F. Stakes, The Brigadier Gerard Stakes, The Forte Mile, The Royal Hong Kong Jockey Club Handicap, The Coral-Eclipse Stakes, The Cementone Beaver Henry II E.B.F. Stakes, The UB Group Temple Stakes, The Sunset Boulevard Solario Stakes, The Milcars Star Stakes.

(Roger Mortimer, Richard Onslow, Peter Willett, »Biographical Encyclopaedia of Racing«, MacDonald and Jane's Ltd, London).
Fotos: Gerry Cranham's Colour Library
Mel Fordham

Kurz vor dem Ziel.

Die Flieger auf der 1000 m-Strecke.

Die letzten 600 m sind anstrengend.

SANDOWN PARK

Der Führring.

CORAL-ECLIPSE STAKES

3jährige und ältere Pferde, 2000 m, Gruppe I

Jahr	Sieger	Besitzer	Trainer	Jockey	Hengst	Starter	Zeit
1980	Ela Mana Mou 4-9-7	S. Weinstock	W. R. Hern	W. Carson	Pitcairn	6	2:10,02
1981	Master Willie 4-9-7	R. Barnett	H. Candy	P. Waldron	High Line	7	2:07,40
1982	Kalaglow 4-9-7	A. Ward	G. Harwood	G. Starkey	Kalamoun	9	2:08,83
1983	Solford 3-8-8	R. E. Sangster	M. V. O'Brien	P. Eddery	Nijinski	9	2:06,36
1984	Sadler's Wells 3-8-8	R. E. Sangster	M. V. O'Brien	P. Eddery	Northern Dancer	9	2:04,53
1985	Pebbles 4-9-4	Sheikh Mohammed	C. Brittain	S. Cauthen	Sharpen Up	4	2:07,33
1986	Dancing Brave 3-8-8	K. Abdullah	G. Harwood	G. Starkey	Lyphard	8	2:06,18
1987	Mtoto 4-9-7	Ahmed Al Maktoum	A. C. Stewart	M. Roberts	Busted	8	2:04,33
1988	Mtoto 5-9-7	Ahmed Al Maktoum	A. C. Stewart	M. Roberts	Busted	8	2:06,14
1989	Nashwan 3-8-8	Hamdan Al Maktoum	W. R. Hern	W. Carson	Blushing Groom	6	2:07,38
1990	Elmaamul 3-8-10	Hamdan Al Maktoum	W. R. Hern	W. Carson	Diesis	7	2:04,63
1991	Environment Friend 3-8-10	W. S. Gredley	J. Fanshawe	G. Duffield	Cozzene	7	2:07,61
1992	Kooyonga 4-9-4	M. Haga	M. Kauntze	W. O'Connor	Persian Bold	12	2:10,83

Kooyonga, eine der besten Stuten im Galopprennsport der letzten 25 Jahre, nach ihrem Sieg im Coral Eclipse Stakes 1992.

SANDOWN PARK

YORK

THE RACECOURSE, YORK YO2 1EX
TEL. 44-904-620911, FAX 44-904-611071

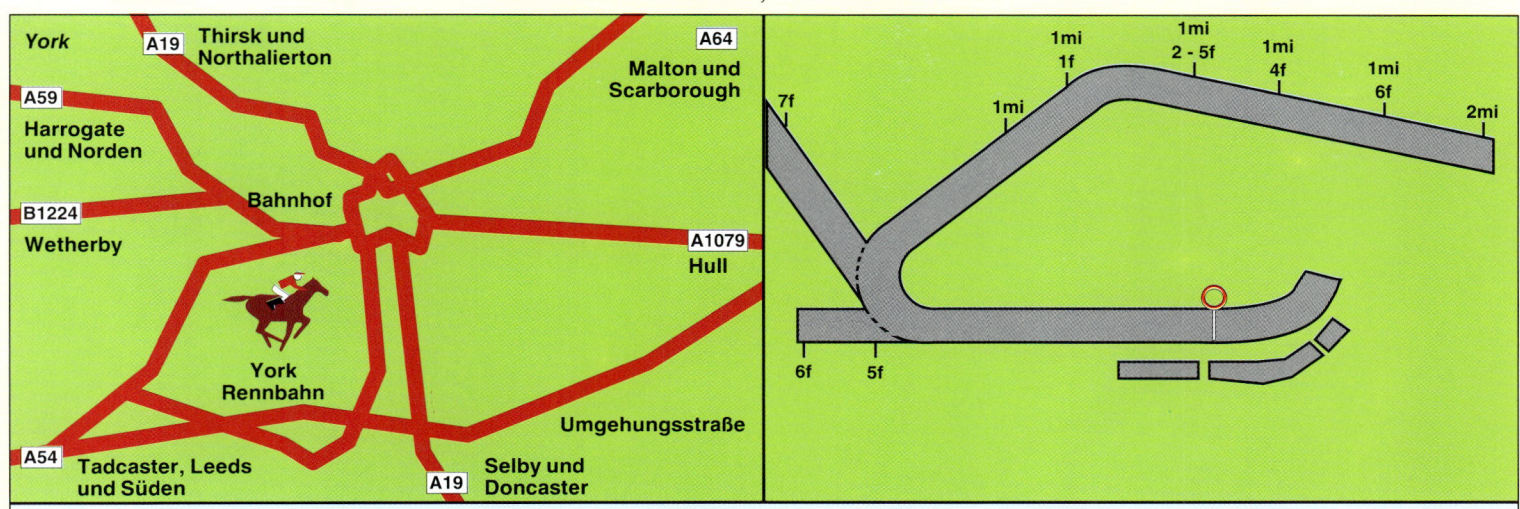

DISTANZEN, VERKEHRSVERBINDUNGEN UND PARKPLÄTZE

Die York Rennbahn liegt ca. 40 km nördlich von Leeds Airport und 320 km entfernt von London. Vom Bahnhof in York bis zur Rennbahn sind es nur ca. 2,4 km (der Zug von London, King's Cross Station, benötigt weniger als zwei Stunden). Kleine Fluggesellschaften fliegen ebenfalls die Rennbahn an, Hubschrauber können sogar direkt auf dem Rennbahngelände landen (weitere Information erhalten Sie im Büro). Der für Mitglieder reservierte Parkplatz kostet 2 Pfund, sonst ist das Parken für Rennbahnbesucher kostenfrei.

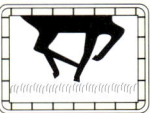 Linkskurs, Grasbahn, 3200 m lang, sehr gutes, ebenes Geläuf.

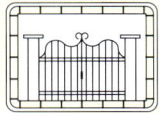 County Stand: 18 – 28 Pfund (Jackett und Krawatte). Tattersalls: 9 – 11 Pfund Silver Ring: 3,50 Pfund Bahn: 2 Pfund.

 Für jeden Renntag gibt es ein Rennprogramm.

 Buchmacher und Totalisator

 Vorsitzender, L. B. Holiday General Manager und Geschäftsführer, Herr J. L. Smith

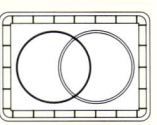 Alle bekannten Kreditkarten werden angenommen.

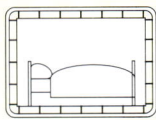 1992 wurden neue, moderne Unterkünfte für Pferdepfleger gebaut.

 14 Renntage 1992: von Mai bis September. Die wichtigste Veranstaltung ist im August (18./19. und 20.).

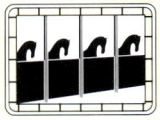 200 Boxen

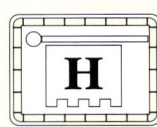 Bilbrough Manor, Tel. 44-904-834002 Middlethorpe Hall, Tel. 44-904-641241 The Royal Hotel, Tel. 44-904-653681 Swallow Hotel, Tel. 44-904-701000

 Die Bahn wird nur an Renntagen zum Training freigegeben.

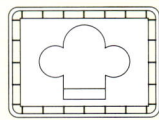 Gimrack Rooms, The Champagne and Seafood Restaurant, Alcoves Bar, The Zetland. Reservierung unter: Tel. 44-904-638971

 Keine Quarantäneboxen

 Es gibt viele Gestüte in der Umgebung. Für weitere Informationen fragen Sie bitte im Büro nach.

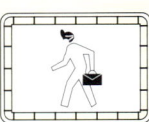 Ein Tierärzteteam ist an Renntagen im Einsatz (weitere Information erhalten Sie im Büro).

 York ist ein Touristenzentrum. Es gibt sehr viele Museen und die berühmte Yorker Kathedrale.

Ein netter Blick auf die Tribüne vom Führring aus.

Pracht und Ruhm

Rennbahnen in aller Welt müssen sich häufig den Vorwurf gefallen lassen, »Straßenräuber« zu beherbergen – gewöhnlich in Gestalt der »armen« Buchmacher. Einer Rennbahn ist sogar die zweifelhafte Ehre zuteil geworden, daß an Ort und Stelle eins dieser unglücklichen Individuen ins Jenseits befördert worden ist. Dick Turpin war sein Name. Er fand sein vorzeitiges Ende am Galgen auf der Knavesmire Rennbahn am 7. April 1739. Gottseidank erinnert man sich dieses historischen Platzes heute lieber wegen der Pferde, die dieser Rennbahn Glanz und Pracht verliehen. Mit Pracht und Ruhm wer-

Die Jockeys verlassen die Waage.

Die Pferde verlassen den Paradering.

den seit 1731 auf der berühmten Rennbahn in York Galopprennen veranstaltet. Sie alle haben entscheidend zur geschichtlichen Entwicklung dieses Sports beigetragen.

1851 wurde hier The Great Match – eine der Rennsportlegenden – ausgetragen. In diesem Rennen schlug Flying Dutchman, im Besitz des Earls of Eglinton, das Aushängeschild von Yorkshire, Voltigeur. Dieser große Tag ist nicht nur in jeder historischen Rennsportchronik zu finden; der Name Voltigeur ist auch ein festgeschriebener Begriff in Yorks Rennkalender, denn am ersten Tag der berühmten August-Veranstaltung werden die Great Voltigeur Stakes (Gruppe 2) ausgetragen. Voltigeur gehörte der Zetland-Familie. Es ist immer noch eine große Ehre an diesem Tag die berühmten Farben, weiß mit roten Punkten, zu tragen. Diese Vergangenheit hat natürlich zu einer ständig steigenden Bedeutung geführt, und heute wird York praktisch überall als eine der führenden Rennbahnen Europas angesehen. Nicht weniger als 2 Millionen Pfund an Preisgeldern werden an den 15 Renntagen ausgezahlt. Daher sind die Veranstalter in York mehr als alle anderen im Vereinigten Königreich auf Sponsoren angewiesen.

Seit 1985 ist York's Tented Village (Zeltstadt) ein fester Bestandteil des farbenprächtigen und amüsanten Spektakels. Den Rennbahnbesuchern wird allerbeste Unterbringung gewährleistet. Es wird alles geboten, was diese Sportveranstaltung zu einem unvergeßlichen Vergnügen macht.

Diese Verpflichtung hatte sich das York Race Committee, verantwortlich für alle Rennveranstaltungen in York, selbst auferlegt. 3,5 Millionen Pfund wurden investiert, um zu Beginn der Saison 1992 eine neue Pension für Stall- und Pflegepersonal zu eröffnen, und um 1989 den äußerst beeindruckenden Melrose Stand zu bauen. Er wurde nach James Melrose, einem ausgezeichneten Mitglied des York Race Committes während mehr als 60 Jahre ab Mit-

Die Pferde vor dem County Stand.

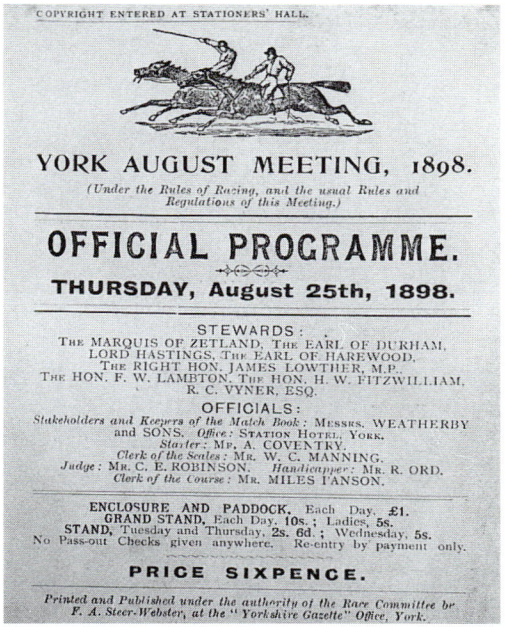

Das offizielle Programm aus dem 19. Jahrhundert.

te des 19. Jahrhunderts, benannt. Yorks 15 Renntage werden im Rahmen von sechs Veranstaltungen durchgeführt. Die Saison beginnt im Mai und endet am zweiten Sonnabend im Oktober.

Das berühmte dreitägige Ebor-Festival, es findet alljährlich im August statt, ist heute im Renn- und auch im kulturellen Veranstaltungskalender einer der wichtigsten Termine. Viele großartige Pferde kamen zu diesem Ereignis. Troy, Hawaiian Sound, Reference Point und Shahrastani sind nur einige von ihnen, gleiches gilt für viele berühmte Jockeys. Das Museum für Pferderennsport im vierten Stock der Haupttribüne ist immer noch das älteste des Landes. Es bestehen wichtige Verbindungen mit dem National Horse Racing Museum in Newmarket. Den Rennbahnbesuchern wird eine fesselnde Ausstellung mit Bildern, faszinierenden Geschichten und wichtigen Informationen präsentiert. (Der Eintritt ist frei, das Museum hat allerdings nur an Renntagen geöffnet.)

Knavesmire liegt südlich von Yorks Stadtzentrum, ist im wesentlichen oval, 3200 m lang, am Anfang ist eine 1200 m lange Gerade bzw. eine 1400 m Strecke bis zum Bogen, 900 m vor dem Ziel ist ein zweiter, sanfter Bogen.

Die historische Innenstadt von York, sie gehört zu den ältesten in England, zieht Besucher aus der ganzen Welt an. Sie ist ein zusätzlicher Anreiz für Besucher in Yorkshire. Es gibt dort viele erstklassige Hotels und Restaurants. Eine zusätzliche Sehenswürdigkeit für Besucher sind die eisernen Beinschienen, die Dick Turpin auf seinem letzten, schicksalhaften Gang nach Knavesmire trug, und die nun im York Castle Museum ausgestellt sind.

Die Gimcrack Rooms. Welch eine Atmosphäre!

Im Ziel.

Sheikh Albadou: Ein Sprinter-Star.

YORKS FAVORITEN

1988 +	ohne Handicap	1 Pfund Einsatz	Handicap	1 Pfund Einsatz
	Siege-Rennen		Siege-Rennen	
2jähr.	44-111 (40 %)	-1,74	4- 24 (17 %)	− 8,30
3jähr. +	47-136 (35 %)	-20,79	58-199 (29 %)	+ 51,11
Total	91-247 (37 %)	-22,53	62-223 (28 %)	+ 42,81

YORKS ERFOLGREICHSTE TRAINER

1988 +	Siege-Rennen	1 Pfund Einsatz
M.R. Stoute	30-115 (26 %)	− 11,62
H.R.A. Cecil	26-84 (31 %)	− 21,02
M.H. Easterby	22-180 (12 %)	− 19,42
J.H.M. Gosden	15-49 (31 %)	− 11,84
R. Hannon	12-87 (14 %)	− 6,78

YORKS ERFOLGREICHSTE JOCKEYS

1988 +		
Siege/Ritte	Jockey	1 Pfund Einsatz
42-177 (24 %)	S. Cauthen	+ 38,12
42-187 (22 %)	P. Eddery	− 1,65
33-198 (17 %)	W. Carson	− 55,67
26-179 (15 %)	M. Roberts	+ 56,09
24-155 (15 %)	W. R. Swinburn	− 58,56

YORK

A sien

von Andy Patmore

Überall in der Welt werden die Pferde vor einem Rennen dem Publikum präsentiert.

Wenn man bedenkt, daß Pferderennen wahrscheinlich schon vor 5000 Jahren von Volksstämmen in den zentralasiatischen Steppen durchgeführt wurden, muß man sich keineswegs wundern, daß heute Pferderennen in Asien überaus beliebt sind.

In Indien zeigt sich im Galopprennsport noch deutlich der britische Einfluß aus der Vergangenheit. Gleiches gilt für Singapur. Alle Welt schaut neidisch auf Hong Kongs unglaublich profitable Rennbahnen wie Happy Valley oder Sha Tin. Obgleich für ein nationales Publikum geworben wird, werden internationale Verbindungen in Hong Kong sehr deutlich, z. B. durch den Hong Kong Invitation Cup in Sha Tin, gelaufen im November über 1800 m. Das Preisgeld beläuft sich auf mehr als 2,5 Millionen Hong Kong Dollar und führt zu einem ständig wachsenden Ansehen des Galopprennsports. Es ist durchaus möglich, daß der finanzielle Erfolg der Rennen in Hong Kong und die daraus resultierenden Steuereinnahmen China dahingehend beeinflußt haben, ernsthaft über die Wiederaufnahe des Galopprennsports seit der Machtübernahme im Jahr 1949 durch die kommunistische Partei nachzudenken. In Süd-Korea ist das Interesse am Rennsport seit der Durchführung der Olympischen Spiele 1988 wieder gestiegen, denn die Anlagen für die Reitsportveranstaltungen bieten jetzt dem Pferdesport gute Trainingsbedingungen. Der Import einiger Hengste aus Japan könnte die dortige Vollblutzucht auf lange Sicht verbessern.

In Japan findet man Rennsport und Vollblutzucht allerbester Klasse. Hier ist auch der Wunsch am größten, mit den etablierten Rennsport-Nationen gleichzuziehen. Die wirtschaftliche Stärke dieses Landes trieb das Verlangen nach Erfolg im Galopprennsport voran, daher schaut jetzt alles auf das Land der aufgehenden Sonne.

Rennbahnen in Asien — hoher Standard.

CALCUTT

HYDERABAD

TOKYO
NAKAYAMA

KYOTO

HANSHIN

HAPPY VALLEY
Hong Kong

SHA TIN
Hong Kong

TAIPA
Macau

BUKIT TIMAH
Singapore

HONG KONG

(HONG KONG)

HAPPY VALLEY

2, SPORTS ROAD, HAPPY VALLEY
TEL. 852-8378347, FAX 852-8902946

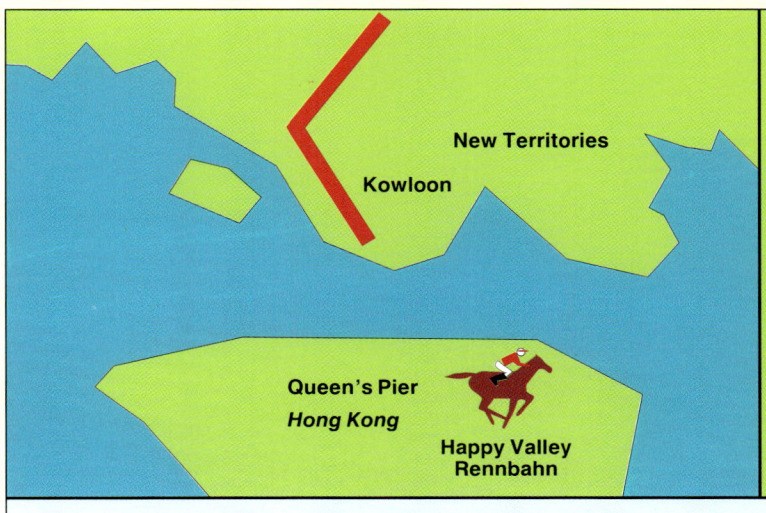
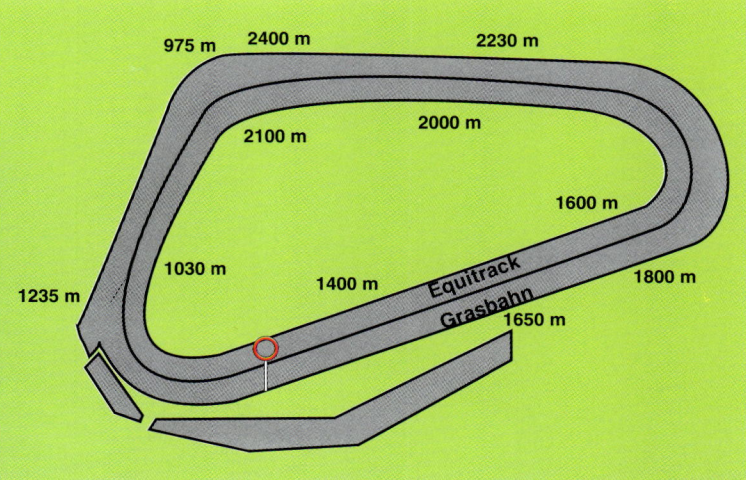

DISTANZEN, VERKEHRSVERBINDUNGEN UND PARKPLÄTZE

Happy Valley liegt sehr nahe am Flughafen (6 km). Am besten ist die Rennbahn mit öffentlichen Verkehrsmitteln zu erreichen: Bus, Taxi, Straßenbahn, Untergrundbahn. Es gibt keine Parkplätze an der Rennbahn.

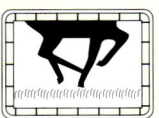
Rechtskurs, eine Sand-Grasbahn und eine Equitrack-Bahn.

Für jeden Renntag gibt es ein Rennprogramm, zusammen mit dem Race Record (jährlich) und dem Racing Calendar (vierteljährlich).

Oberste Rennleitung, Major General Guy Watkins
Direktor (Rennen), Herr Philip Johnston
Direktor (Wetten), Herr Warren Wilson
Sekretär (Information), Herr David Yau

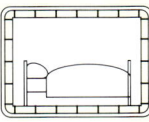
Unterkunft für Pferdepfleger nicht vorhanden.

180 Boxen stehen für teilnehmende Pferde an den Renntagen zur Verfügung.

Keine Trainingsmöglichkeiten

Keine Quarantäneboxen

Dr. W. H. Chan
Dr. P. Y. Chau
Dr. K. L. Watkins

Für Touristen kostet ein Platz in der Mitglieder-Loge HK$ 50 (Hong Kong Dollar), diese können im Vorverkauf in besonderen Wettbüros außerhalb der Rennbahn oder am Eingang erworben werden. Sonst kostet der Eintritt, zu bezahlen am Eingang, HK$ 10.

Totalisator an der Rennbahn

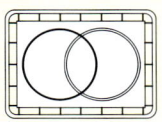
Kreditkarten werden nicht angenommen.

69 Renntage (Tag und Nacht) sind für die Rennsaison 1992/93 geplant, sie geht von Mitte September bis Anfang Juni.

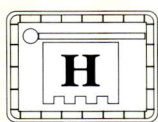
Excelsior Hotel Tel. 852-8953311
Lee Garden Hotel Tel. 852-5767365

Für Touristen gibt es einen Bereich, in dem serviert wird, Tel. 852-8378345. Selbstbedienungstresen sind in der Haupttribüne.

In Hong Kong werden keine Vollblüter gezüchtet.

Hong Kong Park, Ocean Park, Middle Kingdom, Viktoria Hafen.

Eine grüne Oase umgeben von Wolkenkratzern

Der beliebteste Sport in Hong Kong sind Pferderennen. Das emotionale Engagement der Zuschauer ist gewaltig. Jede Veranstaltung bietet denjenigen, die auf das ganz große Glück warten, die Möglichkeit, mit einem Schlag reich zu werden. Diese Vorstellung ist die treibende Kraft in dieser pulsierenden Stadt.

Das Wetten bei Pferderennen ist, neben der Lotterie, die einzige legale Form des Glücksspiels in Hong Kong. Betrieben wird das Wettbüro vom Royal Hong Kong Jockey Club, einer Organisation, die keinen Gewinn machen darf und daher alle Überschüsse an die Gemeinde weiterleitet oder wohltätigen Zwecken zukommen läßt. Happy Val-

ley ist die älteste Rennbahn in Hong Kong. Gewonnen wurde dieses Stück Land vor 150 Jahren, indem man ein sumpfiges, verseuchtes Tal trockenlegte. Die allerersten Rennen wurden 1846 durchgeführt, danach alljährlich, bis in die heutige Zeit.

Die Popularität von Pferderennen ist inzwischen derart schnell gewachsen, daß jetzt mehr als 500 Rennen auf den beiden Rennbahnen des Clubs, Happy Valley und Sha Tin, stattfinden.

1973 gab es die ersten Nachtrennen unter Flutlicht. Diese Art der Veranstaltung wurde schnell sehr beliebt. Mittlerweile werden die meisten Veranstaltungen Mittwoch nachts durchgeführt, einige wenige nur am Sonnabend. Was Sie sehen, wenn Sie in

Happy Valley: unglaublich!

Der Paradering.

Happy Valley sind, ist eine grüne Oase, umgeben von einer Mauer aus Wolkenkratzern.

Die Rennbahn selbst besteht aus einer Grasbahn von 1445 m und einer Equitrack-Bahn von 1280 m. Die Rennen werden im Uhrzeigersinn gelaufen. In der Haupttribüne finden 53 880 Zuschauer Platz. Die Anlage ist wunderschön. Große farbige Bildschirme gegenüber der Tribünen gewährleisten, daß Freunde und Gönner des Galopprennsports immer das Renngeschehen überblicken können. An jeder Ecke der Rennbahn können über Computer Wetten abgeschlossen werden. Leichter geht es wirklich nicht. Galopprennsport in Happy Valley ist eine angenehme Art, das Leben zu genießen.

Galopprennen auf Gras.

HAPPY VALLEY

Happy Valley: eine Nachtveranstaltung.

ERFOLGREICHSTE JOCKEYS	
Jahr	Jockey
1991 – 1992	B. Marcus
1990 – 1991	N. Barker
1989 – 1990	P. Robinson
1988 – 1989	P. Robinson
1987 – 1988	B. Leisher

ERFOLGREICHSTE TRAINER	
Jahr	Trainer
1991 – 1992	J. Moore
1990 – 1991	J. Moore
1989 – 1990	Ping Chee Kan
1988 – 1989	Ping Chee Kan
1987 – 1988	Ping Chee Kan

Auf der Zielgeraden.

SHA TIN
NEW TERRITORIES, HONG KONG
TEL. 852-8378347, FAX 852-8902946

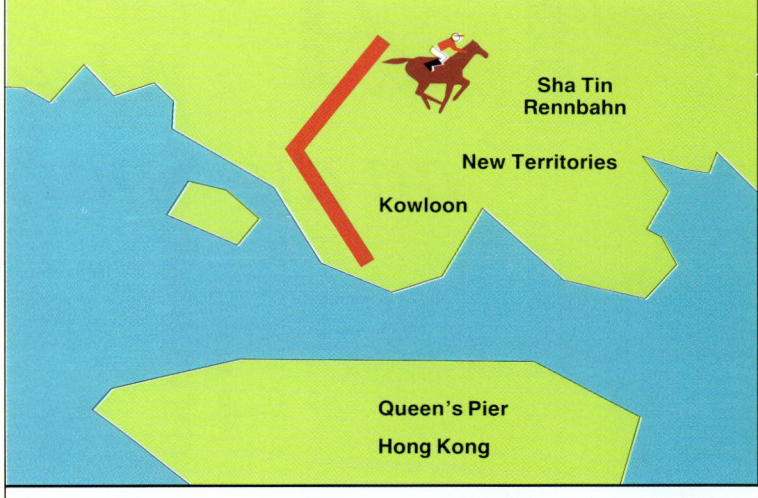

Sha Tin Rennbahn

New Territories

Kowloon

Queen's Pier

Hong Kong

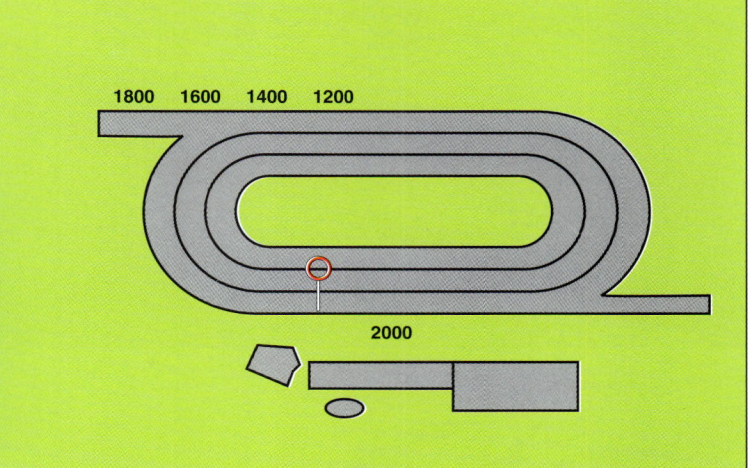

1800 1600 1400 1200

2000

DISTANZEN, VERKEHRSVERBINDUNGEN UND PARKPLÄTZE

Die Sha Tin Rennbahn liegt ungefähr 8 km vom Flughafen entfernt. Man erreicht sie sehr leicht mit dem Zug, Bus oder Taxi. Es gibt einen Parkplatz in der Nähe der Rennbahn (1000 Autos), man braucht aber einen besonderen Passierschein.

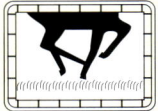 Rechtskurs, eine Sand-Grasbahn für die Rennveranstaltungen, zwei Equitrack-Bahnen zum Training.

 Touristen erhalten gegen HK$ 50 Eintritt zur Mitglieder-Loge, entweder im Vorverkauf oder am Eingang am Tag des Rennens. Sonst kostet der Eintritt HK$ 10. Keine Kleidervorschrift.

 Für jede Veranstaltung gibt es ein Rennprogramm, Racing Records (jährlich), Racing Calendar (vierteljährlich).

 Totalisator

 Oberste Rennleitung, Major General G. Watkins
Direktor (Rennen), Herr P. Johnston
Direktor (Wetten), Herr W. Wilson
Sekretär (Information), Herr D. Yau

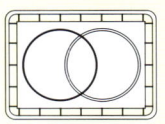 Es werden keine Kreditkarten angenommen.

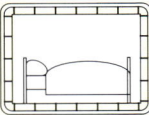 Unterkunft für Pferdepfleger vorhanden.

 69 Rennveranstaltungen, Tag und Nacht, sind für die Saison 1992/93 angesetzt, die Saison reicht von Mitte September bis Anfang Juni.

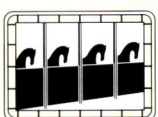 18 Stallungen, zusammen mit 1000 Boxen.

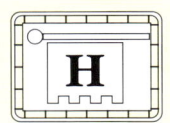 Regal Riverside Hotel Tel. 852-6497878
Royal Park Hotel Tel. 852-6012111

 Zwei Equitrack-Bahnen für das morgendliche Training, 1 Pferde-Schwimmbad, 1 Trainingsplatz in jedem Stallungsbereich.

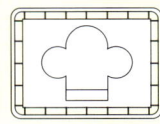 Für Touristen gibt es einen Bereich, in dem serviert wird. Reservierung: Tel. 852-8378345
In der Haupttribüne sind Selbstbedienungstresen.

 36 Quarantäneboxen an der Sha Tin Rennbahn.

 In Hong Kong werden keine Vollblüter gezüchtet.

 Leitender Tierarzt: Dr. K. L. Watkins
Tierärzte: Dr. P. Y. Chau
　　　　　Dr. W. H. Chan

 Penfold Park, Kowloon Park, Royal Hong Kong Golf Club.

Das Sha Tin Rennbahngelände.

Der Führring.

Auf dem Weg zum Ruhm.

A us dem Meer an die Spitze

Der überwältigende Rennbahnkomplex Sha Tin, vor 14 Jahren auf einem Gelände gebaut, daß ursprünglich vom Meer bedeckt war, gilt auf der ganzen Welt als eine der schönsten Rennbahnen.

Aus der Luft betrachtet wirkt die Rennbahn wie eine kleine Stadt. Im Zentrum wurde ein wunderschöner Park mit exotischer Fauna und Flora angelegt. An der einen langen Seite fließt der Shing Mun River hinaus ins Meer, an der anderen stehen zwei gewaltige Tribünenkomplexe, flankiert von Überführungen, Fußgängerbrücken und Parkbuchten für die riesigen Menschenmengen, die sich an Renntagen hier einfinden. Die Tribünen können bis zu 75 000 Zuschauer fassen. Am Start der 1000 m-Strecke stehen vier Türme für das Stall- und Pflegepersonal und deren Familien. Am Ende der Geraden fällt das architektonisch beeindruckende Clubhaus für die Mitglieder des Royal Hong Kong Jokkey Clubs ins Auge. Außerdem gibt es noch Apartment-Häuser für die Offiziellen und Trainer, Verwaltungsbüros, eine Pferdeklinik, ein Labor, eine Herberge für Auszubildende, Vorratshäuser, Wassertürme, Reparaturwerkstätten, Garagen für die riesigen Pferdetransporter für 8 Tiere, Quarantänestationen und Boxen für 1000 Pferde. Willkommen in Sha Tin, dem Stolz von Hong Kong.

Mit dem Bau wurde Mitte der 70er Jahre begonnen, eröffnet wurde die Rennbahn 1978. 1985 wurde eine zweite Haupttribüne fertiggestellt, sechs Jahre vorher eine neue Pferdeklinik, ein neues Labor drei Jahre früher. Ständig werden in Sha Tin die Einrichtungen verbessert und ergänzt.

Das Rennbahngelände erstreckt sich auf fast 100 000 m². Es gibt eine Grasbahn von 1900 m, zusätzlich zwei 500 m Geraden, eine 1533 m Equitrack-Bahn und eine Trainingsbahn von 1400 m. Die Pferde laufen im Uhrzeigersinn. Der Hong Kong Invitation Cup über 1800 m, das begehrteste Rennen mit HK$ 4,5 Millionen Preisgeldern, beginnt an der Seeseite der hinteren Geraden, geht 900 m geradeaus, dann folgt ein langgezogener Rechtsbogen, der in die 500 m lange Zielgerade führt.

Die verschiedenen Behörden, die den Verkehr und die Personenbeförderung kontrollieren und organisieren, arbeiten mit den Sicherheitsbeamten des Clubs zusammen und haben ein hervorragendes System entwickelt. Beide Haupttribünen sind zu Beginn des ersten Rennens nahezu bis auf den letzten Platz gefüllt.

Die Wettabteilung und der Bedienungsservice des Clubs sind hundertprozentig erprobt. Fast Food ist in beiden Haupttribünen erhältlich. Bewirtung im Stil eines 5-Sterne Restaurants finden Sie in der Mitglieder-Loge, für die Stewards, die stimmberechtigten Mitglieder und Besitzer in der Haupttribüne I. Rennsport in Hong Kong ist nicht nur eine Freude für den Gaumen sondern auch für den Geldbeutel. Das gesamte Wettsystem wird mehr und mehr automatisiert. SVT (Self Vending Terminals) findet man auf allen Etagen.

CIT (Customer Input Terminals) verfügen über eine noch kompliziertere Elektronik. Der Wetter gibt seine Wette in ein kleines Gerät im Taschenformat ein, schließt dieses Gerät an eines der Telefonleitungen an und innerhalb von Sekundenbruchteilen wird die Information im Hauptcomputer des Clubs abgespeichert.

Blick auf die Rennbahnen.

HONG KONG INVITATION CUP

3jährige und ältere Pferde 1800 m

Jahr	Sieger	Jockey	Trainer	Zeit
1991 – 1992	River Verdon	G. Mosse	D. Hill	1:49,8
1990 – 1991	Kessem	K. Moses	B. J. Smith	1:48,4
1989 – 1990	Grey Invader	G. Stewart	A. Clarke	1:48,0
1988 – 1989	Colonial Chief	A. S. Cruz	I. W. Allan	1:49,3
1987 – 1988	Flying Dancer	B. Leisher	Ping Chee Kan	1:48,6

Ein weiteres Rennen am folgenden Tag.

SHA TIN

Der Hong Kong Invitation Cup 1991.

Das siegreiche Team.

SHA TIN

INDIA

(INDIEN)

KALKUTTA

HASTINGS, CALCUTTA 700022
TEL. 91-33-287170, FAX 91-33-282787

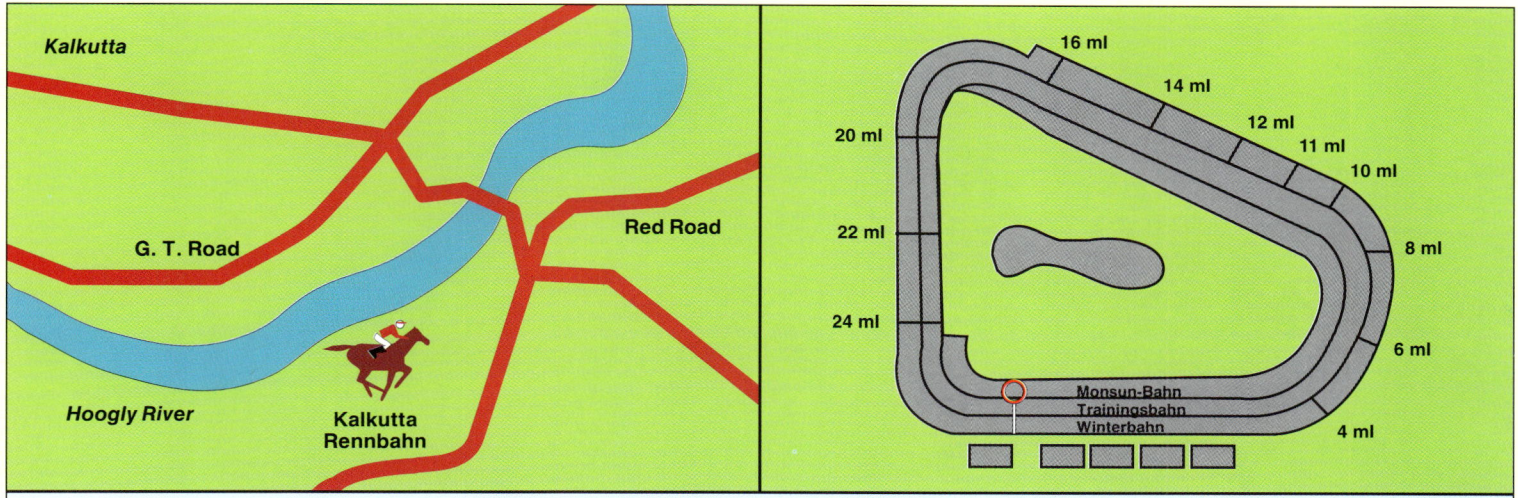

DISTANZEN, VERKEHRSVERBINDUNGEN UND PARKPLÄTZE

Im Zentrum Kalkuttas gelegen und nur 26 km vom Flughafen entfernt, haben die gewaltigen Tribünen der Kalkutta Rennbahn, ein strahlendes Weiß inmitten sattgrüner, offener Flächen ihren ganz besonderen Charme. Am Horizont stehen die hoch aufragenden Gebäude der Stadt und näher der weiße Marmor des unvergleichlichen Victoria Memorial. Die Rennbahn in Kalkutta ist eine alle Annehmlichkeiten bietende Stadtrennbahn in wunderschöner Umgebung. Man erreicht die Rennbahn mit den Buslinien 12B und 18A und den Straßenbahnen 24, 29, 30, 32, 35, 36, 37 von Esplanade. Es sind viele Parkmöglichkeiten vorhanden.

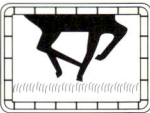 Es gibt drei Grasbahnen, alle Rechtskurs. Außen liegt die Winterbahn, in der Mitte die Trainingsbahn und innen die Monsoon-Bahn.

 Mitglieder Loge: 50 Rupien
Große Loge: 16 Rupien
Zweite Loge: 7 Rupien

 Ein offizielles Rennbuch mit den Tagesprogrammen wird für jede Veranstaltung herausgegeben.

 Buchmacher und Totalisator

 Oberste Rennleitung, Major Z. K. Wadia
Sekretär, Herr S. Luddy
Chef-Steward, Herr M. Mahadeshar

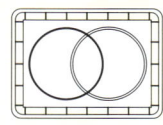 Es werden keine Kreditkarten angenommen.

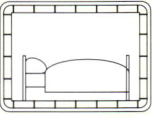 Unterkunft für Pferdepfleger vorhanden.

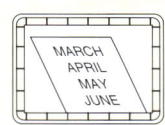 Die genauen Termine werden jedes Jahr neu festgelegt. Rennen werden von April bis Juli gelaufen: 65 Renntage (Monsoon 21 Tage, Winterbahn 44 Tage).

 600 Boxen

 Great Eastern Hotel, Tel. 91-33-282311
Oberoi Grand Hotel, Tel. 91-33-292323
Park Hotel, Tel. 91-33-297941
Taj Bengal Hotel, Tel. 91-33-283939

 Sand-, Lohe- und Grasbahnen stehen für Trainingszwecke zur Verfügung, ebenfalls ein Swimmingpool für Pferde.

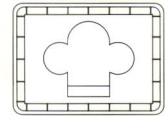 Für Reservierungen oder weitere Informationen:
Lazees Caterers Tel. 91-33-431589
K. P.'s Restaurant, Bijoli Grills, Flary's

 25 Quarantäneboxen

 Keine Gestüte in der Nähe.

 Dr. A. S. Godbole
Dr. S. K. Deb
Dr. I. Banerjee

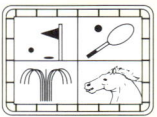 Royal Calcutta Golf Club
Schwimmen, Tennis, Badminton, Billiard
Botanischer Garten
Nikko Park

195

Der Führring, im Hintergrund die Tribünen.

Kalkutta: hervorragende Verwalter

Seit 1796 werden in Kalkutta Galopprennen durchgeführt. Zuerst fanden die Rennen in den Vororten statt, in Akara im Garden Reach Gebiet, wo damals der von den Briten abgesetzte König und einige seiner Nachfahren in ihren palastartigen, von Gärten umgebenen Häusern lebten.

Aufgrund von Lord Wellesleys Reformen, wurden die Galopprennen 1798 in Kalkutta abrupt, aber dennoch nur vorübergehend eingestellt. Die Organisation Bengal Jockey Club, welche den Galopprennsport wieder aufbauen sollte, nahm 1803 die Rennveranstaltungen wieder auf. 1809 verlegte man den Ort des Geschehens von Akara nach Maidan, wo sich die Rennbahn heute noch befindet. Das Gelände liegt so nahe am Stadtzentrum, daß man es zu Fuß erreichen kann.

In den Tagen des Bengal Jockey Clubs wurden die Veranstaltungen morgens durchgeführt, danach gab es dann ein üppiges Frühstück. Der Club war geschäftsmäßig organisiert und hielt engen Kontakt zum Rennsportgeschehen in England. Die Ergebnisse der Galopprennen in Kalkutta wurden damals regelmäßig in der englischen Presse veröffentlicht.

In jenen Tagen starteten in Galopprennen fast nur Araber-Pferde, erst 1855 erschienen die im Land selbst, in England oder Australien gezogenen Rassen auf der Szene. Damals ließen die Besitzer ihre Pferde praktisch auf eigene Kosten laufen, denn verglichen mit der Siegprämie waren die Nenngebühren relativ hoch. Es war nicht ungewöhnlich, daß die Teilnahme 20 Guineas betrug, die Siegprämie aber auch nur 20 Guineas. Erst vierzig Jahre später erhielt auch der Zweite eines Rennens einen Preis. Wetten waren nur in Lotterien möglich. Buchmacher und Totalisator wurden erst viel später eingeführt.

Fortschritt und Reformen

Das vielleicht wichtigste Ereignis in der Geschichte des Galopprennsports in Kalkutta trat 1847 ein, als

Die Wettschalter mit der großen Anzeigetafel.

der Calcutta Turf Club offiziell gegründet wurde. Er hatte die wichtigen Aufgaben, das gesamte Rennsportgeschehen zu organisieren und die Interessen der Rennbahn in Kalkutta zu vertreten. Es fanden Wahlen statt, und ein fünfköpfiges Komitee wurde bestimmt, die Angelegenheiten des Clubs zu regeln, fünf Stewards wurden ernannt, die Rennen zu überwachen.

Jene Rennsportenthusiasten konnten sich kaum vorgestellt haben, daß der Calcutta Turf Club innerhalb von vierzig Jahren die führende Position im Galopprennsport des ganzen Landes übernommen haben sollte.

Vielleicht überrascht es viele Galoppsportfreunde, die in dieses Land kommen, doch ein wenig, wenn sie erfahren, daß Kalkutta das erste Zentrum auf dem Subkontinent war, in dem ein Derby gelaufen wurde, die Calcutta Derby Stakes. Dieses Ereignis fand im Jahr 1842 statt. Nur Araberstuten waren startberechtigt. Das Rennen führte über 3200 Meter und war mit einem, für damalige Verhältnisse phantastischen, Preisgeld von 5000 Rupien dotiert. In heutige Währung umgerechnet wäre es immer noch eine gewaltige Summe, sogar verglichen mit den höchstdotierten Rennen. 40 Pferde starteten im Derby. 1856 wurde das Derby abgesetzt, stattdessen gab es den Viceroy's Cup. Das erste Rennen unter diesem Namen wurde von Nero gewonnen. Es führte über die gleiche Distanz wie heute das St. Leger. Zwei Jahre später siegte eine in Indien gezogene Stute. Erst 105 Jahre später konnte wieder eine indische Stute als Erste das Ziel passieren, es war Hovercraft im Jahr 1964. Da war das Rennen aber schon umbe-

Die Zielgerade.

nannt in Queen Elizabeth II Cup. Geschichte wird häufig mehr durch Individuen geschrieben als durch Ereignisse, der Galopprennsport ist da keine Ausnahme. 1860 erschien da ein Mann in Kalkutta, der mehr als jeder andere dafür verantwortlich war, daß eine neue Ära im Rennsportgeschehen in Kalkutta anbrach. Lord Ulrich Browne dominierte in den nächsten 25 Jahren die Rennsportszene in Kalkutta in gleicher Weise, wie Admiral Rous zur selben Zeit in England.

Durch zwei einschlägige Reformen wird Lord Ul-rich immer in Erinnerung bleiben, er ließ die *Rules of Racing* in Kraft treten und veränderte die Einteilung der *Altersgewichtsrennen*. Letztere hat noch heute, mit kleinen Veränderungen in den letzten Jahren, Gültigkeit.

In dieser Zeit, nämlich 1867, wurde das Calcutta Derby Sweep eingeführt.

1872 gab es zum erstenmal den *pari mutuel,* den Vorläufer des Totalisators. 1879 wurde eine neue Bahn auf der Innenseite der bestehenden gebaut. Im selben Jahr fand in Kalkutta auch das erste Mon-

Die voll besetzten Tribünen.

Der Führring.

sun-Rennen statt. Auch 1880 war für den Rennsport in Kalkutta ein wichtiges Jahr: z. B. entschloß man sich, Rennen auch am Nachmittag zu veranstalten; die Bahn wurde zu einer Runde geschlossen, und die neuen Tribünen wurden gebaut – die imposanten Gebäude von heute entstanden erst später. In jenem Jahr begann auch die Bevölkerung immer mehr Interesse am Galopprennsport zu zeigen, die Zuschauerzahlen stiegen stetig.

Noch ein hervorragender Verwalter

Kalkutta hatte immer das Glück, die fähigsten Leute für den Galopprennsport in der Verwaltung zu haben. Auf Lord Ulrich Browne folgte von 1886 bis 1897 Sir William McPherson, dessen Beiträge zum Rennsportgeschehen unermeßlich sind. Er fügte den Rules of Racing wichtige neue Regelungen hinzu; er sorgte für eine enge Zusammenarbeit mit den Verantwortlichen der Rennbahn in Bombay, es wurde eine gegenseitige Erklärung unterschrieben, daß keine Rennbahn in Indien ohne Kontrolle durch einen dieser beiden maßgebenden Clubs offizielle Rennen abhalten durfte.

Außerdem sorgte Sir William dafür, daß der offizielle *Rennkalender* veröffentlicht wurde; er veranlaßte, daß Gymkhana-Rennen nicht mehr unter die *Rules of Racing* fielen; durch seinen Einsatz wurde ein hauptamtlich beschäftigter Sekretär für den Club eingestellt; und schließlich ist es sein Verdienst, daß Jockeys keine Wetten mehr abschließen durften und daß der erste professionelle Handicapper in Indien tätig wurde.

Der Calcutta Turf Club genoß zu jener Zeit bereits ein sehr hohes Ansehen. 1889 wurden nur unter den Bestimmungen dieses Clubs auf allen Bahnen in Indien Galopprennen veranstaltet, nur nicht in Bombay, Poona, Karachi und Kholapur. Auf diesen Bahnen galten die Regeln des Clubs in Bombay, und es gab damals 52 Rennbahnen in Indien (und Burma).

Eine weitere absolute Neuheit in Indien war die Ernennung eines vollamtlichen Stewards im Calcutta Turf Club.

Bevor wir uns einigen Ereignissen aus den letzten Jahren zuwenden, sollten noch einige wichtige Daten aus der Geschichte dieses Clubs erwähnt werden. Der erste Buchmacher Indiens erhielt seine Lizenz 1881 in Kalkutta; der Besuch des Prince of Wales (später King George V) bei den Rennen in Kalkutta im Jahr 1905; der Bau der prächtigen Tribünen in den Jahren 1905 und 1907; die Eröffnung des Stand Membership und die erste Zeitmeßanlage auf der Bahn im Jahr 1907.

In dieser Auflistung beeindruckender Ereignisse darf die Konstruktion der Monsun-Bahn durch den Club im Jahr 1910 nicht fehlen.

Diese Bahn ist einzigartig – es ist wahrscheinlich die einzige ihrer Art auf der ganzen Welt – durch ihre geniale Konstruktion trocknet diese Bahn so schnell, wie man es sich kaum vorstellen kann.

1913 wurde dem Club der Zusatz »Royal« verliehen. Dies geschah, nachdem King George V den Rennen in Kalkutta zum zweitenmal als Zuschauer beigewohnt hatte.

Heute

Auffallend in der Politik des Royal Calcutta Turf Clubs ist immer gewesen, daß die Verantwortlichen es immer verstanden haben, eine perfekte Mischung aus Tradition und Modernisierung zu finden. Obwohl in mancher Hinsicht die Traditionen bewahrt werden, häufig sehr zum Ärger der Radikalen, wird doch mit allen modernen Methoden Schritt gehalten. Dieser Club setzte als erster die Zielfotoanlage und die Startboxen ein. Der Totalisator ist so modern, wie er es unter den strengen Importbestimmungen sein kann. Zur Überwachung des gesamten Rennverlaufs sind Video-Kameras im Einsatz. Auch ist im letzten Jahrzehnt in Kalkutta nicht ein einziger Fall von Doping bekannt geworden.

Bis zur Unabhängigkeit waren die Engländer im Club dominant. Der erste indische Steward wurde 1947 gewählt, es war der Maharadscha von Burdwan. 1952 wurde er Senior Steward. Er bewies lobenswerte Voraussicht, als er behauptete, nur regionale Kontrolle würde zu einem Aufschwung des indischen Galopprennsports führen. Also setzte er sich 1953 für die Gründung des South Indian Turf Clubs ein. Der Royal Calcutta Turf Club verzichtete auf seine Kontrollfunktion auf den Rennbahnen von Madras, Ooty, Bangaloore, Mysore und Hyderabad. Heute verwaltet der Club nur seine eigene Rennbahn.

Seit dem Rücktritt des Maharadschas im Jahr 1979, ist Herr B. M. Khaitan, er übernahm den Posten des Senior Stewards, der herausragende Mann für den Galopprennsport, der dafür Sorge tragen will, daß der Club immer höchstmögliches Ansehen genießt.

TRAINER		
Saison	Trainer	Siege
1987 – 88	David Haskell	37
1988 – 89	David Haskell	33
1989 – 90	P. M. Corner	29
1990 – 91	David Haskell	39
1991 – 92	P. M. Corner	39

JOCKEYS		
Saison	Jockey	Siege
1987 – 88	R. Corner	39
1988 – 89	R. Corner	44
1989 – 90	R. Corner	35
1990 – 91	R. V. Gowli	24
1991 – 92	R. V. Gowli	33

HYDERABAD

MALAKPET, HYDERABAD 500036

TEL. 91-842-552491, FAX 91-842-552493

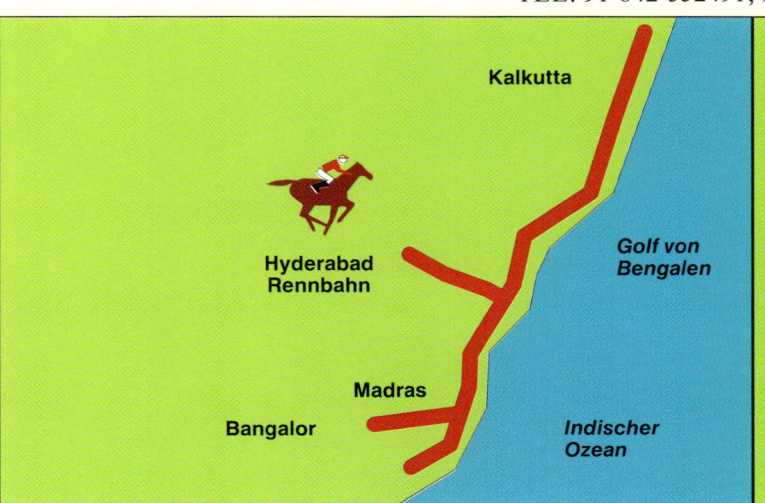
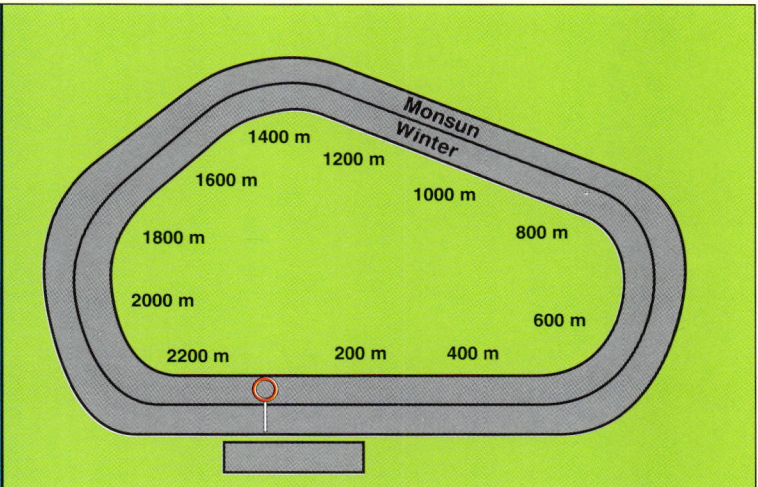

DISTANZEN, VERKEHRSVERBINDUNGEN UND PARKPLÄTZE

Die Rennbahn liegt bei Hyderabad, nahe am Stadtzentrum, nicht weit vom Flughafen entfernt (ca. 12 km). Es stehen ungefähr 500 Park-plätze zur Verfügung.

Zwei Rechtskurse nebeneinander, jeder für eine Sai-son (Monsun-Bahn für Juli-Oktober, Winter-Bahn von November bis Februar). Beide Bahnen sind eben, die Zielgeraden sind ca. 550 m lang.

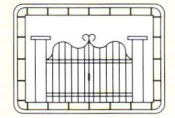
Mitglieder: freier Eintritt
Gästeraum: 30 Rupien
Block 1: 12 Rupien.

Für jede einzelne Veranstaltung werden Rennkarten gedruckt, auch die Ergebnisse der vorangegangenen Rennen sind erhältlich.

Buchmacher und Totalisator

Vorsitzender, Herr R. Surender Reddy
Sekretär, Herr N. N. Reddy

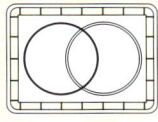
Er werden keine Kreditkarten angenommen.

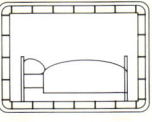
Unterkunft für Pferdepfleger vorhanden.

Von Juli bis Februar werden Rennen normalerweise an Wochenenden oder allgemeinen Feiertagen gelau-fen.

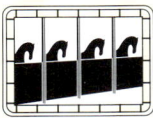
500 Boxen

The Ashok Bhasker Palace, Tel. 91-842-226141
Banjara Hotel, Tel. 91-842-222222
The Krishna Oberoi, Tel 91-842-222121
Quality Inn Green Park, Tel. 91-842-843634

Es stehen Sand- und Grasbahnen zum Training zur Verfügung. Auch ein Pferdeschwimmbad ist vor-handen.

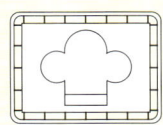
An der Rennbahn selbst gibt es nur ein Restaurant. Weitere Informationen unter: Tel. 91-842-552491

5 Quarantäneboxen an der Rennbahn.

Deccan Stud
Hyderabad Race Club Stud
Mohammed Stud
Diese Gestüte sind ca. 75 km von Hyderabad entfernt.

Dr. P. Krishna
Dr. U. P. Oak
Dr. P. Ram
Dr. B. Sridhar

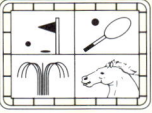
Bolarum Golf Club
Seunderabad Club (Schwimmen, Tennis, Billiard)
Sailing Club (Wassersport)
Salar Jung Museum

Panoramablick von der Haupttribüne.

Tradition und Modernisierung

Der Hyderabad Race Club ist zwar ein Neuling unter den Großen im indischen Rennsportgeschehen, hat aber, was Galopprennen betrifft, eine mehr als 100jährige Tradition. Geschichtliche Überlieferungen erzählen uns, daß schon 1868 in diesem sagenumwobenen Land der legendären Nizams Galopprennen durchgeführt wurden, bei denen auch gewettet werden konnte. Diese Rennen fanden auf der Moula Ali Rennbahn statt, einige Kilometer außerhalb der Stadt. Sie hießen damals die Hyderabad (Deccan) Rennen. Nach den Überlieferungen war keine Veranstaltung in Indien dieser ebenbürtig. Teilnehmer an den Rennen waren zwar fast nur Pferdebesitzer aus der Umgebung oder dort lebende Engländer, trotzdem gab es ein System und harte Konkurrenz untereinander. Das orientalische Sports Magazine berichtete häufig von der Dreierwette und aus dem Jahr 1873 liegt ein Bericht vor, daß der Sieger des Melbourne Cup im vorangegangenen Jahr, »The Quack«, am Hyderabad Gold Cup teilnahm und auf den zweiten Platz verwiesen wurde.

1886 wurden die Rennen von Moula Ali nach Malakpet verlegt. Dieser Wechsel war notwendig, weil der damals regierende H.H. Nawab Mir Mahboob Ali Khan, Nizam VI, die Rennbahn in der Nähe seines Palastes haben wollte. Und tatsächlich wurde die neue Rennbahn auf dem Gelände des Palastes errichtet. Unter seiner Schirmherrschaft blühte der Rennsport in den Jahren 1886 bis 1896 auf. Von den nächsten fünfzehn Jahren liegen keine Aufzeichnungen über Galopprennen vor.

1911 wurde der »Sport der Könige« neu belebt, als auf einer neuen Bahn, Fateh Maidan (jetzt Lal Bahadur Stadion), wieder Galopprennen gestartet wurden. Schnell erfreute sich dieser Sport großer Beliebtheit in Fateh Maidan, Aufsicht und Organisation oblag dem Royal Calcutta Turf Club. Die Saison in Hyderabad war immer während des Monsuns. Hauptereignis war der Nizam's Cup.

Später wurde eine offizielle Rennbahn bei Secunderabad gebaut. Wegen des regen Interesses der

Eine Luftaufnahme von der Rennbahn.

Vergangene Tage.

Stadtbewohner am Galopprennsport und der Gründung des India Turf Clubs im Jahr 1956 verkaufte der letzte Nizam, als großzügige Geste, den Hyderabad Race Club, über 500 000 m² Land, zu einem sehr geringen Preis. Dieses Land, wo die heutige Rennbahn liegt, ist in der alten Stadt. Der HRC brauchte fünf Jahre, um seine Vorstellungen zu verwirklichen. 1968 wurden die ersten Rennen auf der heutigen Malakpet-Bahn gestartet. Der Kurs ist 2400 m lang. 1976 wurde die Winter-Bahn dazugebaut, dort finden die Hyderabad Winter-Rennen statt.

Um mit der Zeit und den anderen Rennsport-Clubs in Indien Schritt zu halten, wurde vom HRC 1970 der India Gold Cup ins Leben gerufen, ein Altersgewichtsrennen, das sich zu einem der wichtigsten Rennen im ganzen Land entwickelt hat.

Entscheidend für den HRC war das Jahr 1977. Mit der Zustimmung aller anderen Rennsportvereinigungen wurde der HRC unabhängig. Er war damit der fünfte eigenständige Rennsport-Club in Indien. Einige Monate später, im September 1978, fand dann The Invitational Race statt, zum erstenmal nach den alleinigen Bestimmungen des HRC. Schon bald danach begann die Winter-Saison 1979. Heute finden in Hyderabad von Juli bis März Galopprennen statt.

Der Hyderabad Racing Club führte auch das Sponsorentum in den indischen Galopprennsport ein. Dadurch wurde das Preisgeld des Invitation Cup erhöht und dieses Rennen wurde das am höchsten dotierte im ganzen Land.

Der Führring.

Totalisator

Der Hyderabad Race Club, obgleich die jüngste Rennsportvereinigung, war, in Sachen computerisiertem Wettsystem allen anderen Clubs einen Schritt voraus. 1977 wurde der HRC offiziell anerkannt, obwohl der Club schon im letzten Jahrhundert existierte. Der HRC war in Indien der Vorreiter im Rennsportgeschehen. Sein Erfolg basiert auf traditionell harter Arbeit, fundierten Entscheidungen und in vielen Jahren ausgebildetem Verständnis für Pferde.

ABSCHNEIDEN DER FAVORITEN (1990 – 1992)

Anzahl der Rennen: 657 – Favoritensiege: 277 (42,16 %)

ÜBERRAGENDE SIEGER

Rennen	Jahr	Trainer	Jockey	Sieger
The President of India Gold Cup Gr. 1	1990	R. R. Byramji	M. Narredu	Classic Story
	1991	J. H. Foley	R. Corner	Star Contender
The Deccan Derby Gr. 1	1990	R. R. Byramji	V. Shinde	Delage
	1991	R. R. Byramji	Aslam Khader	Classic Style
The Golconda St. Leger Gr. II	1990	Shamsuddin	D. Netto	Sikander-e-Aazam
	1991	J. H. Foley	R. Corner	Star Contender
The Golconda 1000 Guineas Gr. II	1990	R. R. Biramji	P. Shroff	City Girl
	1991	S. Habidullah	K. Narasimba	Princess Shama
The Golconda 2000 Guineas Gr. II	1990	R. R. Biramji	V. Shinde	Delage
	1991	L. D'Silva	V. Shinde	Solferino

Pferde-Schwimmbad

Im Hyderabad Race Club gibt es eines der besten Pferde-Schwimmbäder im Land. Der Grundriß des Bades ist »hufeisen-förmig«, Aus- und Eingang sind getrennt. Die Wassertiefe liegt bei 1,80 m, das Bad faßt insgesamt 1140000 l Wasser. Um das Wasser sauber zu halten, ist eine Filteranlage installiert, die 230000 l pro Stunde reinigt. Herausragend in der Konstruktion sind die wissenschaftlich entwickelten Rampen, die ein allmähliches Eintauchen des Pferdes ins Wasser gewährleisten, und die verbreiterten Seiten, die eine Verletzung der Hufe so gut wie ausschließen.

JAPAN

(JAPAN)

HANSHIN

1-1, KOMANO-MACHI, TAKARAZUKA-SHI, HYOGO, 655
TEL. 81-798-517151, FAX 81-798-523211

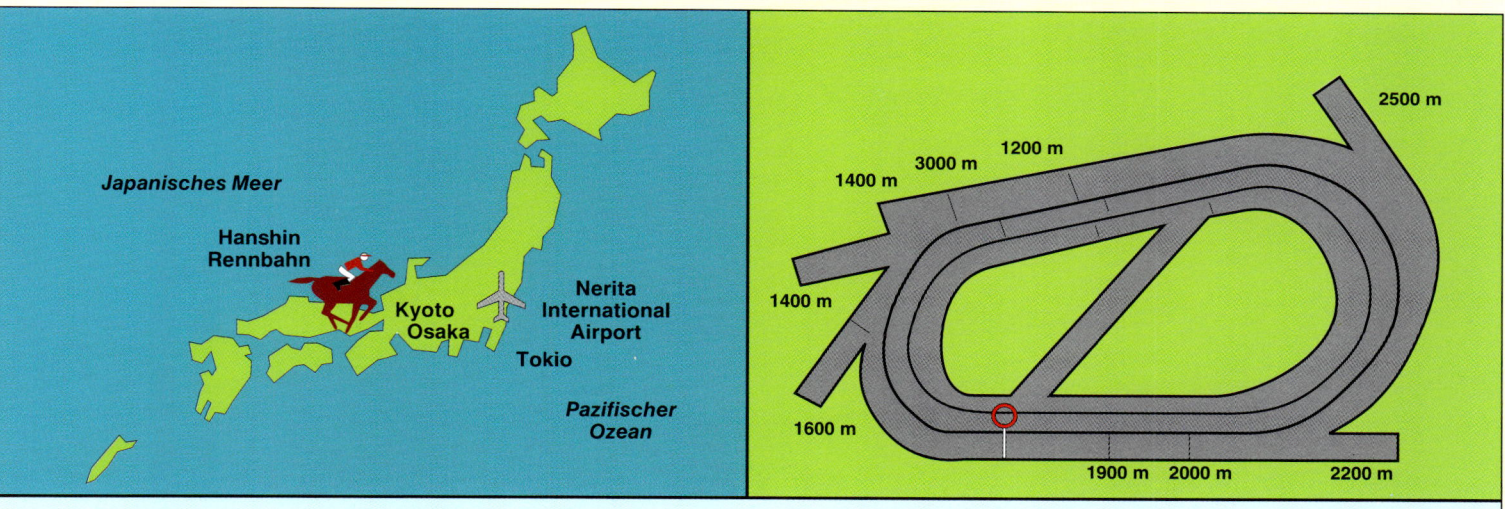

DISTANZEN, VERKEHRSVERBINDUNGEN UND PARKPLÄTZE

Die Hanshin Rennbahn liegt ca. 20 km nordwestlich von Osaka, vom Flughafen braucht man mit dem Auto 30 Minuten. Eine Zugfahrt dauert ebenfalls eine halbe Stunde (Hankyu Umeda Station). Sie nehmen die Hankyu Line bis Nigawa Station, dieser Bahnhof liegt 500 m von der Rennbahn entfernt. Für ungefähr 1000 Autos sind Parkmöglichkeiten vorhanden.

 Grasbahn und Dirt-Track, Rechtskurs, vom Beginn der hinteren Geraden an bis zum letzten Bogen leicht abfallend, von der Mitte der Zielgeraden bis zum Ziel leicht ansteigend.

 Eintritt: 200 Yen
Sitzplätze: 2000 Yen bis 3500 Yen

 Für jeden Renntag sind kostenlose Rennprogramme (in japanischer Sprache) erhältlich, herausgegeben vom JRA.

 Totalisator

 General-Manager, Herr Kunio Kakehi

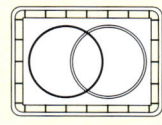 Es werden keine Kreditkarten angenommen.

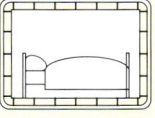 Unterkunft für Pferdepfleger nicht vorhanden.

 40 Renntage: 16 im März und April, 8 im Mai und Juni, je 8 im September und Dezember.

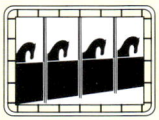 Es stehen keine Boxen zur Verfügung.

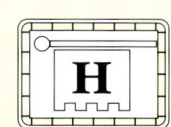 Takarazuka Hotel, Tel. 81-797-871151

 Es sind keine Trainingsmöglichkeiten vorhanden.

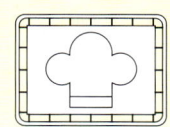 An der Bahn gibt es 11 Restaurants. Keine Reservierung.

 Keine Quarantäneboxen

 Keine Gestüte in der Nähe

 Tierärzte der JRA sind an Renntagen auf dem Rennbahngelände im Einsatz.

 Keine Freizeitangebote

Die beeindruckende, prächtige Hanshin Rennbahn.

Hanshin, eine freundliche Atmosphäre

»Großen Vier« Rennbahnen ist, errichtet im Jahr 1949, hat sie schon eine führende Stellung inne, auch bedingt durch ihre geografische Lage 20 km außerhalb des Stadtzentrums von Osaka und nahe der Städte Kobe und Takarazuka. Die Zugverbindungen zwischen der Rennbahn und diesen drei Städten (Hankyu Line) ist hervorragend. 1991 wurden umfangreiche Modernisierungsarbeiten beendet, jetzt kann man Hanshin, was den künstlerischen Eindruck betrifft, sicherlich mit Nakayama gleichsetzen, ihr Kennzeichen, die freundliche Atmosphäre, hat die Rennbahn aber beibehalten.

Hanshin lenkt die Aufmerksamkeit der Rennsportfreunde am zweiten Sonntag im April auf sich, wenn der erste Klassiker der Saison gelaufen wird, das Oka Sho (1000 Guineas), ein 1600 m-Rennen für dreijährige Stuten, dieses Rennen ist nach der Kirsche benannt, die zu dieser Zeit in voller Blüte steht. Die neue klassische Saison fällt mit der Zeit zusammen, da in Japan die Blütenfeste in den Parks und an anderen wunderschönen Plätzen gefeiert werden.

Die Bahn selbst ist knapp über 1700 m lang, führt rechtsherum und hat eine leichte Welle. Daher ist dieses Geläuf gerade für junge Stuten, die sich noch in der Entwicklung befinden, sehr entgegenkommend. Die Saison der größeren Rennbahnen endet Mitte Juni in Hanshin mit dem für alle Pferde offenen Grand Prix Takarazuka Kinen über 2200 m. An diesem Rennen sind die Fans beteiligt, denn sie bestimmen die Teilnehmer, und das Rennen ähnelt in gewisser Hinsicht dem King George VI Cup in Ascot, denn auch hier wird der Sommer-Champion ermittelt. Das letzte Gruppe I-Rennen, das noch erwähnt werden muß, ist die Hanshin Sansai Himba Stakes Anfang Dezember, denn da wird der Champion unter den zweijährigen Stuten ermittelt.

Trotz der Tatsache, daß Hanshin die jüngste der

Anstehen und Träumen.

Der große Führring.

Panoramablick von der Rennbahn.

HANSHIN

Nach dem ersten Bogen.

Die Würfel fallen: Die Quoten verändern sich wie an der Börse.

Spannung vor dem Einlauf.

HANSHIN

KYOTO

32, YOSHIJIMA WATASHIBASHIMA-MACHI, FUSHIMI-KU, KYOTO, 612
TEL. 81-75-6313131, FAX 81-75-6310044

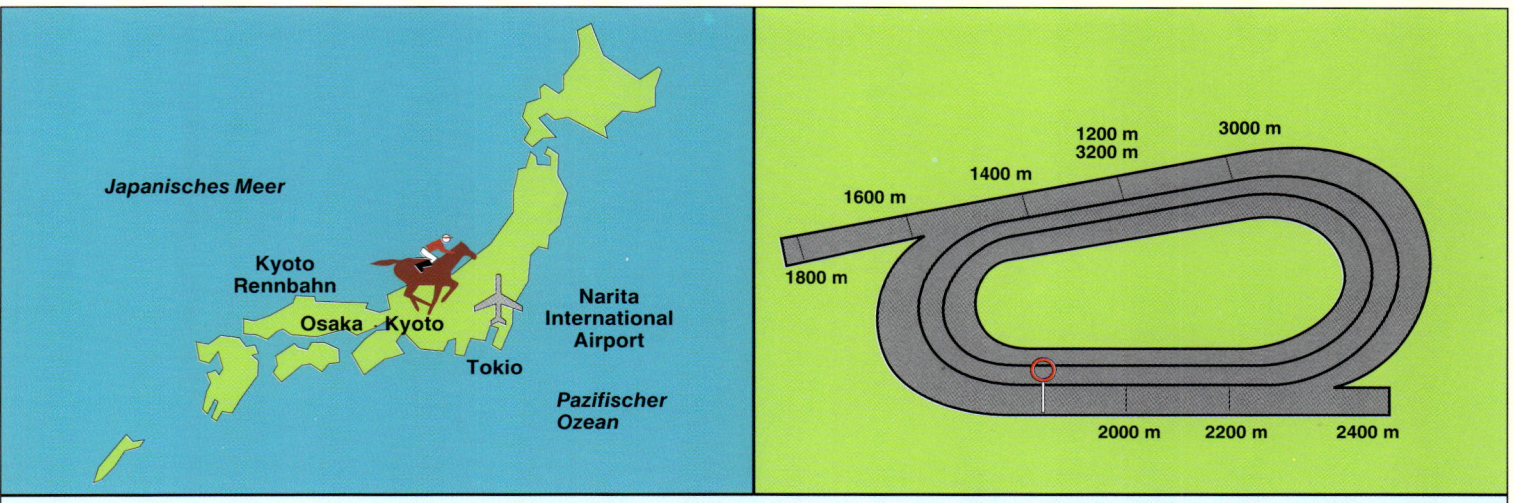

DISTANZEN, VERKEHRSVERBINDUNGEN UND PARKPLÄTZE

Diese Rennbahn erreicht man vom Osaka International Airport mit dem Auto in ca. 1 Stunde, von Kyotos Innenstadt liegt sie 10 km entfernt (30 Minuten Fahrt). Zu Fuß erreicht man sie in 10 Minuten ab Yodo Station der Keihan Line. Von Yamazaki Station der JR Tokaido Line fahren Busse zur Rennbahn. Parkplätze gibt es für ca. 12 000 Autos.

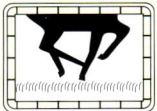 Grasbahn und Dirt-Track, Rechtskurs. Die hintere Gerade steigt relativ steil an, die Zielgerade ist leicht abfallend.

 Eintritt: 200 Yen
Sitzplätze: 500 – 2000 Yen

 Für jeden Renntag gibt es ein kostenloses Rennprogramm (in japanischer Sprache), herausgegeben vom JRA.

 Totalisator

 General-Manager, Herr Yuzo Kimura

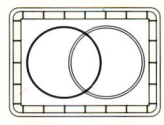 Es werden keine Kreditkarten angenommen.

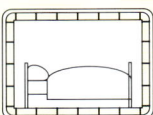 Unterkunft für Pferdepfleger nicht vorhanden.

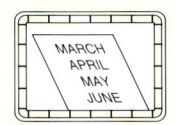 40 Tage: 16 im Januar und Februar, 8 im April und Mai, 16 im Oktober und November.

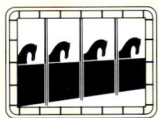 Es stehen keine Boxen zur Verfügung.

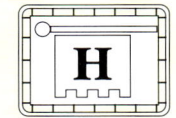 Nahe der Rennbahn gibt es keine empfehlenswerten Hotels. Die besten finden Sie in Kyotos Innenstadt.

 Es sind keine Trainingsmöglichkeiten vorhanden.

 Es gibt 20 Restaurants an der Rennbahn. Keine Reservierung.

 Keine Quarantäneboxen

 Keine Gestüte in der Nähe.

 Tierärzte des JRA sind an Renntagen auf dem Rennbahngelände im Einsatz.

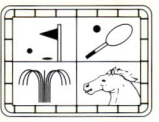 In und um Kyotos Innenstadt gibt es viele Plätze von historischem Interesse und natürlicher Schönheit.

Hoch über der Rennbahn.

Der Haupteingang.

*K*yoto, wo der Rennsport Kunst und Natur verbindet

Kyoto mag eine moderne Stadt sein, ist aber auch die kulturelle Hauptstadt von Japan. Ob im Frühjahr oder Sommer, diese Stadt und ihre Umgebung sind ein Muß für jedermann in Japan, der Interesse hat an Tempelbesuchen, Blumen und Bäumen, japanischen Speisen, Keramik und Pferderennen, egal wieviel oder wenig Zeit man hat.

Mit der Keihan Eisenbahn erreichen Sie die Rennbahn von Kyoto aus in 30 Minuten und von Osaka in 60 Minuten. Die Rennbahn ist so gelegen, daß man an drei Seiten auf Hügel blickt, und im Zentrum der Bahn liegt ein See, auf dem sich Schwäne tummeln. Ein weiterer Rechtskurs führt ebenfalls um den See, er ist 1900 m lang. Innen liegen noch eine ovale Grasbahn und ein Dirt-Track.

Am letzten Sonntag im April wird der Spring Tenno Sho, oder Emperor's Cup, über 3200 m gelaufen. Das Rennen ist offen für vierjährige und ältere Pferde. Das Rennen stellt nicht nur hohe Ansprüche an die Kondition der Pferde aufgrund der Länge des Kurses, sondern auch durch die Steigung auf

der hinteren Geraden und durch das abfallende Gelänf in dem langgezogenen Bogen zwischen der dritten und vierten Ecke, dies alles erinnert an Longchamp. Auf den letzten zweihundert Metern steigt die Bahn noch einmal an. Dieses Rennen hat schon bei vielen klassischen Siegern unzureichende Kondition aufgedeckt, und die Erfolge von Symboli Rudolf, Miho Shinzan, Tamamo Cross und Super Creek in den letzten Jahren zeigen, daß diese Pferde auf allen Distanzen zuhause sind, ein Zeichen wirklicher Klasse.

Im November allerdings präsentiert sich Kyoto strahlender denn je, die Farben des japanischen Herbstes leuchten überall. Da paßt es hervorragend, daß gerade in diesem Monat die Rennbahn in Kyoto an drei aufeinanderfolgenden Sonntagen im Mittelpunkt des Interesses steht. An jedem dieser Tage finden Gruppe I-Rennen statt. Das erste ist das Kikuka Sho, gleichzusetzen mit dem St. Leger, wie letzteres ein Steherrennen über 3000 m für dreijährige Pferde, das letzte Rennen das für die Triple Crown zählt. Neben den beiden bereits erwähnten Triple Crown Siegern gewannen sowohl Miho Shinzan (1985) als auch der verstorbene Sakura Star-O (1987) dieses Rennen, nachdem sie bereits den ersten Klassiker, das Satsuki Sho, für sich entscheiden, beim Derby aber verletzungsbedingt nicht starten konnten. Am Sonntag darauf wird das letzte Rennen für die Dreifache Krone der Stuten gelaufen, der Queen Elizabeth Cup über 2400 m, am dritten Sonntag steht dann noch die Mile Championship über 1600 m auf dem Programm.

Parade der Pferde vor dem Rennen.

Die Rennbahn wurde um einen wunderschönen See angelegt.

KYOTO

Ein letzter Blick auf die Quoten und die Pferde.

Der Start ist erfolgt!

Am Ziel.

Spielplatz auf dem Rennbahngelände.

Der Führring.

KYOTO

NAKAYAMA

1-1, KOSAKU 1-CHOME, FUNABASHI-SHI, CHIBA, 273
TEL. 81-473-342222, FAX 81-473-323327

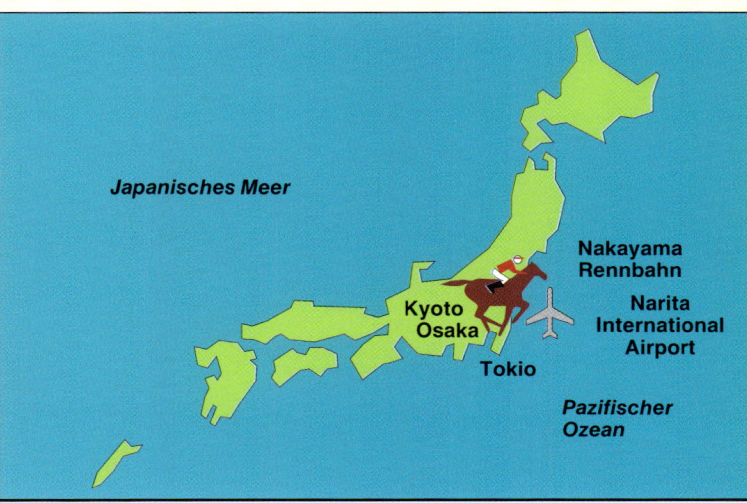

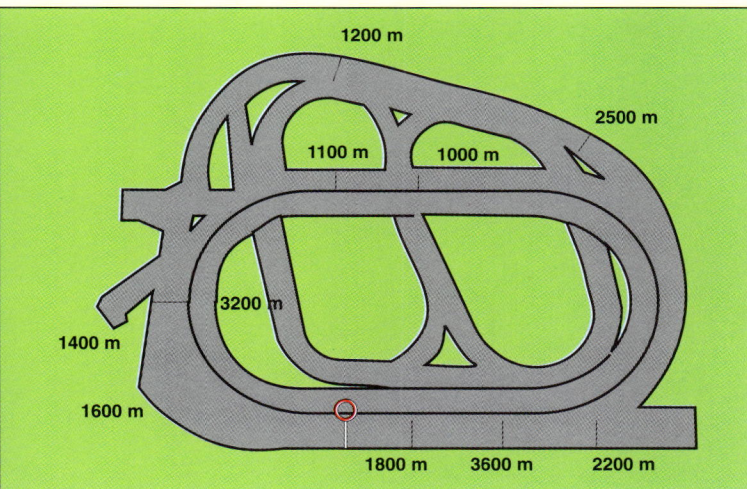

DISTANZEN, VERKEHRSVERBINDUNGEN UND PARKPLÄTZE

Die Nakayama Rennbahn liegt ca. 60 km vom Narita International Airport entfernt (Autobahnfahrt ungefähr eine Stunde) und 20 km östlich von Tokios Innenstadt. Vom Tokio International Airport braucht man mit dem Auto etwa eineinhalb Stunden bis zur Rennbahn, mit der Funabashi Hoten Station der JR Musashino Line ist sie direkt verbunden. Busse zur Rennbahn fahren ab Nishifunabashi Station der JR Sobu Line oder von der Higashi Nakayama Station der Kejsei Line.
Es steht ein großer Parkplatz für ca. 2000 Autos zur Verfügung.

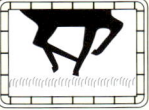 Grasbahn, Rechtskurs, welliges Geläuf. Steiler Anstieg bis zur Ziellinie (die letzten 200 Meter). Auf der Innenseite der Grasbahn verläuft noch ein Dirt-Track.

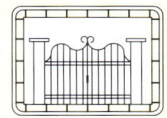 Eintritt: 200 Yen
Sitzplätze: 1800 – 3300 Yen

 Für jeden Renntag wird ein kostenloses Rennprogramm (in japanischer Sprache) von der JRA ausgegeben.

 Totalisator

 General-Manager, Herr Susumu Yamaguchi

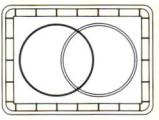 Es werden keine Kreditkarten angenommen.

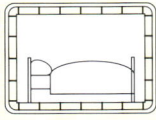 Unterkunft für Pferdepfleger nicht vorhanden.

 40 Renntage: 8 im Januar, September und Dezember, 16 im März und April.

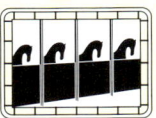 Es stehen keine Boxen zur Verfügung.

 Keine empfehlenswerten Hotels in der Nähe der Rennbahn. Die besten sind in Tokio.

 Es gibt keine Trainingsmöglichkeit.

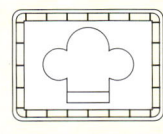 Es gibt zehn Restaurants an der Rennbahn. Keine Reservierung.

 Keine Quarantäneboxen

 Keine Gestüte in der Nähe.

 Tierärzte des JRA sind an Renntagen auf dem Rennbahngelände im Einsatz.

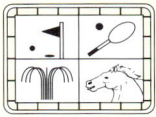 Tokio Disneyland in Maihama (30 Minuten Fahrt).

Blick auf die Rennbahn vom Helikopter aus.

Kirschblüten in Nakayama

Die Nakayama Rennbahn entstand 1920 und liegt 25 km östlich von Tokio.

Am besten erreicht man die Rennbahn mit den regulären Zügen aus Zentral-Tokio. Wie auf allen japanischen Rennbahnen beträgt der Eintritt nur 200 Yen (weniger als 1 engl. Pfund). Natürlich sind die Preise für reservierte Plätze und sonstige Annehmlichkeiten wie Tischbildschirme, Bedienung und spezielle Gruppenräume nach oben gestaffelt.

Der Aus- und Umbau von Nakayama in den späten 80er Jahren hat den Dienst am Kunden noch erheblich verbessert. Diesen Service findet man auf allen Rennbahnen an jedem typischen Renntag, der um zehn Uhr morgens beginnt und nach elf oder zwölf Rennen gegen 16.30 Uhr endet.

Nakayama ist ein Rechtskurs. Neben der Grasbahn von 1800 m Länge gibt es noch einen Dirt-Track und eine Hindernisbahn. Der Kurs weist einen Höhenunterschied von 5 Metern auf, die längste Steigung befindet sich auf der hinteren Geraden, eine

Der Haupteingang der Tribünen.

Der Führring.

weitere auf den letzten zweihundert Metern ins Ziel. Da die Zielgerade nur 310 Meter lang ist, müssen die Pferde schon im letzten Bogen ihre beste Ausgangsposition für das Finish haben.

Im April blühen in Nakayama die Kirschblüten rings um die Rennbahn. Mitte dieses Monats gibt es Klassik in Nakayama, das Gruppe I-Rennen Satsuki Sho für Hengste über eine Distanz von 2000 m, das Gegenstück zum 2000 Guineas, das erste Rennen für Japans Triple Crown.

1983 siegten Mr. C. B. und 1984 Symboli Rudolf im Satsuki Sho, bevor sie dann auch die beiden anderen Rennen für die Triple Crown gewannen. 1991 wurde Symboli Rudolfs Sohn Tokai Tei-O erster in diesem Rennen und siegte im Derby, konnte dann aber verletzungsbedingt am dritten Rennen nicht teilnehmen.

Im Dezember finden in Nakayama Gruppe I-Rennen an drei aufeinander folgenden Sonntagen statt: Im Asahi Hai Sansai Stakes wird der Champion der Zweijährigen über eine Distanz von 1600 m ermittelt, am zweiten Sonntag wird die Sprinters Stakes über 1200 m gelaufen und, am letzten Renntag im Jahr das Arima Kinen, der Grand Prix über 2500 m, offen für alle Altersstufen. Über die Teilnahme am Grand Prix entscheiden die Fans in den Wochen vorher, und wieder stellte Symboli Rudolf unter Beweis, daß er das erfolgreichste japanische Rennpferd aller Zeiten war, indem er 1984 und 1985 Seriensiege lieferte. Da die Zuschauerzahlen immer mehr ansteigen, 150000 Menschen sind keine Seltenheit, bleibt es abzuwarten, ob die Japan Racing Association die Eintrittskarten bereits an den Tagen vor den Rennen verkaufen wird.

Benjamin Plaza.

Grübeln über den möglichen Sieger.

NAKAYAMA

Das Beste für alle Zuschauer.

Kurz vor dem Ziel.

Die Medien-Halle: Hier können Sie sich entspannen, wetten und dabei die besten Shows ansehen.

NAKAYAMA

TOKYO

1-1, HIYOSHI-CHO, FUCHU-SHI, TOKYO, 183
TEL. 81-423-633141, FAX 81-423-407070

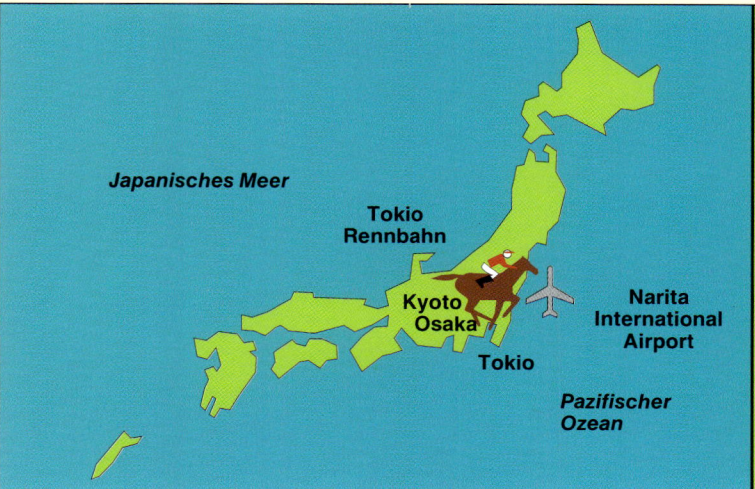

Japanisches Meer

Tokio Rennbahn

Kyoto Osaka

Tokio

Narita International Airport

Pazifischer Ozean

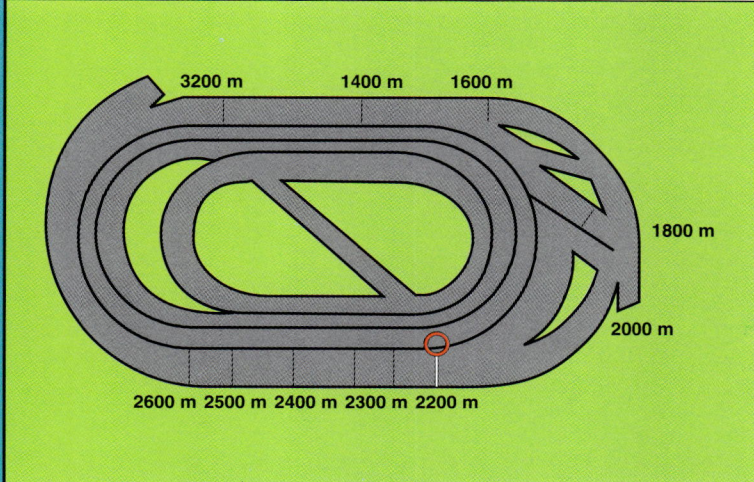

3200 m   1400 m   1600 m

1800 m

2000 m

2600 m 2500 m 2400 m 2300 m 2200 m

DISTANZEN, VERKEHRSVERBINDUNGEN UND PARKPLÄTZE

Die Tokio Rennbahn liegt ca. 25 km außerhalb von Shinjuku (Innenstadt Tokios) an der Route 20, die Fahrt vom Tokio International Airport zur Rennbahn dauert 1 Stunde. Das Rennbahngelände ist direkt mit der Fuchu Honmachi Station der JR Musashino Line und der Fuchu-Keibajoseimonmae Station der Keio Line verbunden. Parkplätze sind für ca. 2100 Autos vorhanden.

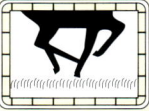 Grasbahn, Linkskurs, wellig. Die zweite Gerade führt leicht bergauf. Auf der Innenseite der Grasbahn liegt noch ein Dirt-Track.

 Eintritt: 200 Yen
Sitzplätze: 1500 – 3000 Yen

 Für jeden Renntag wird ein kostenloses Rennprogramm (in japanischer Sprache) von der JRA ausgegeben.

 Totalisator

 General-Manager, Herr Toshifumi Tanabe

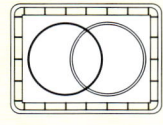 Es werden keine Kreditkarten angenommen.

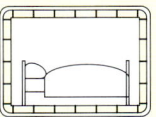 Unterkunft nur für Personal der im Japan Cup startenden Pferde.

 40 Tage: 8 im Februar, 16 im Mai und Juni, 16 im Oktober und November.

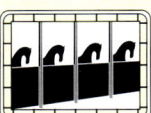 Boxen nur für Pferde, die im Japan Cup starten.

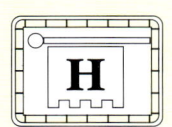 Es gibt keine empfehlenswerten Hotels in der Nähe der Rennbahn. Die besten sind in Tokios Innenstadt.

 Die Rennbahn steht für Trainingszwecke zur Verfügung.

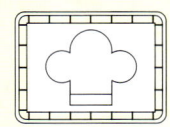 An der Rennbahn gibt es 15 Restaurants. Keine Reservierung.

 Keine Quarantäneboxen

 Keine Gestüte in der Nähe.

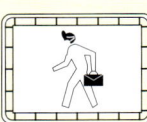 Tierärzte der JRA sind an Renntagen auf dem Gelände in Bereitschaft.

 Sanrio Puro Land (Freizeitpark für Kinder, 30 Minuten von der Rennbahn entfernt), Tama Zoo (20 Minuten von der Rennbahn entfernt).

*N*ervenkitzel für Wettfreunde in Tokio

Im Gebiet Kanto, 25 Kilometer westlich von Tokio, liegt die Nummer 1 unter Japans Rennbahnen. Die Rennbahn von Tokio in Fuchu, gegründet 1933. Die Fahrt mit der Eisenbahn von Shinjuku im Zentrum Tokios direkt zur Rennbahn dauert nur 30 Minuten.

Die Vorrangstellung Tokios begründet sich auf der Anzahl hochklassiger Rennen, die auf dieser Rennbahn gelaufen werden.

Während der Frühjahrsveranstaltung im Februar gibt es Rennen, die als Vorbereitung für die dreijährigen Pferde dienen, die in den Klassikern starten sollen. Im Mai kommt es dann laut Rennkalender zu einem Höhepunkt in der ersten Hälfte des Rennjahres. An den drei letzten Sonntagen im Mai werden das Yasuda Kinen, das 1600 m-Rennen zur Ermittlung des Frühsommer-Champions über eine Meile, gelaufen, die 2400 m-Oaks für Stuten und das Japan-Derby, das über die gleiche Distanz geht.

Am Derbywochenende erreicht auch die Stimmung ihren Höhepunkt, vor allem wenn der Sieger des Satsuki Sho versucht, auch über die mittlere Distanz des Derbys als erster ins Ziel zu kommen. Dieses Meisterstück schafften in den letzten zehn Jahren aber nur Mr. C. B., Symboli Rudolf und Tokai Teio. Bei den Stuten gab es überhaupt nur eine Triple-Crown Siegerin, Mejiro Ramonu im Jahre 1986.

Die Bahn ist ausgedehnter als die in Nakayama, ein Linkskurs mit fast 2100 m im Umfang. Eine Zielgerade von 500 Metern ermöglicht es spurtstarken Pferden, ihr Können zu zeigen, vorausgesetzt, sie schaffen sowohl den abfallenden Teil hinter dem

Der Haupteingang.

Die große Anzeigetafel des Totalisators.

Der Führring.

dritten Bogen als auch die Steigung am Anfang der Zielgeraden ohne Schwierigkeiten. Auch wenn die Menschenmenge riesig ist und man kein Fernglas hat, gewährleisten die gewaltigen Bildschirme an der Rennbahn, daß die Wettbegeisterten immer hautnah am Geschehen sind.

In den Herbstmonaten Oktober und November finden auf der Rennbahn in Tokio eine ganze Reihe von Gruppen-Rennen statt. Die Höhepunkte stehen am Anfang und am Ende des Monats November auf dem Programm. Der Emperor's Cup, Tenno Sho, ist offen für alle Altersklassen und geht über die Distanz von 2000 Metern, vergleichbar mit den New-

market Champion Stakes. Am letzten Sonntag im November findet dann der Japan Cup statt, dieses Rennen führt über 2400 Meter.

Den Japan Cup gibt es seit 1981, und diese Veranstaltung ist der einzige wichtige Grund, warum in Übersee das Interesse am Galopprennsport in Japan immer mehr zunimmt. Das zeigt sich in der Qualität der Pferde, die nur für dieses Rennen aus Übersee angereist kommen. Das Preisgeld beläuft sich auf 700 000 Pfund. Bisher haben nur zwei Pferde gewonnen, die auch vor Ort trainiert worden waren, Katsuragi Ace, der 1984 einen beeindruckenden Start-Ziel Sieg demonstrierte, und der großartige

Symboli Rudolf, der sich 1985 als spurtstark auf der Geraden erwies. Trotzdem beweist dieses Rennen, daß der japanische Galopprennsport sehr an Qualität gewonnen hat, denn die besten japanischen Rennpferde können sich immer im Vorderfeld plazieren.

Der Japan Cup hat auch dazu beigetragen, daß dem Wunsch der Züchter nach einer Aufbesserung der Zucht nachgekommen werden konnte, indem ausländische Hengste und Stuten erworben wurden. Alle diese Gründe und die Tatsache, daß die Organisation des Japan Cups ein Beispiel absoluter Professionalität ist, sorgen dafür, daß dieses Rennen

Der Start ist erfolgt.

Galopprennen sogar auf dem Monitor.

Die Tribünen.

Der Japanische Garten.

Weltklasseformat hat. Rund 170000 Fans können diese Aussage bestätigen.

Schließlich noch einige wenige Worte über das Wetten. Auf jeder Rennbahn finden sich Hunderte von Wettschaltern, in denen junge Damen an Computern sitzen.

Vier verschiedene Wetten sind möglich: Siegwette (tansho), Sie geben die Nummer des Pferdes an; Platzwette (fukusho), Sie geben die Nummer des Pferdes an, das auf einen der ersten drei Plätze läuft; Zweierwette (umaban-rensho), Sie geben die Nummern von zwei Pferden an und die andere Variation dieser hin- und zurück-Wette (wakuban-rensho), wo man zwei Startboxen-Nummern wählt und in jeder Box zwei oder drei Pferde stehen. Man gewinnt, wenn ein Pferd von jeder der gewählten Boxen auf den 1. und 2. Platz läuft.

Für Rennbahnbesucher, die des Japanischen nicht mächtig sind, stehen die Bezeichnungen für die Wettkategorien in Klammern, Sie brauchen nur Ihre Zahlen abzugeben und erhalten dann Ihr Ticket. Viel Glück.

Andy Patmore

TOKIO

MACAU

(MACAU)

TAIPA
TAIPA, MACAU
TEL. 853-321888, FAX 853-321019

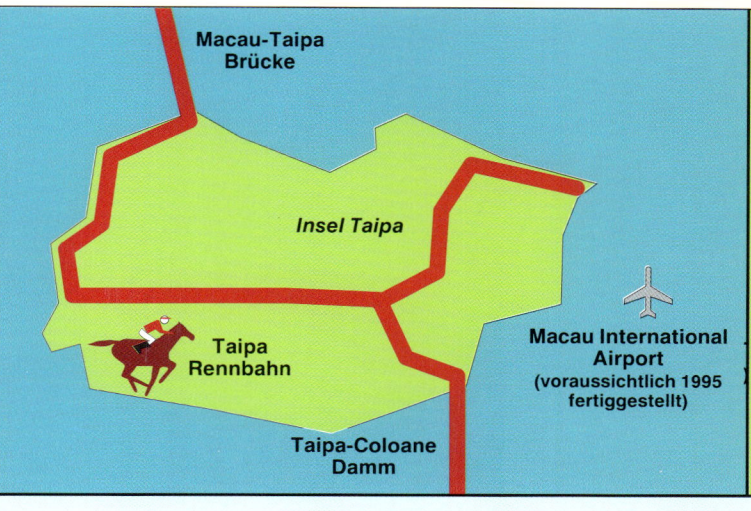

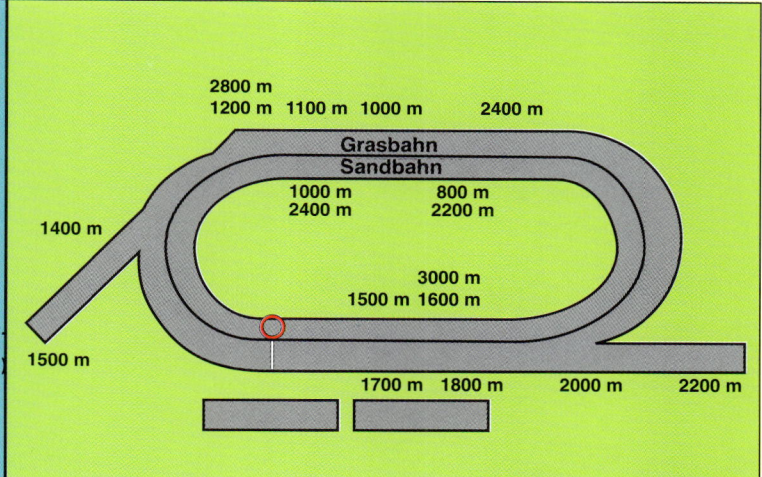

DISTANZEN, VERKEHRSVERBINDUNGEN UND PARKPLÄTZE

Das Hipodromo da Taipa liegt auf Taipa, einer der Küste von Macau südöstlich vorgelagerten Insel, ca. 5 km vom Jetfoil Pier in Macau. Macau liegt 65 km westlich von Hong Kong, der Jetfoil braucht ungefähr eine Stunde. Vom Jetfoil Pier bringt ein Taxi Sie in 15 Minuten zur Rennbahn. An Renntagen ist ein Shuttle Service eingerichtet, der Bus bringt die Rennbahnbesucher kostenlos zur Rennbahn. Ca. 1000 Autos können an der Rennbahn parken.

 Grasbahn, Rechtskurs, innen eine Sandbahn, oval, Zielgerade 400 m. Beide Bahnen sind eben.

 Mitglieder-Tribüne: HK$ 20 (Hong Kong Dollar) Sonst. Publikum: keine Gebühren Keine Kleidervorschrift

 Das offizielle Programm für jede Veranstaltung wird vom Macau Jockey Club ausgegeben.

 Totalisator

 Vorsitzender, Herr Stanley Ho Zweiter Vorsitzender, Herr Lim Por Yen Rennleitung, Herr Edmond Wong Assistent des Vorsitzenden, Herr Kenneth Liang

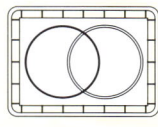 Es werden keine Kreditkarten angenommen.

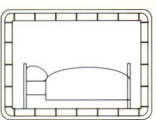 Unterkunft für Pferdepfleger vorhanden.

 60 Renntage von September bis Ende Juni. Normalerweise werden sonnabends und sonntags Rennen durchgeführt, geplant sind aber auch Nacht-Rennen in der Wochenmitte.

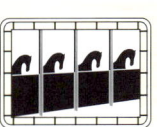 Es stehen ca. 1000 Boxen zur Verfügung.

 Mandarin Oriental Hotel, Tel. 853-567888 New Century Hotel, Tel. 853-831111

 Ansässige Trainer nutzen die Bahnen auch für Trainingszwecke.

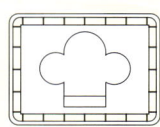 Informationen über die verschiedenen China-Restaurants und Imbißstuben an der Rennbahn (auch Reservierungen) unter: Tel. 853-3977628

 Keine Quarantäneboxen

 Keine Gestüte in der Nähe.

 Dr. John Williams Dr. Tony Doherty Dr. Brian Stewart

 Ruins of St. Paul (Sehenswürdigkeit), Tempel von A-Ma, die Gedenkstätte von Dr. Sun Yat Sen, das Maritime Museum, Casinos.

Luftaufnahme von der Rennbahn.

*E*iner der Top-Treffpunkte in Asien

Rennpferde besitzen dürfen nur Mitglieder des Macau Jockey Clubs. Die Qualität der Vollblüter wird durch besondere Kaufbestimmungen sichergestellt. Es gibt Pläne, eine bestimmte Anzahl neuer Pferde durch Club-Mitglieder erwerben zu lassen. Es werden schon und noch nicht gelaufene Rennpferde erworben, zugeritten und schon trainiert, und zwar in Australien, Neuseeland, im Vereinigten Königreich, in Irland, den USA und in Kanada. Die Rennen werden in sechs Klassen unterteilt.

Die Preisgelder reichen von HK$ 90 000 für Rennen der Klasse 6 bis zu HK$ 280 000 für Rennen der Klasse 1, Spitzenrennen sind mit HK$ 300 000 oder sogar noch mehr dotiert. Die Verteilung der Preisgelder vom ersten bis zum vierten Platz ist wie folgt: 59 %, 23 %, 12 % und 6 %. Die Sicherheit der Bahn und die Qualität des Geläufs sind den Verantwortlichen ein Hauptanliegen. Der Club ist allerdings in dieser Hinsicht auch hervorragend ausgestattet, die Rennbahn ist 28 Meter breit, hat zwei perfekte Halbkreise, einen idealen Verlauf und eine hervorragend gepflegte Oberfläche. Die Drainage ist so erstklassig, daß selbst nach wolkenbruchartigen tropischen Regenfällen noch niemals ein Rennen abgesagt werden mußte. Die innenliegende Sandbahn wird benutzt, wenn die Grasbahn eine Pause benötigt.

Am 3. Februar 1991 stand Macau zum erstenmal im Mittelpunkt einer hochkarätigen Galopprennsportveranstaltung.

Die neuen Direktoren des Macau Jockey Clubs schafften es in nur vier Monaten, bis zum Ende ihrer ersten Saison, ihr attraktives Rennbahngelände auf der Insel Taipa zu einem der beliebtesten Treffpunkte ganz Asiens zu machen. Der Wettumsatz der ersten Saison belief sich auf HK$ 400 Millionen, zur Hauptveranstaltung kamen 11 000 Zuschauer und mehr als 600 Pferde standen dort im Training.

Macau hatte schon immer durch sorgfältige Planung und Einfallsreichtum ein besonderes Flair, das diese Insel zu einem Muß für Touristen und Reisende in Hong Kong gemacht hat. Nun bietet Macau auch noch das besondere Vergnügen, einen Tag auf der Rennbahn verbringen zu können.

Der erste Bogen.

Das Finish.

Das Finish aus einem anderen Blickwinkel.

TAIPA

Der Sieger wird gefeiert.

Im Telebet Centre gibt es mehr als 4000 Schalter. Wetten können in Hong Kong Dollar telefonisch aus der ganzen Welt abgeschlossen werden.

SINGAPORE

(SINGAPUR)

BUKIT TIMAH

SINGAPORE 1128

TEL. 65-4693611, FAX 65-4693908

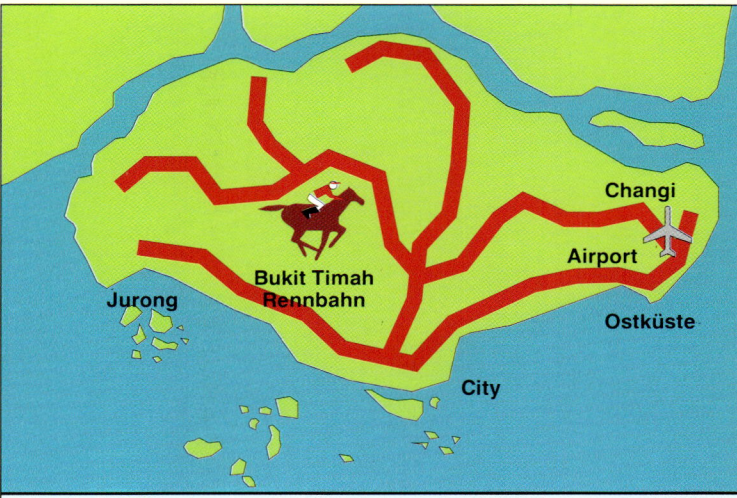

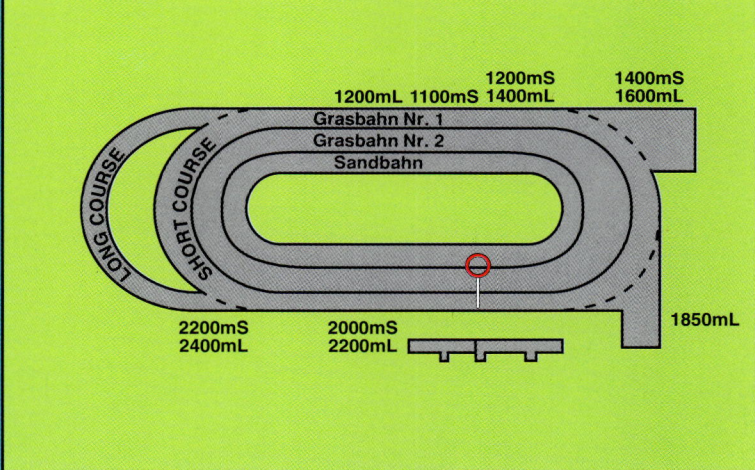

DISTANZEN, VERKEHRSVERBINDUNGEN UND PARKPLÄTZE

Die Rennbahn liegt 3 km außerhalb der Stadt und 22 km vom Flughafen entfernt. Mit dem Taxi gelangt man am besten dorthin. Ein großer Parkplatz steht zur Verfügung.

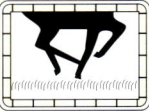
Die Hauptrennbahn ist die Grasbahn Nr.1. Die Bahnen sind leicht gewinkelt. Der Höhenunterschied zwischen der hinteren Geraden und der Zielgeraden beträgt 1° (ca. 1 Meter), Linkskurs.

Für Mitglieder gibt es Kopien des offiziellen Rennprogramms an Renntagen kostenlos. Für Nicht-Mtglieder kosten Rennprogramme S$2 (Singapore-Dollar).

Vorsitzender, Herr E.W. Barker
1. Stellvertreter, Dr. Hsu Tse-Kwang
2. Stellvertreter, Herr Goh Yong Hong
General Manager, Herr Yu Pang Fey

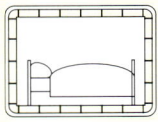
Unterkunft für Pferdepfleger vorhanden.

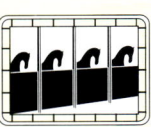
Die Bukit Timah Rennbahn verfügt über insgesamt 900 Boxen. Ca. 1/10 der Stallungen haben Air-Condition.

Grasbahn Nr. 2 und die Sandbahn werden zu Trainingszwecken verwendet.

Zur Zeit stehen beim Club keine Quarantäneboxen zur Verfügung. Nach der Ankunft müssen alle Pferde für 14 Tage auf die Quarantänestation der Regierung.

Die Pferdeklinik des Clubs ist mit einem Tierärzteteam besetzt, es gibt einen Chef-Tierarzt.

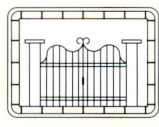
An Renntagen dürfen nur Personen über 18 Jahre in den Club. Haupttribüne: Eintritt S$5 oder S$10. Die Mitglieder-Loge ist für aktive Mitglieder reserviert, Eintritt: S$15.

Totalisator

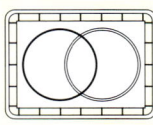
Nur im Restaurant werden bekannte Kreditkarten angenommen.

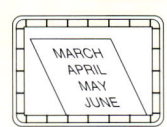
Rennveranstaltungen werden samstags und sonntags abgehalten. (Bitte beachten Sie, daß die Termine sich von Jahr zu Jahr ändern.)

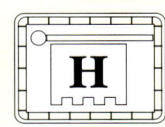
Nach der Ankunft auf dem Flughafen können Besucher direkt ihre Hotelbuchungen vornehmen.

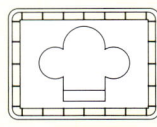
Der Derby-Pub und das Restaurant sind an Wochentagen geöffnet. Während der Rennen haben an Wochenenden nur Club-Mitglieder Zutritt.
Tel. 65-4602389.

In Singapur werden keine Vollblüter gezüchtet. Das nächste Gestüt ist in Malaysia, in Perak.

Green Fairways – ein Neun-Loch-Golfplatz,
Tel. 65-4688409.
Greendale Riding School (Reitstall):
Tel. 65-4693611.

Bukit Timah Rennbahn aus der Vogelperspektive.

*G*elassen in die Zukunft sehen

Im Jahr 1992 konnte Singapur auf 150 Jahre Galopprennsport zurückblicken. 1842 gründete eine Gruppe von Rennsportenthusiasten, Amateure, den Singapore Sporting Club. Das war die Geburtsstunde des Galopprennsports in Singapur.

Die Bukit Timah Rennbahn, das Gelände umfaßt 140 ha malerischer Landschaft, ist ein Schmuckstück unter allen Rennbahnen der Welt.

Die Rennveranstaltungen sind aufregende Ereignisse, die den ganzen Nachmittag dauern. Acht Veranstaltungen, das sind 16 Wochenenden bzw. 32 Renntage, werden durchgeführt. Die Rennen finden nachmittags statt und werden »live« über Kurzwellensender zu drei anderen Rennvereinen in Malaysia überspielt. Genau so werden Rennen aus Malaysia »live« im Bukit Turf Club ausgestrahlt.

Der Galopprennsport in Singapur ist eine Multi-Millionen-Dollar Industrie, die Tausenden sowohl Arbeitsplätze als auch Unterhaltung bietet.

Alle Trainer und Jockeys unterstehen der Malayan Racing Association.

Eingang einer der Stallungen.

Der Sattelplatz.

Die Rennen finden auf Grasbahnen statt, 90 % sind als Handicaprennen ausgeschrieben.

Die restlichen 10 % sind unerfahrenen Pferden vorbehalten. Es sind Rennen unter besonderen Bedingungen, wie z. B. Altersgewichtsrennen.

Alle Pferde, die im Club laufen, werden importiert, denn in Singapur gibt es keine Vollblutzucht.

Die Pferde kommen überwiegend aus England, Irland, Australien und Neuseeland.

Pferde aus Malaysia gelten als einheimische Rassen. Die ca. 1500 einheimischen Pferde werden in sechs Klassen unterteilt, Klassen 1 – 5 und Restricted Terms.

Unter den sechs großen Rennen, die in Bukit Timah ausgetragen werden, ist der Piaget Singapore Gold Cup das wichtigste und am höchsten dotierte.

Gegenwärtig steht das Preisgeld für den Gold Cup bei S$ 700 000 (umgerechnet ca US$ 424 242 bei S$ 1,65 für US$ 1).

Weitere wichtige Rennen sind das Singapore Derby (S$ 250 000), der Raffles Cup (S$ 25 000), der Lion City Cup (S$ 250 000), der Queen Elizabeth II Cup (S$ 250 000) und der Pesta Sukan Cup (S$ 150 000).

Der Club ist nicht nur darum bemüht, Standard und Professionalität des »Sports der Könige« zu verbessern und dem Publikum alle nur denkbaren Annehmlichkeiten zu bieten, auf seinem Gelände werden auch Freizeitangebote für die gesamte Bevölkerung angeboten. So gibt es z. B. einen Neun-Loch Golfplatz, der für jedermann zugänglich ist. Die Greendale Riding School war die erste Reitschule in Singapur. Sie wurde vom Club aufgebaut und geleitet und soll für den Reitsport als gesunde, sichere und Spaß machende Sportart an der frischen Luft werben.

Parade.

Der Start ist erfolgt!

Die Bukit Timah Rennbahn erbebt unter den Anfeuerungsrufen von Tausenden von Rennsportfreunden, wenn die Pferde auf der Zielgeraden um Sieg und Platz kämpfen.

BUKIT TIMAH

Training am frühen Morgen als Vorbereitung auf die Rennen am Wochenende.

HAUPTRENNEN IN BUKIT TIMAH

	Distanzen	Preisgeld
Piaget Singapore Gold Cup	2200 m	S$ 700 000
Singapore Derby	2400 m	S$ 250 000
Raffles Cup	1600 m	S$ 250 000
Lion City Cup	1200 m	S$ 250 000
Queen Elizabeth II Cup	2000 m	S$ 150 000
Pesta Sukan Cup	1400 m	S$ 150 000

DIE LETZTEN FÜNF SIEGER IM SINGAPORE GOLD CUP

Jahr	Sieger	kg	Distanzen	Zeit	Jockey
1987	Feu Vert	49,5	2200 m	2:19,9	K.C. Ng
1988	Trend Defy	47,5	2200 m	2:18,0	A. John
1989	Colonial Chief	57	2200 m	2:19,9	K.L. Oo
1990	Danzadancer	57	2200 m	2:14,0	R. Dominguez
1991	Starman	55	2200 m	2:14,2	D. Walsh

JÄHRLICHER WETTUMSATZ (S$ Million)

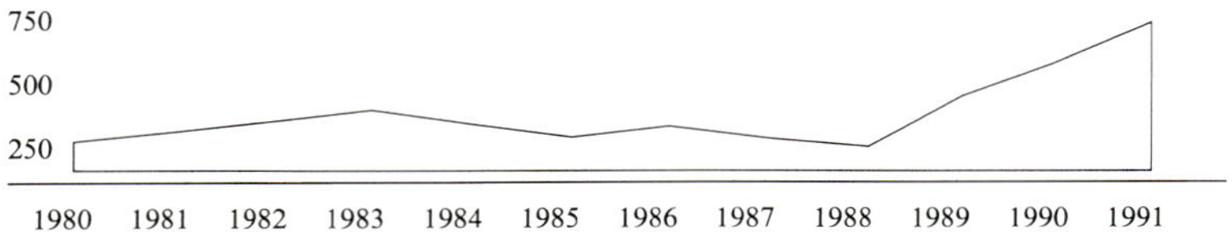

750

500

250

1980 1981 1982 1983 1984 1985 1986 1987 1988 1989 1990 1991

PREISGELDER FÜR WEITERE RENNEN

Klasse 1	S$ 40 000
Klasse 2	S$ 33 000
Klasse 3	S$ 29 000
Klasse 4	S$ 26 000
Restricted Terms	S$ 20 000

Der Hornist signalisiert, daß sich die Pferde vom Führring zu den Startboxen begeben.

A frika

von Karel Miedema

In jedem Rennen gibt es einen wunderbaren Moment: Der Sieger wird hereingeführt.

Spricht man von Galopprennen in Afrika, ist meistens Südafrika gemeint. Der Wett-Boom der achtziger Jahre veränderte den Galopprennsport in Südafrika.

Zu Beginn des Jahrzehnts lag der Totoumsatz für einen Renntag auf einer der größeren Rennbahnen wie Turffontein in Johannesburg bei 1,3 Millionen Rand. Auch 1980 belief sich das Preisgeld im Rothmans July Handicap auf 100 000 Rand.

Heute, gute zehn Jahre später, liegt der durchschnittliche Wettumsatz in Turffontein bei 10 Millionen Rand. Das Gruppe I-Rennen Rothmans July Handicap ist mit 1 Million Rand dotiert.

Ursachen sind die Einführung des computerisierten Totos in ganz Südafrika, die Eröffnung von Wettbüros außerhalb der Rennbahn und eine neue Wette, genannt Pick Six (Wähle Sechs).

Genau wie die besten Rennbahnen der Welt, verfügen alle neun größeren Rennbahnen des Landes über ein Übertragungssystem, das alle Zuschauer voll auf ihre Kosten kommen läßt.

In den achtziger Jahren spielte Geld überhaupt keine Rolle für die Rennsportvereinigungen in Südafrika, es wurde sehr viel investiert.

Die Rezession '92 hat Südafrika genauso getroffen wie jedes andere Land.

Zudem verwüstet die schlimmste Dürre seit fünfzig Jahren das Land, was die Situation noch schlimmer macht.

Und während die Inflation blüht, sinken der Wettumsatz und die Besucherzahlen auf den Rennbahnen.

Hinzu kommt noch, daß die Abwendung vom Apartheid-System das ganze Land aufwühlt und grundlegend verändert.

Die Werte verändern sich, es werden andere Prioritäten gesetzt.

Eine neue Regierung, ohne Rassenvorurteile, wird sich zweifelsohne um den Galopprennsport bemühen.

Verständlicherweise würde man gerne wissen, ob diese nach außen hin so blühende Industrie durch Besteuerung nicht die Lage im Land verändern könnte.

Leider ist die Situation im Rennsport ganz und gar nicht so rosig wie sie erscheint. In den neunziger Jahren wird jeder Penny umgedreht werden müssen, sonst wird der Galopprennsport ein reines Zusatzgeschäft. Und jeder

Versuch der Regierung, die Steuereinnahmen durch die Wetten bei Pferderennen (immer noch das einzig legale Glücksspiel in diesem Land) zu steigern, könnte verheerende Folgen haben.

Für den Galopprennsport in Südafrika gelten die Regeln des Jockey Club of South Africa, einer autonomen Vereinigung gleichzusetzen mit dem Jockey Club in Großbritannien. Obgleich der Jockey Club, gegründet 1882, sehr viel Macht und wichtige Kontrollfunktionen hat, ist es heute doch lohnender, wenn individuelle Rennvereine die Veranstaltungen durchführen.

An sechs Tagen in der Woche werden Galopprennen gestartet, mal auf kleineren, mal auf den größeren Rennbahnen.

Wie in Britannien werden die besten Möglichkeiten nicht genutzt, weil die Rennbahnen sonntags geschlossen bleiben.

Die von Weißen dominierte holländische reformierte Kirche hat es bislang geschafft, jeden Versuch, am Tage des Herrn die Tore der Rennbahnen zu öffnen, abzuwehren.

Die Zeiten ändern sich, wenn das Land eine neue Regierung hat, kann sich durchaus vieles ändern.

Bis dahin werden die Samstage weiterhin die Höhepunkte der Rennveranstaltungen bieten.

Es gibt sechzehn anerkannte Rennbahnen im Land, alle, außer einer, im britischen Stil: auf ausgedehntem Gelände, sehr unterschiedlich in der Konzeption.

Daneben gibt es auch inoffizielle »Busch-Meetings«, das sind aber rein lokale Veranstaltungen.

Ca. 8000 Pferde stehen in Südafrika im Training, jedes Jahr werden ungefähr 4000 Fohlen geboren.

Der Galopprennsport ist stark regionalisiert, was zu verstehen ist in einem Land, das fast so groß ist wie West-Europa.

Die Zentren des Galopprennsports unterscheiden sich stark voneinander, was die klimatischen Bedingungen betrifft. In der Provinz Transvaal, ca. 1800 über NN, sind die Sommer feucht und die Winter trocken, die Temperaturkurve reicht von unter 0 °C bis 30 °C.

Subtropenklima findet man in Natal, auf Meereshöhe, hier herrscht sehr hohe Luftfeuchtigkeit.

Die Kap-Provinz läßt sich am ehesten mit dem

Süden Frankreichs vergleichen, es fällt allerdings im Winter mehr Niederschlag.

In Südafrika gibt es durchschnittlich zehn Veranstaltungen pro Woche, an jedem Rennen nehmen etwa elf Pferde teil.

Wettbüros außerhalb der Rennbahnen und Telebet-Schalter ermöglichen es den Wettfreunden im ganzen Land, auf jedes dieser Rennen zu wetten. Zwar werden im Fernsehen nur wenige Rennen gezeigt, aber lokale Radiosender in Natal und Transvaal kommentieren viele Rennen live.

Die Mehrheit der Stadtbewohner Südafrikas lebt in der Provinz Transvaal, daher ist hier der Wettumsatz am höchsten.

Transvaal hat drei Rennbahnen, sie alle liegen in der Umgebung von Johannesburg. Auf einer davon, Newmarket, werden nur an Wochentagen Rennen veranstaltet, nicht an Sonnabenden – sonst der Haupttag für Sportveranstaltungen aller Art im ganzen Land.

Die anderen Rennbahnen in Johannesburg sind Gosforth Park und Turffontein, die sich in Anlage und Management sehr unterscheiden, aber beide sehr erfolgreich sind.

Das höchstdotierte Rennen Südafrikas, der Administrator's Cup, ein limitiertes Handicap-Rennen der Gruppe I, dotiert mit 1,25 Millionen Rand, findet alljährlich im Herbst abwechselnd auf einer der beiden Rennbahnen statt.

Der Rennverein in Turffontein ist immer sehr aktiv gewesen, wenn es darum ging, Sponsoren für einzelne Rennen zu finden.

Auf dieser Rennbahn wird auch das Gegenstück zum Melbourne Cup ausgetragen. Es führt über 3200 m und wird von der mächtigen OK-Supermarkt-Kette gesponsort, das Sponsorentum erweist sich als überaus werbewirksam.

Von einem neutralen Standpunkt aus betrachtet, wird der beste Galopprennsport in den milden Wintermonaten Mai bis Juli im subtropischen Natal geboten.

Auf den Rennbahnen in Natal werden prozentual die meisten Gruppe I-Rennen gelaufen, alle in den Wintermonaten.

Kurz vor dem Ende der südafrikanischen Rennsaison treffen die besten Pferde aus dem Land hier zusammen, um nach höchsten Ehren zu greifen. Wenn überhaupt, dann starten in Transvaal nur wenige der guten Rennpferde

vom Kap. Das liegt daran, daß die Höhenlage zu Problemen führt und die Pferde sehr lange brauchen, um sich zu akklimatisieren.

Die Rennbahnen in Natal haben sehr unterschiedliche Charakteristika.

Zwei liegen in Durban, ca. 500 km südöstlich von Johannesburg, am Indischen Ozean.

In Durban ist es fast das ganze Jahr hindurch heiß und feucht, aber der Winter tröstet darüber hinweg.

Viele Trainer vom Kap bringen in dieser Zeit ihre besten Pferde für drei oder vier Monate nach Durban, um sie dort zu trainieren.

Die Greyville Rennbahn liegt im Herzen der Stadt. Der ovale Kurs verläuft nach der 1600 m-Marke in einem langgezogenen Bogen, die Zielgerade ist relativ kurz.

Diese langgezogene Kurve spielt häufig in den Rennen über eine Meile (1600 m) eine wichtige Rolle.

In Greyville wird das Rothmans July ausgetragen, das berühmteste Rennen des Landes mit einer langen Tradition. Die andere Rennbahn, Clairwood Park, ist eine grüne Oase in einem Gebiet mit relativ viel Industrie nicht weit vom Flughafen in Durban entfernt.

Die dritte Rennbahn von Natal liegt eine Autostunde von Durban in der Provinzhauptstadt Pietermaritzburg, immer noch eine Enklave mit deutlichen britischen Zügen. Scottsville, so heißt die Rennbahn, besitzt ein typisch ländliches Flair.

Zwei Renntage werden dort in der Saison durchgeführt, an jedem Tag gibt es nicht weniger als drei Gruppe I-Rennen.

In einem Land, in dem 55 % aller Rennen über weniger als 1600 m führen und nur 5 % aller Rennen über Distanzen von mehr als 2000 m gehen, ist es logisch, daß der Aspekt Geschwindigkeit ein größeres Gewicht hat als der Gesichtspunkt Ausdauer.

Das gesamte Rennprogramm wird durch die zur Verfügung stehenden Hengste beeinflußt, die meisten von ihnen vererben in erster Linie die gewünschte Grundschnelligkeit.

Ein Zielfoto ist nicht notwendig, um den Sieger dieses Rennens zu ermitteln.

TURFFONTEIN
Johannesburg

GOSFORTH PARK
Germiston

GREYVILLE
Durban

SCOTTSVILLE
Pietermaritzburg

CHAMP DE MARS
Mauritius

MAURITIUS

(MAURITIUS)

CHAMP DE MARS

PORT LOUIS, MAURITIUS
TEL. 230-2122212, FAX 230-2083211

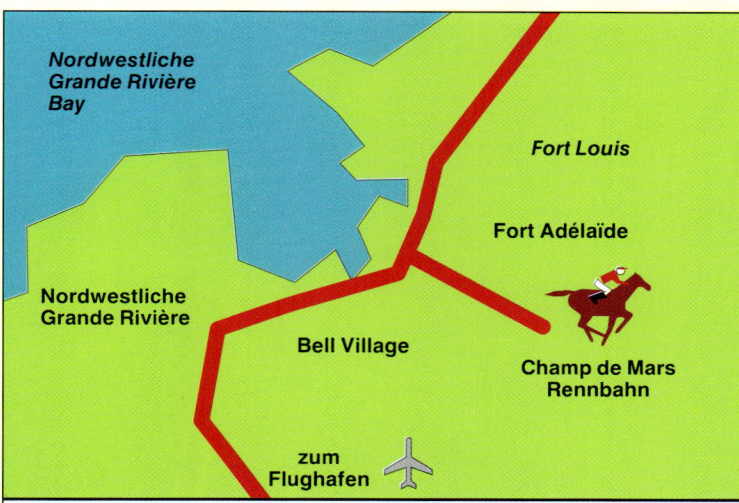

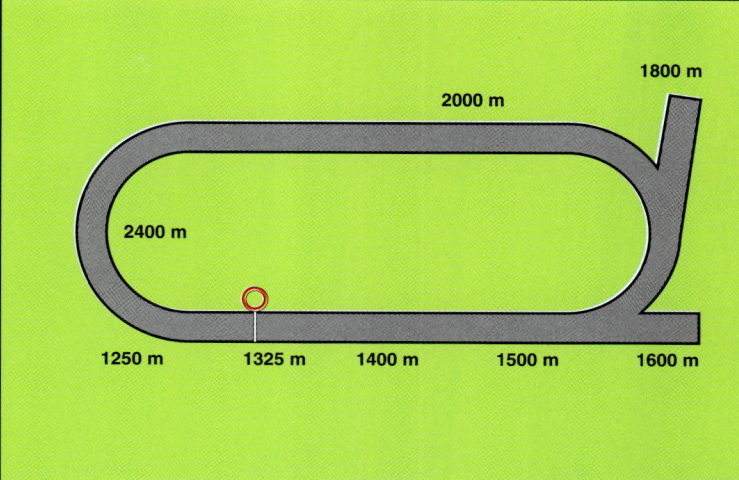

DISTANZEN, VERKEHRSVERBINDUNGEN UND PARKPLÄTZE

Die Rennbahn liegt im Zentrum von Port Louis, ca. 30 km nördlich vom größten Flughafen.

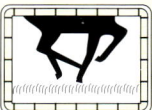 Grasbahn, Rechtskurs, Umfang von 1300 m, Zielgerade 225 m. Die Bahn ist vollkommen eben, nur die Zielgerade führt leicht bergauf.

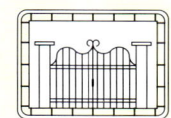 Haupttribünen: 70 RS
Hügelseite: 15 RS
Grünanlagen: Eintritt frei

 Für jeden Renntag gibt es ein Rennprogramm.

 Buchmacher und Totalisator

 Präsident, Herr Maxime Sauzier
Sekretär, Herr Jean Halbwachs

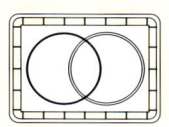 Es werden keine Kreditkarten angenommen.

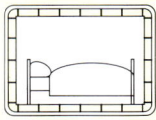 Unterkunft für Pferdepfleger nicht vorhanden.

 Es gibt 23 Renntage von Mai bis November, die Rennen finden an Sonnabenden statt, nur der Maiden Cup wird an einem Sonntag ausgetragen.

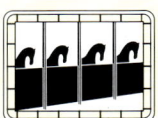 100 Boxen

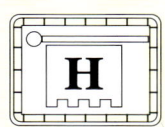 The Royal Palm Hotel, Tel. 230-2638353
Saint Géran Sun Hotel, Tel. 230-4132825

 In Port Louis steht zum Training eine Sandbahn zur Verfügung, ein Trainingszentrum gibt es bei Floréal auf einem Hochplateau, dort ist es etwas kühler.

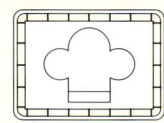 Keine empfehlenswerten Restaurants in der Nähe der Rennbahn.

 Es gibt 30 Quarantäneboxen.

 Keine Gestüte in der Nähe.

 Dr. Christian Bourdet
Dr. Alexander Noël

 Rudern, Segeln, Angeln, Golf, Museen.

Luftbild des Rennbahngeländes.

Die neue Insel

1812 wurde das ehemalige französische Militärgelände von Colonel Edward A. Draper aus England zu einer Rennbahn umgebaut. Gleichzeitig gründete er den Mauritius Turf Club, um den Galopprennsport auf die neugewonnene Insel zu bringen. Das Gelände umfaßt ca. 1 km², mittlerweile kann auf der Bahn ein Feld von 10 Pferden laufen.

Das berühmteste Rennen auf dieser Bahn ist der Maiden Cup, er wurde 1843 zum erstenmal gestartet. Genannt wurde das Rennen nach den besonderen Bestimmungen, es durften nämlich zuerst keine Pferde starten, die das Rennen bereits einmal gewonnen hatten. 1984 wurden die Teilnahmebedingungen allerdings geändert, jetzt dürfen auch ehemalige Sieger starten. Seit 1982 wird dieser Renntag von der nationalen Luftfahrtgesellschaft Air-Mauritius gesponsert, seit 1990 heißt das Rennen nun der Air-Mauritius Maiden Cup. Der Maiden Cup ist ein offenes Handicap-Rennen, die Pferde tragen ein maximales Gewicht von 59 kg. Der Sieger erhält als Wanderpokal den »The King George V Jubilee Cup« und ein Flugticket London – Mauritius von Air Mauritius.

Der Führring.

Der Start ist erfolgt!

Die Pferde passieren die Tribünen.

CHAMP DE MARS

Das Finish.

Der Sieger.

NÜTZLICHE INFORMATIONEN

- Niedrige Startnummern sind in Champ de Mars sehr beliebt.

- Philippe Henry ist mit mehr als 300 Siegen der erfolgreichste Trainer.

- Der erfolgreichste Jockey ist Anand Bundhoo, ein junger Auszubildender von Mauritius.

- Das wichtigste Rennen ist der Maiden Cup für dreijährige und ältere Pferde, es wird im September gelaufen.

- Der Bahnrekord wurde 1991 aufgestellt, als Evader den Cup gewann (2:29,3 min).

- Der Bahnrekord über 1600 m liegt bei 1:37,1 min, über 2000 m bei 2:04,1.

SOUTH AFRICA

(SÜDAFRIKA)

GOSFORTH PARK

AIRPORT ROAD, GERMISTON, 1400

TEL. 27-11-8731000, FAX 27-11-8252109

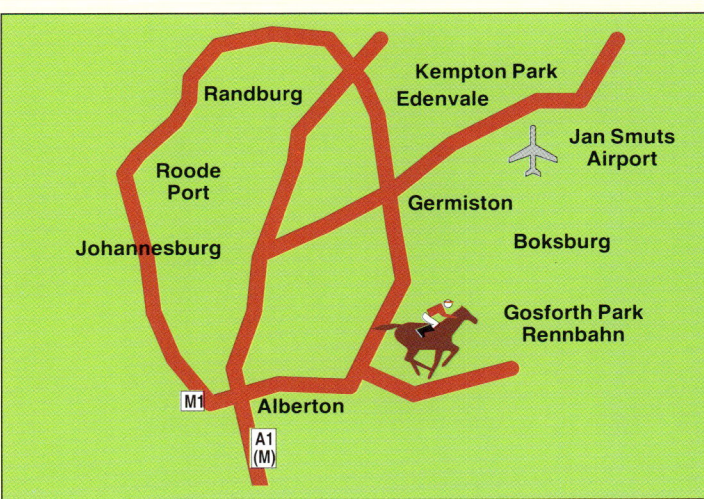

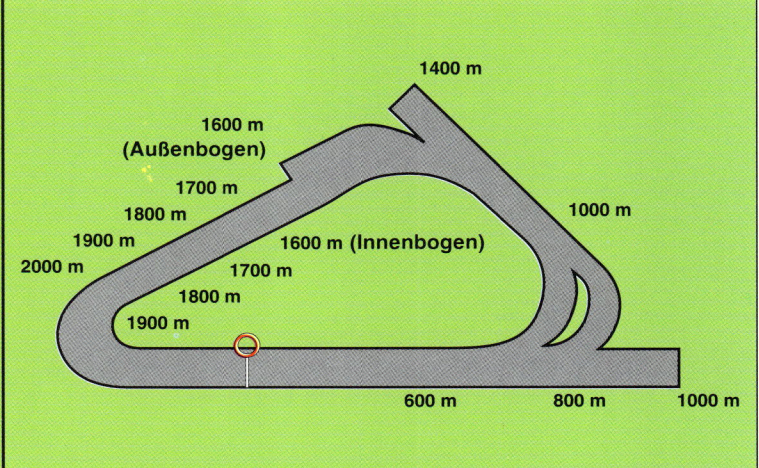

DISTANZEN, VERKEHRSVERBINDUNGEN UND PARKPLÄTZE

Die Gosforth Park Rennbahn liegt 5 km östlich von Johannesburgs Innenstadt. Sie ist mit öffentlichen Verkehrsmitteln leicht zu erreichen. Der Jan Smuts International Airport ist ca. 20 km entfernt. Ein städtischer Bus-Service wird an Renntagen zwischen dem Stadtzentrum von Johannesburg und Gosforth Park eingerichtet. Zu einem Seiteneingang der Rennbahn fährt an Wochen- und Renntagen eine Eisenbahn. Außerhalb der Rennbahn stehen Parkplätze zur Verfügung.

 Grasbahn, Rechtskurs, birnenförmig. Die Bahn hat zwei Bögen: den Innen- und den Außenbogen. So mißt die Zielgerade einmal 500 m und einmal 550 m.

 Ascot-Loge: 40 Rand (Essen inkl.) (Jackett und Krawatte). Buchung notwendig. Tel. 27-11-8731000. Day Member's Loge: 8 Rand (keine Kleidervorschrift). Gold Ring Loge: 4 Rand (keine Kleidervorschrift).

 Rennkarten sind für jede Veranstaltung erhältlich (1,80 Rand).

 Buchmacher und Totalisator

 Vorsitzender, Herr A. M. Proudlock
Stellvertreter, Dr. W. G. Pearson
Stellvertreter, Herr J. B. Walters
Rennleitung, Herr W. Segal

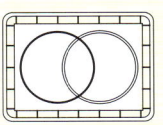 Diners Club, Mastercard, Visa

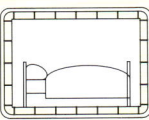 Unterkunft für Pferdepfleger zeitweise vorhanden.

 32 Renntage im Jahr: 27 an Sonnabenden, 2 an öffentlichen Feiertagen, 3 in der Woche. Die größeren Rennen stehen zwischen Ende Februar / Anfang Mai auf dem Programm (Highveld Feature Season).

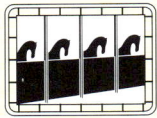 40 Boxen stehen für auswärtige Trainer zur Verfügung.

 The Carlton Hotel, Tel. 27-11-3318911
The Johannesburg Sun Hotel, Tel. 27-11-297011
Sandton Sun Hotel, Tel. 27-11-7838701

 Es gibt eine All-Wetter-Trainingsbahn, außerdem steht nach jeder Veranstaltung die eigentliche Rennbahn für Trainingszwecke zur Verfügung.

 Die Restaurants sind nur an Renntagen geöffnet. Weitere Information unter Tel. 27-11-8731000

 Keine Quarantäneboxen

 Delmas Clifton Stud, Lothair
Kelrksdorp Schoongezicht Stud,
Pullenshope Bosworth Farm,
Zevenfontein Stud

 Zwei vom Jockey Club of South Africa bestimmte Tierärzte sind an Renntagen in Bereitschaft.

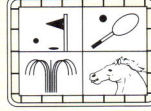 Die Rennbahn liegt so nah an der Stadtmitte, daß jede Art der Unterhaltung und des Vergnügens zur Verfügung steht.

Das Finish.

*E*in stolzer Rekord von Premieren

Seit der Jahrhundertwende werden im Gosforth Park Turf Club Galopprennen durchgeführt. Einer der Begründer, John Wilson, er war auch Sekretär und Geschäftsführer der Rennbahn, war in Gosforth, einer kleinen Stadt in Lancashire, geboren worden. Nach seinem Geburtsort wurde die Rennbahn benannt.

Leider gibt es aus den folgenden Jahren keine Aufzeichnungen. Die erste stammt vom 9. Juli 1904 (laut Eintragung im ersten Band des Rennkalenders), an jenem Tag wurden sieben Rennen ausgetragen, das Preisgeld belief sich auf 550 Rand, dabei war ein mit 100 Rand dotiertes 3200 m-Hindernisrennen das gewinnträchtigste Rennen des Tages. Heute beläuft sich das Preisgeld einer durchschnittlichen Veranstaltung am Sonntag auf 250 000 Rand, an besonderen Tagen, wie dem Administrator's Cup Tag, auch auf 1 250 000 Rand. Der durchschnittliche Wettumsatz beträgt heute ca. 10 Millionen Rand.

Einzigartig auf der Gosforth Rennbahn sind die Rails aus Aluminium. 1964 wurden sie, in Südafrika gab es diese Rails noch nirgendwo, aufgestellt. Sie gelten als sicherste Begrenzung für Jockeys und Pferde gleichermaßen. Interessant ist außerdem, daß es in den Bögen eine alternative Bahn gibt. Ist die Grasnarbe zu stark beschädigt, wird auf die zweite Spur ausgewichen, so daß die andere ausgebessert werden kann.

Programme für die Veranstaltungen in Gosforth Park werden alle sechs Monate veröffentlicht. Darin finden Sie alle Details über Preisgelder, Distanzen, Einteilungen und besondere Bedingungen der ausgeschriebenen Rennen. Besitzer und Trainer müssen die Pferde, die starten sollen, 12 Tage vor den Rennen nennen, danach werden dann Gewichte und Chancen der teilnehmenden Pferde veröffentlicht.

Allerletzter Stichtag ist der Dienstag vor dem Rennen, dann müssen die Jockeys benannt werden.

Pro Rennen können in Gosforth Park 16 Pferde starten. Werden Pferde nach dem letzten Stichtag zurückgezogen, muß entweder ein tierärztliches Gutachten vorgelegt oder die Sondergenehmigung der Rennleitung eingeholt werden.

Die Verantwortung für die Veranstaltungen in Gosforth Park liegt beim General-Manager des Clubs. Auf einer Anzeigetafel, errichtet vom Jockey Club of South Africa und den Club Stewards, sind die Rennbestimmungen veröffentlicht.

Von jedem Zieleinlauf werden mit besonderen Kameras Fotos gemacht. 1948 wurde in Gosforth Park, als erster Rennbahn in Südafrika, eine ameri-

kanische Crowley Kamera installiert, später wechselte man zu Race End Omega, die Kamera verfügt über einen Autotimer und einen Elektronictimer.

Die Zielfotos werden sofort entwickelt, damit die Jury den Einlauf offiziell bestätigen, oder im Zweifelsfall den Sieger benennen kann. Die Fotos sind der Öffentlichkeit zugänglich und werden über das rennbahneigene Fernsehsystem ausgestrahlt.

Auf dem Rennbahngelände steht die Jockey's Academy, ein Wohnheim für Jockeys, die sich in der Lehre befinden und in Transvaal reiten. Die Acade-

Wetten mit dem Buchmacher.

my bietet volle Verpflegung und Unterkunft, und jeden Morgen bringt ein Bus die Lehrlinge zu ihren Ställen, wo sie die Pferde füttern, pflegen und reiten. Abends werden sie mit Bussen wieder in ihre Quartiere zurückgebracht.

Am Eingang von Gosforth Park liegt der Gebäudekomplex von der Thoroughbred Breeders' Association (Zuchtverband für Vollblüter). Hier werden in einem Stadion im Stil eines Amphitheaters Auktionen unter freiem Himmel abgehalten.

Außerdem findet man noch Stallungen und Reitbahnen für 1000 Pferde.

Mit Graeme Hawkins, Verkaufsdirektor, an der Spitze, führt die Thoroughbred Breeders' Association mehrere Auktionen im Jahr durch.

Das Hauptereignis, die Auktion der Jährlinge (National Yearling Sales) findet jedes Jahr im März/April statt. 1992 wurden 800 Jährlinge für insgesamt 3 071 700 Rand verkauft, die für einen Jährling bezahlten 540 000 Rand stellten einen neuen Rekord dar. Ein besonderes Kennzeichen dieser Auktionen ist der Einsatz von Auktionären aus Übersee.

Auch für Pferde im Training werden im Verlauf eines Jahres mehrere Auktionen abgehalten.

Sowohl auf dem Rennbahngelände als auch außerhalb können Wetten am Totalisator oder mittels Buchmacher abgeschlossen werden. Das erst kürzlich installierte computerisierte Totalisator-System, es steht unter der Aufsicht des Totalizator Agency Board, ist eins der fortschrittlichsten auf der ganzen Welt.

PREMIEREN, AUF DIE GOSFORTH PARK TURF CLUB STOLZ IST

- Der erste Jockey International Test der Welt.
- Die erste Zielfotoanlage in Südafrika.
- Die erste Lautsprecheranlage zum Kommentieren während der Rennen.
- Das erste gesponserte Rennen.
- Der erste computerisierte Totalisator auf der Rennbahn.
- Die erste Übertragung des gesamten Rennens auf Monitoren.
- Die ersten Rails aus Aluminium in Südafrika.
- Der erste Club in Transvaal, der Hindernisrennen veranstaltete.
- Die ersten hochdotierten Altersgewichtsrennen über Fliegerdistanzen.
- Das höchstdotierte Rennen für Zweijährige in Südafrika.
- Das erste Spitzenrennen für Stuten in Südafrika.

Luftbild von der Rennbahn.

Der Führring.

AUSGANGSPOSITIONEN

1000 m

Bei gutem Rennverlauf kann ein Pferd aus jeder Startposition heraus gewinnen.

1300 m

Am Start der 1300 m-Strecke weist die Bahn ein Gefälle auf. Die Pferde laufen bis zum ersten Bogen fast 400 m geradeaus. Wie der Verlauf vieler Rennen zeigt, kann ein Pferd aus fast jeder Position heraus gewinnen, vorausgesetzt, der Jockey hält sich beim Einbiegen in die Zielgerade nicht am Schluß des Feldes auf.

1600 m

Bei Rennen über 1600 m sind Innen-Positionen zweifelsohne von Vorteil. Müssen die Pferde den Außenbogen laufen, ist es notwendig, sie früh schnell zu machen, um vor dem leichten Bogen im hinteren Teil der Rennbahn in eine gute Position zu kommen. Muß dieser Bogen auch noch auf der Außenbahn genommen werden, könnte das Pferd für das Finish nicht mehr genug Kraft haben.

1700 m und mehr

Die meisten Trainer wollen, daß ihre Pferde innen an den

Rails laufen. Zwar sind die Positionen während des Rennens in 1700 m-Rennen (und längeren) nicht so ausschlaggebend wie in 1600 m-Rennen, aber Pferde, die innen an den Rails durch die Bögen gehen, haben einen Vorteil.

Zusammenfassung

Gosforth Park kann als »Sprinter-Kurs« eingestuft werden. Obgleich es einen engen und einen weiten Bogen gibt, zeigen die Rennergebnisse, daß es bei den längeren Rennen kaum einen Unterschied macht, welcher der beiden Bögen ausgeflaggt ist.

Die Haupttribüne.

GREYVILLE

150 AVONDALE ROAD, GREYVILLE, DURBAN
TEL. 27-31-3094545, FAX 27-31-3092553

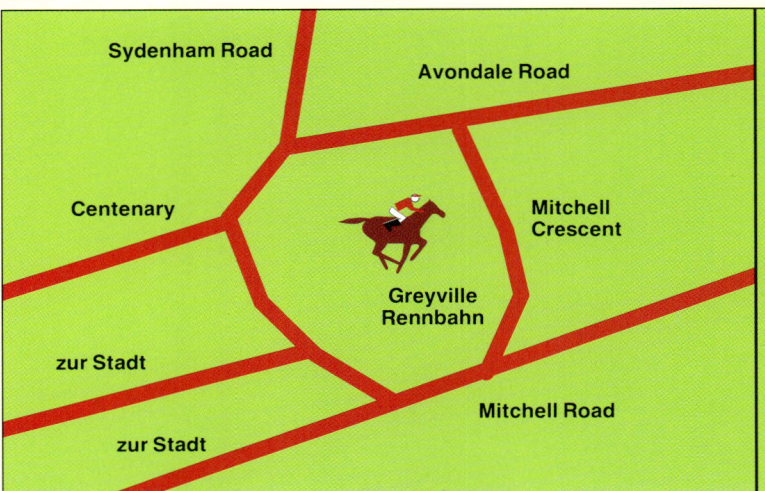
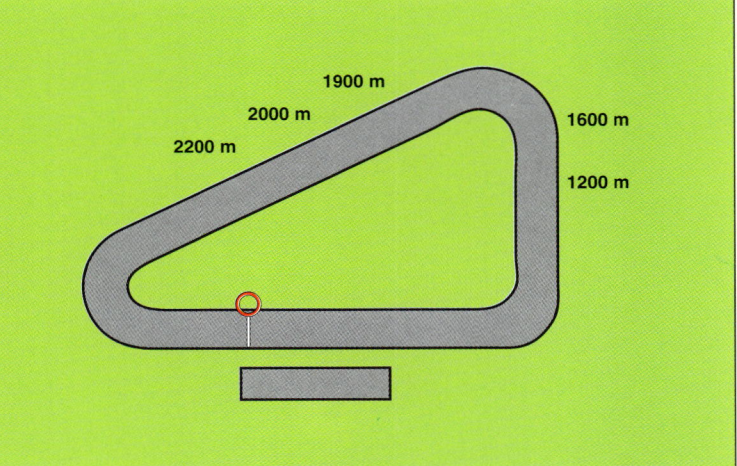

DISTANZEN, VERKEHRSVERBINDUNGEN UND PARKPLÄTZE

Greyville, die Rennbahn des Durban Turf Clubs, liegt nur zwei Kilometer vom Rathaus in Durban entfernt. Greyville gehört zu den wenigen Rennbahnen der Welt, wo auf dem gleichen Gelände ein Golfplatz liegt, auf dem Meisterschaften ausgetragen werden. Die Bahn liegt nur 16 km vom Louis Botha Airport entfernt. An Renntagen fahren Sonderbusse vom Stadtzentrum zur Rennbahn (alle 29 Minuten). Parkplätze sind ebenfalls vorhanden.

 Grasbahn, Rechtskurs, die Bahn selbst ist 2800 m lang und im Durchschnitt 40 m breit. Das Geläuf ist wellig, die Zielgerade 500 m lang.

 Mitglieder-Loge: 10 Rand
Haupttribüne: 7 Rand
Gold Ring: 2 Rand

 Für jeden Renntag gibt es ein Rennprogramm.

 Buchmacher und Totalisator

 General Manager, Herr D. J. Furness
Bahn Manager, Herr J. H. Weideman
Marketing Manager, Herr J. A. C. Lithgow

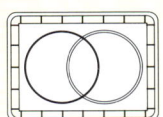 Visa

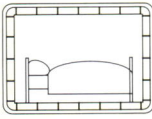 Unterkunft für Pferdepfleger nicht vorhanden.

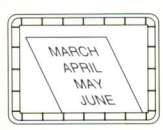 38 Renntage im Jahr

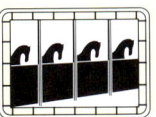 Es stehen keine Boxen zur Verfügung.

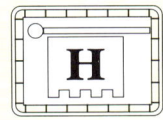 Edward Hotel, Tel. 27-31-373681
Maharani Hotel, Tel. 27-31-327361
Royal Hotel, Tel. 27-31-3040331

 Es gibt keine Trainingsmöglichkeit. Das nächste Trainingszentrum ist im 40 km entfernten Summerveld.

 Member's dining room
The Carvery
Durban View Room
Reservierung: Tel. 27-31-3094545

 Keine Quarantäneboxen

 Im Umkreis von 120 km gibt es mehrere Gestüte: Aldora, Riverholm, Somerset, Summerhill Stud.

 Dr. J. Malherbe
Dr. D. G. Clow

 Golf, Aquarium, Rudern, Museen, Botanischer Garten.

Greyville Rennbahn liegt sehr nahe an Durbans Innenstadt.

Rennsport vom Feinsten

Obgleich der Durban Turf Club jünger ist als viele andere südafrikanische Rennsportvereine, er wurde (offiziell) erst 1897 gegründet, reicht seine Geschichte doch viel weiter zurück. Im Juli 1844 führte der Natal Turf Club die erste Rennveranstaltung in Durban durch, auf einer Bahn, die ganz in der Nähe der heutigen Greyville Rennbahn lag. Der Richterturm war eine umgedrehte Holzkiste, und ein Trompeter der Sherwood Foresters gab das Startsignal für jedes Rennen.

Mit der Zeit wurden diese primitiven Bedingungen stetig verbessert, 1894 wurde von der Grand Stand Company der Pachtvertrag für das Rennbahngelände erworben und ging im März 1897 auf den Durban Turf Club über, als dieser unter dem Vorsitz von Herrn W. G. Brown gegründet wurde (der Pachtvertrag ist heute noch in Kraft).

Mittlerweile wurde es »schick«, den Rennen als Zuschauer beizuwohnen, und die Krokodile, die früher die Ufer des nahegelegenen Umgeni River bevölkerten, nahmen jetzt als Fußbekleidung und Handtaschen der weiblichen Rennbahnbesucher teil! Am ersten Sonnabend im Juli fand das wichtigste Ereignis statt, und im frühen 20. Jahrhundert galt das July Handicap schon als das bedeutendste Pferderennen des Landes.

Greyville ist birnenförmig mit einem Umfang von 2800 Metern. Die durchschnittliche Breite beträgt 40 Meter. Die Oberfläche ist wellig, was z. T. daran liegt, daß sich zwischen der 1600 und 300 m-Marke eine Unterführung befindet. Diese Wellen bringen zwar die Pferde nicht so schnell aus dem Rhythmus wie z. B. das Geläuf in Epsom, machen aber die Veranstaltungen interessanter. In den letzten Jahren ist der langgezogene Bogen von der 1400 m-Marke bis hin zum Beginn der Zielgeraden leicht angeschrägt worden. Premiere auf diesem Kurs hatten die zusätzlichen Rails, die das Feld nach dem Einbiegen auf die kurze Zielgerade auffächern. Außerdem verfügt der Durban Turf Club über bewegliche Rails, die hinter der 1600 m-Marke installiert sind, so daß in der Hauptsaison bestimmte Bahnabschnitte stillgelegt werden können.

Landung auf der Rennbahn.

Rennsportveranstaltung in Greyville um 1890.

Obgleich bis 1910 im Zentrum der Rennbahn selbst ein Polo-Feld und mehrere Fußball-Felder waren, war ein Prunkstück von Greyville schon immer der sattgrüne Royal Durban Golf Course, der ebenfalls auf dem Rennbahngelände liegt. Dieser Golfplatz und die Skyline von Durban bilden einen prächtigen Hintergrund für die Dramen, die sich auf der Bahn abspielen.

Die moderne Konzeption einer Rennbahn sieht vor, dem Rennbahnbesucher Unterhaltung in jeder Form zu bieten, die Galopprennen selbst inmitten schicker Restaurants zu veranstalten, und den Gönnern die drei großen B's zu bieten – Betting (Wetten), Bar und Buffet – und zwar alles nur einen Steinwurf weit von ihren reservierten Tischen entfernt. Nach diesem Konzept ist sicherlich der ele-

gante View Room in Durban gebaut worden, das Restaurant des Clubs im ersten Stock der Haupttribüne, genau gegenüber der Ziellinie. Hier, an diesem Ort, muß man sein, wenn am ersten Sonnabend im Juli das Rothmans July-Feld die Zielgerade herunterdonnert.

Anhänger des Galopprennsports genießen in diesen kostspieligen Räumen auch das Angebot, an den Fernsehgeräten, die auf jedem Tisch stehen, das rennbahneigene Programm zu sehen. Es wird an jedem Sonnabend oder öffentlichen Feiertag gesendet. Das Rothmans July leistet bei weitem den größten Beitrag zum Gesamt-Totoumsatz des Landes, und wird auch von den meisten Zuschauern besucht. 1991 wohnten 35 000 Zuschauer diesem Rennen bei, viele von ihnen gehören zu denen, die sich nur einmal im Jahr auf der Rennbahn sehen lassen, und zwar mehr aus Prestige-Gründen als der Pferde wegen. Aber der wahre Rennsportfreund würde das Rothmans July um nichts in der Welt verpassen. Das Rennen hat mittlerweile internationalen Ruhm erlangt, so daß sogar Zuschauer aus Australien und dem Vereinigten Königreich anreisen. Das Rothmans July, früher war es ein Handicap-Rennen reinsten Stils, wird heute immer von den besseren Pferden gewonnen und ist seit der Jahrhundertwende ein Muß für viele, die im Juli Urlaub haben. Das zu dieser Zeit des Jahres wunderbare Wetter trägt sicherlich zur Beliebtheit dieses Ereignisses bei. Wie der Slogan sagt: »Greyville – Galopprennsport vom Feinsten!«

Blick ins Innere einer der Suiten für private Veranstaltungen.

Das Finish im Rothman July.

DIE WICHTIGSTEN RENNEN

SOUTH AFRICAN GUINEAS (1600 m)

Jahr	Pferd	Gewicht
1987	1. Sloop	57 kg
	2. Main Man	57 kg
	3. Cowdray Park	57 kg
1988	1. Royal Chalice	57 kg
	2. Fearless Streaker	57 kg
	3. Castle Walk	57 kg
1989	1. Periquin (Arg)	57 kg
	2. Lindberg	57 kg
	3. Winter Chord	57 kg
1990	1. Ilustrador (Arg)	57 kg
	2. Face North	57 kg
	3. Bluffing	57 kg
1991	1. State Control	57 kg
	2. Fine Token	57 kg
	3. Foreign Source	57 kg

DAILY NEWS 2000 (2000 m)

Jahr	Pferd	Gewicht
1987	1. Bush Telegraph	57 kg
	2. Jamaican Shore	57 kg
	3. Heirto Riches	57 kg
1988	1. Coolstar	57 kg
	2. Bench Mark	57 kg
	3. Mission Control	57 kg
1989	1. Roland's Song	54,5 kg
	2. Dawson Trail	57 kg
	3. Blue Cossack	57 kg
1990	1. St. Just	54,5 kg
	2. Olympic Duel	54,5 kg
	3. Spanish Galliard	57 kg
1991	1. Star Effort	54,5 kg
	2. Surprise Attack	57 kg
	3. Spook and Diesel	57 kg

THE ROTHMANS JULY (2200 m)

Jahr	Pferd	Gewicht
1987	1. Bush Telegraph	57 kg
	2. Model Man	57 kg
	3. Wild West	54,5 kg
1988	1. Royal Chalice	50,5 kg
	2. Gitano	51 kg
	3. Pedometer	54,5 kg
1989	1. Right Prerogative	49 kg
	2. Tropicante (Arg)	52 kg
	3. Violero (Arg)	51 kg
1990	1. Ilustrador (Arg)	51,5 kg
	2. Olympic Duel	50,5 kg
	3. Jungle Warrior	58 kg
	Respectable	52 kg
1991	1. Flaming Rock (Ire)	52,5 kg
	2. Al Mufti (USA)	53 kg
	3. Rakeen (USA)	51,5 kg

Der Führring.

An den Buchmachern vorbei.

SCOTTSVILLE

41 NEW ENGLAND ROAD, PIETERMARITZBURG, NATAL
TEL. 27-331-453405, FAX 27-331-941141

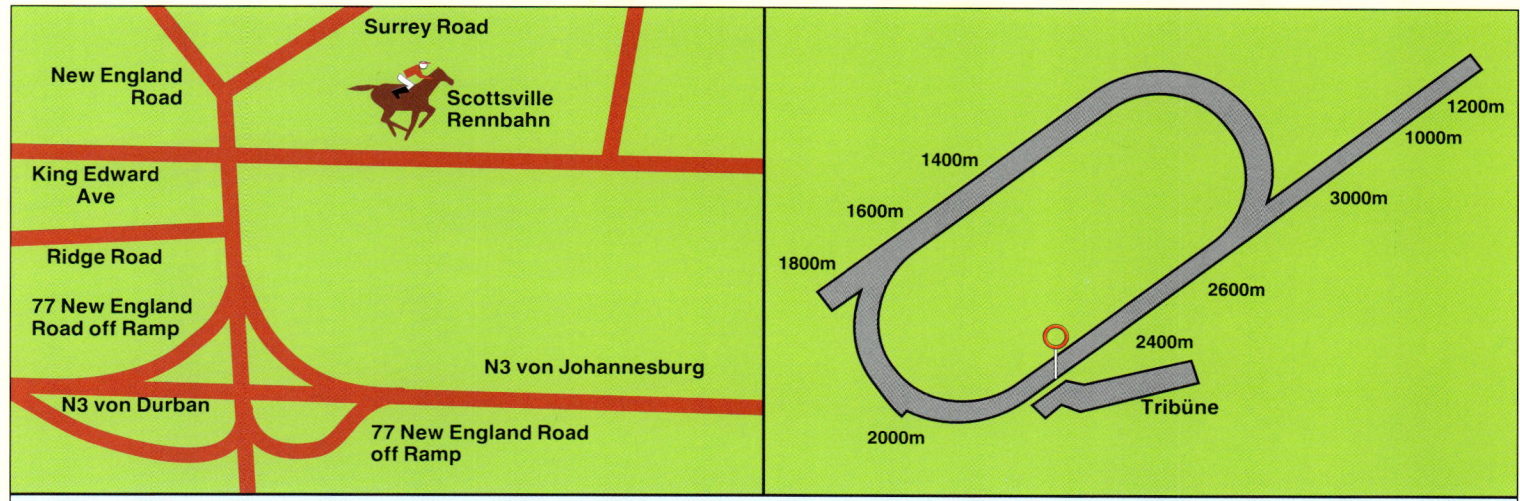

DISTANZEN, VERKEHRSVERBINDUNGEN UND PARKPLÄTZE

Die Rennbahn liegt ca. 2,5 km von der Pietermaritzburg City Hall und 80 km nordwestlich von der Durban City Hall, an der N 3 National Road, ca. 500 m hinter Exit 77. Die vierspurige Autobahn zwischen Pietermaritzburg und Durban ermöglicht eine angenehme Fahrt durch eine schöne Landschaft von der Küste nach Scottsville, besonders seitdem die neue gebührenpflichtige Autostraße eröffnet worden ist. Louis Botha Airport ist 90 km entfernt. Parkplätze gibt es sowohl innerhalb als auch außerhalb der Rennbahn, zum Innenparkplatz führt eine Unterführung.

Rechtskurs, oval, Grasbahn, Umfang ca. 2270 m. Der zweite Bogen ist angeschrägt. Die Zielgerade ist 550 m. Gerade Bahn: 1200 m.

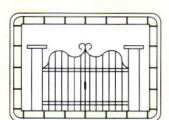
Haupttage: 10 Rand
sonst: 7 Rand
Kleidervorschrift: leger, aber gepflegt.

Für jeden Renntag wird ein Rennprogramm veröffentlicht.

Buchmacher und Totalisator

Vorsitzender, Herr G. B. Davies
General-Manager, Herr G. A. Brown
Renn-Manager, Herr G. R. Kinnear

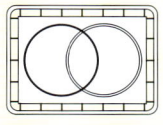
American Express, Diners Club, Mastercard, Visa.

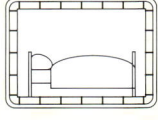
Unterkunft für Pferdepfleger vorhanden.

33 Renntage: 14 Sonnabende, 2 Feiertage und 17 Mittwoche auf das ganze Jahr verteilt, die wichtigsten Rennen finden in den Monaten Mai und Juni statt.

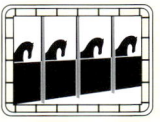
Es stehen 24 Boxen zur Verfügung.

Capital Towers, Tel. 27-331-942761
Elangeni Hotel, Tel. 27-31-371321
Imperial Hotel, Tel. 27-331-426551
Maharani Hotel, Tel. 27-331-327361

In nahegelegenen Trainingszentren, Ashburton, Clairwood Park und Summerveld, können 2000 Pferde und 50 Trainer untergebracht werden.

The Terrace
Reservierung: Tel. 0027-331-453405

Keine Quarantäneboxen

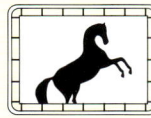
Aldata Stud
Highdown Stud
Somerset Stud
Summerhill Stud

Dr. A. M. F. Dempster
Dr. J. L. Smith

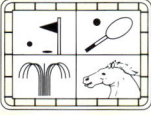
Golfplatz im Maritzburg Country Club, Wassersport in Midmar, Damm und Natal Museum.

Parade der Pferde vor der Haupttribüne.

Siegen ist das halbe Vergnügen

Pferderennen in Pietermaritzburg gab es schon 1864. In diesem Jahr wurden in Pietermaritzburg und natürlich in Natal die ersten organisierten Rennveranstaltungen durchgeführt. Die Rennbahn Scottsville entstand allerdings erst im Jahr 1886. Bis dahin wurden Galopprennen und eine Anzahl weiterer Pferdesportveranstaltungen, vor allem die »Military Games«, an verschiedenen Orten durchgeführt, so z.B. auf der alten Rennbahn in dem offenen Grasland neben der Greytown Road oder auf der Hügelseite vor Government House.

Der Zulu-Krieg von 1879 hatte viele Militär-Regimenter nach Pietermaritzburg geführt. Dadurch kam es zu einem steigenden Interesse an Pferderennen. Da das Militär-Personal ständig wechselte, lag die Verantwortung die Rennbahn betreffend in den Händen der Kolonialisten. Daher wurde 1885 der City Sporting Club ins Leben gerufen. Die Karabinieri von Natal, sie halten heute noch alljährlich ihren Renntag in Scottsville ab, führten ihre erste Veranstaltung auf derselben Rennbahn am 3. April 1886 durch, der City Sporting Club am Michaelmas Day 1886. Formal erwarb der City Sporting Club das Rennbahngelände 1887, als der Stadtrat das Grundstück an den Club verpachtete.

Von dem Zeitpunkt an setzte der Club alles daran, eine prächtige Rennbahn aufzubauen. In den 90er Jahren des 19. Jahrhunderts wurde deshalb die »Grandstand Company« gegründet, welche Mitglieder werben und die für Verbesserungen notwendigen Gelder besorgen sollte. Gegen Ende des 19. Jahrhunderts verlor der Galopprennsport in Pietermaritzburg leider viele seiner Anhänger an die Gold- und Diamantminen bei Johannesburg und Kimberley. Zu diesem Zeitpunkt beschlossen die Rennvereine von Pietermaritzburg und Durban, sich mit dem Jockey Club of South Africa zusammenzuschließen. Bis dahin lag die Verantwortung der Rennveranstaltungen in Natal beim Natal Turf Club.

Mit dem Ausbruch des Burenkrieges 1899 und des ersten Weltkriegs 1914 begannen noch schwerere Zeiten für den City Sporting Club, doch glücklicherweise gab es einige Enthusiasten, die drei Jahrzehnte lang mit ihrer Unterstützung dem Club durch diese schweren Zeiten halfen. Die Karabinieri hielten auch in diesen dreißig Jahren ihre alljährlichen Gymkhanas ab. Sie veranstalteten viele ungewöhnliche Wettbewerbe, wie z.B. das Balaclava Melee, Collar and Tie Race, Bareback Donkey Race und das Siege Hurdle Handicap.

In diesem Zeitraum wurden, wenn die Finanzen es erlaubten, neue Bauten und Einrichtungen geschaffen. 1933 war das kritischste Jahr für den Club, der am Rande des Bankrotts stand. Auf einer Versammlung des Vorstands wurde verkündet, der City

Im Ziel.

Die Atmosphäre ist sehr locker und leger.

Der Führring.

Sporting Club könnte nicht mehr existieren und wäre daher aufzulösen. Doch glücklicherweise wurde dagegengestimmt, und der Club verfolgte weiter seinen Weg der Verbesserungen und Erneuerungen, der den Club dorthin führte, wo er heute ist. Nach dem Zweiten Weltkrieg stieg sowohl bei der Öffentlichkeit als auch bei den Offiziellen das Interesse am Galopprennsport wieder an, weshalb auch finanzielle Unterstützung nicht lange auf sich warten ließ. Die Rennbahn selbst wurde renoviert und verbessert. 1946 wurde die 1000 m-Gerade erstellt, 1950 die 1200 m-Gerade, die heute noch existiert. In den späten 50er Jahren befand sich der Club wieder in finanziellen Schwierigkeiten, und Sandy Christie, damals Sekretär des City Sporting Club, verkündete 1960 die Einrichtung eines Off-Course-Wettsystems. Der erste Off-Course-Jackpot des Landes war geboren, darauf folgte der Place Accumulator. Diese beiden exotischen Wettarten wurden schnell populär und die Gewinne stellten das Kapital dar, mit dem ein umfangreiches Renovierungs-Programm in Angriff genommen werden konnte. 1971 wurde damit begonnen, die gesamte Rennbahn zu erneuern und 1975 wurde die Arbeit mit dem Bau eines angeschrägten Bogens beendet. Dies war eine Neuheit in Südafrika, die den Kurs um Klassen verbesserte. 1969 wurde der Club umbenannt in Pietermaritzburg Turf Club, und der zu dieser Zeit amtierende General-Manager Gavin Brown übernahm den Posten von Sandy Christie, als dieser Transvaal verließ. Weitere wichtige Errungenschaften des Pietermaritzburg Turf Clubs sind nachfolgend aufgelistet:

– 1962 wurden zum erstenmal die Gilbey's Stakes in Scottsville gelaufen, 1963 das Smirnoff Plate. Diese beiden Rennen sind das älteste und zweitälteste gesponserte, noch bestehende Rennen in Südafrika.

– 1969 fand in Scottsville das erste Treffen internationaler Jockeys statt, die Jockeys Invitation Stakes. Von 1971 bis 1974 wurde es von Bull Brand gesponsert und war ungeheuer populär. 1975 wurde es durch die South African Invitation Stakes ersetzt.

– 1969 wurden die ersten Rennen am Mittwoch gelaufen.

– Parallel zu den 1971 aufgenommenen Arbeiten an der Rennbahn wurde der gesamte Tribünenkomplex, auch die Verwaltung, renoviert.

– Der Club setzte sich sehr für die Durchführung von Rennen ein, in denen nur Stuten starten durften, daher werden in Scottsville das südafrikanische 100 Guineas, das südafrikanische klassische Sprint-Rennen und die Oaks ausgetragen, alles Rennen der Gruppe I und die drei wichtigsten Stuten-Rennen des Landes.

– Scottsville war der erste Club, der innerhalb einer Veranstaltung drei Gruppe I-Rennen im Programm hatte.

– Jedes Jahr erscheint in der Wintersaison das »Media Book«, es enthält alle Tatsachen und Zahlen, die für die Medien wichtig sind. In den letzten vier Jahren sind umfangreiche Renovierungsarbeiten an der Bahn durchgeführt worden. Dabei standen drei Aspekte im Mittelpunkt – eine neue Grasnarbe, neue Düngung und das Pflanzen hunderttausender Kikuyus; ein neues Bewässerungssystem, mit der die ganze Rennbahn in nur einem Sechstel der vorher benötigten Zeit bewässert werden kann; an der Innenseite der hinteren Geraden wurde eine Schicht Lehm abgetragen, um die Drainage zu verbessern. Durch diese Maßnahmen wurde der exzellente Zustand der Rennbahn sichergestellt.

Der Club ist stolz darauf, siebzehn eingetragene Rennen im Programm zu haben. Sechs Rennen der Gruppe I, vier der Gruppe II, zwei der Gruppe III und IV stehen unter den Listen-Rennen.

Der Start ist erfolgt.

SCOTTSVILLE

AN DER ZIELLINIE

INNEN-/AUSSENBAHN

In allen Rennen, die um den Bogen führen, sind Pferde auf der Außenbahn in der schlechteren Ausgangsposition. In den Rennen auf den Geraden spielt es keine Rolle, ob die Pferde innen oder außen laufen.

ABSCHNEIDEN DER FAVORITEN 1992

Die Favoriten siegten durchschnittlich in 34 % der Rennen, in 78 % waren sie plaziert.
Diese Statistik entspricht auch dem nationalen Durchschnitt.

ERFOLGREICHSTE JOCKEYS IN SCOTTSVILLE

1. August 1990 — 31. Juli 1991, 36 Rennveranstaltungen

Pos.	Jockey	1.	2.	3.	4.	Ritte	Siege (%)	Platz (%)	Pr.-Geld
1.	A. Marcus	31	24	19	11	179	18	48	632125 R
2.	M. Odendaal	25	11	17	14	169	15	40	472430 R
3.	S. Randolph	23	11	31	10	183	13	41	592420 R
4.	G. Howes	21	22	29	17	182	12	49	505240 R
5.	P. Dillon	18	22	26	21	236	8	37	468190 R

ERFOLGREICHSTE TRAINER IN SCOTTSVILLE

1. August 1990 — 31. Juli 1991, 36 Rennveranstaltungen

Pos.	Trainer	1.	2.	3.	4.	Ritte	Siege (%)	Platz (%)	Pr.-Geld
1.	D. L. Payne	29	24	16	11	162	18	49	511175 R
2.	D. Campbell	17	13	15	19	184	9	35	315205 R
3.	H. W. Brown	16	17	20	11	125	13	51	385525 R
4.	R. T. Watkinson	15	9	12	18	153	10	35	394350 R
5.	D. Edges	15	9	11	8	137	11	31	264165 R

Die Haupttribüne.

TURFFONTEIN

TURF CLUB STREET, TURFFONTEIN, JOHANNESBURG

TEL. 27-11-6839330, FAX 27-11-6833407

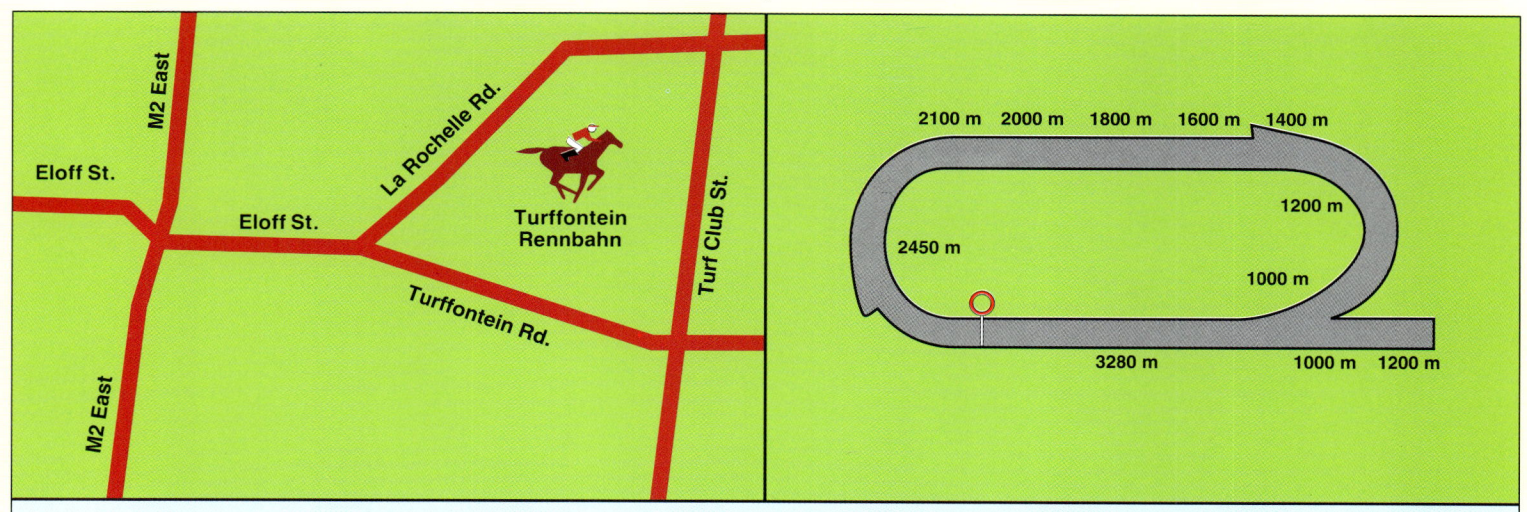

DISTANZEN, VERKEHRSVERBINDUNGEN UND PARKPLÄTZE

Turffontein liegt 3 km außerhalb der Stadtmitte von Johannesburg, die Rennbahn ist mit öffentlichen Verkehrsmitteln gut zu erreichen. Jan Smuts International Airport ist ca. 35 km entfernt. Montag bis Sonnabend fährt alle zwanzig Minuten ein Bus von der Stadtmitte Johannesburg zur Rennbahn. Dort können auch ca. 8000 Privatwagen geparkt werden.

 Rechtskurs, das Geläuf besteht ausschließlich aus Kikuyu-Gras, Gesamtlänge 2658 m, Zielgerade 800 m und eine 1200 m lange Gerade. Von der hinteren zur vorderen Gerade steigt das Geläuf um 12,5 m an.

 Bei allen Veranstaltungen sind Rennkarten für 1,60 Rand erhältlich. Vierteljährlich erscheint eine vierseitige Publikation (Newsletter) mit allgemeinen Informationen.

 Vorsitzender, Herr Colin J. H. Dunn. Stellv. Vorsitzender, Herr Archie J. Aaron, Herr Peter F. Jaeger Rennleitung, Herr John R. Alexander Public Relations, Frau Lynette Ho

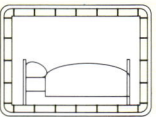 Für anreisendes Personal steht eine voll eingerichtete Unterkunft zur Verfügung (12 Betten). In einem anderen Teil der Rennbahngebäude können 210 Pfleger längere Zeit wohnen.

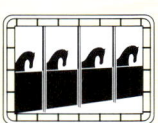 24 Boxen für anreisende Pferde, 405 Boxen für Pferde, die ständig dort stehen.

 Sechs Trainingsbahnen: vier Sandbahnen (eine All-Wetter-Bahn) und zwei Grasbahnen. Die Rennbahn selbst steht sonntags zu Trainingszwecken zur Verfügung.

 Keine Quarantäneboxen

 Bei jeder Veranstaltung sind zwei Tierärzte auf dem Gelände in Bereitschaft.

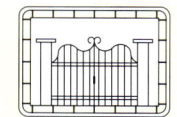 Beste Ränge: 8 Rand
Sattelplatz: 4 Rand
Preiswerte Ränge: 2,50 Rand

 Totalisator

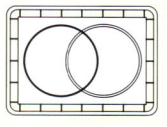 Diners Club, Mastercard und Visa.

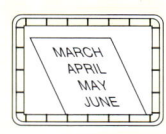 32 Rennveranstaltungen jährlich (24 Sonntage, 5 Feiertage, 3 in der Woche).

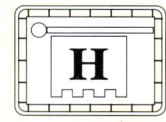 The Carlton Hotel, Tel. 27-11-3318911
Johannesburg Sun Hotel, Tel. 27-11-297011
Sandton Sun Hotel, Tel. 27-11-783-8701

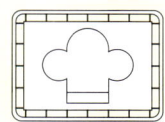 The Ascot Enclosure (nur Mitglieder)
Reservierung: Tel. 27-11-6839330
The Grand National: keine Reservierung
Java Curry Tavern: keine Reservierung

 Viele Gestüte:
Information bei Thoroughbred Breeders' Association: Tel. 27-11-821713

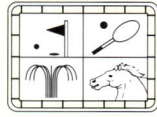 Gold Reef City (Geisterstadt), Santarama Miniland (Miniaturen), Pioneer Park, Lion Park, Johannesburg Kunst-Galerie.

255

Blick auf die Tribünen.

A n der Spitze

Das früheste überlieferte Datum eines Galopprennens für Vollblüter in Johannesburg ist der 30. November 1888. Ein Jahr später wurde der Johannesburg Turf Club (JTC) gegründet, heute unter dem Namen Turffontein Racing Club bekannt.

Die Veranstaltungen fanden an verschiedenen Orten statt, auf der Rennbahn in der Stadt oder in einem Vorort, bis der JTC 1889 knapp 100 Morgen Land der Farm Turffontein pachtete.

Der Kurs wurde ausgeflaggt und eine Haupttribüne errichtet – größer war nur die Tribüne in Newmarket/England – alles wurde rechtzeitig fertiggestellt für das Johannesburg Handicap im Dezember 1889. Besuchern zufolge, bot Turffontein bei der Eröffnungsveranstaltung alles, was auch auf den besten Rennbahnen der Welt zu finden war – diesen Standard hat der Club bis heute bewahrt.

In den letzten hundert Jahren ist Turffontein sehr verändert worden, aber Überreste der ersten Haupttribüne, dort befand sich die Königliche Loge für ansässige Adlige und ihre Besucher, wurden beim Neubau in den 70er Jahren wiederverwendet. Selbst in der in den 80er Jahren fertiggestellten Haupttribüne mit gläserner Front, dem Zuschauer wird ein Panoramablick über die Rennbahn geboten, lassen sich diese Reste noch wiederfinden.

Die Stewards und die Verantwortlichen des Turffontein Racing Clubs sind immer sehr darum bemüht gewesen, das Angebot für die Besucher der Rennbahn zu verbessern. Heute kann die Rennbahn problemlos 40 000 und mehr Besucher fassen. Die Unterkünfte für Trainer und Besitzer wurden modernisiert, Ascot Bar und Lounge, der Caradoc Room und die Stehplätze renoviert.

Der Ascot Room, der Service entspricht dem eines 5-Sterne Hotels, ist für die Öffentlichkeit zugänglich und inzwischen so populär, daß weit im voraus gebucht werden sollte.

Dieser Club war der erste, der live das Geschehen von anderen Rennbahnen übertrug. Mittlerweile gibt es ein vollständiges Circuit Television System mit über 450 Monitoren, meist in Farbe. Auch der sehr moderne Totalisator auf der Rennbahn wurde erneut verbessert, so daß die Rennbahnbesucher jeden nur erdenklichen audiovisuellen Kontakt mit den Quoten während der Rennen haben.

Als führende Rennbahn Südafrikas rühmt sich Turffontein eines malerischen Führrings, wunderschöner Rasenflächen, unzähliger Blumenbeete, Büsche und Sträucher, die das ganze Jahr hindurch akribisch gepflegt werden.

Steigende Kosten und Wassermangel machten den Bau eines Dammes notwendig. Hier können ca. 60 000 Kubikmeter Wasser gespeichert werden.

Der Damm ist nicht nur ein Vogelparadies und dadurch eine Bereicherung des Rennbahngeländes, er gewährt in erster Linie einen ständig gleichbleibenden Wasserdruck. Dadurch kann das Personal eine

Das Restaurant der Mitglieder.

große Fläche auf einmal bewässern, was erheblich zur Kostenreduzierung beiträgt. Weiterhin geplante Projekte sollen zu einer Verbesserung der Parkmöglichkeiten, der Tribünenplätze und der Restaurants beitragen. Vom Standpunkt der Rennpferde aus betrachtet, ist Turffontein eine schwere Bahn, der Anstieg von der 1400 m-Marke an und die 800 m lange Zielgerade stellen hohe Anforderungen an die Kondition und Ausdauer der Pferde.

Der Kurs mißt 2900 Meter, eine Gerade ist verlängert für 1000 m und 1200 m-Rennen. Über alle Distanzen haben eigentlich die Pferde die größten Chancen, die auf Warten geritten und erst zum Schluß nach vorne gebracht werden. Ganz selten gelangt hier ein Pferd zu einem Start-Ziel-Sieg. Das gilt sowohl für die Geraden als auch für den normalen Kurs, der um die Bögen führt.

Das Geläuf in Turffontein wird stark von den Jahreszeiten beeinflußt, im Sommer ist die Bahn auf der 1000 m bzw. 1200 m-Strecke in der Mitte am besten. Im Winter ist das Geläuf erheblich fester, bei Rennen auf der Geraden spielt es dann kaum eine Rolle, welche Startposition ein Pferd hat.

1400 m-Rennen werden am Eingang des angeschrägten Bogens gestartet, hier sind die Pferde auf den Innenbahnen im Vorteil. Aus den Startboxen heraus laufen die Pferde sowohl den Bogen als auch nach innen zu den Rails. Pferde auf den Außenbahnen verlieren hier häufig schon viel Boden. Verfügt allerdings ein Pferd auf einer der Innenbahnen nicht über eine hohe Anfangsgeschwindigkeit, wird ihm häufig der Weg nach vorne durch die Pferde versperrt, die von außen nach innen an die Rails geführt werden.

Da der Start zu den 1600 m-Rennen nur 200 Meter vor dem Bogen liegt, sind auch hier niedrige Startnummern beliebt. Allerdings kann ein Super-»Miler« die 1600 m auch von einer Außenposition her gewinnen, wenn sein Jockey ruhig bleibt und sein Pferd erst am Eingang in die Zielgerade fordert.

Niedrige Startnummern gelten natürlich auch in Rennen über 1800 m und mehr als vorteilhaft, doch Rennen über diese längeren Distanzen gehen selten verloren, nur weil ein Pferd eine hohe Startnummer hatte.

Turffontein ist auch ein wichtiges Trainingszentrum. Neben 424 ständig genutzten Boxen, bestehen auch noch solche für Gastpferde. Zum Training stehen vier Sand- und eine 2000 m-Grasbahn zur Verfügung. Eine der Sandbahnen hat einen All-Wetter-Belag, und wenn nach schweren Regenfällen die Arbeit mit den Pferden in anderen Trainingszentren fast unmöglich ist, können Trainer in Turffontein ihre normale Arbeit mit den Pferden fortsetzen.

Turffontein ist immer an der Spitze, wenn es darum geht, große Rennen zu veranstalten. In diesem Jahr werden dort die am höchsten dotierten Rennen Südafrikas gelaufen, der Administrator's Cup mit einem Preisgeld von 1,25 Millionen Rand und das Topsport Bloodline Million mit einem Preisgeld von 1 Million Rand.

Weitere bedeutende Rennen in Turffontein sind The Star Sprint, das First National Bank über 1600 m, die Computaform Champion Stakes, die John Skeaping Trophy, der südafrikanische Airways Sprint, das südafrikanische Nursery, die südafrikanischen Oaks und das größte aller Rennen in Turffontein, das OK Gold Bowl. In Turffontein hatten fast alle der besten Rennpferde des Landes ihren Auftritt, u. a. der überragende Wolf Power, der immer noch den Landesrekord über 1600 m hält.

Den siegreichen Teams dieser wichtigen Rennen werden prächtige Pokale überreicht, der Sieg in einem der »großen« Rennen in Turffontein ist der Traum eines jeden Pferdebesitzers.

Der Führring.

Parade vor dem OK Gold Bowl.

Ein schöner Blick auf die Rennbahn von den Tribünen aus.

TURFFONTEIN

Das Finish im OK Gold Bowl 1991.

ERFOLGREICHSTE JOCKEYS UND TRAINER

ERFOLGREICHSTE JOCKEYS

Jahr	Jockey
1985/86	Felix Coetzee
1986/87	(Pferdeseuche)
1987/88	Felix Coetzee
1988/89	Jeffrey Lloyd
1989/90	Felix Coetzee
1990/91	Piere Strydom
1991/92	Jeffrey Lloyd

ERFOLGREICHSTE TRAINER

Jahr	Trainer
1985/86	Terrance Millard
1986/87	(Pferdeseuche)
1987/88	Frau Jean Heming
1988/89	Terrance Millard
1989/90	Terrance Millard
1990/91	Terrance Millard
1991/92	Ormond Ferraris

ARCSA PFERDE DES JAHRES

Jahr	Pferd	Abstammung	Züchter	Besitzer	Trainer
1985/86	Enchanted Garden (3 br.St.)	Roland Garden (IRE) − Captivation v. London Way (IRE)	Ascot Stud (Pty) Ltd	A. J. F. Gardiner u. R. A. Ross	T. M. Millard
1986/87	(Inoffiziell)				
1987/88	Royal Chalice (3 F.Hg.)	Royal Prerogative (GB) − Port Wine v. Plum Bold (USA)	Gebrüder Birch	Frau H. L. Bailes	T. M. Millard
1988/89	Roland's Song (3 br.St.)	Roland Gardens (IRE) − Lunar Lullaby v. Welsh Harmony (IRE)	Gebrüder Koster	H. R. Scheepers, D. J. Heming	T. M. Millard
1989/90	Illustrador (ARG) (3 db.W.)	Cipayo (ARG) − Disy v. Vervain (GB)	Haras »La Irenita«	D. I. Scott, L. Jaffee, T. L. Bailes	D. J. Heming
1990/91	Flaming Rock (IRE) (4 br.H.)	Ballad Rock − Flogera v. Owen Dudley (GB)	Athasi Stud	Frau S. A. Pfeiffer	R. C. Snaith
1991/92	Empress Club (ARG) (3 br.St.)	Farnesio − Elysee v. El Gran Captain	Haras »Abolengo«	L. Jaffee, J. Jaffee	A. T. Miliourd

Luftaufnahme von der Rennbahn.

Nordamerika

von Don Farley

Die Pferde und die Zuschauer sind überall in der Welt auf jeder Rennbahn Teil des gleichen Spiels.

Wie in vielen Teilen der Welt ist auch der Galopprennsport in Nordamerika ein englisches Erbe, steht aber heute im Kontrast zu den Galopprennen der Gründerzeit.

Seit den Anfängen auf den weiten Ebenen von Long Island, in der Kolonie Virginia und im alten Süden, hat sich der Galopprennsport in den Vereinigten Staaten zu einer Sportart entwickelt, deren Herz die Geschwindigkeit und deren Seele die Fähigkeit ist, diese Geschwindigkeit über große Distanzen beizubehalten. Die 4-Meilen-Rennen in brütender Hitze des 19. Jahrhunderts sind längst vorbei, geblieben sind die ovalen Sand-Lehmbahnen, die innen eine Grasbahn haben.

Amerikaner wollen so nah wie möglich am Geschehen sein, daher weisen alle Rennbahnen die traditionelle ovale Form auf.

Das Grundprinzip des amerikanischen Wettsystems ist so angelegt, daß alle Beteiligten ihren Anteil der eingesetzten Dollars bekommen.

Die auferlegte Steuer, sie dient der Unterstützung des Rennsports, bewegt sich je nach Art der Wette zwischen 16 und 25 % der eingesetzten Summen. Sieg-, Platz- und Show-Wetten sind niedriger besteuert als die »Exoten«. Die vielfältigen Wettmöglichkeiten bieten dem Wetter, wenn überlegt gesetzt wird, hohe Gewinne.

Die eingenommene Steuer wird zwischen der Rennbahn, den Besitzern (als Geldpreis) und dem Staat, in dem die Veranstaltung stattfindet, aufgeteilt. Trainer und Jockeys werden von dem Anteil des Pferdebesitzers bezahlt. Traditionell erhält jeder von ihnen zehn Prozent der Preisgelder ihrer Pferde, wobei der Trainer noch ein zusätzliches Tagegeld für die bei ihm im Training stehenden Pferde erhält. Diese Tagesraten belaufen sich auf US$ 80 in New York bis zu US$ 30 auf den kleineren Rennbahnen im Land.

Viele Jahre lang galt New York als das Zentrum des amerikanischen Galopprennsports. In den warmen Monaten konnte man die ganze Rennsport-Elite – Pferde und Menschen – beobachten, wie sie sich im Aqueduct, Belmont Park oder, im Monat August, in Saratoga im nördlichen Teil des Staates New York die Beine vertraten. Ein Sieg in New York hieß, die besten Pferde der Gegend geschlagen zu haben. Wollte man diesen Ruf erwerben,

brauchte man nur sein Pferd dorthin zu schikken und gewinnen zu lassen.

Für einen großen Teil Amerikas gilt das heute immer noch. Der Galopprennsport in Kalifornien, besonders auf den Bahnen im Süden Kaliforniens – Santa Anita, Hollywood Park und Del Mar – hat nach und nach immer mehr an Ansehen gewonnen. Heute wird dort der beste Galopprennsport auf Grasbahnen in Amerika geboten.

Pferde, die früher in Europa und Südamerika liefen, sind nun auch in Nordamerika anzutreffen.

Hinzu kommt, daß in Kalifornien viele Spitzenklasse-Trainer ansässig sind, und die Jockeys in diesem Staat gelten als die besten in Amerika, ja, eigentlich in der ganzen Welt.

Der Galopprennsport in Amerika ist in Bezirke untergliedert, die immer deutlicher voneinander abgetrennt werden. New York ist ein solcher eigenständiger Bezirk, gleiches gilt für Südkalifornien. Weitere Bezirke existieren in Südflorida, Kentucky, Ohio, Maryland, Illinois, New Jersey und Louisiana, um nur einige der bekannteren zu nennen.

Jetzt ist auch Texas, vielleicht als letzter Staat, dabei, seinen eigenen Bezirk aufzubauen. Nach jahrelanger Arbeit werden jetzt eigenständig Galopprennen ausgetragen.

Das heißt aber nicht, daß Pferde nicht auch ihren Bezirk verlassen könnten.

Die besseren Rennpferde des Landes laufen dort, wo es die höheren Preisgelder und damit auch mehr Ruhm zu erlangen gibt. Sie sollen dadurch über die Grenzen eines Bundesstaates hinweg bekannt werden.

Es ist nämlich für ein Pferd heutzutage fast unmöglich, diesen Bekanntheitsgrad zu erwerben, wenn es nur in seinem Heimatbezirk an den Start geschickt wird.

Mit der Einführung des Breeders' Cup haben die Pferde die Chance, sich mit internationalen Champions zu messen, um höchste Ehren zu erlangen.

Unmittelbar nach Ende des Zweiten Weltkrieges blühte der Galopprennsport in Amerika. Wirtschaftlich hatte das Land wieder festen Boden unter den Füßen, und die Bevölkerung war nach Jahren der Entbehrung in einer wahren Spiellaune. Dem Rennsport konnte gar nichts Besseres geschehen, war doch das Wetten bei Pferderennen in weiten Teilen des Landes die einzige legale Art des Glücksspiels. Doch die Menschenmassen, die früher zu den größeren Rennen in New York, Kalifornien oder Chicago strömten, sind heute nur noch selten zu sehen. Vielleicht noch an dem bereits erwähnten Breeders' Cup-Tag, bei den Klassikern oder bei den wenigen Veranstaltungen, zu denen ein echter Star des Galopprennsports erwartet wird.

Die Ursache ist leicht gefunden – das Freizeitangebot hat sich gewaltig vergrößert.

Sportstätten aller Art, Kasinos und andere Formen der Unterhaltung und Freizeitgestaltung stellen für die Rennbahnen eine echte Konkurrenz dar.

Die Reaktion der Verantwortlichen des Galopprennsports kam prompt: Wenn die Menschen nicht mehr zu den Rennbahnen kommen, muß man die Rennen zu den Menschen bringen. Fernsehen und Satelliten ermöglichen es, überall im Land Wettbüros einzurichten. Obgleich dieses System noch in den Kinderschuhen steckt, erweist es sich schon jetzt als ungeheuer beliebt. Wo das alles mal hinführen wird, kann keiner vorhersagen. Viele Rennbahn-Manager befürchten jedoch, daß eines Tages unter Umständen überhaupt niemand mehr kommen wird, um die Rennen live mitzuerleben. Letztendlich fürchten sie auch, daß die Zahl der Rennbahnen, die noch Rennen anbieten werden, drastisch zurückgeht, während der Sport über Fernsehen und Wettbüros im ganzen Land verbreitet wird.

Das in Kentucky praktizierte System ist vielleicht nachahmenswert. Dort können auf allen Rennbahnen und in einigen anderen Wettbüros Wetten abgeschlossen werden, wenn auf einer der vier Bahnen Galopprennen stattfinden. Das Ergebnis ist, daß sich der Wettumsatz erhöht und dadurch die Preisgelder kräftig steigen.

Die Staaten, die den Sport nach dem alten System austragen, verzeichnen eine stetige Abnahme der Besucher und der Wetten auf der Rennbahn. Häufig ist der Wettumsatz in den Wettbüros außerhalb der Rennbahnen größer als auf den Bahnen selbst. Aber der Anstieg des totalen Wettumsatzes kompensiert die Verluste auf den Rennbahnen. In der amerikanischen Galopprennszene wird jetzt das Hauptaugenmerk darauf gerichtet, das Wetten von Rennbahn zu Rennbahn zu verbessern und einen Teil der Rennkarten für alle Rennbahnen gültig zu machen.

Keine andere Innovation im amerikanischen Galopprennsport hat so durchschlagenden Erfolg gehabt wie die Breeder's Cup-Rennen, die alljährlich Ende Oktober oder Anfang November ausgetragen werden. Die sieben Rennen, jedes ist mit mindestens US$ 1 Million dotiert und das Classic für ältere Pferde mit US$ 3 Millionen, haben zu internationaler Anerkennung und Teilnahme geführt. Durch den noch frischen Erfolg europäischer Pferde in den Rennen über die amerikanischen Dirt-Tracks und Grasbahnen, werden diese Rennen sicherlich im eigenen Land und in der ganzen Welt Ruhm und Anerkennung ernten.

Vergangen sind allerdings die Tage, da so große Rennbahnen wie Belmont Park in New York oder Hollywood Park in Kalifornien gebaut werden konnten. Einschränkende Faktoren sind die entstehenden Baukosten sowie die Grundstückspreise, die enorm hoch sind. Die moderne Rennbahn ist in jeder Beziehung rationell, bietet größtmöglichen Komfort auch für die Pferde, und wartet eventuell auch mit alternativen Glücksspielen auf, sowohl während der Rennen als auch zwischen den Veranstaltungen.

Überleben ist das Schlagwort in der Zukunft des Galopprennsports in den Vereinigten Staaten.

Wenige Minuten lang kann jeder träumen.

ANMERKUNG:
Kanada sollte in das Kapitel über Nordamerika eingegliedert werden, aber leider waren der Canadian Jockey Club und die angeschriebenen Rennbahnen der Meinung, es wäre »eine reine Zeitverschwendung«, Ihnen, lieber Leser, Information zukommen zu lassen.

HOLLYWOOD PARK
Inglewood, CA

ARLINGTON PARK
Chicago, IL

SARATOGA
Saratoga
Springs, NY

BELMONT PARK
Long Island, NY

AQUEDUCT
Long Island, NY

CHURCHILL DOWNS
Louisville, KY

LAUREL
MD

PIMLICO
Baltimore, MD

KEENELAND
Lexington, KY

GULFSTREAM
Hallandale, FL

UNITED STATES

(VEREINIGTE STAATEN)

Aqueduct

AQUEDUCT
ROCKAWAY BOULEVARD, OZONE PARK, NY 11470
TEL. 1-718-6414700, FAX 1-718-7380679

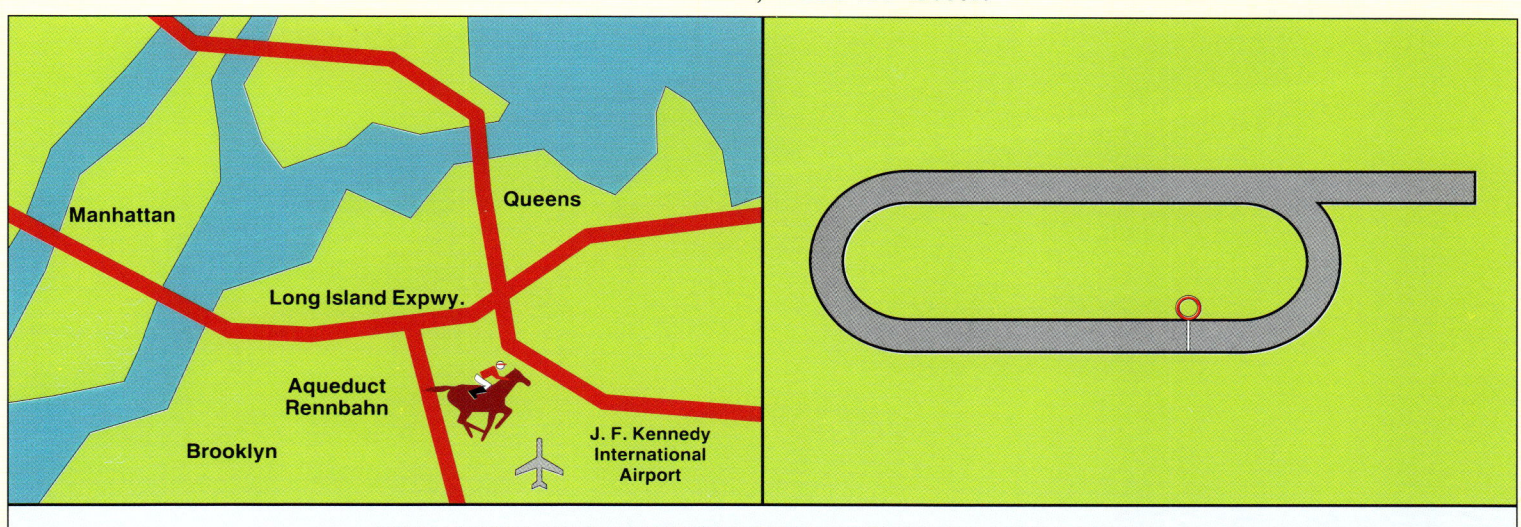

DISTANZEN, VERKEHRSVERBINDUNGEN UND PARKPLÄTZE

Aqueduct liegt nahe am John Fitzgerald Kennedy Airport und 19 km von Manhattan entfernt (Times Square). Sie erreichen die Rennbahn mit der U-Bahn »A«. Mehr als 17 000 Autos können gegen eine Gebühr von US$ 2 parken. Rennbahnnahe Parkplätze kosten zusätzlich US$ 2. Parkservice: zusätzliche US$ 3.

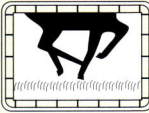 Linkskurs. Hauptbahn: Dirt-Track, oval, 1800 m, eben. Zielgerade: 350 m. Innenbahn: Dirt-Track, 1600 m. Ganz innen: Grasbahn, 1400 m.

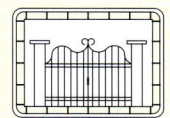 Clubhouse: US$ 3,50 (Jackett. Damen: Keine Jeans oder Shorts)
Haupttribüne: US$ 2

 Ein Rennprogramm mit dem Titel »Post Parade« wird für jeden Renntag herausgegeben.

 Totalisator

 Vorsitzender, Board of Trusties, Herr Allan R. Dragone. Präsident, Herr Gerard McKeon. Vize-Präsident, Herr Gerald Lawrence. Vize-Präsident Mktg. und Public Relation, Herr Allen Gutterman.

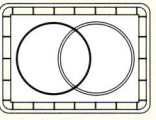 American Express, Diners Club, Mastercard, Visa.

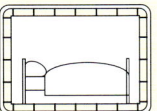 Unterkunft für Pferdepfleger nicht vorhanden.

 Rennen finden täglich statt, von Ende Oktober bis Anfang Mai. Dienstags geschlossen.

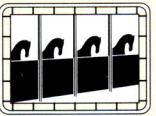 500 Boxen

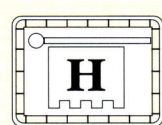 Marriott Hotel, Tel. 1-402-3999000.
Sheraton Inn S. W., Tel. 1-402-8951000

 Dirt-Tracks und Grasbahn stehen für Trainingszwecke zur Verfügung.

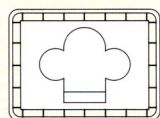 Equestris Restaurant
Reservierung: Tel. 1-718-6414700

 Quarantäneboxen stehen zur Verfügung.

 Akindale Farm, Pawling, NY
Sugar Maple Farm, Poughquag, NY
Tilly Foster Farm, Brewster, NY

 Dr. W. Theodore Hill

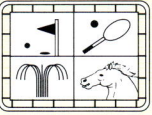 Die Rennbahn liegt so nahe an Manhattan, daß jede Art der Unterhaltung und des Vergnügens zur Verfügung steht.

Blick auf die Tribünen und den Dirt-Track.

Gleich neben JFK fliegen auch die Pferde

Aqueduct

Die Tribünen von außen.

1894 In Queens wird der erste Aqueduct am 27. September eröffnet. Auf einem Gelände von 90 000 m² gab es eine 1200 m Bahn, daneben statt Rasen einen Bürgersteig aus Holz mit Sitzplätzen für 2000 Menschen. Der Jockey Club ignorierte dieses Ereignis völlig.

1895 Im Frühling öffnet der Aqueduct als »Outlaw«-Bahn wieder die Tore. Das Herbst-Meeting findet die völlige Zustimmung des Jockey Clubs. Das Carter-Handicap wird zum erstenmal gelaufen, das Preisgeld beträgt $ 600.

1905 Phillip J. Dwyer wird Präsident vom Aqueduct, er bleibt auf diesem Posten bis zu seinem Tod im Jahr 1917. Es wird Land dazugekauft, die Bahn vergrößert und die Tribünen werden erneuert.

1911 – 12 Wetten bei Pferderennen gelten in New York als illegales Glücksspiel. Die Rennbahn Gra-

vesend wird geschlossen, ein Teil der wichtigen Rennen werden nach Aqueduct verlegt.

1920 Man o'War besiegt John P. Grier im Dwyer Stakes (zwei Pferde).

1940 Ein Wettsystem mit Umsatzbeteiligung wird übernommen. Unter Präsident John E. Cowdin wird Aqueduct wieder renoviert – die Haupttribüne wird erneuert.

1941 Ein neues Clubhaus und Büros entstehen.

1944 Zum ersten und einzigen Male gibt es ein totes Rennen zwischen drei Pferden, Brownie, Bossut und Wait a Bit siegen im Carter-Handicap am 10. Juni.

1955 Die NYRA (New York Racing Association Inc.) wird formiert, die Organisation gilt als gemeinnützig und zahlt Steuern. Die NYRA erwirbt für $ 20 048 000 die Eigentumsrechte an den Rennbahnen Belmont Park, Aqueduct, Jamaica und Saratoga. Letztes Jahr für den alten Aqueduct.

1956 – 59 Aqueduct wird vollständig umgebaut. Rennen finden bis zum 1. August in Belmont und Jamaica statt, dann wird Jamaica geschlossen und soll nur noch als Unterkunft dienen.

1959 Zu Big A's Eröffnung kommen 42 473 Zuschauer, der Wettumsatz beträgt $ 3,4 Millionen. Hillsdale gewinnt das mit $ 50 000 dotierte Aqueduct Handicap. Bill Shoemaker siegt als erster in zwei Rennen an einem Tag. Manny Yeaza wird als erster disqualifiziert. Eddie Arcaro gewinnt das erste Grasbahn-Rennen. Am 26. September siegt der dreijährige Sword Dancer im Woodward-Rennen, er verweist Round Table, Pferd des Jahres 1958, auf den zweiten Platz.

1961 Kelso, Pferd des Jahres von 1960 – 64, gewinnt die Handicap Triple Crown, indem er im Metropolitan, Suburban und Brooklyn siegt.

1962 Beau Purple von Hobeau's Farm besiegt Kelso zweimal, im Suburban und im Man o' War.

1963 Fünf Wochen vor seinem 89. Geburtstag tritt »Sunny Jim« Fitzsimmons zurück. Mehr als 40 000 Fans sind vor Ort, als ihm ein silbernes Tablett überreicht wird, auf dem die Namen seiner 148 Stakes-Sieger eingraviert sind.

1964 Affectionately, im Besitz von Ethel D. Jacobs, gewinnt sieben Rennen auf der Big A und wird Flieger-Champion. Besucherrekord von 73 435

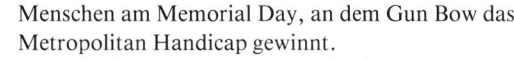

Der Start auf der Grasbahn ist erfolgt.

Menschen am Memorial Day, an dem Gun Bow das Metropolitan Handicap gewinnt.

1966 Buckpasser, er gewann 12 seiner 17 Rennen im Aqueduct, wird Pferd des Jahres.

1968 Dr. Fager stellt im Vosburgh-Rennen über 1400 m mit 1:20,2 min einen neuen Bahnrekord auf, wird Pferd des Jahres als bester Flieger, bestes Pferd auf Gras und bester Handicapper.

1970 Exacta ab 29. Juni.

1973 Secretariat läßt das Interesse an der Triple Crown wieder aufleben. Er gewinnt das Bay Shore, das Gotham und nimmt am Wood Memorial teil.

1974 Forego untermauert seinen Anspruch auf den Titel Pferd des Jahres, indem er das Brooklyn Handicap und den Jockey Club Gold Cup gewinnt.

1975 Die winterfeste Innenbahn wird angelegt.

1976 Im Aqueduct finden jetzt auch Rennen an Sonntagen statt.

1977 Steve Cauthen gewinnt in einer einzigen Woche 23 Rennen, in einer Saison erhält er drei Eclipse Awards. Seine Siegprämien erreichen als erste die 6 Millionen-Grenze.

1980 Seit dem 14. Oktober werden die Pferde vor den Rennen untersucht.

1981 Sehr feierlich wird am 11. Oktober New Yorks größtes Restaurant, Equestris, eröffnet. Es bietet 300 Gästen Platz, der Speisesaal ist 90 m lang, die Kosten beliefen sich auf $ 7 Millionen.

1982 Angel Cordero reitet das ganze Jahr in New York und gewinnt seinen ersten Eclipse Award.

1983 Cordero gewinnt seinen zweiten Eclipse Award und ist der erste Reiter, dessen Pferde mehr als $ 10 Millionen verdienen. Er überschreitet diese Grenze bei seinem Ritt mit Jacksboro am 26. Dezember. All Along verdient sich ebenfalls einen Eclipse und 1 Million Dollar im Woodbine Rothmans und im Washington D.C. International.

1984 Rennen aus Saratoga werden live nach Aqueduct übertragen. Oscar Barrera gewinnt sieben Flieger-Rennen auf seinem Weg zum zweiten von vier möglichen Titeln in New York.

1985 Für den Breeder's Cup wird Big A für $ 3 Millionen renoviert und ausgebaut, der Führring wird vergrößert, ein Mini-Theater erbaut, die Haupttribüne und die hinteren Sitzreihen werden modernisiert. Der zweite Breeder's Cup wird ausgetragen und der Wettumsatz beträgt $ 8 171 520. Am 2. November stellt Jorge Velasquez einen Rekord auf (57 Siege in einer Saison), den letzten auf Love That Mac in Gravesend.

Der Sieger.

Blick auf die Tribüne.

1986 Nach einem Sturz Anfang Dezember reitet Josè Santos wieder und holt sich den ersten von drei möglichen Flieger-Titeln. Oscar Barrera gewinnt seinen vierten Titel als Trainer, 80 seiner 112 Sieger liefen im Big A.

1987 Fugie stellt einen neuen Bahnrekord über 1200 m auf (1:08,2 min). Peter Ferriola erhält New Yorks Titel als Trainer.

1988 Josè Santos erhält den Eclipse Award für die neue Rekordsumme von $ 14 877 298.

1989 Easy Goer läuft die zweitschnellste Meile in der Geschichte des Galopprennsports, als er die Gotham Stakes in 1:32,2 min gewinnt. Zum 30. Geburtstag der Rennbahn werden $2 Millionen investiert. Eine Woche lang wird gefeiert und zum erstenmal wird das NYRA Media Mile ausgetragen.

1990 Thirty Six Red siegt im Gotham und Wood Memorial im Frühjahr, wird später Zweiter in den

Belmont Stakes. Im Herbst gewinnt Quiet American mit der dritten NYRA-Meile zum erstenmal ein Gruppe I-Rennen, und läuft die 1600 m in 1:32,8 min, nur 0,4 Sekunden unter dem Bahnrekord.

1991 Die drei Rennen, die als »New York's Weg zum Kentucky-Derby« gelten, wurden von verschiedenen Pferden gewonnen, Stately Wager siegte im Bay Shore, Kyle's Our Man im Gotham und Cahill Road im Wood Memorial.

ERFOLGREICHSTE TRAINER

1991, Winter-Veranstaltungen

Trainer	Starts	Siege	Schnitt
P. Ferriola	88	26	30 %
R. Klesaris	107	25	23 %
G. Moschera	100	21	21 %
J. Odintz	82	17	21 %
D. W. Lukas	70	15	21 %
J. Forbes	97	14	14 %
H. Tesher	41	12	29 %
R. Lake	61	11	18 %
J. Lenzini	32	10	31 %
R. Dutrow	56	9	16 %
J. C. Meyer	96	9	09 %
T. Root, jr.	41	8	20 %
R. Barbara	71	8	11 %

1991, Frühjahrs-Veranstaltungen

Trainer	Starts	Siege	Schnitt
R. Klesaris	88	24	27 %
P. Ferriola	100	20	20 %
R. Barbara	55	16	29 %
R. O'Connell	58	13	22 %
J. Lenzini jr.	35	12	34 %
H. A. Jerkens	48	10	21 %
P. Ferriola	30	9	30 %
R. Schosberg	38	9	24 %
J. Odintz	69	8	12 %
J. W. Thompson	28	7	25 %
G. Moschera	92	7	08 %
D. W. Lukas	49	7	14 %

1991, Herbst-Veranstaltungen

Trainer	Starts	Siege	Schnitt
P. Ferriola	142	40	28 %
G. Moschera	86	19	22 %
D. W. Lukas	98	17	17 %
R. Klesaris	92	15	16 %
F. Martin	63	14	22 %
C. McGaughey	43	13	30 %
T. Bohannan	37	12	33 %
R. Barbara	61	12	20 %
R. Schosberg	46	10	22 %
F. Martin	47	10	21 %
J. Odintz	47	10	21 %

ERFOLGREICHSTE JOCKEYS

1991, Winter-Veranstaltungen

Jockey	Ritte	1.	2.	3.	Schnitt
Chavez, J.	273	48	45	32	18 %
Velasquez, J.	228	47	24	32	21 %
Smith, M.	286	46	42	47	16 %
Krone, J.	287	44	38	43	15 %
Madrid, A.	319	41	54	35	13 %
McCauley, H.	222	37	41	23	17 %
Migliore, R.	209	35	24	30	17 %
Cordero, A. jr.	130	22	26	14	17 %
Nelson, D.	141	20	20	12	14 %
Rojas, R.	194	18	27	29	09 %
Vasquez, M. O.	223	18	31	34	08 %

1991, Frühjahrs-Veranstaltungen

Jockey	Ritte	1.	2.	3.	Schnitt
Smith, M.	237	50	32	26	21 %
Cordero, A. jr.	209	47	38	33	22 %
Chavez, J.	250	39	32	27	16 %
Krone, J.	240	35	40	40	15 %
Madrid, A. jr	219	32	37	35	15 %
Velasquez, J.	178	27	27	23	15 %
Samyn, J.	143	21	20	23	15 %
Migliore, R.	133	16	15	12	12 %
Mojica, R. jr.	133	16	14	16	12 %
Nelson, D.	108	14	13	11	13 %

1991, Herbst-Veranstaltungen

Jockey	Ritte	1.	2.	3.	Schnitt
Smith, M.	310	61	43	39	20 %
Chavez, J.	306	52	39	29	17 %
Cordero, A. jr.	250	46	41	37	18 %
Antley, C.	242	41	43	27	17 %
Velasquez, J.	241	32	28	22	13 %
Migliore, R.	216	31	31	28	14 %
McCauley, H.	169	30	30	24	18 %
Pezua, J.	260	30	23	39	12 %
Santos, J.	181	27	25	31	15 %
Samyn, J.	153	20	23	17	13 %
Carr, D.	154	18	13	20	12 %

BESUCHER- UND UMSATZREKORDE

Besucherrekord	31. Mai 1965	73 435
Tagesumsatz	2. November 1985	US$ 8 171 520
Umsatz bei einem Rennen	2. November 1985 Breeder's Cup Turf	US$ 1 095 366

ARLINGTON INTERNATIONAL

ROUTE 53 UND EUCLID AVENUE, ARLINGTON HEIGHTS, IL 60006

TEL. 1-708-2554300, FAX 1-708-2554316

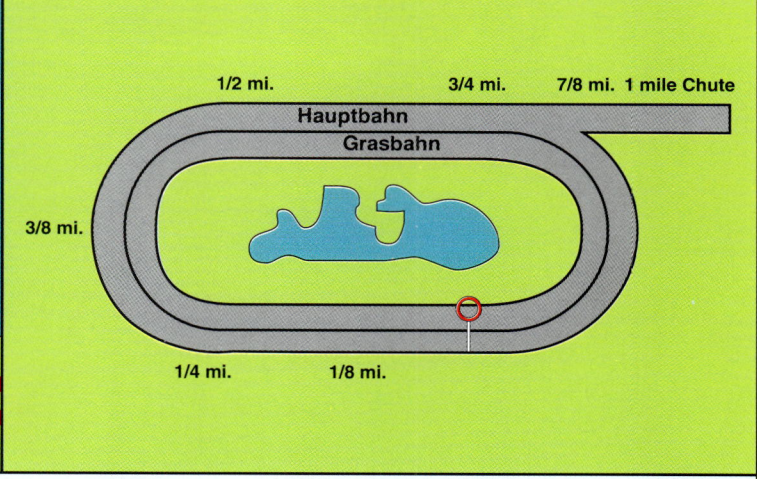

DISTANZEN, VERKEHRSVERBINDUNGEN UND PARKPLÄTZE

Die erst kürzlich umgebaute Rennbahn liegt 40 km nordwestlich von Chicago, vom O'Hare International Airport dauert die Fahrt mit dem Auto ca. 15 Minuten. Palwaukee Airport (alle Luftfahrtgesellschaften) liegt ebenfalls nur 15 Minuten entfernt, Midway Airport nicht mehr als 40 Minuten. Mit dem Zug gelangen Sie aus der Stadtmitte von Chicago in 45 Minuten zur Rennbahn (Chicago und North-Western Railroad). Es stehen mehr als 15000 Parkplätze zur Verfügung. Das Parken ist kostenfrei, nur die rennbahnnahen Plätze kosten US$ 3, Parkservice US$ 6.

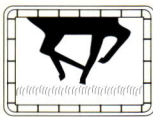 Die Hauptbahn (Dirt-Track) ist 1800 m lang (eben). Die Grasbahn mißt 1600 m (eben). Beide Bahnen sind Linkskurse, die Zielgeraden ca. 400 m lang.

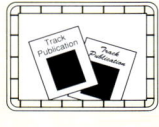 Es gibt ein Tagesprogramm. Außerdem: Horsemen's Information Guide, Media Guide, Annual Stakes Book und Condition Book.

 Vorsitzender, Herr Richard L. Duchossois. Präsident, Herr Edward T. Duffy. Vize-Präsident und General Manager, Herr Robert L. Bork. Direktor (Horsemen's Relations), Herr Edward A. Fortino.

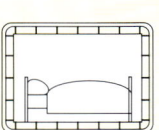 1500 Betten stehen für Pflegepersonal, das die ganze Saison auf der Rennbahn ist, zur Verfügung. Die Pension liegt im Stallbereich. Für Personal, das nur kurzfristig anwesend ist, gibt es ganz in der Nähe günstige Hotelzimmer.

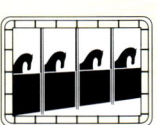 Auf dem Gelände der Arlington Rennbahn gibt es 2030 Boxen.

 Eine Trainingsbahn von 1000 m steht täglich zur Verfügung. Die Grasbahn ist mittwochs geöffnet, aber nur für Pferde, die auch auf Gras laufen.

 Im Stallbereich stehen 16 Quarantäneboxen zur Verfügung. Die Boxen sind doppelt isoliert. Sicherheitskräfte sind 24 Stunden im Einsatz. Quarantänezeit für europäische Pferde beträgt 25 Stunden.

 Dr. Mary Scollay
Dr. J. L. Richardson
Dr. Ronald C. Jensen
Dr. Steven Seabaugh

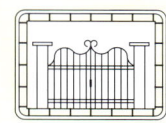 Clubhouse: US$ 4,25
Clubhouse Logenplätze: zusätzliche US$ 4
Haupttribüne: US$ 3
Kleidervorschrift: Geschäftsstil

 Totalisator

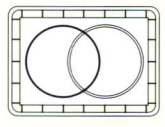 American Express, Mastercard, Visa.

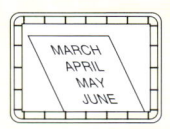 Rennsaison: vom 10. Mai bis zum 9. Oktober
Renntage: Mittwoch bis Montag
Beginn: 13.00 Uhr, 15.00 an Freitagen

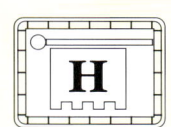 Es gibt dutzende Hotels, zu denen man nur 15 Minuten fährt, viele bieten Rennbahnbesuchern Rabatte.

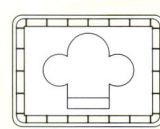 Million Room (Kleidervorschrift), Reservierung: Tel. 1-708-2554300. Turf Club: Privat (Kleidervorschrift). Reservierung über das Racing Secretary Office. Paddock Pub (zwanglos): keine Reservierung.

 In dieser Gegend gibt es viele der besten Gestüte im Mittelwesten, so z. B. die Hill »N« Dale Farm der Familie Duchossois.

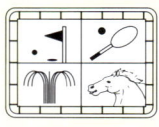 Viele Golfplätze, Museen, Segeln, 50 km Strand, Theater, Jazz- und Blues-Clubs, hervorragende Einkaufsmöglichkeiten.

S pektakuläres Arlington

Mit dem Bau der eleganten, beeindruckenden Arlington International Rennbahn außerhalb von Chicago, haben Richard L. Duchossois und seine Familie persönlich sehr viel in die Zukunft des Galopprennsports investiert.

Mit der Fertigstellung dieser spektakulären Einrichtung hat Mr. Duchossois völlig neue Perspektiven aufgezeigt, indem er auf Tradition und Prunk des Galopprennsports zurückgriff. Dadurch gewann er ein ganz neues Publikum.

Besuchern der Arlington International Rennbahn stechen einige Besonderheiten sofort ins Auge – das Design und die Liebe zum Detail bei der aus Marmor und Edelhölzern bestehenden Inneneinrichtung – Serviceleistungen höchster Klasse, warmherzige Gastlichkeit, ein malerischer Führring im europäischen Stil sowie die prompte Bedienung im Restaurant.

Ein neues Publikum gewinnen

Das neue Publikum ist es, das von den Verantwortlichen anderer Rennbahnen aufmerksam beobachtet wird. Wegen des Ansehens und der Anerkennung, die der Galopprennsport in Nordamerika durch die Duchossois wiedererlangt hat, durch die peinliche Sauberkeit, wegen des freundlichen und hilfsbereiten Personals und wegen der Kleidervorschrift für alle Tribünenplätze im vierten und fünften Stock der Haupttribüne stellen Frauen in Arlington noch nie dagewesene 57% des Publikums. Durch Werbung, die gezielt auf junge, Vergnügen suchende Leute zugeschnitten war, ist es in Arling-

ton gelungen, das Durchschnittsalter der Besucher von 62 auf 42 Jahre zu senken. Immer stärker vertreten sind auch 18–34-jährige. Arlington ist dafür bekannt, daß junge Familien mit Kindern besonders herzlich willkommen geheißen werden. Dies wird durch die Tatsache belegt, daß die Familien-Sonntage (Family Day Sunday) inzwischen mehr Besucher anlocken als die Sonnabende. Die wahren Galopprennsport-Enthusiasten genießen die starke Beteiligung in den Rennen, besonders in den Stakes. Arlington International ist die einzige Rennbahn, die von der Thoroughbred Racing Association drei Eclipse Awards für Anlagen, Führung und Marketing verliehen bekam.

Der Galopprennsport wird international

In der immer weiter fortschreitenden Entwicklung des internationalen Galopprennsports gibt es 1992 das dritte International Thoroughbred Challenge – ein gemeinsames Unternehmen von Arlington, der Ciga Hotelkette und der French Société d'Encouragement. Es soll interkontinental mehr Bewegung in die Rennsportszene bringen. Ein US$ 2 000 000 Bonus-System verbindet die drei Gruppe I-Grasbahnrennen des Arlington International Festival of Racing (Arlington Million, Beverly D und das Secretariat) – sie werden am ersten Septemberwochenende ausgetragen – mit dem Gruppe 1 Ciga Prix de l'Arc de Triomphe und dem Gruppe 2 Ciga Prix de l'Opera, beide Rennen finden im Rahmen des Ciga Weekend auf Longchamp – am ersten Wochenende im Oktober statt.

Aufgrund einer Partnerschaft mit der Japan Racing Association haben die Arlington International Rennbahn und die neu erbaute Hanshin Rennbahn bei Osaka internationale Austausch-Rennen ins Leben gerufen. 1992 wurde ein ähnliches Programm zwischen Arlington und der Newbury Rennbahn in England gestartet.

Durch die Nähe des O'Hare International Airports mit non-stop Interkontinentalflügen, und durch die USDA-anerkannte Quarantänemöglichkeiten mit rund um die Uhr arbeitenden Sicherheitskräften, wird die Arlington International Rennbahn für bewährte Galopper das Tor zu internationalen Auftritten.

Rennsport von hoher Qualität

In den letzten zwei Jahren war Amerikas »Pferd des Jahres« im Sommer (von Mai bis Oktober) in Arlington stationiert. Die Rennbahn bietet ein US$ 6 Millionen-Programm, das 43 Rennen umfaßt – die Hälfte sind Gruppe I, II oder III-Rennen. Arlingtons 62 Jahre alte Grasbahn gilt bei vielen als die beste in Nordamerika; und die besten Grasbahnrennen Nordamerikas der letzten Jahre waren das Gruppe I Arlington Million, das Gruppe I Beverly D (das am höchsten dotierte Grasbahnrennen für Stuten auf der ganzen Welt) und das Gruppe I Secretariat, der Höhepunkt in Arlington's International Festival of Racing, zahlreiche Nennungen aus Europa, England, Irland und Kanada gehen dazu ein. Während der 132-tägigen Rennsaison werden 150 Rennen in Arlington bestritten, jeden Tag, außer dienstags, werden Rennen gelaufen.

1991, bisher das beste Jahr in der Geschichte Arlingtons, wurden die Geldpreise fünfmal angehoben. Sie betrugen schließlich im Schnitt US$ 185 000 pro Tag. Durch den Erfolg von 1991 wollten 4500 Pferdebesitzer (ein absoluter Rekord) aus ganz Amerika eine Box in Arlington mieten. Es stehen jedoch nur 2400 Boxen zur Verfügung. 1991 wurde pro Rennen ein Pferd mehr zugelassen und 1992 wurden 0,5 Pferde pro Rennen mehr angenommen. Zudem wurden die Felder der Steherrennen deutlich größer.

Panoramabild der Rennbahn vom Million Room.

Der Eingang zum Erdgeschoß der Haupttribüne.

Der Führring.

Die Rückseite der Haupttribüne.

Die Haupttribünen.

ARLINGTON MILLION

3jährige und ältere Pferde, 2000 m, Gruppe I

Jahr	Pferd	Gewicht	Zeit	Besitzer	Trainer	Jockey
1981	John Henry	126	2:07,6	Dotsam Stable	R. McAnally	W. Shoemaker
1982	Perrault	126	1:58,8	Fradkoff u. Baron Von Zuylen	C. Whittingham	L. Pincay, jr
1983	Tolomeo	118	2:04,4	C. d'Alessio	L. Cumani	P. Eddery
1984	John Henry	126	2:01,4	Dotsam McAnally	R. McAnally	C. McCarron
1985	Teleprompter	126	2:03,4	Lord Derby	J. Watts	T. Ives
1986	Estrapade	122	2:00,8	A. E. Paulson	C. Whittingham	F. Toro
1987	Manila	126	2:02,4	B. M. Shannon	L. Jolley	A. Cordero
1988	Mill Native	126	2:00,0	C. N. Ray	A. Fabre	C. Asmussen
1989	Steinlein	126	2:03,6	Wildenstein Stable	D. W. Lukas	J. Santos
1990	Golden Pheasant	126	1:59,6	Summa Stable u. W. Gretzky	C. Whittingham	G. L. Stevens
1991	Tight Spot	126	1:59,4	R. Corrodini, W. Winchell, F. Anderson u. F. Whitman	R. McAnally	L. Pincay, jr.

Das Finish.

Markisen auf dem Rasen.

BELMONT PARK

2150 HEMSTEAD TURNPIKE, ELMONT, NY 11003
TEL. 1-516-4886000, FAX 1-516-4884185

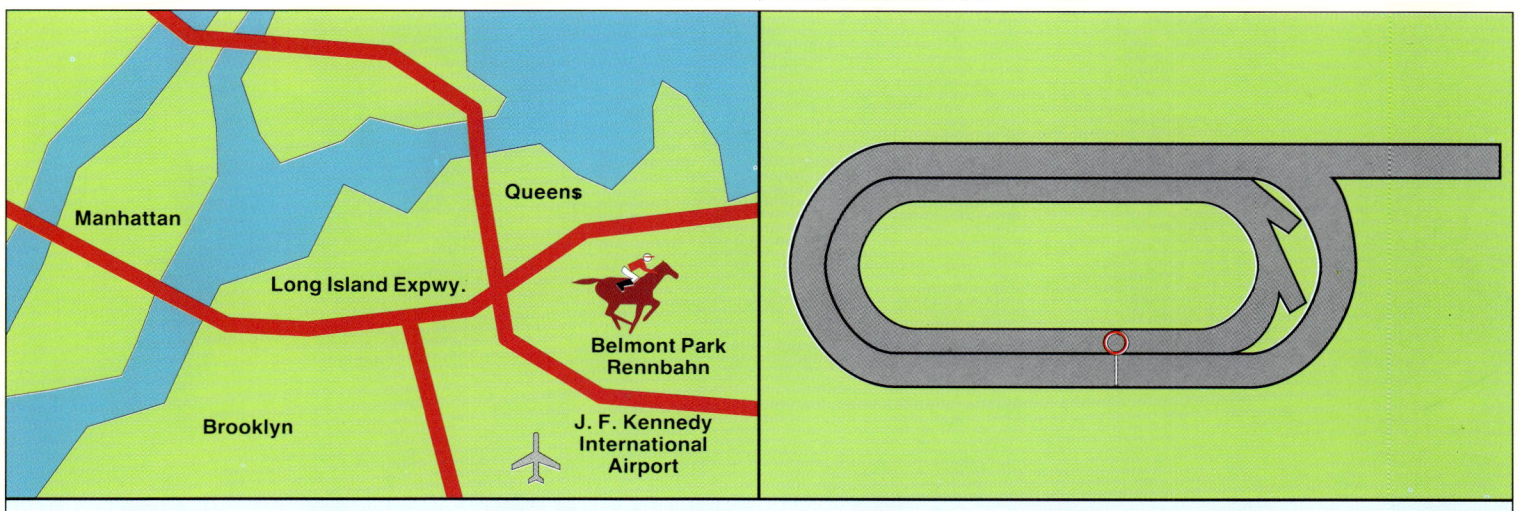

DISTANZEN, VERKEHRSVERBINDUNGEN UND PARKPLÄTZE

Belmont Park liegt nur 25 Minuten vom Times Square und nur wenige Minuten vom JFK und La Guardia Airport entfernt. Mit dem Zug erreichen Sie die Rennbahn, indem Sie die Long Island Railroad von Penn Station in New York nehmen. Fahren Sie mit der U-Bahn, nehmen Sie die Linie »E« (Eight Avenue) oder die »F« (Sixth Avenue) bis zur 108en Straße, dann den Bus N6 zur Rennbahn. Metropolitan Suburban Bus Authority N6 fährt von Hempstead, West Hempstead, Franklin Square, Elmont und Jamaica nach Belmont Park. Parken kostet eine Gebühr von US$ 2. Rennbahnnahe Parkplätze: zusätzliche US$ 2. Parkservice: zusätzliche US$ 3.

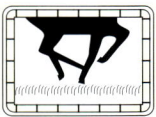 Linkskurs, Hauptbahn: Dirt-Track, 2400 m, oval, eben. Zielgerade: 350 m. Grasbahn innen: 2100 m. Grasbahn ganz innen: 1900 m.

 Eintritt: US$ 2
Clubhouse: US$ 5 (Anzug. Damen: keine Jeans oder Shorts).

 Für jede Veranstaltung wird das Rennprogramm »Post Parade« herausgegeben.

 Totalisator

 Vorsitzender, Kuratorium, Herr Allan R. Dragone Präsident, Herr Gerard McKeon. Vize-Präsident, Herr Gerald Lawrence. Vize-Präsident Mktg. und Public Relations, Herr Allen Gutterman

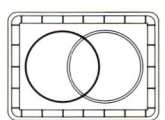 American Express, Diners Club. Mastercard, Visa.

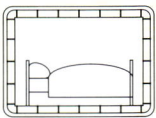 Unterkunft für Pferdepfleger nicht vorhanden.

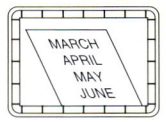 Frühjahrs-Veranstaltung: Anfang Mai bis Ende Juli Herbst-Veranstaltung: Anfang September bis Ende Oktober. Dienstags keine Rennen.

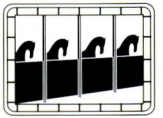 2200 Boxen

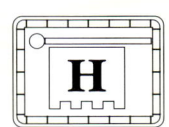 Floral Park Hotel, Tel. 1-516-7757777
Garden City Hotel, Tel. 1-516-7473000

 Alle Bahnen stehen zum Training zur Verfügung.

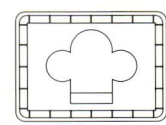 Garden Terrace
Reservierung: Tel. 1-516-3540466.

 Es stehen Quarantäneboxen zur Verfügung.

 Akindale Farm, Pawling, NY
Sugar Maple Farm, Poughquag, NY
Tilly Foster Farm, Brewster, NY

 Dr. W. Theodore Hill

 Die Rennbahn liegt so nahe an Manhattan, daß jede Form der Unterhaltung und des Vergnügens zur Verfügung steht.

![Blick auf die Tribünen.]

*W*o die New Yorker am Telefon wetten

1895 Am 14. August, nach Auflösung des New York Jockey Clubs, wird unter der Leitung von August Belmont II die Westchester Racing Association gegründet.

1903 – 05 Belmont Park wird für US$ 2,5 Millionen gebaut. An einem Donnerstag, den 4. Mai 1905, wird Belmont Park eröffnet. Vor ca. 40 000 Fans laufen die Pferde im Uhrzeigersinn. Die Hauptattraktion, das Metropolitan Handicap, endet als totes Rennen zwischen Sysonby und Race King.

1908 Hart-Agnew Bill erklärt Wetten bei Pferderennen für illegal.

1910 Die Gebrüder Wright führen Aufsicht über eine Luftschau in Belmont am 30. Oktober, 150 000 Zuschauer säumen die Rennbahn.

1911 Wegen des Wettverbots werden in New York keine Rennen veranstaltet.

1913 Wiedereröffnung von Belmont am 30. Mai. Offizielles Wetten ist weiterhin nicht möglich. Abgesehen von den Nenn- und Startgeldern wurden die Preisgelder aus der Kasse der Aktionäre der West-

chester Racing Association bezahlt, diese Ausgaben wurden kaum von den Eintrittsgebühren gedeckt.

1917 Eine ganze Serie von Bränden verursacht in Belmont am 7. April einen Schaden von ungefähr US$ 1 Million, die Rennbahn hätte fast geschlossen werden müssen. Aber die nächste Veranstaltung beginnt wie geplant am Memorial Day.

1918 Belmont dient als New York Terminal für den ersten amerikanischen Luftpostservice zwischen New York und Washington, D. C.

1920 Die Haupttribüne wird vollständig umgebaut, Sitzplätze jetzt für 17 500 Personen. Wandelhalle und Zwischenstockwerk werden hinzugefügt.

1921 Rennen werden jetzt gegen den Uhrzeigersinn gelaufen.

1923 Am 20. Oktober gewinnt Kentucky Derby Sieger Zev im Match-Race gegen Epsom Derby Sieger Papyrus mit 5 Längen. Das Preisgeld beträgt $110 500. Geschätzte 45 000 Fans besuchen das Rennen, die größte Zuschauermenge bei einem Match-Race der letzten 100 Jahre.

1924 Am 10. Dezember stirbt August Belmont II. Sein Nachfolger wird Joseph E. Widener. Er errichtet den »Widener Course«, eine 1400 m lange Gerade, die drei Jahrzehntelang für Gesprächsstoff sorgte.

1929 Whichone gewinnt $105 000 im Belmont Futurity, aber die Rennbahn leidet unter der Depression, im Durchschnitt gibt es pro Rennen nur $600 Preisgeld.

1933 Neue Gesetze, sie treten 1934 in Kraft, machen das Wetten in New York quasi-legal, zum erstenmal seit 1910.

1936 Zuschauer von Rennen auf dem »Widener Course« werden über Lautsprecher während der Rennen über die Positionen der Pferde informiert. Die erste Zielfotoanlage wird installiert.

1937 Perry Belmont, einziger überlebender Sohn von August Belmont, stiftet der Rennbahn die schmiedeeisernen Tore aus dem Jerome Park in den Bronx. Sie bildeten schon die Kulisse des ersten Belmont Stakes 1867.

1939 Die Ära der Buchmacher endet in Belmont Park.

1940 Das Wetten am Totalisator wird legal.

1943 Am 2. Oktober findet in Belmont Park »Back the Attack Day« statt, Eintritt nur gegen den Kauf von Kriegsschuldverschreibungen gestattet.

1947 Calumet Farm's Armed trifft auf King Ranch's Assault im ersten $ 100 000 Winner-take-all Match-Race in der Geschichte des Galopprennsports. 51 573 Fans sehen einen Sieg mit sechs Längen von Armed.

1948 Der Triple Crown-Sieger Citation, gewinnt in etwas mehr als zwei Wochen die Sysonby Mile, den Jockey Gold Cup und den Belmont Gold Cup.

1956 Ein umfangreiches Renovierungsprogramm beginnt.

1962 Vor 33 026 Fans findet das letzte Rennen im »alten« Belmont Park statt, das Man o' War Handicap am 27. Oktober.

1963 Aufgrund altersbedingter Schäden an den tragenden Teilen der Haupttribüne muß Belmont bis 1968 geschlossen werden.

1968 Am 20. Mai wird »New Belmont Park« rechtzeitig zum Belmont Stakes Centennial wiedereröffnet. Greentree Stable's Stage Door Johnny gewinnt das hundertste Rennen.

1971 Die zweitgrößte Menschenmenge in der New Yorker Sportgeschichte versammelt sich in Belmont Park, um Canonero II bei seinem leider nicht von Erfolg gekrönten Versuch, die Triple Crown zu erlangen, zu erleben.

1973 Am 9. Juni siegt Secretariat mit unglaublichen 31 Längen Vorsprung im Belmont Stakes, er läuft in Weltrekordzeit von 2:24. NYRA veranstaltet zum erstenmal das Marlboro Cup Invitational Handicap und die Fall Championship Series.

1975 Am 6. Juli spielt sich eine Tragödie ab, die ungeschlagene Stute Ruffian trifft im Match-Race auf Foolish Pleasure; Ruffian führt mit einer halben Länge, als sie niederbricht. Am nächsten Tag wird die Stute eingeschläfert, man begräbt sie im Innenbereich der Rennbahn.

1977 Der hochfavorisierte Seattle Slew holt sich die Triple Crown mit einem Sieg im Belmont Stakes.

1978 Affirmed und Alydar liefern sich auf der letzten Meile ein Kopf-an-Kopf-Rennen, aber Affirmed, mit Steve Cauthen, damals noch ein Teenager und die Sensation im Sattel, gewinnt mit einem Kopf die Belmont Stakes und damit die Triple Crown.

1980 Belmont feiert am 1. Juni 75-jähriges Bestehen, 67 107 Fans nehmen an den Feierlichkeiten teil.

1981 Pleasant Colony's Versuch, zu Triple Crown-Ehren zu gelangen, wird von Summing vereitelt, der die Belmont Stakes gewinnt.

1982 Conquistador Cielo läuft am Memorial Day die bis dahin schnellste Meile in der Geschichte New Yorks, 1:33 min, fünf Tage später kommt er zurück, um das Belmont Stakes mit 14 1/2 Längen zu gewinnen. Die NYRA bietet $1 Million demjenigen Pferd, das im Herbst alle Championship-Rennen gewinnt, das aber gelingt keinem. Der Jockey Club Gold Cup am 9. Oktober wird von einer Tragödie überschattet, der Massensturz von vier Pferden führt zum Tode von Timely Writer und Johnny Dance. Timely Writer wird im Innenbereich der Rennbahn begraben.

1983 Trainer Woody Stephens und Jockey Laffit Pincay, Jr. schließen sich zusammen, um zum zweitenmal die Belmont Stakes zu gewinnen, mit Caveat gelingt es auch, »the bumpy Belmont« zu gewinnen. NYRA feiert Stephens 70. Geburtstag am 1. September mit Fotos, Kaffee und Kuchen am Nachmittag und einem Gala-Diner mit Tanz am Abend.

1984 Zwei historische Ereignisse treten ein, Rokeby Stable's Fit to Fight gewinnt die Handicap Triple Crown im Frühjahr, Tayhill's Slew o'Gold gewinnt alle Rennen der Championship-Serie im Herbst und erhält den $1 000 000 Bonus. Woody Stephens und Laffit Pincay gewinnen Belmont zum drittenmal, dieses Mal mit dem Pechvogel Swale. Zum erstenmal in der Geschichte finden am Gold Cup-Tag nur Stakes-Rennen statt.

1985 Woody Stephens Pferde Creme Fraiche und Odysseus beenden das Belmont als Erster und Zweiter. Creme Fraiche ist der einzige Wallach, der je das Belmont gewonnen hat. Peter Fuller's Mom's Command gewinnt als sechste Stute die Filly Triple Crown.

1986 Woody Stephens gewinnt das Belmont zum fünftenmal, das hatte vor ihm noch keiner geschafft, diesmal mit Danzig Connection. Lady's Secret wird Pferd des Jahres.

1987 Alyshebas Versuch, die Triple Crown zu gewinnen, wird von Bet Twice vereitelt. Mit $ 9 266 120 gibt es den höchsten Wettumsatz aller Zeiten an einem einzigen Tag.

Der Führring.

Die Wett-Tafel inmitten einer riesigen Menschenmenge.

Die Pferde sind gestartet.

1988 NYRA führt HorseFair im Belmont Stakes ein. Es wird ein großer Erfolg, die Beteiligung steigt um 31 %, sowohl Publikum als auch die Rennsport-Industrie sind von dem Projekt begeistert. Risen Star, ein Sohn von Secretariat, triumphiert im Belmont mit 14 Längen und wird Champion der Dreijährigen, Alysheba gewinnt nach einem dramatischen Rennverlauf sein erstes Rennen in New York, das Woodward, er erhält den Eclipse Award.

1989 NYRA schreibt Geschichte. Zum erstenmal werden die Zeiten der Rennen bis zu Hundertstel-Sekunden gemessen. Außerdem werden für jedes Rennen 14 verschiedene Wetten angeboten. Sunday Silence's Versuch, die Triple Crown zu gewinnen, wird von Easy Goer vereitelt, der mit acht Längen vor Sunday Silence das Belmont gewinnt. Open Mind gewinnt die Triple Tiara für zweijährige Stuten, sie erhält den Eclipse Award.

1990 Im Oktober findet zum erstenmal der Breeders' Cup in Belmont statt. Kentucky Derby-Sieger Unbridled holt sich den mit $ 3 Millionen dotierten Breeders's Cup Classic an einem Tag des Triumphes und der Tragödie. Vorher hatte Meadow Star ihre Siegesserie mit dem Breeder's Cup Juvenile Fillies auf sieben ausgedehnt. Dieser glorreiche Tag wurde durch den plötzlichen Tod von Mr. Nickerson im Sprint überschattet, und von der Tragödie, die sich im Distaff ereignete, als Go for Wand nach einem großartigen Kampf gegen Champion Bayakoa kurz vor der Ziellinie mit gebrochener linker Fessel zusammenbrach. Das irische Pferd Go And Go gewinnt im Juni die 122sten Belmont Stakes mit acht Längen.

1991 Das Belmont-Stakes Wochenende bietet zwei der aufregendsten Rennen des Jahres 1991. Mehr als 51 000 Zuschauer sahen, wie Preakness-Sieger Hansel nach verzweifeltem Kampf mit kurzem Kopf gegen Derby-Sieger Strike the Gold gewinnt. 24 Stunden später waren Carl Icahn's Meadow Star und Rap-Star Hammers' Lite Light auf den letzten 400 m des Mother Goose praktisch unzertrennlich.

Meadow Star hatte schließlich die Nase vorn. In Excess gewann drei Gruppe I-Rennen in Belmont: die Met Mile, das Suburban (Bahnrekord über 2000 m mit 1:58,2) und das Woodward. Das neue NYRA One Account wird eingeführt, es können telefonisch Wetten abgegeben werden.

Das Ziel des Dirt-Tracks.

ERFOLGREICHSTE TRAINER

1991 Frühlings-Veranstaltungen

Trainer	Starts	Siege	Schnitt
F. S. Schulhofer	78	20	26 %
D. W. Lukas	93	20	22 %
F. Martin	56	15	27 %
R. Klesaris	80	15	19 %
W. Mott	58	13	22 %
R. O'Connell	89	13	15 %
P. Ferriola	99	13	13 %
H. A. Jerkens	79	12	15 %
M. Garren	61	11	18 %
R. Barbara	65	11	17 %

1991 Herbst-Veranstaltungen

Trainer	Starts	Siege	Schnitt
C. McGaughey	43	15	35 %
D. W. Lukas	71	14	20 %
H. A. Jerkens	73	14	19 %
F. S. Schulhofer	65	12	18 %
F. Martin	53	11	21 %
J. Odintz	41	10	24 %
P. G. Johnson	59	10	17 %
R. Barbara	48	9	19 %
P. Ferriola	64	9	14 %

ERFOLGREICHSTE JOCKEYS

1991 Frühlings-Veranstaltungen

Jockey	Ritte	1.	2.	3.	Schnitt
Smith, M.	383	86	50	41	22 %
Bailey, J. D.	278	54	37	33	19 %
Krone, J.	334	54	49	52	16 %
Cordero, A. jr	306	47	41	50	15 %
Antley, C.	270	39	44	28	14 %
Migliore, R.	208	29	23	18	14 %
Chavez, J.	292	28	35	35	10 %
McCauley, H.	188	25	22	29	13 %
Samyn, J.	231	24	20	25	25 %
Madrid, A. jr	292	24	38	31	08 %
Vasquez, M. O.	200	23	19	19	12 %

1991 Herbst-Veranstaltungen

Jockey	Ritte	1.	2.	3.	Schnitt
Smith, M.	291	54	44	52	19 %
Santos, J.	268	45	41	39	17 %
Krone, J.	236	36	44	27	15 %
Cordero, A. jr	185	34	44	27	15 %
Chavez, J.	210	29	18	27	14 %
Bailey, J.	181	27	26	25	15 %
Antley, C.	155	26	17	21	17 %
Migliore, R.	162	25	21	11	15 %
Cruguet, J.	122	16	17	12	13 %
McCauley, H.	155	16	18	23	10 %
Samyn, J.	169	15	17	24	09 %

BESUCHER- UND UMSATZREKORDE

Besucher an einem Tag	5. Juni 1971	82 694
Wettumsatz (1 Tag)	27. Oktober 1990 Breeders' Cup Day	US$ 10 557 736
Wettumsatz (1 Rennen)	6. Juni 1987 Belmont Stakes	US$ 2 703 924

CHURCHILL DOWNS

700 CENTRAL AVENUE, LOUISVILLE, KY 40208
TEL. 1-502-6364460, FAX 1-502-6364430

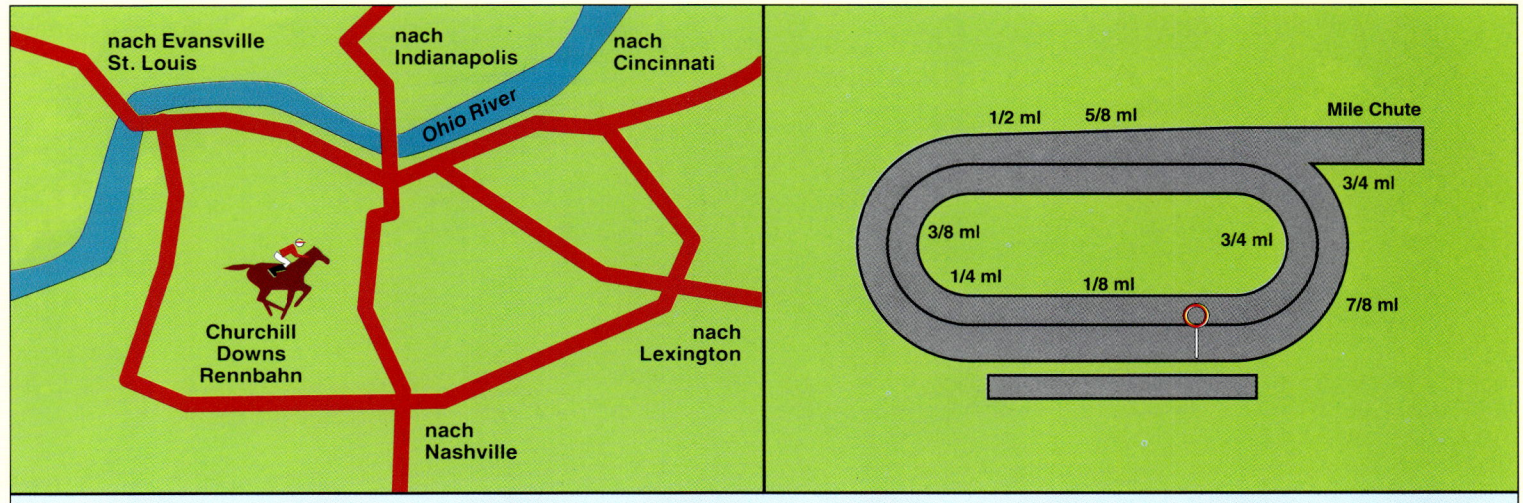

DISTANZEN, VERKEHRSVERBINDUNGEN UND PARKPLÄTZE

Die Rennbahn liegt im Süden von Louisville, nur drei Meilen vom Stadtzentrum entfernt. Lexington ist 140 km weit, der lokale Flughafen nur wenige Kilometer entfernt (Standiford Field). Mehr als 5000 Autos können an der Rennbahn parken (Gebühren: US$ 2 bis US$ 4 [Service]).

 Dirt-Track: 1600 m
Grasbahn: 1600 m. Beide Linkskurs.

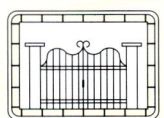 Von US$ 1,50 (Haupttribüne) bis US$ 3 (Clubhouse), zusätzlich US$ 2 für Platzreservierung. Clubhouse Kleidervorschrift: Geschäfts-Stil.

 Für jeden Renntag wird ein Rennprogramm herausgegeben.

 Totalisator

 Vorsitzender, William S. Farish. Präsident und CEO, Herr Thomas H. Meeker. Vize-Präsident, Herr Richard Cummings. Vize-Präsident Corp. Comm., Herr Karl F. Schmitt, jr.

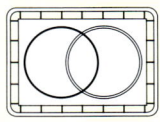 Mastercard, Visa

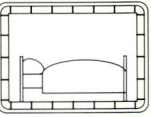 Herberge für Pferdepfleger an der Rückseite der Rennbahn. Reservierung empfohlen.

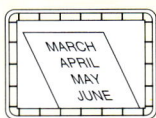 Frühlings-Veranstaltung: 55 Renntage im April, Mai und Juni. Herbst-Veranstaltung: 24 Tage im November.

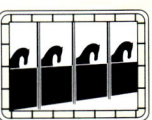 1404 Boxen

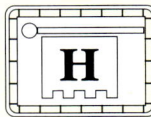 Brown Hotel, Tel. 1-502-5831234
Executive Inn, Tel. 1-502-3676161
Galt House, Tel. 1-502-5895200
Holiday Inn South, Tel. 1-502-9643311

 Beide Bahnen stehen für Trainingszwecke zur Verfügung. Auf der Grasbahn dürfen nur die Pferde trainieren, die an den Rennen teilnehmen.

 Silks Restaurant
Eclipse Room
Reservierung: Tel. 1-502-6364400

 Unbegrenzt: nach Nachfrage

 Hermitage Farm, Louisville
Longfield Farm, Louisville
Nahe Lexington sind einige der besten Gestüte (ca. 140 km östlich).

 Dr. Edward Kennedy

 Kentucky Derby Museum (auf der Rennbahn).

Unbridled gewinnt das Kentucky Derby 1990.

Das Kentucky Derby

Colonel M. Lewis Clark war der Gründer von Churchill Downs. 1872 kam Clark nach Europa, um Informationen über die verschiedenen Rennen einzuholen und um Einblick in die Regeln zu gewinnen. Von dem englischen System sehr beeindruckt, kehrte Clark in die Vereinigten Staaten zurück und konzipierte das Kentucky Derby, die Kentucky Oaks und das Clark Handicap in Anlehnung an die wichtigsten Rennen in England.

Matt Winn, ein Schneider aus Louisville, gab seine Arbeit auf und übernahm 1902 die Leitung der Rennbahn. Winns legendäre Begabung, für die Rennbahn zu werben und persönliche Kontakte zu knüpfen, ließen das Kentucky Derby zum größten Pferderennen aller Zeiten werden. Winns Name und seine Erscheinung wurden zum Synonym für das Derby, sein Einfluß war weltweit. Es gibt kein Vollblut-Rennen auf der ganzen Welt, das in Tradition, Prestige oder Qualität dem Kentucky Derby das Wasser reichen kann.

Die Begeisterung und Aura des heutigen Derbys reicht weit zurück in die Geschichte, ist schon fast Legende. Vor mehr als hundert Jahren wurde das Derby zum erstenmal gelaufen. Seit jenem 17. Mai haben die nachfolgenden »Runs for Roses« zum Ansehen und zur Popularität des Vollblutrennsports beigetragen.

Die Faszination des Derbys reicht über Churchill Downs hinaus, auch über Louisville und sogar über die Grenzen des Blue Grass. Die Namen von Derby-Siegern und deren Jockeys gehören zu den bekanntesten Namen unter den Großen im Sport.

Churchill Downs hat die Fluktuationen nationaler

Die berühmten Zwillings-Spitztürme.

Ab!

Ein Blick von der Rennbahn auf die Haupttribüne.

Krisen überlebt, zwei Weltkriege, die Depression und ein paar rennbahninterne Krisen. Zu Beginn des 20. Jahrhunderts stand die Rennbahn am Rande des Bankrotts, die Zukunft war mehr als zweifelhaft. Colonel Matt Winn kam zur Rennbahn und brachte nationale Prominenz zum Derby und zu den Downs. Ständige Verbesserungen des Geläufs und der Gebäude, Veränderungen an der Durchführung der Rennen haben zur Attraktivität des Kentucky Klassikers beigetragen.

Wo früher die Haupttribüne und das Clubhouse waren, befinden sich heute die Stallungen. 1895 wurde der erste Teil der heutigen Tribünen fertiggestellt. Diese berühmten Zwillingstürme werden von Rennsportfreunden auf der ganzen Welt sofort erkannt.

The Downs ist ständig größer geworden. Allein 1985 wurden fast US$ 8 Millionen aufgewendet, um die Grasbahn, neue Tunnel im Innenbereich und den Bürokomplex zu vergrößern oder zu verändern. Außerdem wurden die vier wichtigsten »Herzstükke« der Bahn neu gestaltet, das bedeutendste Restaurant, der 530 Gästen Platz bietende Eclipse Room, Silks Snack-Bar mit Live-Entertainment und die Räumlichkeiten des Jockey Clubs.

Das erste Derby sahen nur ca. 10000 Zuschauer. Heute kommen zu denen, die direkt am Ort des Geschehens sind, noch Millionen an ihren Fernsehgeräten hinzu, um das Sportereignis des Landes mitzuerleben, auf das sich alle am meisten freuen.

Fast alle Besitzer und Trainer von Vollblütern träumen davon, einmal ein Pferd im Derby laufen zu haben, das ihnen mit möglichen Sieg Ansehen und nahezu unsterblichen Ruhm verleihen würde. Damon Runyon beschrieb wohl die Gefühle am besten, als er über das Derby sagte: »Es ist ein niemals abflauender Nervenkitzel, der einen ständig an die bevorstehende Spannung erinnert« (»It is a never dying thrill that keeps the memory throbbing in anticipation«).

Hier ist »Derby Day Every Day!« Eröffnet im April 1985 ist das Kentucky Derby Museum das größte Pferdemuseum der Welt (Kosten: US$ 7,5 Millionen). Viel wird auf diesen 4500 m² geboten, ein passender Rahmen für das Kentucky Derby und den Vollblutrennsport. In einer dreidimensionalen Multi-Media-Show, sie erhielt einen Award, können Sie die 65 vergangenen Derbys in Bild und Ton nacherleben und nachträglich mitfiebern. Dutzende von Schaukästen können Sie bestaunen, Derby-Denkwürdigkeiten, und Sie können einen lebendigen Vollblüter streicheln. Das Museum und der Geschenkladen befinden sich in 704 Central Avenue, gleich neben Churchill Downs, geöffnet täglich von 9.00 bis 17.00 Uhr, geschlossen sind das Museum und der Laden an Thanksgiving, Weihnachten,

Das Deckblatt des Programms vom Kentucky Derby 1992.

Oaks und Derby Day. Seit dem ersten Derby 1875, als 10000 Zuschauer miterlebten, wie Aristides als Erster über die Ziellinie galoppierte, sind die Besuchermassen am Derby Tag ständig gestiegen. Durchschnittlich kommen 125000 jährlich zu den »Großartigsten Zwei Minuten im Sport«. Mehr als 50000 reservierte Plätze sind am Derby Tag gefüllt, die meisten Zuschauer befinden sich allerdings wie bei einem Riesen-Picknick im Innenbereich der Rennbahn. Der Besucherrekord am Derby Tag stammt aus dem Jahr 1974, 163628 kamen damals zum 100sten Kentucky Derby.

Photos: Archive Churchill Downs
     Richiardi.

Luftbild vom Rennbahngelände Churchill Downs.

BESUCHER		SIEGER IM KENTUCKY DERBY		STARTPLATZ DES SIEGERS		
Jahr	Besucher	Jahr	Pferd	Jahr	Name	Platz
1960	68 874	1986	Ferdinand (Older Horse 1987 – Horse of the year 1987)	1986	Ferdinand	1
1970	105 087	1987	Alysheba (3-jähr. Hengst 1987 – Older Horse 1988 – Horse of the Year 1988)	1987	Alysheba	3
1980	131 859	1988	Winning Colors (3-jähr. Stute 1988)	1988	Winning Colors	11
1990	128 257	1989	Sunday Silence (3-jähr. Hengst 1989 – Horse of the Year 1989)	1989	Sunday Silence	10
1991	135 554	1990	Unbridled (3-jähr. Hengst 1990)	1990	Unbridled	8
		1991	Strike the Gold	1991	Strike the Gold	5

Strike the Gold nach seinem Sieg im Kentucky Derby 1991.

CHURCHILL DOWNS

GULFSTREAM PARK

901, S. FEDERAL HWY., HALLANDALE, FL 33009

TEL. 1-305-4547000, FAX 1-305-9444640

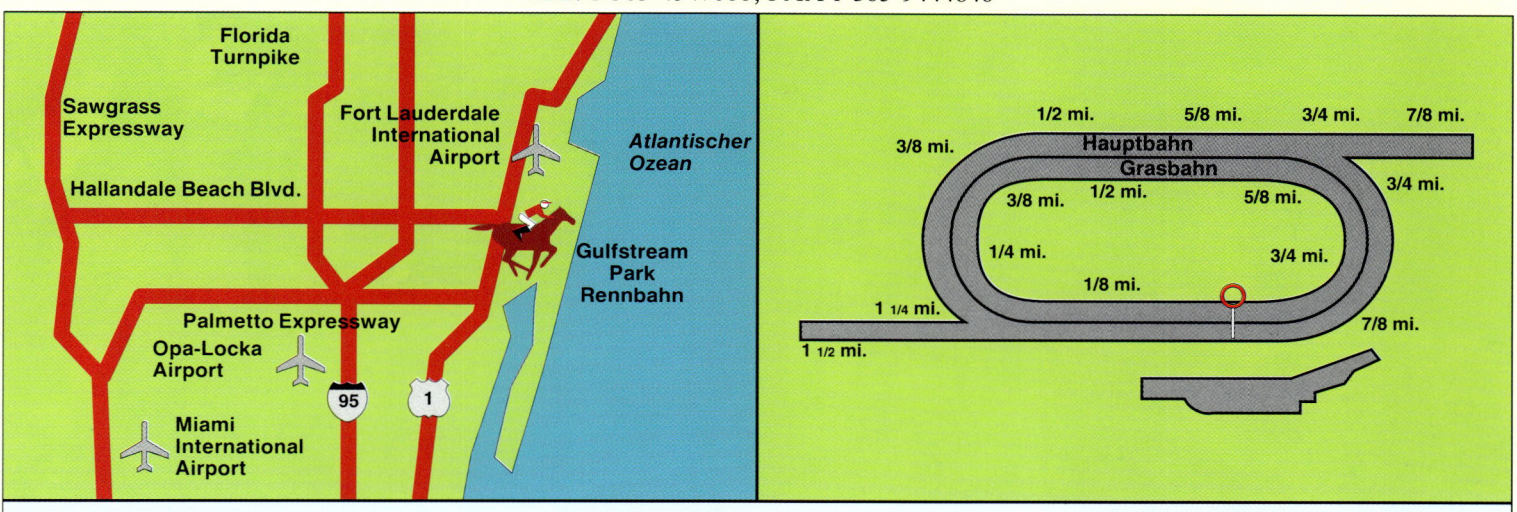

DISTANZEN, VERKEHRSVERBINDUNGEN UND PARKPLÄTZE

Von Fort Lauderdale und Palm Beach aus erreicht man die Gulfstream Park-Rennbahn nach einer kurzen Autofahrt Richtung Norden, von Miami Richtung Süden und Miami Beach Richtung Osten. Zufahrt: 1–95 (Hallandale Beach Blvd. exit, East) und FL Turnpike (Hollywood Blvd. exit 8, East). Die Rennbahn wird auch von Zügen, Bussen und privaten Gesellschaften angefahren. Mit dem Flugzeug landen Sie auf den Flughäfen Fort Lauderdale/Hollywood Airport (11 km), Miami International Airport (40 km). Parkraum für mehr als 15000 Autos steht zur Verfügung.

 1800 m Grasbahn mit Geraden (Linkskurs). 1600 m Dirt-Track: Sand/Lehm-Gemisch, Unterschicht Lehm/Schlick, Sand (Linkskurs).

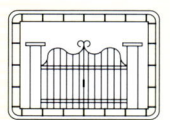 Clubhouse: US$ 4 (Shorts nicht erlaubt) Haupttribüne: US$ 2 (legere Kleidung erlaubt).

 An der Rennbahn gibt es täglich Rennprogramme. Außerdem: Florida Derby Souvenir Magazine, General Brochure, Media Guide.

 Totalisator

 Präsident und CEO, Herr Douglas Donn
Direktor, Herr Terence B. Meyocks
General-Manager, Herr Rick Relicke
Kommunikations-Direktor, Herr Joe Tanenbaum

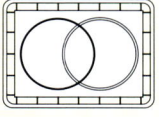 Alle bekannten Kreditkarten werden angenommen.

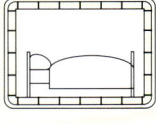 Unterkunft für Pferdepfleger vorhanden.

 18 Gruppen-Rennen, an der Spitze US$ 300000 Gulfstream Park Handicap, US$ 500000 Donn Handicap, US$ 500000 Florida Derby. Breeders' Cup Day am 31. Oktober 1992.

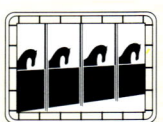 1390 Boxen an der Rennbahn.

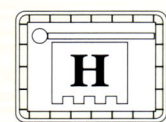 Hollywood Beach Hilton, Tel. 1-800-3387800
Marriott's Harbor Beach, Tel. 1-800-5254000
Sheraton Bal Harbor, Tel. 1-800-3253535

 Es sind keine Trainingsmöglichkeiten vorhanden.

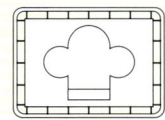 Gulfdome Dining Terrace, Clubhouse Dining Room, Rooftop Bar & Grille, Turf Club Restaurant. Reservierung: Tel. 1-305-4561515

 Quarantäneboxen stehen am Miami International Airport zur Verfügung.

 Einige der schönsten Gestüte liegen in Davie und Ocala, Fl.

 Dr. Robert M. Zwerner
Dr. Ralph W. Allen

 Alle Wassersportarten, Angeln, Vizcaya Museen, Lion Country Safari, Golf- und Tennisplätze, Gold Coast Beaches, Miami Delphin-Fußball.

![Da sind sie ... Ein schöner Blick auf die Rennbahn von der Rooftop Bar und Grille.](image)

Da sind sie ... Ein schöner Blick auf die Rennbahn von der Rooftop Bar und Grille.

Parade der Champions

Der Vollblut-Rennsportkalender bietet jedes Jahr einige besondere Ereignisse, die die Aufmerksamkeit der ganzen Nation auf sich ziehen. Selten aber findet ein Tages-Programm die völlige Zustimmung aller Experten.

Außer ... der Florida Derby Tag in Gulfstream Park.

Seit Mitte der 80er Jahre – als die mit US$ 100 000 dotierte Swale Stakes (Gruppe III) und andere hochklassige Rennen auf der gleichen Rennkarte erschienen wie das mit US$ 500 000 dotierte Florida Derby (Gruppe I) – haben Pferdefreunde und Rennsport-Berichterstatter schnell erkannt, daß Gulfstream nicht nur den Dreijährigen auf ihrer klassischen Route zur Triple Crown etwas zu bieten hatte. Das Derby war nur noch ein Teil dessen, was aus Floridas Parade der Champions geworden war.

Florida Derby Day bietet nicht mehr nur einen Ausblick auf die Triple Crown, sondern aufregende – und häufig augenöffnende – Hinweise auf das, was später im Jahr noch zu erwarten ist. Es ist ein Aufgebot an Stars der verschiedenen Sparten des Galopprennsports.

Dave Joseph, Berichterstatter der Rennbahn für Fort Lauderdale News, beschrieb den Florida Derby Day als »ein Nachmittag voller Pferde von Rasse und Klasse«. Gulfstream Parks mit US$ 500 000 dotiertes Florida Derby liefert auch die beste Vorausschau auf die Triple Crown Rennen – das Kentucky Derby, die Preakness und die Belmont Stakes. In 40 Jahren sind 43 der Rennen für die Triple Crown von 31 Dreijährigen gewonnen worden, die vor den Klassikern im Frühling im Florida Derby (Gruppe I) gelaufen waren – 16 siegten im Kentucky Derby, 16 im Preakness und 11 im Belmont Stakes. Zusätzlich waren von den 75 Pferden, die noch ins Geld liefen, 30 vorher im Florida Derby gestartet.

1990 wurden Strike The Gold und Hansel Zweiter und Dritter hinter Fly So Free. Strike The Gold siegte dann im Kentucky Derby, Hansel entschied das Preakness und die Belmont Stakes für sich. Hansel erhielt als Champion der Dreijährigen den Eclipse Award.

Frances A. Genter Stable's Unbridled nutzte das höchstdotierte Rennen für Dreijährige als Training für seinen Sieg mit vier Längen im Kentucky Derby,

seinen zweiten Platz im Preakness und für seinen Triumph im Breeders' Cup Classic. Er erhielt den Eclipse Award.

Unbridled, Swale, Spectacular Bid, Northern Dancer, Tim Tam, Carry Back, Needles und Forward Pass waren Florida Derby Champions, die auch das Kentucky Derby für sich entscheiden konnten. Snow Chief, der Florida Derby Sieger von 1986, siegte auch im Preakness. Proud Truth gewann das Florida Derby 1985 und dann auch den Breeders' Cup Classic.

Zum Prestige dieses »Run for the Orchids« trugen auch noch die Vollblüter bei, die später Horse of the Year (Pferd des Jahres) wurden – Forego, Nashua, Bold Ruler, Sword Dancer und Arts and Letters.

Auch wenn Floridas klassisches Rennen die Attraktion am Florida Derby Tag ist, erleben die Zuschauer einen langen, einzigartigen Tag der Unterhaltung ... die Greatest Show on Turf ... eine Wahnsinns-*Fiesta*, Spaß für die ganze Familie. Tausende von Zuschauern finden sich schon lange vor den ersten Rennen ein, um die Elite-Reiter der USA im Springsport und im Dressurviereck, den wagemutigen Flying High Circus der Florida State University, Spielmannszüge, Musiker, Ritterturnierkämpfe und wunderschöne Mannequins, die die neueste Mode vorführen, zu sehen. Es ist ein bunter Tag, voller Prunk, der ein *Potpourri* besonderer Attraktionen bietet, einschließlich eines Streichelzoos für Kinder.

GULFSTREAM PARK

Ein malerischer Blick auf das Clubhouse Restaurant.

Der Führring vor dem Start zum Florida Derby.

Breeders' Cup

Von Freitag, dem 30. Oktober bis zum Sonntag, dem 1. November findet in Gulfstream Park das Ultimate Racing Weekend statt, die Weltmeisterschaft des Galopprennsports mit US$ 10 Millionen steht im Mittelpunkt der Veranstaltung. 1989 zum erstenmal durchgeführt – die erste Rennsportpremiere im Sunshine State – gab es einen Umsatz von US$ 60 Millionen, so jedenfalls berichtet von Broward Economic Development Board.

Die überaus erfolgreiche Durchführung vom Breeders' Cup VI in Gulfstream, führte dazu, daß dieses Rennen wieder dort ausgetragen werden soll. Dadurch gelangte Gulfstream immer mehr in den Status eine Rennbahn der Weltklasse zu sein und zur Elite der amerikanischen Rennbahnen zu gehören. Der Breeders' Cup geht jetzt ins neunte Jahr, sechs amerikanische Rennbahnen wurden bisher ausgewählt, dieses Rennen auszurichten. Die anderen sind Churchill Downs, Belmont, Aqueduct, Santa Anita und Hollywood Park. Viereinhalb Stunden Fernseh-Live-Übertragung in die ganze Welt von NBC sichert Südflorida und seinen Touristenattraktionen internationale Bekanntheit. 1989 gab es für Florida einen Besucherrekord von 51 342 Zuschauern am Breeders' Cup Day. Das Ultimate Racing Weekend stellte mit 91 087 Zuschauern und einem Umsatz von US$ 21 322 335 zwei neue Wochenendrekorde auf. Weitere Rekorde für Florida waren ein Umsatz von US$ 12 373 213 an einem einzigen Tag und US$ 45 129 419 an einem Breeders' Cup Day.

Der Start ist erfolgt!

GULFSTREAM PARK

Das Finish im Florida Derby.

Beeindruckende Programme das Marketing, die Werbung, Publicity, Promotion und Public Relations betreffend sind das Geheimnis des Erfolges und des internationalen Bekanntheitsgrades in Gulfstream Park. In 19 aufeinanderfolgenden Jahren konnte Gulfstream Park in mindestens einem der wichtigsten Pfeiler des Galopprennsports einen Zuwachs verzeichnen: Besucherzahlen, Umsatz und Preisgeld.

FERNSEHEN NATIONAL

Das Florida Derby und das Donn Handicap sind die einzigen Galopprennen, die jährlich von einer größeren Gesellschaft von einer Rennbahn in Florida live übertragen werden (ABC's Wide World of Sports). In den letzten zehn Jahren sahen insgesamt 156 Millionen Zuschauer das Florida Derby, das ergibt einen jährlichen Durchschnitt von 15,6 Millionen.

COMPUTER SYSTEM

Neuigkeiten, Buchungen, Veränderungen und Ergebnisse werden direkt in die Hauptcomputer der größeren Dailies und National Wire Services eingegeben. In Florida war Gulfstream Park die erste Rennbahn, die an das Computernetz angeschlossen wurde.

AUDIOVISUELLER SERVICE

Mindestens zwei Filmclips werden wöchentlich den 175 Fersehstationen zur Verfügung gestellt, 250 Radiosender erhalten Tonbänder. Die Fernsehstationen haben eine Sehbeteiligung von 40 Millionen Zuschauern und mehr ermittelt.

PRÄSENTE

Kunstleder-Brieftasche mit Geheimfach und Coupons für Bargeld (US$ 2 – US$ 1000), sonstige Geschenke: Mütze und Poster vom Breeders' Cup Day, Taschenlampe, Schlüsselkette, Ferienreise für zwei Personen nach Mexiko (Pan American Day), Thermosflaschen, Tickets mit unterschiedlichem Wert (US$ 2 – US$ 5000).

FRÜHSTÜCK IN GULFSTREAM

Freier Eintritt und kostenloses Parken wird an jedem Wochenende geboten, um Familien für den Galopprennsport zu gewinnen. Mama, Papa und die Kleinen schauen bei der Morgenarbeit zu, sind bei Interviews mit Besitzern, Trainern, Jockeys und Stars der Medien dabei und gewinnen Preise. Ein großes Frühstücksbuffet bietet Leckeres zu besonders günstigen Preisen.

AVENTURA MALL DAY

Durchgeführt in Zusammenarbeit mit dem größten Einkaufszentrum in North Dade. Die Kaufleute stellen mehr als US$ 2500 als Sachpreise für die »Clothes Horse Sweepstakes« zur Verfügung.

US$ 1000 FLORIDA DERBY JACKPOT WETTBEWERB

Alljährlich durchgeführt in Zusammenarbeit mit den Produzenten des Captain Morgan Derby Daiquiri, ein sehr beliebtes Getränk beim Florida Derby. Teilnehmer tippen, welche der im jährlichen Klassiker für Dreijährige genannten Pferde als Erster, Zweiter und Dritter ins Ziel kommen werden.

PADDOCK CLUB

Der Paddock Club ermöglicht es den Sponsoren von Gulfstream, täglich mit Jockeys, Pferdebesitzern, Trainern und prominenten Besuchern zusammenzukommen und ein paar Worte zu wechseln.

MODESCHAU

Mannequins führen die allerneueste »Haute Couture« auf einem Laufsteg im Gulfstream's Turf Club und im Speisesaal des Clubhouse vor.

HOLLYWOOD PARK

1050, SOUTH PRAIRIE AVENUE, INGLEWOOD, CA.

TEL. 1-310-4191500, FAX 1-310-6724664

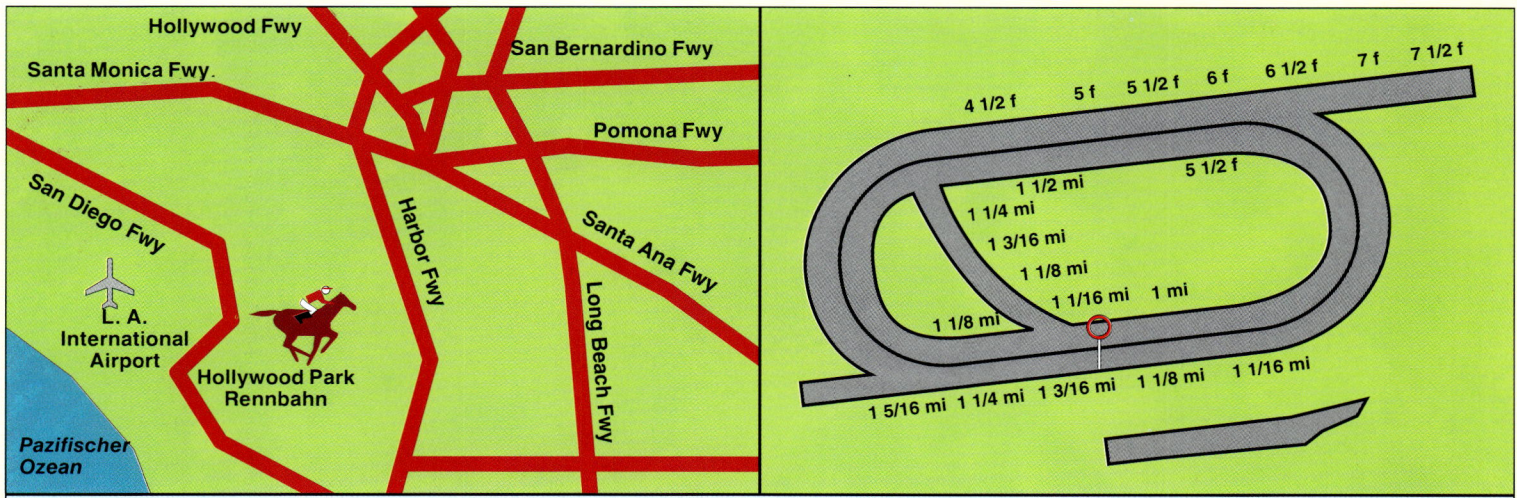

DISTANZEN, VERKEHRSVERBINDUNGEN UND PARKPLÄTZE

Hollywood Park ist in Inglewood, ca. 18 km südwestlich der Innenstadt von Los Angeles. Die Rennbahn liegt auch nur 5 km östlich vom Los Angeles International Airport. Anfahrt von San Diego: Freeway 405, Exit Manchester Boulevard und östlich nach Inglewood. Anfahrt von Santa Monica: Freeway 10, entweder San Diego Freeway oder Harbor Freeway in südlicher Richtung. Es stehen sehr viele Parkplätze zur Verfügung, die Gebühren sind im Eintrittspreis enthalten. Parkservive kostet US$ 8.

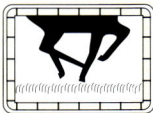 Hauptbahn: Dirt-Track, 1800 m mit einer 1500 m Geraden. Eine lange Gerade von 330 m. Grasbahn innen: 1645 m, oval; lange Gerade von 330 m. Beide Bahnen Linkskurs.

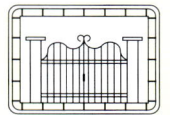 Eintritt: US$ 6. Clubhouse: US$ 9,50 Jugendliche bis 17 Jahren: freier Eintritt. Ermäßigung für Besucher, die mit dem Bus kommen und für Bürger ab dem 62. Lebensjahr.

 Tägliches Rennprogramm ist im Eintrittsgeld enthalten.

 Totalisator

 Vorsitzender und CEO, Herr Randall D. Hubbard Vize-Präsident, Herr Harry Ornest Sekretär, Herr Eual G. Wyatt, jr. Vize-Präsident Marketing, Herr Rick Baedeker

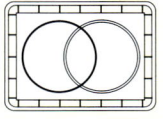 Mastercard, Visa

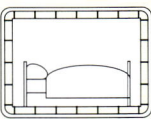 Unterkunft für Pferdepfleger vorhanden.

 1992: vom 29. April bis 27. Juli (67 Renntage). Vom 11. November bis zum 24. Dezember (32 Renntage).

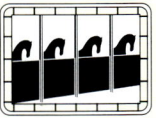 18 Stallungen mit 1958 Boxen.

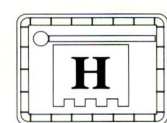 Beverley Hills Hotel, Tel. 1-310-2762251 Beverly Hilton, Tel. 1-310-2747777 Beverly-Wilshire, Tel. 1-310-2712168

 Östlich der Stallungen steht eine ovale Trainingsbahn von 800 m Länge zur Verfügung, diese Bahn ist 30 m breit.

 Club Terrace Dining Reservierung: Tel. 1-310-4191601

 Hollywood Park hat einen ganzen Stallkomplex mit 24 Quarantäneboxen.

 Keine Gestüte in der Nähe.

 Dr. Ray Baran Dr. William Bell

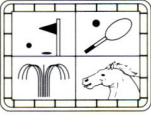 Für Kinder: North Park. Am nördlichen Ende der Haupttribüne, Gras, auch für die ganze Familie, dort gibt es einen Spielplatz, Tresen mit Ausschank-Lizenz und Wettschalter.

Fertig für die Parade.

Komfort, Qualität und Technik

Randall D. Hubbard und seine Direktoren erfreuten die Galoppsportfreunde 1991 mit einer belebenden, neuen Aufmachung von Hollywood Park, sie wurden mit Rekordzahlen aus den Frühjahrs-/Sommer- und der Herbstveranstaltungen belohnt. Hubbard, er übernahm die Verantwortung im Februar, war der Vorkämpfer eines US$ 18 Millionen-Projektes, das Hollywood Park sein »Lakes and Flowers«-Image der ruhmreichen Jahre wiedergeben sollte. Das Projekt war ein voller Erfolg, denn nach fünf Jahren, in denen die Besucherzahlen konstant zurückgegangen waren, kamen während der 67-tägigen Frühjahr-/Sommer-Veranstaltung durchschnittlich 20 306 Besucher – gegenüber 1990 eine Zuwachsrate von 11 %.

Seit 1987 das Inter-Track Wettsystem eingeführt worden war, stellten die 28 352 Besucher einen Rekord dar. Mit der Eröffnung der Herbst-Veranstaltung im November begann für Hollywood Park eine neue Ära. Besucherzahlen und Umsatz schnellten während der 32-tägigen Veranstaltung in die Höhe, denn ein neues Gesetz erlaubte es den Rennbahnen in Los Angeles, sich dem Intertrack-Netz anzuschließen. Die Besucherzahlen stiegen um 24,66 %, der Umsatz um 18,58 %. Der durchschnittliche Umsatz von US$ 6 478 958 übertraf den im vorangegangenen Herbst aufgestellten Rekord um mehr als US$ 1 Million. Mit 26 104 Besuchern pro Tag wurde die Zahl aus 1983 (23 958) leicht übertroffen.

Die umfassende Renovierung gab der Rennbahn ein

Ein Blick auf den gesamten Gebäudekomplex von Hollywood Park.

Eine Kaffeepause für die letzte Entscheidung.

Luftaufnahme von dem Gebiet, in dem die Rennbahn liegt.

völlig neues, elegantes Aussehen. Die Sponsoren fühlten sich wohl und waren viel näher am Geschehen. Die Veränderungen an der Vorderseite schufen einen Führring im europäischen Stil, genannt Garden Paddock. Dieser großzügig angelegte Bereich kann mit der normalen Eintrittskarte betreten werden und bietet ca. 6000 Besuchern Pferde, Jockeys und Trainer ganz aus der Nähe. Eine große Rasenfläche, der North Park, bietet Erfrischungen, einen Spielplatz und eine Bühne, wo Unterhaltungsprogramme geboten werden. Die Rennbahn führt genau daran vorbei, ebenso der Weg, der die Pferde von der hinteren Geraden zum Führring zurückbringt, hier können die jüngsten Familienmitglieder die vierbeinigen Stars ganz aus der Nähe betrachten. Sehr beliebt ist auch der neue Players' Club. Er bietet einen Raum zur Wiederholung von Rennverläufen an und eine von zwei Study Halls. Entworfen mit dem Gedanken eine Las Vegas Sportsbook Atmosphäre zu schaffen, gibt es reservierte Sitzplätze mit Tischchen, große Monitore und Wettschalter. Die prunkvolle Hollywood Bar, hier sind viele Erinnerungen an die traditionsreiche Vergangenheit der Rennbahn zu finden, liegt gleich neben Study Hall I des Players' Club. Study Hall liegt im Pavillon, sie dient hauptsächlich dem Inter-Track-Wetten. Die Rennen werden in den Pavillon übertragen, für jeden wird etwas geboten. Mit der normalen Eintrittskarte haben Sie Zutritt zu einem Bereich, der Ihnen Theatersitzreihen ähnliche Plätze mit Tischplatten bietet, so daß auch Handicapper hier arbeiten können. In zwei der sechs Stockwerke stehen Luxus-Suiten zur Verfügung, es gibt auch Logenplätze (mit privaten Fernsehmonitoren) und neue Speisesäle sowohl in der Haupttribüne als auch im Clubhaus. Die neuen Speisesäle und Bars im Clubhaus und Turf Club werden mit High-Tech beleuchtet. Die Räume sind in ansprechendem Beige mit grüner Verzierung gehalten. Das Management ließ den Goose Girl-Wettbewerb wieder aufleben, die Fans entschieden sich für Jennifer Lynn Borges, die den Wettbewerb während der Frühlings-/Sommer-Veranstaltung gewann. Zur Herbst-Veranstaltung fuhr sie pflichtgemäß in ihrem Swan Boat über die beiden neuen Seen im Innenbereich der Rennbahn. Die Seen sind über einen Kanal miteinander verbunden und werden von Wasserfällen gespeist.

Sechs neue Stallungen mit 670 Boxen wurden errichtet. Pferdeleute aus Südkalifornien und aus der ganzen Welt begrüßten die Veränderungen und auch die Premiere des Autumn Turf Festivals. Diese fünf Rennen waren der Höhepunkt des neu benannten Autumn Festivals, mehr als 40 Pferde kamen aus Europa, das Festival schloß mit Flawlessly's dramatischem Sieg im Matriarch, einem Gruppe I-Rennen.

Photos: Stidham & Associates

Entspannung vor der Parade.

Wasserspiele an der Rennbahn.

DIE SIEGREICHSTEN TRAINER ALLER ZEITEN

	Trainer	Siege
1.	Whittingham, Charles	786
2.	Frankel, Robert	587
3.	Jones, Farrell	479
4.	Millerick, M. E. (Buster)	467
5.	Threewitt, Noble	466

IN STAKES ERFOLGREICHSTE TRAINER ALLER ZEITEN

	Trainer	Siege
1.	Whittingham, Charles	212
2.	Barrera, Lazaro S.	68
3.	Lukas, D. Wayne	58
4.	Wheeler, Robert	51
5.	Tenney, M. A. (Mesh)	49

JOCKEY-REKORDE ALLER ZEITEN

RENNSIEGE

	Jockey	Siege
1.	Shoemaker, Bill	2416
2.	Pincay, jr., Laffit	2365
3.	McCarron, Chris	1376
4.	Longden, Johnny	1038
5.	Delahoussaye, Eddie	888

STAKESSIEGE

	Jockey	Siege
1.	Shoemaker, Bill	280
2.	Pincay, jr., Laffit	236
3.	McCarron, Chris	156
4.	Longden, Johnny	89
5.	Pierce, Don	83

MEISTERSTÜCK IM SATTEL – SECHS SIEGE

	Jockey	Anzahl
1.	Shoemaker, Bill (20. Juni 1953; 24. Juni 1970)	2
2.	Pincay, jr., Laffit (27. Mai 1968)	1

Herrliches Wetter für einen aufregenden Renntag.

KEENELAND

4201 VERSAILLES ROAD – LEXINGTON, KY 40592-1690
TEL. 1-606-2543412, FAX 1-606-2884347

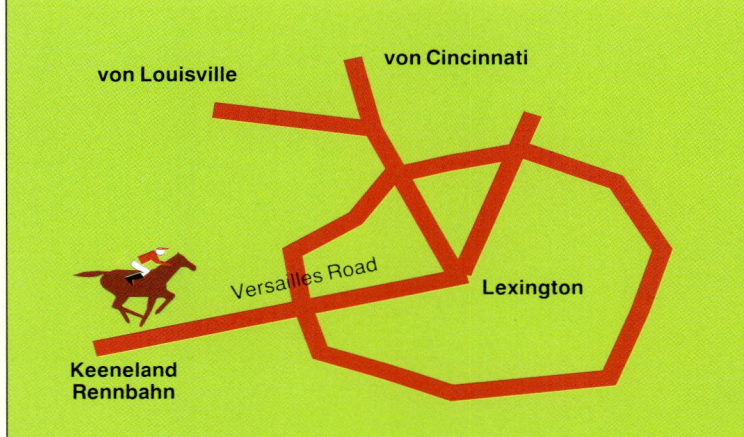
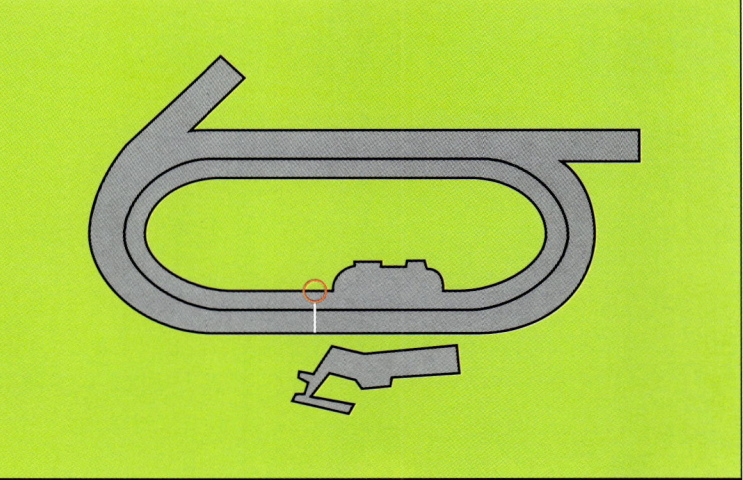

DISTANZEN, VERKEHRSVERBINDUNGEN UND PARKPLÄTZE

Die Keeneland Rennbahn liegt in der Nähe des Flughafens und 10 km vom Stadtzentrum Lexingtons, KY, entfernt.
Es gibt Parkplätze für mindestens 10 000 Autos.

 1700 m Dirt-Track, 1500 m Grasbahn, beide Linkskurs.

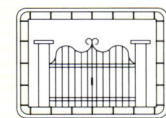 Eintritt: US$ 2
Reservierte Plätze: US$ 3 (zusätzlich)
Blue Grass Day: US$ 5
Clubhouse: Mitglieder

 Rennprogramme und das Keeneland Magazine werden angeboten.

 Totalisator

 Vorsitzender, Herr J. E. Bassett III. Präsident & CEO, Herr W. C. Greely. Direktor (Rennleitung), Herr J. C. Johnson. Direktor (Öffentlichkeitsarbeit), Herr R. James Williams

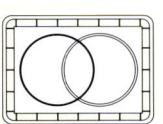 Mastercard, Visa

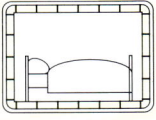 Unterkunft für Pferdepfleger vorhanden.

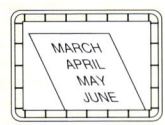 Drei Wochen im Frühling (April) und im Herbst (Oktober).

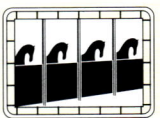 1556 Boxen

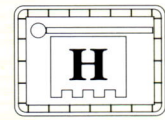 Hyatt Hotel, Tel. 1-606-2531234
Marriott Hotel, Tel. 1-606-2315100
Radisson Hotel, Tel. 1-606-2319000

 1000 m Trainingsbahn ganzjährig geöffnet. Hauptbahn geöffnet von Mitte März bis Ende November.

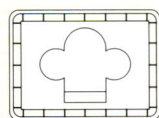 Grandstand Dining Room
Reservierung: Tel. 1-606-2536869
Phoenix Room
Reservierung: Tel. 1-606-2543412

 9 Quarantäneboxen

 Im Umkreis von 30 km um Lexington sind viele Gestüte (Ashford, Calumet, Claiborne, Gainesway, etc.).

 Ortsansässige Tierärzte in Telefonbereitschaft

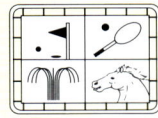 Kentucky Horse Park, viele Golfplätze, Shakertown.

Entspannen und so schnell als möglich laufen!

Galopprennsport in seiner ursprünglichen Form

Jede Rennbahn hat, wie jeder Mensch, eigene Qualitäten – Persönlichkeit, wenn Sie es so nennen wollen.

Keeneland hat eine warme, freundliche Atmosphäre. Es ist eine Rennbahn, zu der die Zuschauer der Unterhaltung wegen hingehen, um die Atmosphäre in sich aufzunehmen, sich ein paar schöne Stunden zu machen. Wie sagt doch Keeneland Präsident Bill Greely: »Jedermann hat Spaß. Es ist eine lustige Menge.«

Ein Sprichwort sagt: Schönheit liegt im Auge des Betrachters. Egal, was für Augen auf Keeneland blicken, es fiele schwer, dieser Rennbahn nicht die 10 für Perfektion zu verleihen. Keeneland verschmilzt förmlich mit der Natur, wie geschaffen für ein Postkartenmotiv: die Allee, die gepflegten Anlagen, der Sattelplatz im Schatten hoher Bäume, die efeubewachsenen Mauern und die japanischen Eiben, mit denen zweimal im Innern der Rennbahn das Wort »Keeneland« geschrieben steht.

Im Herzen von Bluegrass Country, nur 10 km von Lexington entfernt, wurde Keeneland entworfen, um etwas Besonderes zu sein – eine Rennbahn, die dem noblen Sport des Pferderennens anhaltende Verehrung und immerwährenden Respekt gewährleisten konnte.

»Galopprennsport in seiner ursprünglichen Form.« Das ist der Keeneland Slogan.

Das ist Keenelands Philosophie bis heute, von Hal Price Headley, einem der Begründer der Rennbahn, wie folgt formuliert: »Wir wollen einen Ort schaffen, an dem diejenigen, die Pferde lieben, mit uns picknicken können und dabei den Nervenkitzel des Bluegrass-Sports erleben.« Das sagte er im Frühling 1937. »Wir wollen nicht eine Rennbahn unterhalten, nur um das Tickern der Maschinen zu hören. Uns ist es egal, ob die Besucher Wetten abschließen oder nicht. Wenn sie wetten wollen, können sie es tun. Aber wir wollen, daß sie hier herkommen, um Gottes Natur zu genießen, die frische Luft, und um Pferde laufen zu sehen.«

Schauen Sie bei Pferderennen zu. Richten Sie Ihre Aufmerksamkeit nicht auf die Lautsprecheransagen – in Keeneland gibt es das sowieso nicht – beobachten Sie den Rennverlauf. James E. »Ted« Bassett III, Keenelands Vorsitzender, sagt, Rennen ohne Lautsprecheranlage durchzuführen sei ein Versuch, »die Schönheit der Pferde zu betonen, die ganze Pracht, die traditionelle Vergangenheit des Galopprennsports – die Schwerpunkte liegen ganz eindeutig auf sportlichen Aspekten, nicht auf kommerziellen.«

Zwei Veranstaltungen gibt es alljährlich in Keeneland, eine im Frühjahr und eine im Herbst. Beide dauern drei Wochen. Frühling in Kentucky kann nur eins bedeuten: Derby-Fieber. In Keeneland sind die Blue Grass Stakes der Höhepunkt der Veranstaltung. Die Luft knistert vor Spannung, wenn Derby-Teilnehmer aus vielen Teilen des Landes in Keeneland Einzug halten, um die letzten wichtigen Vorbereitungen zu treffen, Vorbereitungen für die Verabredung mit dem Schicksal am ersten Sonnabend im Mai in Churchill Downs.

Wie die Büsche und Bäume erblühen auch die Pferde in Keeneland im Frühjahr. Seit 1986 ist Bassett ein Mitglied der Keeneland-Familie, und er weiß, welche Faszination diese ehrwürdige Rennbahn auf das Publikum ausübt. »Keeneland's April-Veranstaltung ist mit ihrer verschwenderischen Fülle an Forsythien, Hartriegel und blühenden Granatapfelbäumen nicht nur ein Vorbote des Frühlings«, sagte Bassett, »sondern unsere Gönner zeigen enthusiastisches Interesse an den Teilnehmern des Kentucky Derbys und der Oaks, die hier in den Ashland und Blue Grass Stakes laufen.«

Die Jockeys gehen zum Führring.

Howard Battle, Sekretär in Keeneland, schwärmt ebenfalls von dem, was die Rennbahn zu bieten hat. »Keeneland sollte ein Nationalpark des Galopprennsports sein«, sagte Battle. »Die Schönheit des Frühlings mit seiner sauberen, klaren Luft, den blühenden Birn- und Granatapfelbäumen und dem lieblichen Hartriegel wird vielleicht nur im Oktober noch vom Gelb, Gold, Ocker, Orange und Rot derselben Flora übertroffen. Wir haben nicht nur eine ästhetische Atmosphäre und unzählige Kennzeichen, die im krassen Gegensatz zu anderen Rennbahnen stehen – von Bäumen gesäumte Parkplätze, einen 1700 m Kurs, zwei Ziellinien, Sonne und ganz engen Kontakt zu den Pferden in einer fast artgerechten Umgebung – wir sind immer noch der beste Prüfstein für das Kentucky Derby und die Oaks, und jetzt auch noch für den Breeders' Cup im Herbst.

Einzigartig ist auch die Tatsache, daß Pferde, die hierherkommen, innerhalb weniger Wochen an Gewicht zulegen, ruhiger werden und sich positiv entwickeln, wenn sie zwischen den Stallungen unter Bäumen grasen können. Diese Rennbahn gehört zu den wenigen in Amerika, die noch auf die Bedürfnisse der Pferde ausgerichtet sind, nicht auf wirtschaftliche Rentabilität. Selbst unsere Jockeys sind weniger gestreßt, kontaktfreudiger und nehmen sogar ein bis zwei Pfund zu. Einzigartig ist auch der gestylte Galoppsportfreund, den man wahrscheinlich nur hier wegen der strengen Kleidervorschrift treffen kann.«

Die Stallungen in Keeneland unterscheiden sich von den meisten, wahrscheinlich sogar von allen anderen in Amerika. Auf anderen Rennbahnen ist der Zutritt nur mit besonderer Genehmigung gestattet, Keeneland ist für alle zugänglich, jeder Besucher kann die Stallungen betreten.

»Im Sommer 1984 wurde der rückwärtige Teil der Haupttribüne ausgebaut«, erklärte Greely. »Dazu mußten wir eine Reihe der Sattelboxen entfernen, die bislang als Grenze zwischen der Haupttribüne und dem Führring diente. Das erschien uns als die Gelegenheit, den neuen Teil der Haupttribüne so anzulegen, daß von einem Bereich mit Balkons aus der gesamte Sattelplatz überblickt werden konnte; daraufhin wurde der Sattelplatz selbst für das Publikum gesperrt, aber jetzt sehen viele Zuschauer mehr vom Geschehen und die Pferde sind sicherer.«

Freunde des Galopprennsports genießen diese reine, offene Atmosphäre in Keeneland, ganz zu schweigen von dem herrlichen Burgunder, dem besten Corned Beef und den besten Roast Beef Sandwiches in ganz Amerika. Doch am allermeisten genießen sie den Galoppsport.

Keene Daingerfield aus Kentucky, ein langjähriger Steward, der als der am meisten respektierte Mann im amerikanischen Rennsport gilt, hebt Keenelands Qualitäten hervor. »Ich glaube, Keeneland hat ein ganz eigenes Flair«, sagte Daigerfield einmal. »Ich bin der Meinung, keine andere Rennbahn in unserem Land, die ich kenne, ist wie diese. Ich glaube, beeindruckend ist u. a. die Tatsache, daß das Publikum hier wohl das fachkundigste der ganzen Welt ist, denn fast jeder hier hat schon einige Rennen gesehen, fast jeder hier kennt jemanden, der ein Rennpferd oder zumindestens einen Teil eines Rennpferdes oder eine Stute sein eigen nennen kann. Das ganze Publikum ist so auf Pferde ausgerichtet, daß man davon ausgehen kann, daß es wirklich fachkundig ist. Ich bin sicher, daß es in Keeneland auch schon Buh-Rufe gegeben hat, kann mich aber nicht daran erinnern, jemals welche gehört zu haben«, fügte Daingerfield hinzu.

Keeneland beeinflußt Pferde und Menschen gleichermaßen.« »Pferde fühlen sich hier wohl«, sagt Greely. »Man sieht, wie sie hier im Frühjahr aufblühen. Sie trinken das kalkhaltige Wasser, sie können nach Herzenslust grasen. Nach nur einer Woche sind die Pferde wie umgewandelt, ihre Form steigert sich schon allein wegen der Ruhe hier. Pferde leben sich schnell ein. Hier ist der ideale Ort, ein Pferd auf das Derby vorzubereiten. Das hat sich immer wieder bestätigt. Wenn ein Trainer wirklich die Absicht hat, das Derby zu gewinnen, dann muß er meiner Meinung nach vorher hierherkommen.«

Im Verlauf der Jahre haben 22 der Pferde, die im Frühjahr in Keeneland als Dreijährige gestartet sind, später auch das Derby als Erste beendet. 16 von ihnen, einschließlich Unbridled 1990 und Strike the Gold 1991 sind in den Blue Grass Stakes gelaufen. Früher fand dieses Rennen neun Tage vor dem Derby statt, 1989 wurde es dann vorverlegt – drei Wochen vor »Run for the Roses« – damit hatten die Pferde zwischen diesen beiden Rennen etwas mehr Pause.

1992 wurden die Blue Grass zum erstenmal von Delta Air Lines gesponsert, die Gesamtgewinnsumme wurde von US$ 350 000 auf US$ 500 000 angehoben.

In der Geschichte des Blue Grass gingen aus diesem Rennen innerhalb einer Zeitspanne von 14 Jahren 9 Derbysieger hervor, da war zunächst Tomy Lee (1959), dann Decidedly (1962), Chateaugay (1963), Northern Dancer (1964), Lucky Debonair (1965), Proud Clarion (1967), Forward Pass (1968), Dust Commander (1970) und Riva Ridge (1972).

Die Trainer dieser Derbysieger berichten von den Vorteilen, die Pferde in Keeneland vorzubereiten. »Ich meine, es gibt auf der ganzen Welt keinen anderen Ort, wo ein Pferd im Frühjahr so aufblüht wie hier im Bluegrass«, sagte Frank Childs, der Trainer von Tomy Lee.

Als Decidedly 1962 nach Keeneland gebracht wurde, durfte er täglich stundenlang grasen. »Und das Pferd veränderte sich umgehend zu seinem Vorteil,« sagte Horatio Luro, der Trainer des Hengstes. »Verglichen mit dem Winter war er nicht wiederzuerkennen.«

Den Aussagen Luros nach waren alle Faktoren für Decidedly günstig – »das Gras, das Drumherum, kein Lärm, die Atmosphäre, der Frühling.«

1963 war Trainer Jimmy Conway sehr erfreut darüber, wie Chateaugay sich entwickelte, als er in Keeneland war. »Ich würde nichts Unwahres über dieses Pferd erzählen«, sagte Conway, »aber mit jedem Tag in Keeneland sah er besser aus.«

Aus dem Blue Grass sind nicht nur diese 16 Derbysieger hervorgegangen, das Rennen ist auch der Grund für die wunderbarsten Momente in Keeneland. 1978 waren 22 512 Zuschauer vor Ort, als der talentierte Alydar seinen letzten Derby-Test bestritt. Rennsportfreunde lieben es, ein gutes Pferd zu sehen, und genau das war Alydar. Seine Popularität wurde noch durch die Tatsache verstärkt, daß er das nahegelegene Gestüt Calumet Farm repräsentierte, ein Stall mit einem ehrwürdigen Namen und einer langen, ruhmreichen Tradition.

In den letzten drei Jahren fand an jedem Renntag der Frühjahrsveranstaltung ein Stakes statt. 1991 liefen in Keeneland im Frühjahr Pferde wie Black Tie Affair, Hansel, Housebuster, Itsallgreektome und Fly So Free.

Black Tie Affair siegte im Commonwealth Breeder's Cup und erhielt den Eclipse Award als Fliegerchampion der Zweijährigen.

Itsallgreektome, 1990 Champion auf Gras bei den

Der Führring.

Warten auf den Jockey.

Zum Sieg bereit.

ERFOLGREICHSTE JOCKEYS (Frühjahrs-Veranstaltung)

Jahr	Siege	Jockey
1992	18	Jerry Bailey
1991	26	Corey Black
1990	32	Randy Romero
1989	28	Randy Romero
1988	23	Jacinto Vasquez
1987	19	Sandy Hawley
1986	22	Keith Allen
1985	17	Randy Romero
1984	15	Don Brumfield
1983	16	Julio C. Espinoza

ERFOLGREICHSTE JOCKEYS (Herbst-Veranstaltung)

Jahr	Siege	Jockey
1991	45	Pat Day
1990	21	Pat Day
1989	22	Keith Allen
1988	30	Pat Day
1987	31	Pat Day
1986	36	Pat Day
1985	23	Pat Day
1984	26	Pat Day
1983	29	Pat Day

ERFOLGREICHSTE TRAINER (Frühlings-Veranstaltung)

Jahr	Siege	Trainer
1992	8	D. Wayne Lukas
1991	7	D. Wayne Lukas
1990	10	Joseph H. Pierce jr.
1989	8	Joseph H. Pierce jr., D. Wayne Lukas
1988	7	Thomas J. Skiffington
1987	7	Harvey Vanier
1986	13	George Arnold II
1985	9	George Arnold II
1984	7	C. R. McGaughey III
1983	7	Stanley Rieser

ERFOLGREICHSTE TRAINER (Herbst-Veranstaltung)

Jahr	Siege	Trainer
1991	16	D. Wayne Lukas
1990	10	D. Wayne Lukas
1989	22	D. Wayne Lukas
1988	10	D. Wayne Lukas
1987	10	George Arnold II
1986	13	William I. Mott
1985	11	C. R. McGaughey III
1984	7	C. R. McGaughey III
1983	11	C. R. McGaughey III

Der Verkaufspavillon hinter der Rennbahn.

Hengsten, gewann die Elkhorn Stakes. Im Herbst kehrte er zurück und holte sich noch den Titel im Keeneland Breeder's Cup.

Fly So Free, bester zweijähriger Hengst 1990, wurde in den Blue Grass Stakes Zweiter. So wie sich die Rennen für Dreijährige in Keeneland als Sprungbrett für Erfolge in den Triple Crown Klassikern erwiesen haben, so liefern die Stakes der Herbst-Veranstaltungen Hinweise auf mögliche Favoriten für die kommenden Breeders' Cup Championship-Rennen.

Seit Einführung des Breeders' Cup 1984, haben sich Pferde aus Keeneland an diesem 10 Millionen Dollar Nachmittag des Rennsports immer besonders hervorgetan.

Gerade auch jene Stuten, die in den Spinster Stakes gestartet waren, brillierten auch im Breeders' Cup. Fünf der acht Sieger im Distaff waren vorher im Spinster gelaufen. Vier von ihnen hatten auch im Spinster gesiegt − Princess Rooney (1984), Sacahuista (1987) und Bayakoa (1989/90) − und die fünfte − Life's Magic (1985) − wurde in einem Altersgewichtsrennen für Stuten Zweite.

Galopprennen auf dem Dirt-Track.

LAUREL

ROUTE 198 AND RACETRACK RD., LAUREL, MARYLAND 20725

TEL. 1-301-7250400, FAX 1-301-7924877

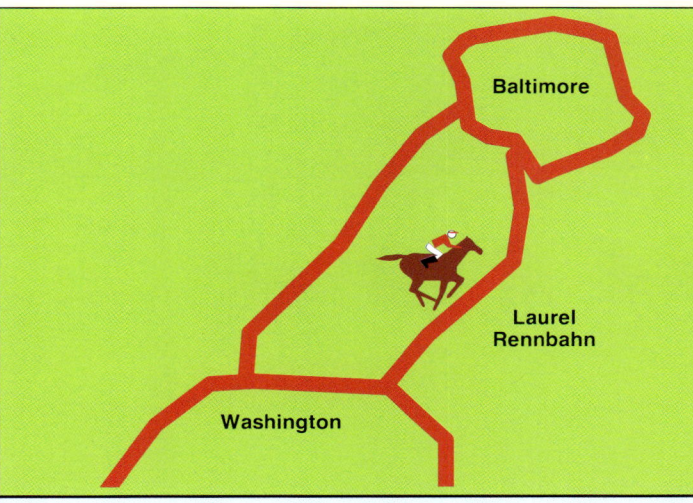

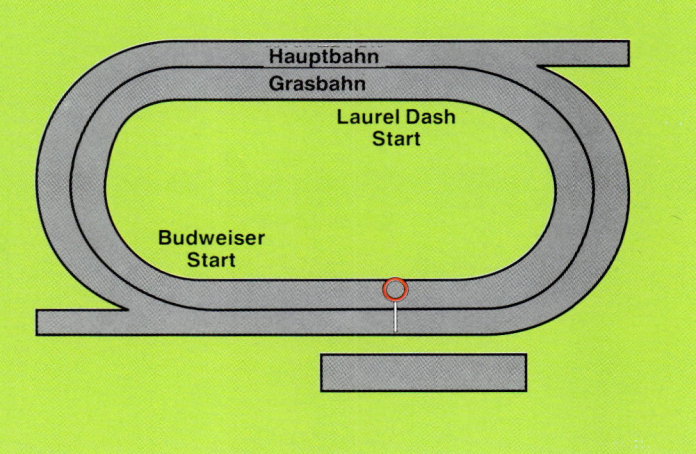

DISTANZEN, VERKEHRSVERBINDUNGEN UND PARKPLÄTZE

Laurel liegt nördlich von Washington D.C., auf halber Strecke nach Baltimore, nahe am Baltimore/Washington International Airport. Außerhalb der Rennbahn stehen viele Parkplätze zur Verfügung. Parkservice kostet US$ 5.

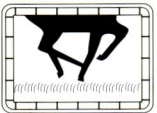 Hauptbahn: Dirt-Track, Linkskurs, eben, 1800 m, 1400 m mit Gefälle, Zielgerade ca. 450 m. Grasbahn: 1600 m, innerhalb der Hauptbahn.

 Sport Palace: US$ 7 (Wochenenden), US$ 5 (wochentags)
Turfclub: US$ 5. Clubhaus: US$ 5
Haupttribüne: US$ 3

 Für jede Veranstaltung gibt es eine Rennkarte (US$ 1).

 Totalisator

 Präsident und Rennleitung: Herr Joseph A. DeFrancis. Vize-Präsident und General Manager, James P. Mango. Vize-Präsident (Rennen und Public Relations), Herr Tim Capps. Sekretär, Herr Lawrence J. Abbundi

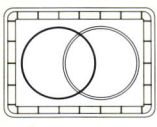 Mastercard, Visa

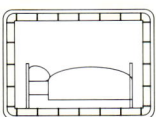 116 Räume stehen dem Personal zur Verfügung.

 167 Renntage (1. Januar – 25. März, 2. Juli – 28. August, 8. Dezember – 31. Dezember).

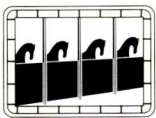 880 Boxen

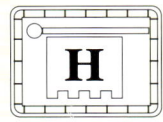 Best Western Maryland Inn, Tel. 1-301-7765300
Comfort Suites, Tel. 1-301-2062600
Days Inn, Tel. 1-301-4988900
Howard Johnson, Tel. 1-301-7258800

 Die Rennbahnen werden auch zum Training benutzt.

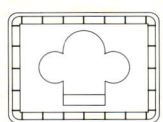 Clubhouse Dining Room
Reservierung: Tel. 1-301-7250400

 Vier Stallungen (International Village) mit Quarantäneboxen auf dem Rennbahngelände.

 Glade Valley Farms, Frederick
Green Willow Farms, Westminster

 Dr. Patricia Brackett
Dr. David Zipf

 Washington D.C. Monuments
Smithsonian Institution Museen
Weißes Haus
Mount Vernon

Laurel Rennbahn.

Die Renovierung geht weiter

Im Herbst 1991 feierte Laurel 80-jähriges Bestehen, denn am 2. Oktober 1911 tauchte die Rennbahn zum erstenmal in der Galoppsport-Szene auf. Die

erste Veranstaltung wurde vom Laurel Four County Fair organisiert. Drei Jahre später, 1914, erwarb James Butler, Lebensmittelgroßhändler aus New York City, die Rennbahn, als General Manager setzte er den namhaften Werbe-König Col. Matt Winn ein. Winn gilt als derjenige, der das Kentucky Derby ins Leben gerufen hat.

Unter Butlers Führung wurden in Laurel die drei bekanntesten Match-Races ausgetragen. Da war zunächst das Rennen zwischen Hourless und Omar Khayyam über 2000 m am 18. Oktober 1917. Hourless hatte 1917 die Belmont Stakes gewonnen und Omar Khayyam das Kentucky Derby im selben Jahr. Als die beiden Pferde im Brooklyn Derby aufeinandertrafen, hatte Omar Khayyam im Ziel die Nase vorn, doch im Laurel Match-Race schlug Hourless seinen Gegner Omar Khayyam um eine Länge in der Zeit von 2:02 min. Im nächsten Jahr trafen zwei hervorragende Zweijährige in einem 1200 m Match-Race aufeinander, Billy Kelly und Eternal, es ging um eine Siegprämie von $ 20000. Eternal siegte um Kopflänge, der Besitzer spendete seine Siegesprämie dem Roten Kreuz. Dann, am 26. Oktober 1923, trafen wieder zwei Zweijährige über 1200 m aufeinander, Sarazin bezwang Happy Thoughts.

1947 erwarb der Maryland Jockey Club, der Club besaß damals die Rennbahnen Pimlico und Timonium, die Rennbahn Laurel von Butler. Geplant war, die Laurel-Veranstaltung nach Pimlico zu verlegen. Als dieser Plan aber in Maryland nicht gebilligt wurde, beschloß der Maryland Jockey Club, die Rennbahn an den Industriellen Morris Schapiro aus Baltimore, der seinen jüngsten Sohn John David Schapiro zum neuen Präsidenten der Rennbahn ernannte, zu verkaufen. John D. Schapiro begann

schon bald, Laurel wieder aufleben zu lassen, indem er das Washington D.C. ins Leben rief. Dieses Rennen sollte die über 2000 m auf einer Grasbahn besten Pferde der Welt zusammenführen.

Die Premiere dieses Rennens wurde 1952 von Wilwyn aus England gewonnen. Das Rennen entwickelte sich zu einem wichtigen Datum in den Vereinigten Staaten und auch in den Rennsportkalendern im Ausland. 1953 wurden in Laurel ein neues Clubhouse und der Turf Club eröffnet, 1957 wurde die Haupttribüne völlig renoviert. Um die Bedingungen für das bekannte Washington D.C. International zu verbessern, verlängerte Laurel 1959 die Distanz von 1400 Metern auf 1600 Meter; gleichzeitig wurde die Hauptbahn von 1600 Metern auf 1800 Meter vergrößert. Clubhaus und Haupttribüne wurden umgebaut, um den Besuchern während der Winter-Veranstaltung 1966 einen angenehmen Aufenthalt zu bieten, der Sitzplatzbereich von 3000 m² auf gut einem Zentimeter dicken Gras wurde überdacht.

Als Laurel 1982 die Termine für die Rennen erhielt, wurden Haupttribüne und Clubhaus mit Air-Kondition versehen. 1984 endete die 34-jährige Schapiro-Ära mit dem Verkauf der Rennbahn.

Renaissance in Laurel

Für die Laurel Rennbahn brach 1984 ein neues Zeitalter an, als Frank J. DeFrancis und seine Partner, Robert und John »Tommy« Manfuso, die Rennbahn von John D. Schapiro erwarben. Die neuen Besitzer waren voller Enthusiasmus und Optimismus was den Galopprennsport in Maryland betraf. Die letzte Investition war die Renovierung des 1800 m langen Geläufs. Dieses Groß-Projekt wurde 1988 unter der Leitung von Superintendent John Passero durchgeführt und kostete fast US$ 2 Millionen.

Das renovierte Clubhouse auf Laurel Rennbahn.

Start in Laurel auf dem 1800 m langen Dirt-Track.

Der Silks Room in Laurel bietet leichte Kost und eine gepflegte Atmosphäre für jeden Rennbahnbesucher.

Das neue Geläuf wird von Trainern und Reitern hochgelobt. Das erste große Projekt wurde schon 1985 vollendet, der Bau des Sports Palace. Er ist der erste seiner Art in der Welt des Galopprennsports. Dieser US$ 2 Millionen-Prachtbau ist ein mutiges Unterfangen, er verbindet feudales Kasino-Flair mit modernster Technologie, die Handicap-Wetten am Computer und eine Rennsport-Bibliothek auf Video bietet. Verschwenderisch ausgestattete Mini-Theater bieten dem interessierten Zuschauer bis zu sechs verschiedene sportliche Ereignisse. Das Konzept des Sports Palace ist von vielen anderen Rennbahnen übernommen worden. Verantwortlich für dieses Projekt zeichnet Lynda J. O'Dea, die jetzige Vize-Präsidentin/Beraterin von Laurel Race Course. 1986 wurden weitere US$ 1 Million in zusätzliche Renovierungsarbeiten investiert.

Der erste Stock des Clubhauses wurde total renoviert. Ein Wasserfall aus Marmor schmückt den Eingang, er bildet gleichzeitig die Kulisse für den sich anschließenden sechs Meter langen Raum, ebenfalls überwiegend aus Marmor erbaut, in dem die Programme verteilt werden. Die alten Fenster der Wettschalter wurden entfernt, stattdessen findet

Der Sports Palace in Laurel bietet ein Computer-Programm, das Statistiken über Pferde, Jockeys und Trainer enthält.

LAUREL

man jetzt schwarze, messingverzierte Tresen. Über diesen Tresen befinden sich 23 Fernsehbildschirme, zusätzlich wurde ein Mini-Theater eingerichtet, mit Teppichboden, um es den Rennsportfreunden so gemütlich wie möglich zu machen. Die Club-Bar und Theken sind aus schwarzem Marmor mit Messingverzierungen und Neonlicht.

Auch drei Speisesäle wurden umgebaut, einschließlich des »Silk's Room«, der mit Mahagoni vertäfelt ist und durch dessen bunte Glasfenster viel Licht hineinfällt. Der »Ruffian Room« im Zwischenstock ist für besondere Anlässe reserviert, der Sky Suite Club, für private Mitglieder, ist vollständig renoviert worden und gilt nun als einer der schönsten Clubräume von allen Rennbahnen Amerikas.

1987 wurde noch einmal US$ 1 Million investiert, um den zweiten Stock des Clubhauses zu modernisieren und zu verschönern. Zwei neue Kino-Theater wurden gebaut, eines im zweiten Stock des Clubhauses und eines im Zwischenstock der Haupttribüne. In diesen Theatern werden über Fernsehen wichtige sportliche Ereignisse ausgestrahlt.

Die Renovierungsarbeiten auf dem Rennbahngelände umfaßten die Erneuerung des Pflasters um die Rennbahn herum, die Parkplätze und die Stallungen. Überall wurde die Rennbahn optisch verschönert, vor allem am Führring, wo ein neuer Eingang entstand. Der Führring selbst wurde in attraktivem Weiß eingezäunt. Außerdem entstand noch ein neuer Stallkomplex im Internationalen Dorf, um ausländische Pferde beim Turf Festival unterbringen zu können. Jetzt steht der hintere Teil der Stallungen im Mittelpunkt eines US$ 4,1 Millionen Renovierungs-Projekts. Stück für Stück werden die Arbeiten fertiggestellt, der Abschluß der Umbauarbeiten ist für Mitte 1993 geplant. Inter-Track Wetten hatten ihr Debüt in Laurel zu Beginn des Jahres 1988, wobei der Sports Palace eine große Rolle spielt, wenn es gilt, Fans für die Satelliten-Übertragungen der Rennen zu begeistern.

Immer mehr Laurel Fans unterstützen die Rennbahn Pimlico. Auch die Preisgelder in Laurel sind gewaltig angestiegen. 1984 lag die tägliche Summe noch unter $ 80 000, heute sind es ca. $ 150 000. Im August 1989 starb Frank J. DeFrancis, aber er wird unvergessen bleiben, da sein Sohn, Joseph A. DeFrancis, jetzt Präsident von Laurel und Pimlico ist. Der jüngere DeFrancis ist für seine Aktivitäten im Galopprennsport von Maryland von der Industrie schon hoch gelobt worden. Das International Turf Festival, es findet zum sechstenmal statt, wird immer beliebter, und nach nur zwei Jahren gehört das neue Frank J. DeFrancis Memorial Dash zu den besten Fliegerrennen in Amerika.

Der Sports Palace in Laurel.

Mini-Theater sind eine beliebte Einrichtung im Sports Palace in Laurel.

ERFOLGREICHSTE JOCKEYS		
Jahr	Jockey	Siege
1991	Mario Pino	Frühling – 35
1990/91	Mike Luzzi	Herbst/Winter – 151
1990	Mark Johnston	Frühling/Sommer – 46
1989/90	Edgar Prado	Herbst/Winter – 132
1989	Kent Desormeaux	Frühling – 63
1988/89	Kent Desormeaux	Herbst/Winter – 243

ERFOLGREICHSTE TRAINER		
Jahr	Trainer	Siege
1991	Vincent Blengs	Sommer – 19
1990/91	King T. Leatherbury	Herbst/Winter – 63
1990	King T. Leatherbury	Frühling/Sommer – 23
1989/90	King T. Leatherbury	Herbst/Winter – 74
1989	King T. Leatherbury	Frühling – 23
1988/89	King T. Leatherbury	Herbst/Winter – 84

BAHNREKORDE (DIRT-TRACK)				
Distanz	Pferd	Alter	Gewicht	Zeit
1000 m	Dave's Friend	5	53,5 kg	0:57,0 min
1200 m	Northern Wolf	4	52 kg	1:08,1 min
1400 m	Tappiano	5	55 kg	1:21,2 min
1600 m	Skipper's Friend	4	54,9 kg	1:34,2 min
2000 m	Mister S. M.	4	54,5 kg	2:01,3 min

BAHNREKORDE (GRASBAHN)				
Distanz	Pferd	Alter	Gewicht	Zeit
1200 m	Worldly Possession	3	51,5 kg	1:08,1 min
1600 m	Portsmouth	3	52 kg	1:34,0 min
2000 m	Storm on the Loose	3	50 kg	1:59,2 min
2400 m	Kelso	7	56,7 kg	2:23,4 min

HAYWARD AVE. AND WINNER AVE., BALTIMORE, MARYLAND 21215
TEL. 1-410-5429400, FAX 1-410-4662521

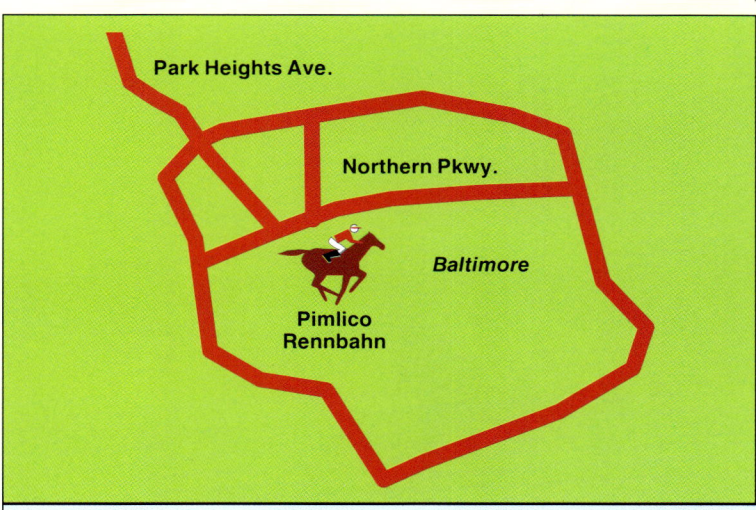

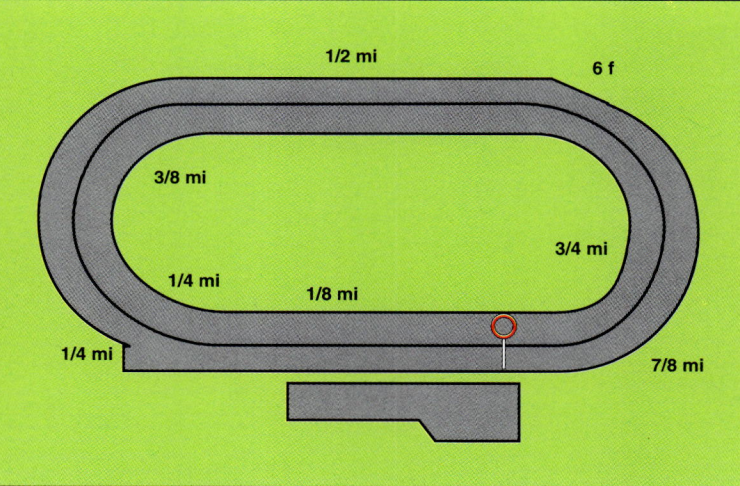

DISTANZEN, VERKEHRSVERBINDUNGEN UND PARKPLÄTZE

Die Rennbahn liegt westlich von Baltimore, noch innerhalb der Stadtgrenzen. Der Baltimore/Washington International Airport ist nicht weit entfernt (ca. 12 km). Ein großer Parkplatz steht zur Verfügung. Parkservice gibt es für US$ 3.

 Hauptbahn: Dirt-Track, Linkskurs, eben, 1600 m, oval, auf 1200 m und auf 2000 m Gefälle. Zielgerade 400 m. Grasbahn: 1400 m, innen.

 Sports Palace:
US$ 7 (Wochenende), US$ 5 (wochentags)
Turfclub: US$ 5. Clubhouse: US$ 5.
Grandstand: US$ 3.

 Für US$ 1 gibt es für jede Veranstaltung eine Renn-karte.

 Totalisator

 Präsident und Rennleitung: Herr Joseph A. DeFran-cis. Vize-Präsident und General Manager, James P. Mango. Vize-Präsident (Rennen und P.R.): Herr Tim Capps. Sekretär, Herr Lawrence J. Abbundi

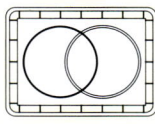 Mastercard, Visa

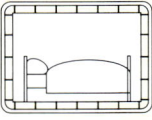 Unterkunft für Pferdepfleger vorhanden.

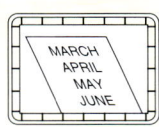 91 Renntage
(26. März – 1. Juli, 10. September – 7. Oktober).

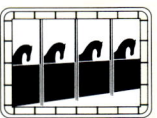 950 Boxen

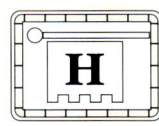 Cross Key Inn, Tel. 1-410-5326900
Days Hotel, Tel. 1-301-5601000
Hilton Inn, Tel. 1-410-4844138
Holiday Inn, Tel. 1-410-2527373

 Die Rennbahnen werden auch für Trainingszwecke genutzt.

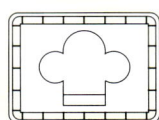 Preakness Terrace
Reservierung: Tel. 1-410-5429400

 Es stehen keine Quarantäneboxen zur Verfügung.

 Bonita Farm, Darlington
Country Life Farm, Bel Air
Murmur Farm, Darlington
Northview Stallion Station, Chesapeake City

 Dr. Patricia Brackett
Dr. David Zipf

 Baltimore Binnenhafen
Oriole Park in Camden Yards

Pimlico Rennbahn.

*D*ie Preakness Story

Vor vielen Jahren, im Frühling 1873, berichteten die Zeitungen in Baltimore auf den Titelseiten von einem neuen Rennen, den Preakness Stakes, die auf der drei Jahre alten Rennbahn nordwestlich der Stadt ausgetragen werden sollten – Pimlico. Die Preakness gab es also schon zwei Jahre bevor überhaupt irgendjemand etwas vom Kentucky Derby gehört hatte, aber sechs Jahre nach den ersten Belmont Stakes. Die neuen Stakes entsprangen einer Idee von Maryland's Governeur Oden Bowie, Sportler und Veranstalter von Rennen.

Gov. Bowie, seine Amtszeit endete 1872, benannte dieses 2000 m-Rennen in Andenken an Preakness, einem beeindruckenden Hengst, der 1870, bei der Eröffnung von Pimlico, die Dinner Party Stakes gewonnen hatte. Es war derselbe Bowie, der mutig dafür garantiert hatte, daß Maryland für die Dinner Party Stakes, vorangekündigt 1868 auf einer Party von Milton H. Sanford in Saratoga, eine Rennbahn haben würde. Bowie »elektrisierte« die Versammlung, indem er selbst $ 15000 als Preisgeld einbrachte, damals eine gewaltige Summe.

Mit Bowie's Hilfe verhandelte der Maryland Jockey Club im selben Jahr um eine Länderei, die unter dem Namen Pimlico bekannt war. Wie versprochen öffnete die neue Rennbahn unter der Leitung von Gen. John Elliott am 25. Oktober 1870. Offensichtlich war Sanford, der einen Teil seines Reichtums durch den Verkauf von Wolldecken im Bürgerkrieg erworben hatte, von Bowie's $ 15000 doch sehr beeindruckt. Sein Hengst Preakness war fit für Pimlico's erste Stakes. Er schlug u. a. die Stute von Gov. Bowie, My Maryland, die als letzte ins Ziel kam. Aber Bowie hatte immerhin die Genugtuung, Pimlico hier geschaffen zu haben; dadurch erschien Baltimore auf der Landkarte der Galopprennbahnen. Als Rennen notiert wurden die Dinner Party Stakes und das spätere zweite Rennen um die Triple Crown, das Preakness.

Er setzte auch die Dinner Party Stakes als Dixie Handicap fort, die achtältesten Stakes in Amerika, die alljährlich gelaufen werden. Alles war vorbereitet auf die ersten Preakness Stakes in Pimlico am Dienstag, 23. Mai 1873, es war ein warmer, lieblicher Frühlingstag. Die Zuschauer, sie waren sich sehr wohl bewußt, was Bowie geleistet hatte, strömten mit Pferd und Wagen bzw. Omnibus zur Rennbahn. Bedauerlicherweise hörte die geplante Pferdebahnkette von Baltimore nach Pikesville bei Druid Hill Park auf, ca. 3 km südlich der Rennbahn. Einige Fans kamen mit der Northern Central Railroad, sie mußten noch ca. 1,5 km bergauf in westlicher Richtung gehen.

Die lila angestrichenen Tribünen und das viktorianische Clubhaus, erst durch einen Großbrand im Jahr 1966 zerstört, waren mit den blauen und weißen Fähnchen des Maryland Jockey Club geschmückt. Für Unterhaltung sorgte Itzel's Fifth Regiment Band, die Stücke von Martha und Il Trovatore spielten, natürlich auch Modernes der damaligen Zeit. In den ersten Preakness Stakes liefen sieben Pferde über die Distanz von 2400 m. Von den drei im Programm stehenden Rennen war dies das zweite.

Die Menge, geschätzte 12000 Menschen, stand eindeutig hinter Gov. Bowie's Catesby, aber er konnte nur auf den vierten Platz laufen. John Chamberlain's 3-jähriger Hengst Survivor galoppierte mit 10 Längen Vorsprung durchs Ziel. Das ist bis heute von keinem Pferd wiederholt worden.

Nach dem gelungenen Start entwickelten sich die Preakness in den nächsten 17 Jahren immer weiter. Die Zeitspanne von 1878 bis 1882 waren die »Lorillard Years«. George L. Lorillard gewann den Klassiker fünfmal hintereinander, dieser Rekord steht noch heute. George und sein Bruder Pierre stellten die vierte Generation der Lorillards dar, sie machten Geld mit Landverkauf und Tabak, ihre Firma trug den Namen P. Lorillard und Co. Plötzlich, nach 1889, Buddhist hatte gerade die Preakness gewonnen, kamen schwere Zeiten für Pimlico und den Maryland Jockey Club. Die genauen Gründe dafür sind eigentlich gar nicht bekannt. Sicherlich spielte die Konkurrenz durch kleinere Rennbahnen wie Bennings, Patuxent und Arlington eine Rolle.

1890 wurde das Preakness in Morris Park in New York gelaufen. Der Maryland Jockey Club blieb aber weiterhin mit dem Rennsport verbunden, in Pimlico wurden einige Hindernis- und sogar Trabrennen durchgeführt, aber das Preakness kam bis 1909 nicht nach Baltimore zurück. In der Zwischenzeit wurde es 15 Jahre lang auf der Gravesend Rennbahn in Brooklyn ausgetragen. Diese 15 sogenannten »verlorenen« Preaknesses wurden 1949 offiziell der Historie dieses Klassikers wieder hinzugefügt. 1904 hatte sich der Maryland Jockey Club wieder erholt, er wurde vom Jockey Club anerkannt. Die Aufzeichnungen zeigen, daß Trainer Sunny Jim Fitzsimmons, er sattelte später vier Sieger im Preakness, sich mit Bartender am 4. November in Pimlico das Merchants Handicap holte. Trotz des Aufschwungs wurde die Rennbahn erst am 12. Mai 1909 wieder voll anerkannt. An diesem Tag lief der 3-jährige Effendi einen Start-Ziel-Sieg. Seitdem ist das Preakness ohne Unterbrechung jedes Jahr in Pimlico ausgetragen worden. Commander J. K. L. Ross, dessen Damrosch 1916 das Preakness gewann, beschrieb dieses Rennen als einen »schlafenden Riesen«. Das war wohl eine Ahnung. Zwei Jahre später mußte das Rennen, weil 26 Pferde genannt worden waren, in zwei Abteilungen gelaufen werden. Im nächsten Frühjahr wurde Sir Barton der erste Triple Crown-Sieger.

1920 tauchte Man o'War auf und sorgte dafür, daß das Preakness zu einem wahren amerikanischen Klassiker wurde. So wie sich in der Geschichte des Preakness Champion an Champion reiht, so gibt es auch Erinnerungen über Erinnerungen. In den letzten vier Jahren haben unglaubliche 400000 Besucher das Preakness gesehen.

Etwas Prophetisches hat es schon an sich, daß der Name des ersten Preakness-Siegers in Pimlico 1873 »Survivor« (Überlebender) war. Pimlico, die zweitälteste Rennbahn Amerikas, hat sich eine gewisse Würde des Alters redlich verdient, schließlich hat die Rennbahn kleinere und größere Kriege überstanden, Rezession und Depression, einschließlich der Großen in den 30er Jahren, Feuer, Stürme und den Zahn der Zeit, der überall nagt. Vor mehr als 50 Jahren machte Alfred G. Vanderbilt, damals jung und Präsident des Maryland Jockey Clubs, eine tiefgehende Beobachtung: »Pimlico ist mehr als nur ein Dirt-Track umgeben von vier Straßen. Die Rennbahn ist eine anerkannte amerikanische Institution, den Interessen eines ganz großen Sports verschrieben, mit der Würde des Alters, wegen ihrer ehrwürdigen Vergangenheit respektiert.« 50 Jahre später, Pimlico hatte mit Joseph A. DeFrancis wieder einen jungen Präsidenten, genoß die Rennbahn hohes Ansehen – sie war tatsächlich so etwas wie ein nationaler Wertgegenstand geworden. Trotz ihrer 122 Jahre – Amerika war gerade junge 94 – zeichnet sich Pimlico durch seine Vitalität aus. Die alte Bahn lebt nicht in der Vergangenheit, obgleich Erinnerungen und Namen aus vergangenen Zeiten überall wach sind. Pimlico steht immer noch mitten in der niemals endenden Geschichte des Vollblut-Rennsports.

Das Pimlico Special, 1988 wieder ins Programm aufgenommen, konnte gleich wieder an die ruhmreichen Tage als klassisches amerikanisches Rennen anknüpfen. Wie in alten Zeiten wurde Calumet's Criminal Type, der Sieger im mit $ 1 Million dotierten Pimlico Special, zum Pferd des Jahres gewählt. Das Preakness erlebt seine eigene Renaissance.

Zu den letzten 4 Rennen sind beinahe 400000 Menschen zu Old Hilltop gekommen. Und wieder einmal, kurz vor der Sommersonnenwende, herrscht reges Treiben in den Stallungen der Nation, denn die Dreijährigen stehen vor ihren schicksalhaften Auftritten in dem altehrwürdigen Ritus, bekannt als Triple Crown.

Die Farben von Joe Allbritton, Besitzer von Hansel, Sieger im Preakness 1991, werden auf die Wetterfahne aufgetragen die die historische Kuppel ziert.

Das Original Pimlico Clubhouse vor der Zerstörung durch ein Großfeuer 1966.

Die Preakness Stakes werden alljährlich am dritten Sonnabend im Mai auf der Rennbahn Pimlico ausgetragen, dieses Rennen ist die goldene Mitte der amerikanischen Triple Crown. Hier gewinnt Pine Bluff die 1992er Ausgabe.

ERFOLGREICHSTE JOCKEYS

Jahr	Jockey	Siege
1991	Edgar Prado	Frühling – 91
	Edgar Prado	Herbst – 30
1990	Mark Johnston	Frühling – 105
	Edgar Prado	Sommer 54
1989	Kent Desormeaux	Frühling – 184
	Kent Desormeaux	Herbst – 44
1988	Kent Desormeaux	Frühling – 101
	Kent Desormeaux	Sommer – 106
1987	Kent Desormeaux	Sommer – 110
	Kent Desormeaux	Sommer/Herbst – 105

ERFOLGREICHSTE TRAINER

Jahr	TrainerSiege	
1991	Dale Capuano	Frühling – 37
	Carlos Garcia	Herbst – 14
1990	King T. Leatherbury	Frühling – 39, Sommer – 15
1989	King T. Leatherbury	Frühling – 60
1989	Dale Capuano	Frühling – 17
1988	King T. Leatherbury	Frühling – 38
1988	Dale Capuano	Sommer – 30
1987	King T. Leatherbury	Frühling – 37
1987	King T. Leatherbury	Sommer/Herbst – 43
1986	Ron Alfano	43
1985	King T. Leatherbury	50

BAHNREKORDE (DIRT-TRACK)

Distanz	Pferd	Alter	Gewicht	Zeit
1000 m	Tyrant	5	52,6 kg	0:57,0 min
1200 m	Northern Wolf	4	54 kg	1:09,0 min
1400 m	Zeus	3	49 kg	1:26,0 min
1600 m	June Grass	4	49,5 kg	1:37,3 min
2000 m	Manzotti	5	52,2 kg	2:01,4 min
2400 m	War Trophy	6	51,3 kg	2:29,2 min
3200 m	Everett	3	48,2 kg	3:25,3 min

BAHNREKORDE (GRASBAHN)

Distanz	Pferd	Alter	Gewicht	Zeit
1000 m	My Frenchman	6	53,5 kg	0:56,2 min
1400 m	Lofty Peak	4	52,2 kg	1:23,1 min
1600 m	Double Booked	6	52,2 kg	1:33,3 min
2400 m	Fort Marcy	6	52,2 kg	2:27,2 min

PREAKNESS SIEGER – PFERD DES JAHRES

Jahr	Preakness Sieger	Pferd des Jahres	Jahr	Preakness Sieger	Pferd des Jahres
1991	Hansel	Black Tie Affair	1981	Pleasant Colony	John Henry
1990	Summer Squall	Criminal Type	1980	Codex	Spectacular Bid
1989	**Sunday Silence**	**Sunday Silence**	1979	Spectacular Bid	Affirmed
1988	Risen Star	Alysheba	1978	**Affirmed**	**Affirmed**
1987	Alysheba	Ferdinand	1977	**Seattle Slew**	**Seattle Slew**
1986	Snow Chief	Ladies Secret	1976	Elocutionist	Forego
1985	Tanks's Prospect	Spend a Buck	1975	Master Derby	Forego
1984	Gate Dancer	John Henry	1974	Little Current	Forego
1983	Deputed Testamony	All Along	1973	**Secretariat**	**Secretariat**
1982	Aloma's Ruler	Conquistador Cielo	1972	Bee Bee Bee	Secretariat

PIMLICO

SARATOGA

UNION AVENUE, SARATOGA SPRINGS, NY 12866
TEL. 1-518-5846200, FAX 1-718-8437673

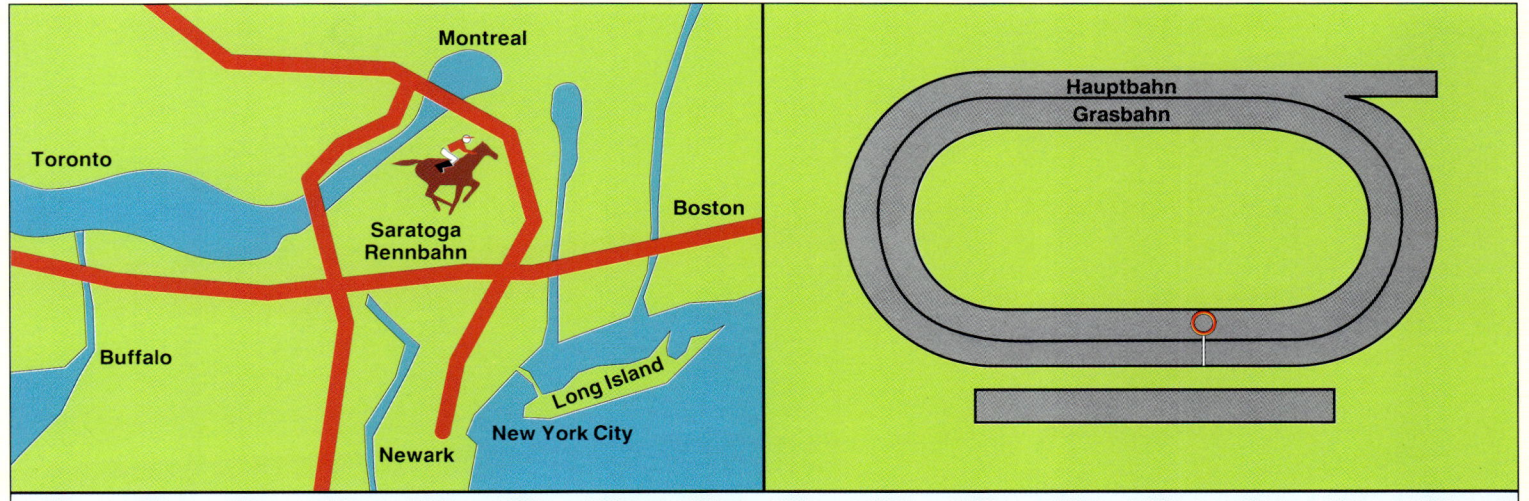

DISTANZEN, VERKEHRSVERBINDUNGEN UND PARKPLÄTZE

Die Rennbahn, sie liegt in Saratoga Springs, ist nahe bei Albany, Schenectady und Troy (ca. 30 – 45 km). Albany Airport liegt ungefähr 45 km von der Rennbahn entfernt. Privatflugzeuge können auch die Flughäfen von Baliston Spa und Glen Falls anfliegen. Parkplätze sind für mehr als 6000 Autos vorhanden. Parkgebühr US$ 2.

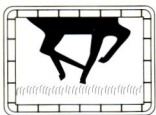 Linkskurs. Dirt-Track: 1800 m oval, eben. Grasbahn innen 1000 m. Zielgerade: 350 m. Grasbahn: 1627 m.

 Clubhouse: US$ 5 (Gepflegte Kleidung. Kleidervorschrift im Restaurant)
Haupttribüne: US$ 2

 Ein Rennprogramm mit dem Titel »Post Parade« wird für jede Veranstaltung ausgegeben.

 Totalisator

 Vorsitzender, Kuratorium, Herr Allan R. Dragone
Präsident, Herr Gerard McKeon
Vize-Präsident, Herr Gerald Lawrence
Vize-Präsident Mktg u. P.R., Herr Allen Gutterman

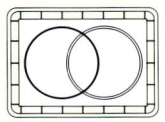 American Express, Diners Club, Mastercard, Visa.

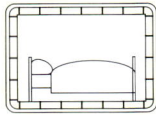 Unterkunft für Pferdepfleger nicht vorhanden.

 5 Wochen: Ende Juli bis Ende August, dienstags geschlossen.

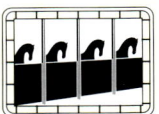 1700 Boxen

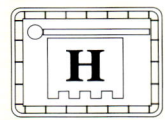 Holiday Inn, Tel. 1-518-5844550
Inn at Saratoga, Tel. 1-518-5831890
Ramada Renaissance Hotel, 1-518-5844000

 Für Trainingszwecke stehen 2 Dirt-Tracks und drei Grasbahnen zur Verfügung.

 Clubhouse Terrace
Reservierung: Tel. 1-518-5846200

 Quarantäneboxen stehen zur Verfügung.

 Blue Sky Farm, Fort Edward, NY
McMahon Thoroughbreds, Saratoga Springs, NY
The Rich Farm, Stillwater, NY

 Dr. W. Theodore Hill

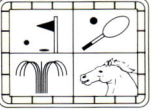 Saratoga Springs ist schon immer für seine Mineralquellen bekannt gewesen (The Crystal Spa, The Roosevelt Mineral Baths), National Museum of Racing and Hall of Fame, National Museum of Dance.

Die Tribünen.

Wo Galopprennen und Kurbad zusammenpassen

1863 Die ersten Rennen finden auf dem Horse Haven Course statt, erbaut von John Morissey. Das erste Rennen wurde von einer jungen Stute gewonnen.
1864 10 000 Freunde des Galopprennsports finden sich am ersten Tag der viertägigen Veranstaltung ein. William Travers wird Präsident der Racing Association, und ein neues Rennen, die Travers Stakes, wird ihm zu Ehren benannt.
1872 Ein Match-Race zwischen dem für den Norden stehenden Longfellow und den Süden repräsentierenden Harry Bassett wird ausgetragen. Harry Bassett siegt in diesem 3600 m Rennen mit einer Länge.
1896 Saratoga wird von einem Syndikat unter dem Vorsitz von William C. Whitney erworben.
1911 Das Agnew-Hart Gesetz schließt für zwei Jahre die Rennbahntore in New York.
1913 Wegen einer Gesetzeslücke werden die Rennbahnen in New York wieder geöffnet.
1919 Man o'War erfährt durch Upset in den Sanford Memorial Stakes die einzige Niederlage seiner Karriere (21 Starts).

1930 Jim Dandy, ein Außenseiter, besiegt Triple Crown Champion Gallant Fox in den Travers Stakes.
1943 – 45 Wegen des Zweiten Weltkriegs werden die Rennen nach Belmont Park verlegt. Die Züge zwischen New York City und Saratoga befördern jetzt Kriegsmaterial.
1946 Die Rennen werden wieder aufgenommen, aber Buchmacher werden durch Maschinen ersetzt.
1955 The National Museum of Racing wird eröffnet.
1962 Jaipur und Ridan liefern sich in der Neuauflage des Travers ein Kopf-an-Kopf-Rennen rund um die Bahn. Jaipur siegt mit einer Nasenlänge.
1965 Mit 3,5 Millionen Dollar wird die Haupttribüne um 165 m, 2600 Sitzplätze, zwei Fahrstühle, neue Speisesäle und Wettschalter vergrößert.
1973 Secretariat wird von Onion im Whitney Handicap geschlagen.
1975 Auch sonntags finden jetzt Rennen statt.
1976 Angel Cordero gewinnt seinen ersten von elf Titeln.
1977 Zum erstenmal wird der Innenbereich der Rennbahn für das Publikum geöffnet.
1978 50 359 Fans werden Zeuge, wie Alydar und Affirmed im Travers wieder aufeinandertreffen. Alydar wird nach der Disqualifikation von Affirmed zum Sieger erklärt.
1979 Triple Crown Siegerin Davona Dale wird im Alabama-Rennen von It's The Air geschlagen.
1981 Auszahlungen werden auf 15 % reduziert. Es werden zehn neue Rekorde bei Besucherzahlen und

Umsatz aufgestellt. Willow Hour besiegt Pleasant Colony im Travers.
1982 Runaway Groom unter Jeff Fell schlägt im Travers die Sieger der drei Triple Crown Rennen, Gato del Sol, Aloma's Ruler und Conquistador Cielo. Die Veranstaltung dauert 27 Tage.
1983 Da Delaware Park geschlossen wurde, wird das Delaware Handicap in Saratoga ausgetragen.
1984 NYRA beginnt mit der Live-Übertragung der Rennen von Saratoga zum Aqueduct. Es werden Wetten für mehr als US$ 100 Million abgeschlossen. NYRA verkündet einen Plan, 5000 Besuchern mehr Platz zu bieten, indem ein Freizeitpark am Pferdeweg hinzugefügt werden soll. Sieben Wettrekorde werden gebrochen.
1985 Der neue Park bei der Haupttribüne wird eröffnet. Er bietet Picknickplätze, Fernseh-Monitore, Wettschalter und Bars. Elf Besucher- und Umsatzrekorde werden im erweiterten Saratoga gebrochen.
1986 Das Whitney wird von Lady's Secret gewonnen, die zum Pferd des Jahres ernannt wird. Schwere Regenfälle sind der Grund, daß die letzten vier Rennen am 7. August abgesagt werden müssen. Allumeuse wird im zweiten Rennen am 2. August zu Unrecht disqualifiziert. Sieben Besucher- und Umsatzrekorde werden gebrochen.
1987 Josè Santos beendet nach elf Jahren die Siegesserie von Angel Cordero. Mit 50 407 Zuschauern gibt es am 8. August einen neuen Rekord. Whitney gewinnt das Java Gold. 13 Bestmarken werden übertroffen. MacK. Miller gewinnt drei der vier Stakes-Rennen am Sonntag.

1988 Angel Cordero holt sich die Saratoga-Krone zurück. Wegen eines schweren Unwetters werden die letzten beiden Rennen gestrichen, einschließlich des John A. Morris Handicaps am Sonntag, 28. August. Das Morris wird am Montag nachgeholt, es kann allerdings nicht gewettet werden. Wegen des Unwetters wird am Montag auch ein Match-Race ausgetragen. Devious Dutchess schlägt Lycka Dancer mit 10 Längen im zweiten Rennen.

1989 Zehn Besucher-, Umsatz- und Bahnrekorde werden aufgestellt, u. a. Besucherrekorde für die Veranstaltung und für einen Tag. Der Umsatzrekord wurde trotz einer Fehlfunktion des Computers am Eröffnungstag, Wetten waren nur begrenzt möglich, gebrochen. Angel Cordero holt sich seinen 13. Titel in seinem 14ten Jahr im Kurbad.

1990 Was die Besucherzahlen betrifft, steht Saratoga immer noch an der Spitze aller Rennbahnen des Landes. Es gab auch einen neuen Umsatzrekord auf der Rennbahn selbst mit $ 89 297 389, eine

Parade vor den Tribünen.

Galopprennen auf Gras.

5 %ige Steigerung gegenüber dem Vorjahr. Auf der Bahn konnte man hervorragende Leistungen von Go for Wand, Meadow Star, Criminal Type und Rhythm sehen. Letzterer gewann im $ 1 Million Travers und holte seinem Trainer Shug McGaughey zum zweitenmal hintereinander die »Mid-Summer Derby«-Ehre. Angel Cordero jr. wurde nicht erfolgreichster Reiter wie 13 mal in den letzten 15 Jahren, denn Chris Antley holte sich den Titel, weil er drei Rennen mehr gewann als Cordero.

1991 Zum erstenmal wurde die Rennsaison in Saratoga auf fünf Wochen erweitert. Das Resultat übertraf alle Erwartungen. Während der dreißig Tage kamen 731 395 Zuschauer (24 380 pro Tag) und der Totalumsatz betrug $ 293 931 881, über 8 Millionen Dollar mehr als in den fünf Wochen im Jahr 1990. Corporate Report schlug Preakness und Belmont Champion Hansel im Travers am 17. August. Mit $ 6 411 013 gab es auch einen neuen Umsatzrekord für einen Tag. Die Jockeys kämpfen bis zum letzten Tag um ihren Titel, dann liegt Mike Smith (33 Siege) vor Julie Krone (32 Siege) und Angel Cordero (30 Siege). Das neue Carousel Restaurant wird eröffnet.

Die Pferde im ersten Bogen der Grasbahn.

Die Pferde kommen aus dem ersten Bogen des Dirt-Tracks.

Big Red Spring.

ERFOLGREICHSTE JOCKEYS UND TRAINER

Jahr	Jockey	Siege	Trainer	Siege	Jahr	Jockey	Siege	Trainer	Siege
1958	Bill Boland	22	Hirsch Jacobs	11	1975	Eddie Maple	23	Lazaro Barrera	13
1959	Manuel Ycaza	41	Norman McLeod	8	1976	Angel Cordero jr.	29	Lazaro Barrera	12
1960	Sam Boulmets	26	John Gaver	8	1977 •	Angel Cordero jr.	34	Lazaro Barrera	8
			Michael Walsh	8				Thomas Kelly	8
1961	Manuel Ycaza	25	Burley Parke	11	1978	Angel Cordero jr.	34	Allen Jerkens	7
1962	John Sellers	35	James Fitzsimmons	9				Woody Stephens	7
1963	Manuel Ycaza	37	Howard Jacobson	9				Sidney Watters, jr.	7
1964	Manuel Ycaza	22	John Gaver	12	1979	Angel Cordero jr.	23	Lazaro Barrera	12
1965	Braulio Baeza	17	Howard Jacobson	9	1980	Angel Cordero jr.	35	Frank Martin	9
	Robert Ussery	17			1981	Angel Cordero jr.	23	Robert De Bonis	8
1966	John L. Rotz	28	Ivor Balding	9	1982	Angel Cordero jr.	30	Frank Martin	13
1967	Angel Cordero jr.	36	Ivan Parke	10	1983	Angel Cordero jr.	31	Phil Johnson	9
1968	Braulio Baeza	26	Lucien Laurin	10	1984	Angel Cordero jr.	24	Jonathan Sheppard	9
1969	Jorge Velasquez	34	John Campo	10	1985	Angel Cordero jr.	22	Jonathan Sheppard	10
1970	Jacinto Velasquez	22	Robert Frankel	6	1986	Angel Cordero jr.	27	D. Wayne Lukas	13
			James Maloney	6	1987	Josè Santos	26	Sidney Watters jr.	12
1971	Laffit Pincay jr.	25	Allen Jerkens	12	1988	Angel Cordero jr.	36	D. Wayne Lukas	16
1972	Jorge Velasquez	20	Allen Jerkens	19	1989	Angel Cordero jr.	34	D. Wayne Lukas	16
1973	Ron Turcotte	27	Allen Jerkens	13	1990	Chris Antley	28	D. Wayne Lukas	10
1974	Jorge Velasquez	20	Jose Martin	15					

BESUCHER- UND UMSATZREKORDE

Besucher (1 Tag)	31. Mai 1965	73 435
Umsatz (1 Tag)	2. November 1985	US$ 8 171 520
Umsatz (1 Tag)	2. November 1985 Breeders' Cup Turf	US$ 1 095 366

SARATOGA

S üdamerika

von Norberto Fernando Laterza

In einer Minute werden einige wenige Glückliche das Gewinn-Ticket in der Hand halten!

Für mehr als zwei Jahrhunderte waren Galopprennen in Südamerika gemäß Eduardo Blousson sehr beliebt. 1747 wurde sogar eine richtige Veranstaltung organisiert, um die Krönung von Ferdinand VI zu feiern.

Die Landbevölkerung genoß die Galopprennen, vor allem die »cuadreras« (Rennen über 300 m und 600 m), die immer sehr großen Zuspruch fanden.

Zu Beginn des 19. Jahrhunderts organisierten in Argentinien lebende Engländer Rennveranstaltungen, wie sie auch im Vereinigten Königreich stattfanden. Am 6. November 1826 organisiert Mr. Reid, ein englischer Architekt, der in einer luxuriösen Villa in einem Vorort von Buenos Aires lebte, die erste richtige Veranstaltung.

Das Hauptereignis wurde von Shamrock gewonnen, die sich im Besitz von Mr. Whitfield befand. Doch trotz aller Bemühungen seitens Mr. Reid und seiner Freunde waren die Argentinier für diese Art Galopprennen nicht zu begeistern. Sie hielten an ihren traditionellen »cuadreras« fest.

Schließlich gründeten 1849 einige Mitglieder des Foreign Residents Club die Foreign Racing Society, um regelmäßige Rennveranstaltungen zu organisieren. In der Absicht, den argentinischen Galopprennsport zu verbessern, wurde beschlossen, einige im englischen Stud-Book eingetragene Hengste aus England zu importieren. Die ersten englischen Hengste, die nach Argentinien kamen, waren Elcho und Bonnie Dundee.

Diese Hengste gaben den Argentiniern die Gelegenheit, die Qualität ihrer Pferde immerhin zwanzig Jahre vor den anderen südamerikanischen Ländern zu verbessern.

Am 15. April 1882 wurde der Jockey Club Argentino gegründet. In der Satzung steht: »Der Jockey Club ist zu dem Zweck entstanden, den Galopprennsport in der Republik Argentinien zu verbessern«.

Auch in Brasilien gab es die ersten Galopprennen schon im letzten Jahrhundert. Die erste Veranstaltung fand am 12. Juni 1825 auf der »Praia Vermelha« in Botafogo statt.

Im Januar 1849 wurde der Club de Corridas gegründet und dann an G. Suckow übergeben, der am 16. Juli 1868 den Jockey Club gründete.

Die erste offizielle Veranstaltung gab es am 16. Mai 1869, und seitdem hat der Galopprennsport viele Fans gewonnen.

Die Pferdezucht erlebte nach 1932 einen Riesenaufschwung. Sie wurde der wichtigste und gesündeste Wirtschaftszweig in Südamerika.

In Chile begannen Galopprennen und Vollblutzucht 1866, als einige Briten aus Valparaiso offizielle Pferderennen organisierten.

Seitdem kann sich, was Beliebtheit betrifft, nur der Fußball mit dem Rennsport messen, verschiedene Zuchtgebiete haben sich entwickelt.

Das südamerikanische Vollblut hat auf der ganzen Welt großen Einfluß. Es ist die drittgrößte Industrie nach den Vereinigten Staaten und Australien, weit vor England, Frankreich und Japan.

Was die Zahl der Rennen betrifft, liegt Brasilien an dritter Stelle, Argentinien an vierter, und sogar Chile und Venezuela liegen auf guten Positionen. Dies kann man der »Organizacion Sudamericana de Formento«-Statistik entnehmen.

Salopp formuliert kann man sagen, daß die südamerikanischen Vollblüter sehr beweglich waren. So konnten einige von ihnen große Rennen in Europa und den Vereinigten Staaten gewinnen. Es ist auch ein Muß, den argentinischen Hengst Forli zu erwähnen, den Vater von Forego und Thatch, den chilenischen Hengst Cougar II, von ihm stammt Gato del Sol ab, Sieger im American Derby, den brasilianischen Hengst Emerson, einer der begehrtesten Deckhengste in Frankreich, er ist der Vater von Bayakoa, die 1989 und 1990 in den Vereinigten Staaten als beste Stute ausgezeichnet wurde, zweimal siegte sie im Breeders' Cup Distaff, und von Pasoana, die z. Zt. beste Stute in Nordamerika.

Abschließend kann man sagen, daß die Qualität des Galopprennsports und der Vollblutzucht in Südamerika sehr hoch ist, was hauptsächlich der Zähigkeit dieser Pferde und der professionellen Arbeit der Menschen zu verdanken ist.

LA RINCONADA
Caracas

LA GÀVEA
Rio de Janeiro

CIDADE JARDIM
São Paulo

CHILE
CLUB HIPICO
Santiago

SAN ISIDRO

ARGENTINO
Buenos Aires

LA PLATA

ARGENTINA

(ARGENTINIEN)

ARGENTINO

AV. LIBERTADOR 4101, (1428) BUENOS AIRES
TEL. 54-1-7726021, FAX 54-1-7712238

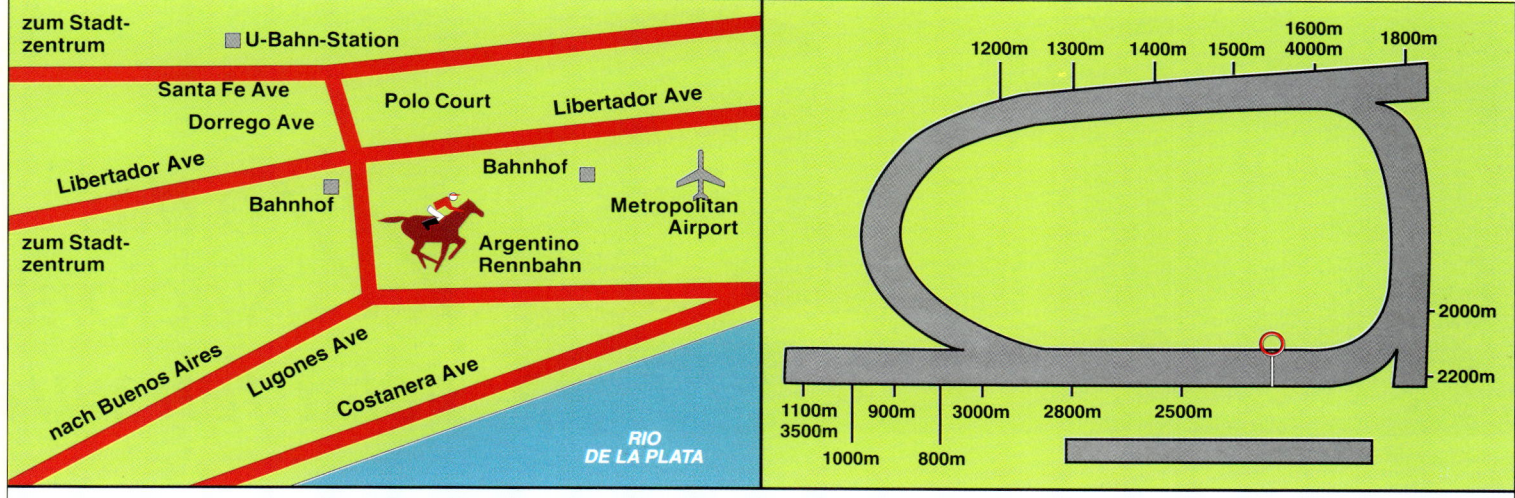

DISTANZEN, VERKEHRSVERBINDUNGEN UND PARKPLÄTZE

Hipódrome Argentino liegt im Distrikt Palermo, nahe der Innenstadt von Buenos Aires. Von Metropolitan Airport erreicht man die Rennbahn mit dem Auto in nur 5 Minuten. Sie können auch Zug, U-Bahn oder einen der vielen Mini-Busse benutzen. Innerhalb der Rennbahn können über 2000 Autos parken.

 Dirt-Track, Linkskurs, 2410 m mit einer Zielgeraden von 1100 m.

 Für jede Veranstaltung wird ein Rennprogramm ausgegeben.

 Präsident, Herr Oscar E. Longoni
Vize-Präsident, Herr Hector E. Oyuela
Sekretär, Herr Angel A. Mattei

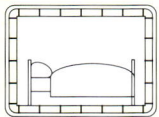 Unterkunft für Pferdepfleger vorhanden.

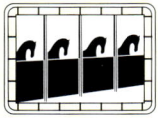 1057 Boxen

 Es stehen Trainingsbahnen zur Verfügung.

 40 Quarantäneboxen

 Auf dem Rennbahngelände ist ein Tierärzte-Team ständig in Bereitschaft.

 Tribuna Oficial: RA$ 2 (gepflegte Kleidung)
Paddock: RA$ 1
Tribuna Especial: RA$ 0,50
Tribuna Popular: Eintritt frei

 Totalisator

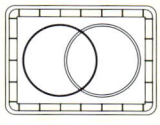 Es werden keine Kreditkarten angenommen.

 100 Renntage im Jahr (Freitag, Sonntag und manchmal Montag).

 Alvear Palace Hotel, Tel. 54-1-8044031
Buenos Aires Sheraton Hotel, Tel. 54-1-3116311
Plaza Hotel, Tel. 54-1-3115011

 9 Restaurants
Reservierung: Tel. 54-1-7726022

 Keine Gestüte in der Nähe.

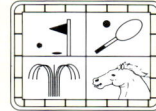 Das Hipódromo Argentino liegt so nahe an der Innenstadt, daß jede Sehenswürdigkeit und jede Art der Unterhaltung zur Verfügung steht.

Die Tribünen von außen.

Wo das Nacional gelaufen wird

Die lange Zielgerade.

Das Hipódromo Argentino wurde von einer Gesellschaft namens Parque 3 de Febrero erbaut und am 7. Mai 1876 geöffnet. Es gab nur ein Galopprennen und mehrere Trabrennen. Sieben Jahre später übernahm der Jockey Club das Management dieser Rennbahn. Am 18. August fanden die ersten offiziellen Galopprennen statt. Seitdem spielt die argentinische Rennsport-Industrie eine bedeutende Rolle im internationalen Geschehen. Hipódromo Argentino liegt im Distrikt Palermo, sehr nahe an der Innenstadt von Buenos Aires.

Da die Rennbahn sehr leicht zu erreichen ist, kommen Tausende von Rennbahnbesuchern sowohl aus

Die Pferde haben den Führring verlassen.

Ein Teilnehmer wird zur Startbox geführt.

der Hauptstadt als auch aus den Vororten. Ganz in der Nähe der Rennbahn ist eine Verkaufsanlage erbaut worden. Ein schöner überdachter Pavillon dient als Auktionshalle, und es stehen mehrere Boxen und Führringe zur Verfügung, um die Pferde vor dem Verkauf vorzuführen.

Auf dem Rennbahngelände befinden sich noch eine hervorragende Tierklinik, ein Equine Institute und ein Museum.

Hipódromo Argentino installierte als erste Rennbahn Argentiniens einen Totalisator. Jetzt denken die Verantwortlichen darüber nach, die Öffentlichkeit mit einzubeziehen, um die gesamte Anlage zu modernisieren. Einige große Firmen von internationalem Ruf zeigen schon Interesse.

Das Nacional, das Gegenstück zum Derby, ist ein Meilenstein für Dreijährige, und einer der sichersten Sieger war Yatasto 1951 zusammen mit Forli 1966. Der Höhepunkt der Saison im September ist das Polla de Potrillos.

Jeder Züchter, Besitzer, Trainer und Jockey träumt davon, einmal ein Pferd im Hipódromo Argentino laufen zu haben, vielleicht sogar einen Sieger.

Er geht allein, schon startbereit.

Ein überlegener Sieger.

ARGENTINO

BAHNREKORDE

Distanz	Zeit	Pferd	Alter	Gewicht	Datum	Distanz	Zeit	Pferd	Alter	Gewicht	Datum
800 m	0:44,2	Kankam	2	55	28. 1. 1978	1700 m	1:42,0	Peroba	4	52	28. 10. 1928
900 m	0:50,2	Apollón	2	55	13. 2. 1977	1700 m	1:42,0	Séneca	5	55	25. 12. 1929
1000 m	0:53,6	Mesmo	4	56,5	15. 8. 1981	1700 m	1:42,0	Ultraje	3	58	25. 12. 1929
1100 m	1:00,4	Resuello	4	54	4. 8. 1957	1800 m	1:47,4	Punisher	5	46	25. 9. 1965
1200 m	1:08,94	Che Bata	3	56	3. 4. 1987	1800 m	1:47,4	Get Sun	4	60	9. 7. 1975
1300 m	1:17,0	So Lighty	4	54	19. 7. 1981	2000 m	1:59,6	Dimbokro	3	57	3. 9. 1972
1300 m	1:17,0	Danesco	4	57	20. 8. 1983	2200 m	2:12,4	Rigel	4	56	17. 7. 1971
1300 m	1:17,0	Vasco Rock	4	57	9. 9. 1983	2400 m	2:28,5	Codihué	3	48,5	14. 5. 1933
1300 m	1:17,0	Apus	4	57	19. 7. 1984	2500 m	2:31,8	Tatán	3	57	17. 6. 1956
1400 m	1:21,0	Sin Bluff	2	55,5	25. 6. 1972	2800 m	2:51,8	Gallión	5	60	2. 5. 1976
1500 m	1:27,66	Rockin Fitz	2	55	26. 5. 1991	3000 m	3:04,2	Yatasto	5	62	19. 7. 1953
1600 m	1:33,2	Espacial	3	56	14. 8. 1989	3500 m	3:37,8	Banderín	4	60	17. 10. 1943
1600 m	1:33,2	Interprete	3	56	19. 7. 1991	4000 m	4:09,6	Cute Eyes	4	58	12. 10. 1934
1700 m	1:42,0	Astuto	3	57	11. 11. 1927	5000 m	5:25,4	Gringazo	5	51	30. 8. 1929
1700 m	1:42,0	Nazareno	5	44	21. 2. 1928						

Der Sieger wird hereingeführt.

Eine riesige Menschenmenge wartet am Ziel.

LA PLATA

AV. 44Y 116 (1900) LA PLATA, PCIA DE BUENOS AIRES
TEL. 54-21-211071, FAX 54-21-42390

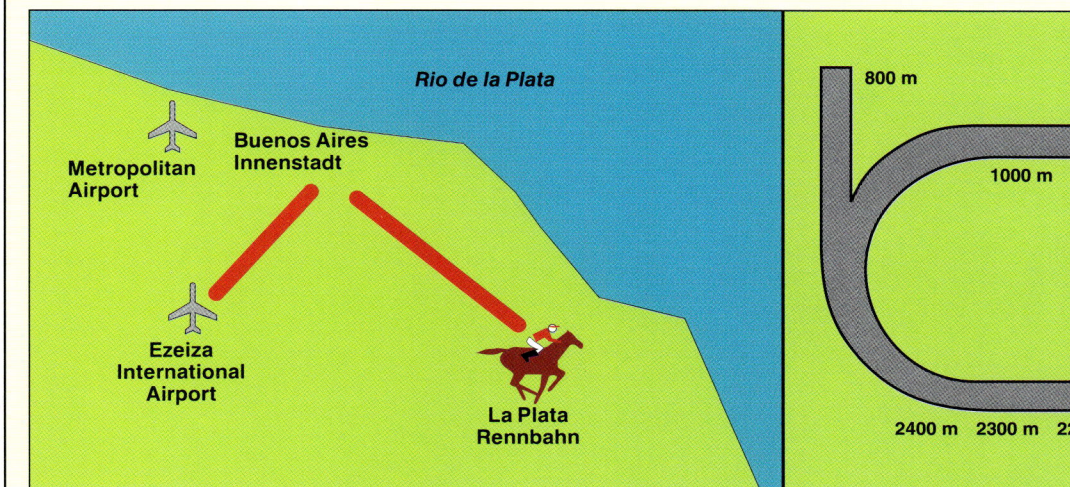

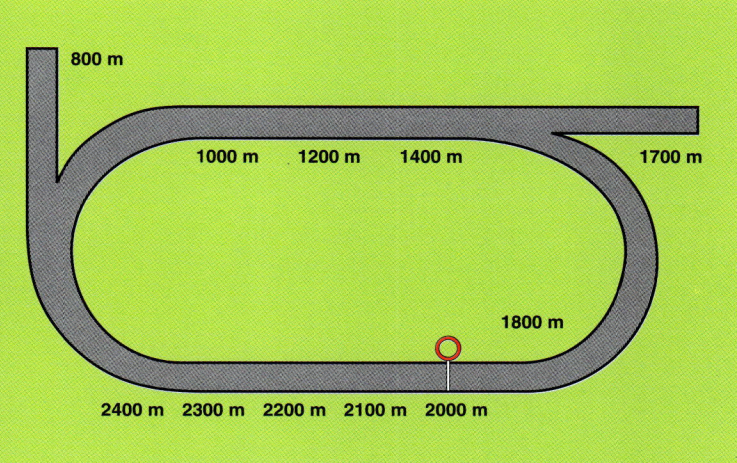

DISTANZEN, VERKEHRSVERBINDUNGEN UND PARKPLÄTZE

Hipódromo de la Plata liegt 60 km südlich von Buenos Aires in La Plata, der wichtigsten Stadt in der Provinz Buenos Aires. Die Rennbahn befindet sich am Ende des Paso del Bosque, nahe der Eisenbahnstation (General Roca Line). La Plata Aerodrome ist 10 km entfernt. Die wichtigsten Flughäfen, Aeropuerto Metropolitano Jorge Newbery und Aeropuerto International Ezeiza sind 70 km bzw. 80 km von La Plata entfernt. Innerhalb der Rennbahn gibt es Parkmöglichkeiten für mehr als 1500 Autos, außerhalb können noch einmal mehr als 3000 Autos stehen.

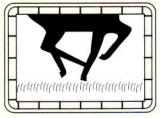 Vier ellipsenförmige Dirt-Tracks, Linkskurse. Die Hauptbahn ist 2000 m lang und hat eine Zielgerade von 500 m.

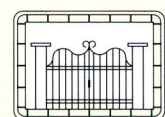 Pelouse: RA$ 5 (Jackett und Krawatte)
Haupttribüne: RA$ 3

 Für jeden Renntag wird eine Rennkarte (kostenlos) ausgegeben.

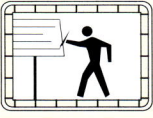 Totalisator

 Präsident, Herr Urbano de Iriondo
Vize-Präsident, Herr Gregorio Israel
General-Manager, Frau Maria E. Israel

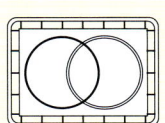 Es werden keine Kreditkarten angenommen.

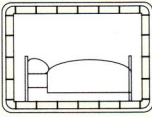 Unterkunft für Pferdepfleger vorhanden.

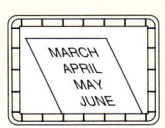 145 Renntage während des ganzen Jahres.

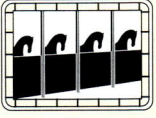 166 Boxen

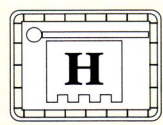 Corregidor Hotel, Tel. 54-21-256800
San Marcos Hotel, Tel. 54-21-42385

 Trainingsmöglichkeiten stehen zur Verfügung.

 Es gibt nur ein Restaurant auf der Rennbahn
Reservierung: Tel. 54-21-21071

 50 Quarantäneboxen

 Keine Gestüte in der Nähe.

 Dr. Hector Fonrouge

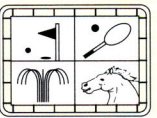 Das wichtigste Museum Südamerikas liegt in der Paseo del Bosque.
Tennis Club, geleitet von Guillermo Vilas.

La Plata liegt in einer wundervollen Gegend mit Parkanlagen und Blumen.

An der Spitze: nur das Beste

sports an. Hipódromo La Plata wurde die erste Rennbahn, auf der Nacht-Rennen stattfanden.

Die Dirt-Track-Rennbahn, eine Ellipse weniger als in San Isidro, ermöglicht es den Zuschauern, die Rennen sogar ohne Fernglas zu verfolgen. Die ca. 200 Boxen an der Rennbahn befinden sich im Besitz der Empresa Hípica Argentina. Fast alle Pferde, die sich dort im Training befinden, sind zusammen mit den Gastpferden untergebracht.

An jedem Renntag kann man mehr als 11 000 Besucher zählen. Zum Gran Premio Dardo Rocha, welches Mitte November stattfindet, kommen rund 50 000. Sie alle genießen es, die Möglichkeiten, die diese Rennbahn bietet, zu nutzen.

Außer im Hipódromo Argentina und San Isidro wird auch in La Plata ein argentinischer Klassiker gelaufen, um die besten Vollblüter zu ermitteln.

In den letzten Jahren konnte diese Rennbahn zu anderen wichtigen südamerikanischen Rennbahnen aufschließen, und zwar als Austragungsort des Gran Premio Associación Latino-Americana de Jockey Club. Der in Argentinien gezogene Vollblüter Savage Toss war der erste Sieger, der die weiß-blaue Fahne wehen ließ.

Man sagt, daß Herr Dardo Rocha, der Gründer von La Plata, selber die Stelle bestimmt hat, wo die Rennbahn angelegt werden sollte, nachdem er den Bebauungsplan der Stadt in der Provinz Buenos Aires studiert hatte.

Es ist allerdings wahrscheinlicher, daß die Rennbahn zusammen mit der Stadt entstanden ist. Mit Herrn Rocha als Promotor wurde sie am 14. September 1884 eröffnet.

Das Land gehört der Stadt. Die Bahn unterstand zunächst dem Jockey Club, jetziger Lizenznehmer ist Empresa Hípica Argentina.

Diese Gesellschaft managt drei Rennbahnen in Argentinien, die größten sind San Isidro und Hipódromo Argentino.

Mit einem neuen Totalisator-System und einer Flutlichtanlage brach eine neue Ära des Galopprenn-

Das Restaurant.

Der Führring.

Auf dem Weg vom Führring zum nächsten Rennen.

LA PLATA

Ein schöner Blick auf die Tribünen.

BAHNREKORDE

Distanz	Zeit	Pferd	Gewicht	Datum		Distanz	Zeit	Pferd	Gewicht	Datum
800 m	0:45,59	Alarmado	55 kg	25. 11. 89		1600 m	1:36,42	Laborioso	54,5 kg	19. 11. 87
1000 m	0:56,90	La Copera	54 kg	11. 9. 86		1700 m	1:43,6	Belcho	59,5 kg	18. 8. 77
1100 m	1:03,71	Tegual	56 kg	18. 8. 88		2000 m	2:04,29	Castel Nevado	59 kg	28. 2. 88
1200 m	1:10,78	Charlatan	59 kg	19. 11. 87		2100 m	2:10,33	Savage Toss	56 kg	12. 3. 89
1300 m	1:17,20	Bossuet	55 kg	17. 4. 75		2200 m	2:17,40	Paolo	54,5 kg	19. 5. 68
1400 m	1:22,62	Helio	59,5 kg	17. 3. 88		2200 m	2:17,40	Pulposo	56 kg	15. 5. 77
1500 m	1:30,00	Hardinge	55 kg	6. 6. 85		2400 m	2:29,93	Repingo	54 kg	19. 11. 87

Sogar Omar Sharif gratuliert dem siegreichen Team.

SAN ISIDRO

AV. MARQUEZ 504, (1462) SAN ISIDRO, P.CIA DE BUENOS AIRES
TEL. 54-1-7431011, FAX 54-1-7421357

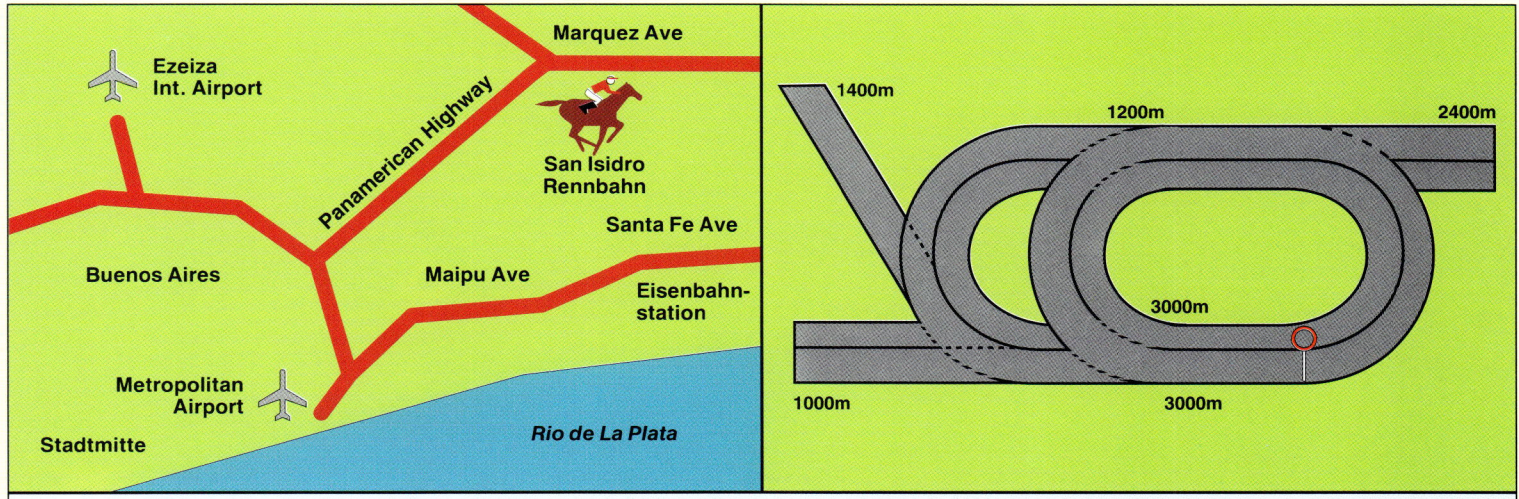

DISTANZEN, VERKEHRSVERBINDUNGEN UND PARKPLÄTZE

Die Rennbahn liegt 22 km nördlich von Buenos Aires, in der Stadt San Isidro. An den Renntagen gibt es einen Mini-Bus-Service von der Hauptstadt zur Bahn. Man kann auch mit dem Zug von Retiro Station nach San Isidro fahren. Es stehen Parkplätze für mehr als 2500 Autos zur Verfügung.

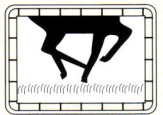 Es gibt zwei Grasbahnen, Linkskurse. Die Hauptbahn ist 2738 m lang.

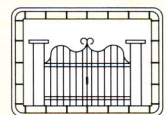 Tribuna Oficial: RA\$ 5 (Jackett und Krawatte)
Führring: RA\$ 1
Tribuna Generales: RA\$ 1

 Für jede Veranstaltung wird ein Rennprogramm herausgegeben.

 Totalisator

 Präsident, Herr Alfredo Lalor
General-Manager, Herr Héctor P. Lanfranco
Sekretär, Herr Fernando Santamarina

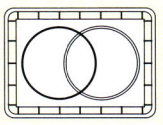 Banelco (örtliche Kreditkarte)

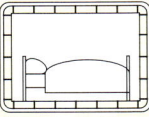 Unterkunft für Pferdepfleger vorhanden.

 120 Renntage auf das ganze Jahr verteilt (mittwochs und sonnabends, ein Montag pro Monat).

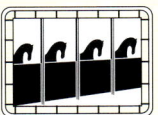 1166 Boxen

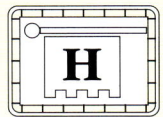 Alvear Palace Hotel, Tel. 54-1-8094031
Buenos Aires Sheraton Hotel, Tel. 54-1-3116311
Plaza Hotel, Tel. 54-1-7115011

 Es stehen fünf Trainingsbahnen (Sand und Gras) zur Verfügung.

 6 Restaurants
Reservierung: Tel. 54-1-7434011

 40 Quarantäneboxen

 Keine Gestüte in der Nähe

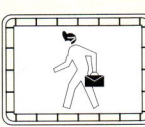 An Renntagen ist ein Tierärzteteam auf dem Gelände in Bereitschaft.

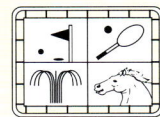 Die San Isidro Rennbahn liegt so nahe an der Stadtmitte, daß jegliche Form der Unterhaltung und des Vergnügens zur Verfügung steht.

Blick auf die Tribünen vom Polo-Spielfeld.

Ein Wunder, diese Rennbahn

Es ist erstaunlich, wie groß San Isidro ist. Möglicherweise ist diese Rennbahn eine der größten der Welt. Sicherlich eine der fortschrittlichsten.

Am 8. Dezember 1935 wurde diese üppig ausgestattete Rennbahn eröffnet. Doch plötzlich gab es viel Ärger, und der Weg zum Ruhm wurde mit Steuern, Auflagen, Prozenten und Bestechung verbaut. Am 25. Mai wurde die Rennbahn schließlich geschlossen, und das sehr erfolgreiche Rennprogramm wurde gestoppt. Nur das Trainingszentrum war noch aktiv, aber die ganzen neuen Gebäude drohten zu verkommen. Die argentinische Pferdezucht und der Galopprennsport des Landes mußten schwere Rückschläge einstecken. Da San Isidro die einzige ungenutzte Rennbahn Argentiniens war, wurden auf vielen anderen Rennbahnen des Landes Ga-

lopprennen ausgetragen (auf Dirt-Tracks). Glücklicherweise entschied die Regierung, die seit 1963 das Management von San Isidro vom Sozialfürsorge-Ministerium übernommen hatte, die Rennbahn wieder dem Jockey Club zu überantworten.

Am 8. Dezember 1979 wurde San Isidro nach nur vierzehn Monaten harter Arbeit wieder eröffnet. Man hatte es geschafft, Technik in die Schönheiten der Natur zu integrieren. Ein neues Totalisator-System, eine Scheinwerferanlage, Monitore entlang des ganzen Geläufs, große Hallen, neue Tribünen und Restaurants sorgten für ein neues Image.

Phantastische Rennen hatte San Isidro schon früher im Programm. Heute findet dort das letzte Rennen der Argentinian Quadruple Crown statt: das Gran Premio Carlos Pellegrini, ein Altersgewichtsrennen. 1952 kamen 104810 Zuschauer (Besucherrekord), um Yatasto in diesem Rennen als Sieger zu sehen.

Jedes Rennpferd, das heutzutage in Argentinien gezüchtet und aufgezogen wird, muß in San Isidro starten und gewinnen, um eine Chance zu haben, später zu Zuchtzwecken eingesetzt zu werden.

Last but not least hat der Jockey Club jetzt beschlossen und bereits damit angefangen, Live-Bilder via Satelliten auszustrahlen: welch ein Wunder, diese Rennbahn!

Das Hauptquartier des Jockey Clubs.

Die Tribünen aus einem anderen Blickwinkel.

Die Stallungen.

SAN ISIDRO

Morgenarbeit auf der Rennbahn.

GRAN PREMIO INTERNACIONAL CARLOS PELLEGRINI

Jahr	Besitzer	Sieger	Alter	Gewicht	Hengst	Zeit
1980	Noroma	Regidor	3	54 kg	Pepenador	2:26,18 min
1981	Santa María de Ararás	I'm Glad	3	54 kg	Liloy	2:22,80 min
1982	Walter Patricia (LP)	Sir Gold	4	60 kg	Old Gold	2:22,80 min
1983	Hs. Ponta Porá (Bras.)	Immensity	3	52 kg	Zanabre	2:27,40 min
1984	Por Fin	Reverente	3	54 kg	El Virtuoso	2:24,20 min
1985	Harry End	Salvate Tel	4	60 kg	Telefónico	2:25,80 min
1986	Santa María de Ararás	Fain	4	60 kg	Dancing Moss	2:24,00 min
1987	Faruk	Larabee	4	60 kg	Babor	2:24,00 min
1988	Tandil	Mantubio	3	54 kg	Mountdrago	2:24,00 min
1989	Guanabara	Cacao	3	54 kg	Cipayo	2:24,80 min
1990	El Galo	Algenib	3	54 kg	Oak Dancer	2:22,20 min
1991	Tori	Potrillon	3	54 kg	Ahmas	2:23,20 min

GRAN PREMIO JOCKEY CLUB

Jahr	Besitzer	Sieger	Gewicht	Hengst	Zeit
1960	Las Piedras	Pechazo	57 kg	Guatán	2:01,40 min
1961	Ana Maria	Marista	57 kg	Nigromante	2:00,80 min
1962	C. L. V.	Huxley	57 kg	Cardington-King	2:00,40 min
1963	Inés Lucy	Snow Bluff	57 kg	Snow Cat	2:04,60 min
1973	Los Griecos	Moraes Tinto	57 kg	Alelí	1:59,20 min
1980	Toqui	Mountdrago	56 kg	Sheet Anchor	2:01,20 min
1981	La Onda	Tello	56 kg	Tan Pronto	1:59,40 min
1982	De más de 2	Fort de France	56 kg	Kasteel	1:57,20 min
1983	Los Robles	Ball Fighter	56 kg	Snow Ball	1:59,80 min
1984	Por Fin	Reverente	56 kg	El Virtuoso	1:57,40 min
1985	La Titina	Bonsoir	56 kg	Mariache	2:00,40 min
1986	Hickory Free F. (USA)	El Serrano	56 kg	Excel II	2:06,01 min
1987	La Biznaga	Monte Simón	56 kg	Mountdrago	1:58,80 min
1988	Don Henry	Ultrasonido	56 kg	Noble Quillo	2:02,06 min
1989	El Globito (LP)	Auténtico	56 kg	Factorial	1:58,02 min
1990	El Galo	Algenib	56 kg	Oak Dancer	2:00,80 min
1991	La Borinquena	L'Express	56 kg	Un Reitre	1:57,50 min

BRAZIL

(BRASILIEN)

CIDADE JARDIM
AV. LINNEO DE PAULA MACHADO 1263, SÃO PAULO
TEL. 55-11-2114011, FAX 55-11-2114011

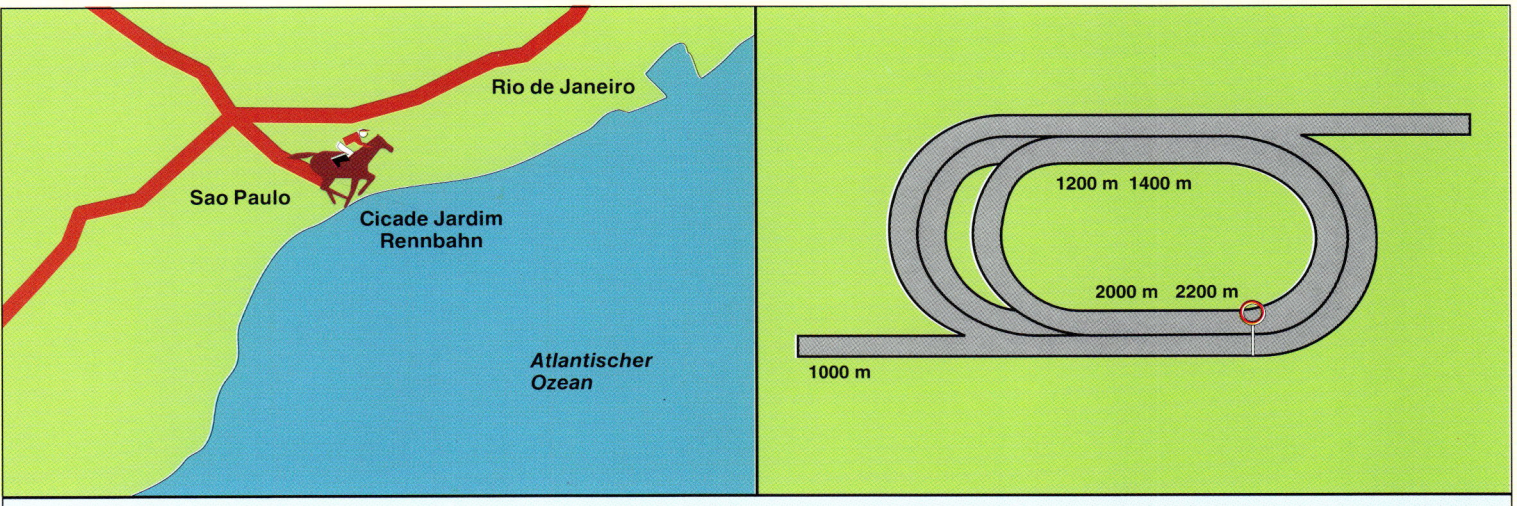

DISTANZEN, VERKEHRSVERBINDUNGEN UND PARKPLÄTZE

Diese Rennbahn liegt nahe am International Airport Congohas (ca. 4 km) und nicht weit von der Stadtmitte São Paulos entfernt. Parkmöglichkeiten für mehr als 2000 Autos sind vorhanden.

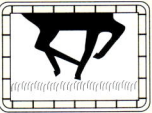 Grasbahn, eben, ca. 2000 m. Zusätzlich ein Dirt-Track von 1800 m. Beide Linkskurs.

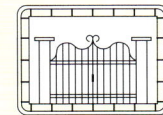 Eintritt: Cr$ 0,20

 Kein Rennprogramm

 Totalisator

 Präsident, Herr José Bonifacio Coutinho Nogueira
Vize-Präsident, Herr Roberto Brotero de Barros
General-Manager, Herr Marco Tulio Bottino

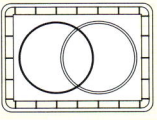 Alle bekannten Kreditkarten werden angenommen.

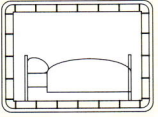 Unterkunft für Pferdepfleger vorhanden.

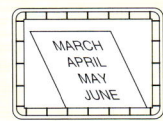 Rennen finden ganzjährig statt.

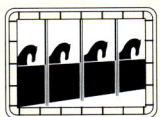 2500 Boxen

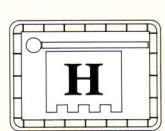 Maksoud Plaza Hotel, Tel. 55-11-2512233
Sheraton Mofarrej Hotel, Tel. 55-11-2845544

 Es stehen zwei Sandbahnen für Trainingszwecke zur Verfügung.

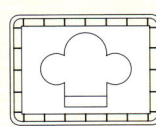 Es gibt nur ein Restaurant an der Rennbahn
Reservierung: Tel. 55-11-2114011

 Es stehen Quarantäneboxen zur Verfügung.

 Haras Bandeirantes
Haras Calunga
Haras Expert
Haras Rosa do Sul

 An Renntagen ist ein Tierärzteteam auf dem Gelände in Bereitschaft.

 Museum auf dem Rennbahngelände

Panorama der Rennbahn.

*E*ine vielseitige Rennbahn

Schon seit 1924 hatte der Vorstand der brasiliani-schen Rennsportvereinigung die Absicht, die Veran-staltungen von Mooca auf eine neue Rennbahn zu verlegen, denn Mooca war zu klein und lag in der Stadtmitte von São Paulo.

Daher wurde am 25. Januar 1941 die Cicade Jardim Rennbahn auf der anderen Seite des Flusses Pinhei-ros eröffnet. Das Gelände bot sehr viel Platz, für die anreisenden Zuschauer gab es keine Verkehrs-probleme mehr.

Die Zuschauer mochten die neue Anlage am An-fang allerdings nicht. Sie waren an die traditions-trächtige alte Anlage gewöhnt, wo sie so viel Spaß hatten.

Heute hat São Paulo eine der schönsten Rennbah-nen der Welt. Sie liegt auf einem sehr großen Gelän-de von ca. 640 000 m². Innerhalb von Cicade Jardim befinden sich die Hauptniederlassungen der meisten wichtigen Verbände des brasilianischen Galopp-rennsports, z. B. des Stud-Book Braziliero, der So-ciedade de Criadores e Proprietarios de Cavalos de Corrida de São Paulo, der Associaçao Brasileira dos Criadores de Cavalos de Corrida und der Co-operativa Mista de Consumo.

Diese Verbände und der Jockey Club von São Paulo sind unabhängige Einrichtungen zur Weiterent-wicklung und Verbesserung der brasilianischen Pferdezucht und des Galopprennsports. Darüber hinaus gibt es in Cicade Jardim noch ein Trainings-zentrum, ein Gestüt und ein Ausstellungszentrum für kulturelle und wissenschaftliche Projekte.

Die Stallungen.

Aufgalopp.

Ab! Da laufen sie!

Die letzten einhundert Meter.

CIDADE JARDIM

Die dichtgefüllten Tribünen.

BAHNREKORDE (GRAS)				
Distanz	Zeit	Pferd	Gewicht	Datum
1000 m	0:54,9 min	Davsoyan	56 kg	18. 11. 1990
1200 m	1:08,2 min	Napo	59 kg	4. 5. 1968
1600 m	1:34,9 min	Briccone	54 kg	2. 11. 1990
2000 m	2:00,3 min	Oli Dream	58 kg	20. 8. 1988
2400 m	2:26,3 min	Clackson	61 kg	16. 5. 1982
3000 m	3:05,5 min	Gualicho	55 kg	4. 5. 1952

BAHNREKORDE (DIRT-TRACK)				
Distanz	Zeit	Pferd	Gewicht	Datum
1000 m	0:59,2 min	Riadhis	55 kg	25. 1. 1988
1200 m	1:10,5 min	Mate Bueno	59 kg	18. 4. 1991
1600 m	1:36,0 min	Daubigny	55 kg	4. 2. 1990
2000 m	2:02,4 min	Emperor Julian	60 kg	26. 1. 1989
2400 m	2:28,2 min	Arnaldo	61 kg	10. 7. 1977
3000 m	3:09,7 min	Hawk	62 kg	23. 10. 1976

Der Sieger wird hereingeführt.

LA GAVEA

AV. PRESIDENTE ANTONIO CARLOS, 501-2° ANDAR – RIO DE JANEIRO, 20020-10

TEL. 55-21-274005, FAX 55-21-2203151

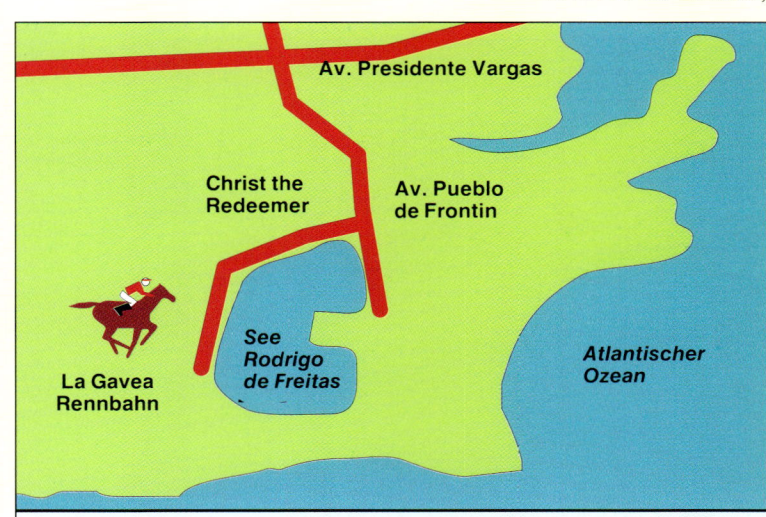

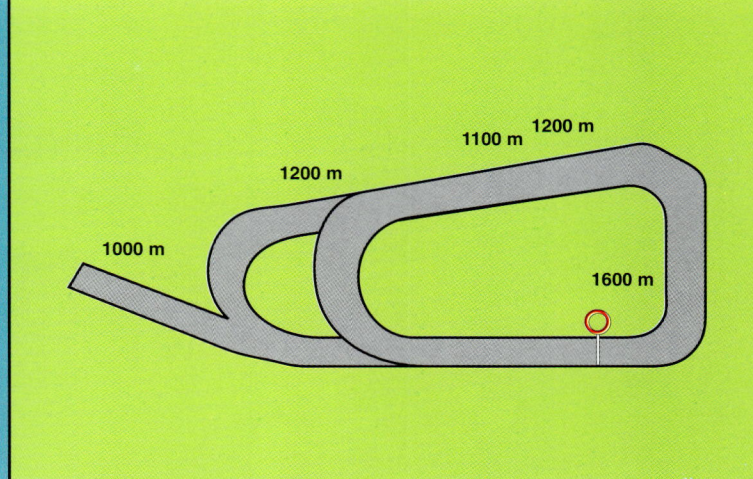

DISTANZEN, VERKEHRSVERBINDUNGEN UND PARKPLÄTZE

La Gávea liegt sehr nah am Stadtzentrum von Rio de Janeiro. Sie ist umgeben vom See Rodrigo de Freitas. Die Rennbahn liegt südlich des berühmten Stadions »Maracana«. Es sind Parkmöglichkeiten vorhanden.

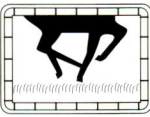 Zwei Bahnen, beide Linkskurs. Der Dirt-Track, die Innenbahn, ist 2036 m lang. Die Grasbahn, sie liegt außen, ist 2120 m lang mit einer Anfangsgeraden von ca. 1000 m.

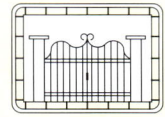 Es gibt fünf Tribünen: eine für Besitzer und Trainer, eine für Mitglieder und deren Gäste, drei für normale Rennbahnbesucher, sie zahlen ein symbolisches Eintrittsgeld.

 Das Jockey Club Magazine wird wöchentlich herausgegeben, es enthält die Programme für jeden Renntag.

 Totalisator

 Präsident, Herr José Carlos Fragoso Pires
Vize-Präsident, Herr Alfonso Burlamaqui
Vize-Präsident, Herr J. A. Nova Monteiro

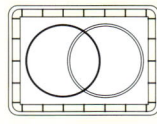 Es werden keine Kreditkarten angenommen.

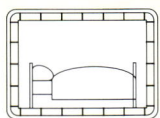 Personal/Pferdepfleger Übernachtungsmöglichkeiten im Innenraum der Rennbahn.

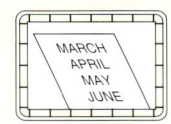 Renntage: Sonnabend und Sonntag das ganze Jahr über.

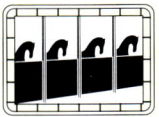 50 Boxen an der Rennbahn

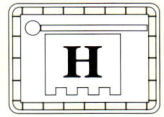 Caesar Park Hotel, Tel. 55-21-2873122
Copacabana Palace Hotel, Tel. 55-21-2557070
Meridien Hotel, Tel. 55-21-2759922
Sheraton Hotel, Tel. 55-21-2741122

 Trainingsbahnen gibt es innerhalb der Rennbahnen.

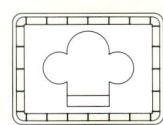 Es gibt drei Restaurants auf dem Rennbahngelände. Keine Reservierung.

 15 Quarantäneboxen an der Rennbahn.

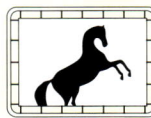 Keine Gestüte in der Nähe.

 Dr. Vanessa Rosemary Varges und ihr Team

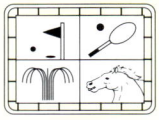 Strände, Botanische Gärten, Theater, Samba Shows.

Blick auf die Rennbahn.

Galopprennen vor unglaublicher Kulisse

Die Pferde verlassen den Führring.

Bevor der Jockey Club Brasileiro gegründet worden war, wurden in Brasilien Galopprennen auf sehr primitiven Rennbahnen durchgeführt.

Das erste festgehaltene Datum eines offiziellen Rennens ist das Jahr 1825, welches in Praia Vermelha, Botafogo, stattfand. Es ritten Amateure, Professionals und weibliche Jockeys.

Sogar in Rio de Janeiro wurden vom Duke of Caxias im Club Santa Tereza do Catete einige Veranstaltungen organisiert.

1849 gründeten die Herren Mariano Procòpio Ferreira Lage und João Pereira Darrigue de Faro einen Renn-Club, den sie Fluminense nannten, aber ihre Aktivitäten hatten keinerlei Erfolg.

Einige Jahre später pachtete Major Suckow die Rennbahn, und in Anwesenheit des Königs und der Königin von Brasilien fanden am 12. Juni 1851 die ersten Rennen statt.

Wetten wurden erst 1872 erlaubt, dadurch hatte der Verband die Möglichkeit, die Bedingungen im Galopprennsport zu verbessern.

Schließlich wurde von Herrn Linneo de Paula Machado der Jockey Club Brazileiro in La Gávea in Rio de Janeiro ins Leben gerufen. Der Präsident von Brasilien eröffnete die neue Rennbahn, die immer noch eine der schönsten Südamerikas ist.

Der Start ist erfolgt.

Der Haupteingang.

Leichter Canter auf Gras.

LA GAVEA

Kurz vor dem Ziel.

ERFOLGREICHSTE JOCKEYS 1991		
Jockey	Siege	%
J. Ricardo	403	20,73
G. Lavor	102	15,93
G. F. Almelda	87	19,90
J. M. Silva	72	19,36
G. Guimarans	70	12,91

ERFOLGREICHSTE TRAINER 1991		
Trainer	Siege	%
D. Guignoni	96	17,05
J. L. Maciel	87	19,68
A. Morales	75	17,12
M. D. Ribeiro	63	24,90
R. Nahid	63	18,47

Innerhalb der Haupttribüne.

CHILE

(CHILE)

CHILE

AVENIDA FERMIN VIVACETA 2753, SANTIAGO DE CHILE
TEL. 56-2-7369740, FAX 56-2-7772089

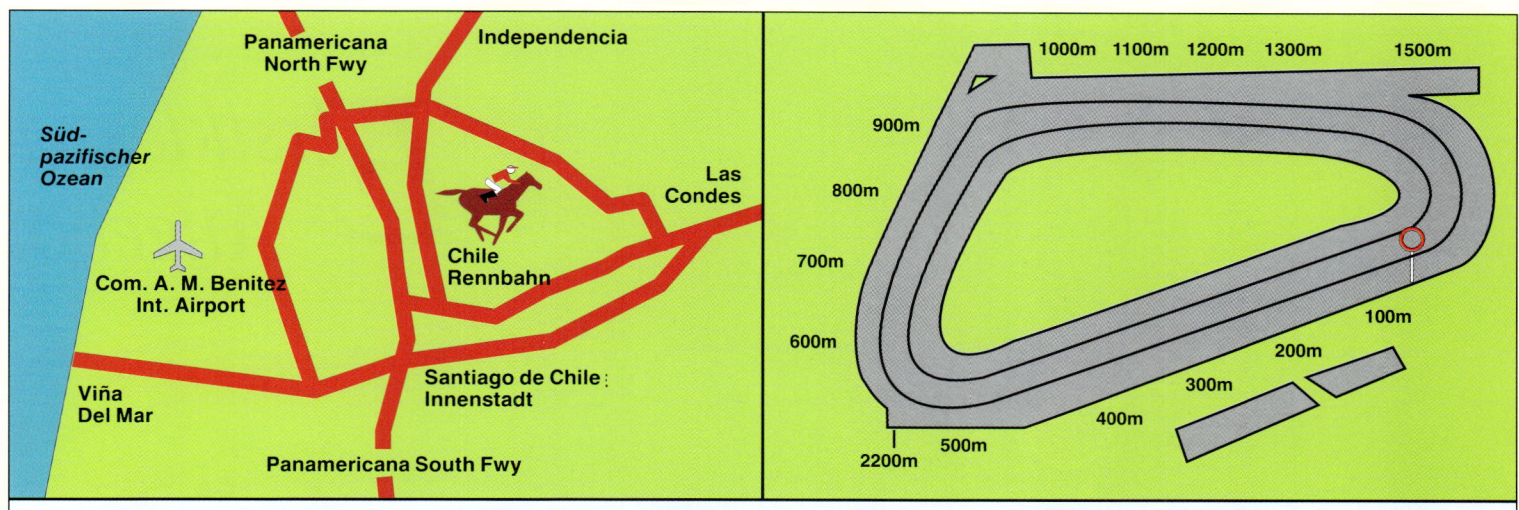

DISTANZEN, VERKEHRSVERBINDUNGEN UND PARKPLÄTZE

Die Rennbahn liegt nur 10 Minuten nördlich vom Stadtzentrum Santiagos, auch Comodore Merino Benitez Airport ist nicht weit entfernt. Die Rennbahn ist mit öffentlichen Verkehrsmittel hervorragend zu erreichen. Außerhalb dieser Rennbahn steht eine große Parkfläche zur Verfügung.

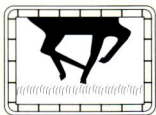
Die Rennbahn (Dirt-Track) ist 1645 m lang, Linkskurs.

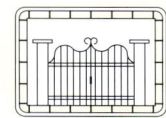
Mitgliedertribüne
auf Nachfrage (Tel. 56-2-7774185).

Für jeden Renntag gibt es die »Subieron Banderas« (Rennkarte).

Totalisator

Präsident, Herr Mauricio Serrano
Stellv. Direktor, Herr Luis Solar
General-Manager, Herr Luis Salas

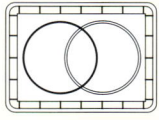
Mastercard und Visa

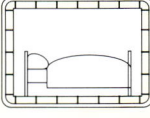
Unterkunft für Pferdepfleger vorhanden.

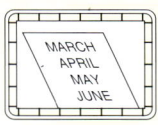
Das ganze Jahr über finden Rennen an jedem Sonntag und an jedem zweiten Mittwoch statt.

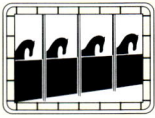
18 Boxen für Pferde, die in einem Rennen starten.

Hotel Carreras, Tel. 56-2-6982011
Holiday Inn, Tel. 56-2-381042
Sheraton San Cristobal, Tel. 56-2-7376700

Zwei Trainingsbahnen (Dirt-Track) stehen zur Verfügung.

Es gibt nur ein Restaurant an der Rennbahn
Reservierung: Tel. 56-2-7376700

Es stehen 14 Quarantäneboxen bei der Villa Hípica Internacional zur Verfügung.

Haras Blakie
Haras El Sheik
Haras Mocito Guapo
Haras Trafalgar

Ein Tierärzteteam ist auf der Rennbahn im Einsatz.

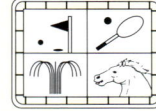
Das Hipódromo Chile liegt so nahe an der Innenstadt, daß jegliche Art des Vergnügens und der Unterhaltung zur Verfügung steht.

333

*E*rstklassige *A*ngebote

Chile Rennbahn wurde 1904 von neunzehn Züchtern, Pferdebesitzern und Trainern gegründet, Herr Pedro del Rio Talavera wurde zum Präsidenten gewählt. Das Team hatte (und hat) die Absicht, die Vollblutzucht des Landes zu verbessern, den Handel im In- und Ausland zu forcieren und neue Trainingszentren aufzubauen, um das Niveau des Galopprennsports anzuheben.

Das Gelände, es gehört der Gesellschaft, die die Rennbahn auch betreibt, umfaßt gute 280 000 m² und liegt nördlich vom Stadtzentrum Santiagos.

Die Rennbahn ist sehr leicht mit öffentlichen Ver-

Auf dem Weg zu den Startboxen.

Der Sieger.

kehrsmitteln oder dem Auto zu erreichen. Die Anlage ist modern und faßt problemlos 35 000 Zuschauer.

Nahe an der Rennbahn werden im Frühjahr und Herbst Auktionen für Zweijährige, die schon im Training sind, abgehalten. Dieser Komplex gehört derselben Gesellschaft (Feria de Criadores de Caballos F.S. de Carrera).

Das Geläuf ist ein Dirt-Track. Die Pferde laufen gegen den Uhrzeigersinn. Die wichtigsten Rennen sind der Gran Premio Hipódromo Chile, das St. Leger, das La Carrera del Ano und das Sabato de Campeones. Das letztgenannte findet zusammen mit sechs anderen hochklassigen Rennen statt. Aus diesem Grund steht das Hipódromo Chile auch an der Spitze der Rennsport-Industrie.

Der Totalisator auf der Rennbahn ist mit einer ganzen Reihe von Wettbüros im ganzen Land direkt verbunden (Autotrack System). In diesen Wettbüros sind große Bildschirme aufgestellt, so daß jeder Zuschauer alle Rennen live verfolgen und bis kurz vor dem Start seine Wette abgeben kann.

Die Pferde kommen aus dem letzten Bogen.

CHILE

Nur noch wenige Meter.

Ein überlegener Sieger kurz vor dem Ziel.

CHILE

CLUB HIPICO

AVENIDA BLANCO ENCALADA 2540, SANTIAGO DE CHILE

TEL. 56-2-6836535, FAX 56-2-6837074

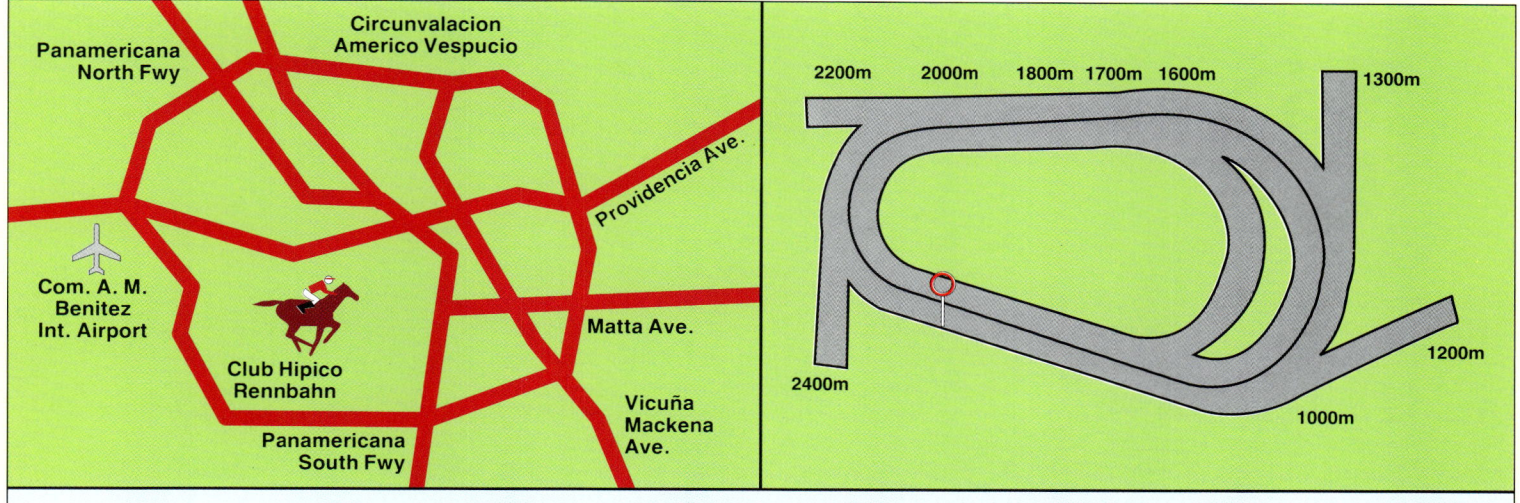

DISTANZEN, VERKEHRSVERBINDUNGEN UND PARKPLÄTZE

Der Club Hipico de Santiago liegt nur 12 km vom Comodoro Arturo Merino Benitez Airport entfernt, die Innenstadt von Santiago ist ebenfalls recht nah. Außerhalb der Rennbahn steht eine große Parkfläche zur Verfügung.

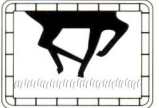 Grasbahn, Länge 2400 m, Rechtskurs.

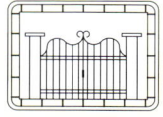 Führring: RCH$ 200
Haupttribüne: RCH$ 150

 Für jede Veranstaltung wird eine Rennkarte ausgegeben.

 Totalisator

 Präsident, Herr Joaquin M. Tocornal.

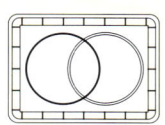 Es werden keine Kreditkarten angenommen.

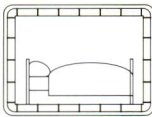 Unterkunft für Pferdepfleger nicht vorhanden.

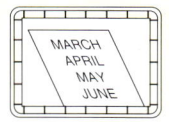 Jeden Montag und Donnerstag im Januar, Februar und März. Jeden Mittwoch und Sonntag während der übrigen Monate des Jahres. 16 Rennen pro Tag.

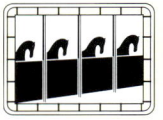 1800 Boxen

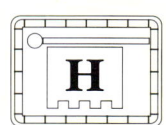 Carreras Hotel, Tel. 56-2-6982011
Holiday Inn, Tel. 56-2-381042
Sheraton San Cristobal, Tel. 56-2-745000

 Es steht ein Dirt-Track zu Trainingszwecken zur Verfügung.

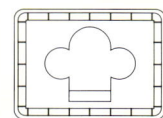 Drei Restaurants
Keine Reservierung

 Quarantäneboxen gibt es in 40 km Entfernung von der Rennbahn.

 Haras Blackie
Haras Maria Pinto
Haras Mocito Guapo
Haras Santa Eladia

 Dr. Carlos Canales

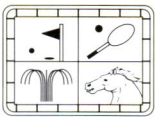 Der Club Hipico de Santiago liegt so nahe an der Innenstadt, daß jede Form der Unterhaltung und des Vergnügens zur Verfügung steht.

Das grüne Städtchen

Der Club Hipico de Santiago entstand 1869 durch die Initiative einiger Vertreter der chilenischen Bourgeoisie. Diese Rennbahn ist das Gegenstück zu Longchamp in Paris, der exklusive Club ist der beste Ort in Chile für Galopprennen und Freizeitgestaltung. Hier genießen Staatsoberhäupter wie Queen Elizabeth II und der Prince of Wales, Spitzenpolitiker aus der ganzen Welt, international berühmte Künstler und Chiles VIPs den Luxus und

schauen begeistert den Rennen zu. Obwohl der Club Hipico nahe an Santiagos Innenstadt ist, liegt die Rennbahn selbst auf 800 000 m² grüner Gärten mit Blumen. Außerdem findet man einen prächtigen See, einen großen Swimming-Pool, Tennisplätze, einen Springbrunnen und herrliche Wasserspiele.

Der Club Hipico ist die Heimat von einigen der ältesten klassischen Rennen.

Das wichtigste ist El Ensayo, es wurde 1873 zum erstenmal gelaufen und ist damit der älteste Klassiker in Südamerika.

In diesem Rennen, welches während des herrlichen chilenischen Frühlings stattfindet, dürfen nur dreijährige Hengste und Stuten starten.

Erst vor kurzer Zeit wurde ein hochwertiges Totalisator-System installiert. Gleichzeitig wurde die Rennbahn mit Fernseh-Monitoren ausgestattet, so daß die vielen tausend Rennbahnbesucher immer ganz nah am Geschehen sind.

Springbrunnen mit Wasserspielen.

Eine große Menschenmenge säumt den Zielbereich.

Der Start ist erfolgt!

CLUB HIPICO

ERFOLGREICHSTE JOCKEYS, TRAINER, BESITZER UND ZÜCHTER (1988 – 1992)

Jahr	Jockey	Trainer	Besitzer	Züchter
1988	G. Barrera	A. Bullezú	Dimineau	Matancilla
1989	S. Vasquez	A. Bullezú	Balconajo	Matancilla
1990	Fernando Diaz	Alberto Lopez	Dimineau	Sta. Amolia
1991	S. Vasquez	Juan Cavieras	Ray	Matancilla
1992	Luis Torres	Juan Cavieras	Ray	Siguran

Blick auf die Tribünen.

VENEZUELA

(VENEZUELA)

LA RINCONADA

COCHE, CARACAS

TEL. 58-2-6818832, FAX 58-2-6828446

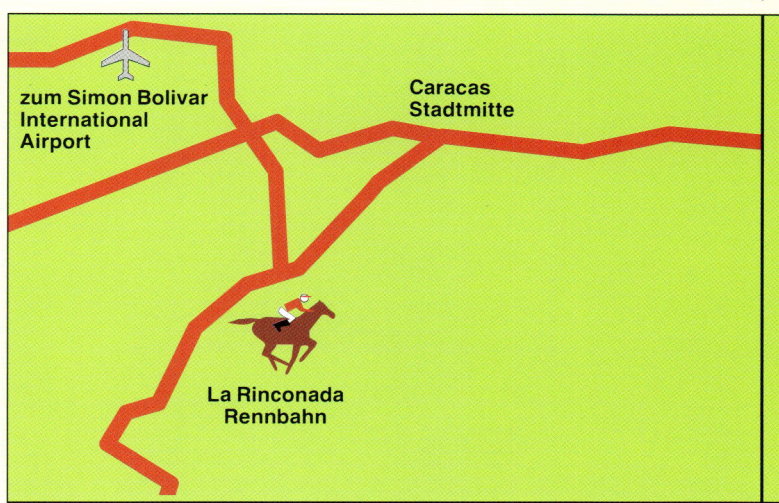

zum Simon Bolivar International Airport

Caracas Stadtmitte

La Rinconada Rennbahn

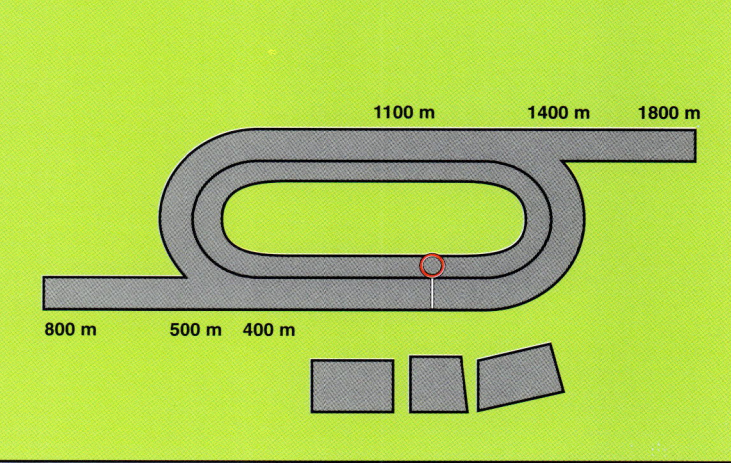

1100 m 1400 m 1800 m

800 m 500 m 400 m

DISTANZEN, VERKEHRSVERBINDUNGEN UND PARKPLÄTZE

La Rinconada liegt 8 km südwestlich von Caracas in einer Gegend, die »Parroquia El Valle« heißt, an der Pan American. Der internationale Flughafen Simon Bolivar ist rund 40 km entfernt. Die Rennbahn erreicht man gut mit öffentlichen Verkehrsmitteln wie Bussen oder U-Bahnen. Es stehen auch Parkplätze zur Verfügung.

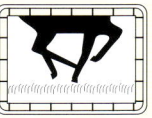
Dirt-Track, Linkskurs, Gesamtumfang 1800 m, mit einer Zielgeraden von 400 m.

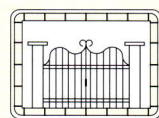
Eintritt: frei

Für jede Veranstaltung wird ein Rennprogramm herausgegeben.

Totalisator

Präsident, Herr Anselmo Alvarado Dorato
General Manager, Herr Alberto Arteaga

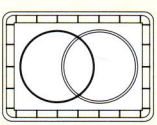
Alle größeren Kreditkarten werden angenommen.

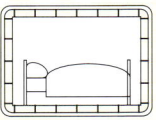
Unterkunft für Pferdepfleger vorhanden.

Rennen werden das ganze Jahr über an Sonnabenden und Sonntagen gelaufen.

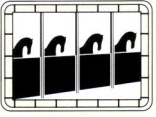
1800 Boxen

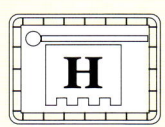
Eurobuilding Hotel, Tel. 58-2-9591133
Hilton Hotel, Tel. 58-2-5741122
Tamanaco Hotel, Tel. 58-2-208700

Es stehen Trainingsmöglichkeiten zur Verfügung.

Jockey Club
Victoriado
Reservierung: Tel. 58-2-6818832

15 Quarantäneboxen

Keine Gestüte in der Nähe.

An Renntagen ist ein Tierärzteteam an der Rennbahn in Bereitschaft.

Kunstmuseum
Baseball, Softball, Sporthalle

Die dichtgefüllten Tribünen, die 1958 von den Herren Layne und Lyn, Ingenieure aus Kalifornien, entworfen wurden.

Sport der Spitzenklasse

Das Instituto Nacional de Hipòdromos wurde am 3. September 1958 gegründet, um das Management der Rennbahn Venezuelas zu übernehmen und um die Aktivitäten auf der Rennbahn zu organisieren. Außerdem trug die Gesellschaft die Verantwortung für die Entwicklung und Verbesserung der Vollblutzucht des Landes. Die Profite wurden für kulturelle Aktivitäten verwendet und zur Unterstützung von Wohlfahrtsorganisationen.

Zu der Zeit fanden Galopprennen auf der Rennbahn Paraiso statt, aber die Verhandlungen über den Kauf der Hacienda La Rinconada hatten bereits begonnen. 1956 wurden zwei berühmte amerikanische Ingenieure, die Herren Layne und Lyn, damit beauftragt, eine neue Rennbahn zu entwerfen.

Am 5. Juli, einem Sonntag, wurde La Rinconada offiziell eröffnet, und um 13.00 Uhr erfolgte der Start zum ersten Rennen. Am selben Tag noch wurde auch zum erstenmal das Classico Fuerza Armadas gelaufen.

Die Experten sehen in La Rinconada eine der schönsten Rennbahnen der Welt. Die Rennbahn liegt in einer luxuriösen Gegend 8 km südwestlich der Innenstadt von Caracas, nahe der Panamerican Road. Der gesamte Arbeitsablauf der Rennbahn ist durch Computer festgehalten, so hat das Management stets den Überblick, erzielt bessere Ergebnisse und kann Kosten sparen.

Die Rennbahn ist ungefähr 900 m lang, und sie kann 25 000 Besucher fassen. Auf dem Rennbahngelände gibt es zusätzlich noch ein Stadion, einen Swimming-Pool und eine Sporthalle.

Auf La Rinconda kann jeder hervorragenden Sport genießen und sich beim Wetten amüsieren.

Die Tribünen von außen.

Die Wettschalter.

Panoramablick auf La Rinconada.

Der Start ist erfolgt.

LA RINCONADA

Das siegreiche Team.

Burlesco, der berühmteste Hengst Venezuelas.

Ozeanien

Sponsoren werden immer wichtiger, was die Preisgelder betrifft.

Australien und Neuseeland sind zwar zwei voneinander unabhängige Länder, aber sie haben fast identische Flaggen. Auch der Akzent der Einwohner ist, zumindestens für Ausländer, so gut wie gleich. Das britische Erbe ist es ganz bestimmt.

Was aber den Galopprennsport betrifft, da sind Australien und Neuseeland wirklich zwei völlig verschiedene Länder.

Gemessen an den Preisgeldern, ist der Rennsport in Neuseeland ein »armer« Sport. Daher lassen sich die besten Jockeys aus Neuseeland meist in Australien nieder. Und jedes Jahr fliegen die besten neuseeländischen Rennpferde über das Tasmanische Meer, um an den großen Rennen in Australien teilzunehmen.

Neuseeland ist berühmt für seine überragenden Steher. Das zeigt sich deutlich in der Anzahl der Pferde aus diesem Land, die die großen australischen Steher-Rennen gewonnen haben wie den Melbourne und Caulfield Cup. Pferde aus Australien fliegen so gut wie nie nach Neuseeland, der ganze Aufwand würde sich einfach nicht lohnen.

Australien
von Malcolm Andrews

Schon zwei Jahrzehnte nachdem die ersten europäischen Siedler sich in Neu-Süd Wales, damals eine britische Kolonie, niedergelassen hatten, wurden in Australien die ersten Galopprennen ausgetragen.

Im Oktober des Jahres 1810 organisierten einige Offiziere der Armee Galopprennen ungefähr einen Kilometer vom Ufer entfernt, dort, wo heute der Hafen von Sydney liegt.

Als zweite Kolonie veranstaltete Tasmanien 1814 Pferderennen. Andere Kolonien folgten, einschließlich Viktoria im Jahr 1838, dort finden heute die wichtigsten Rennen Australiens statt.

Seit diesen Pioniertagen hat sich der Galopprennsport in Australien in einem solchen Ausmaß entwickelt, daß der ganze Kontinent am ersten Dienstag im November den Atem anhält, wenn das berühmteste Rennen, der Melbourne Cup, ausgetragen wird.

Sogar Menschen, die überhaupt nichts vom Galopprennsport verstehen, geben auf »den Cup« eine Wette ab.

Sogar das Parlament unterbricht seine Sitzung, damit die Gesetzesmacher der Nation dieses Rennen am Fernsehschirm verfolgen können.

Heute gibt es in Australien ca. 500 Rennvereine, die auf 415 Rennbahnen im ganzen Land ihre Veranstaltungen durchführen. Auch wenn viele nicht mehr sind als primitive »Buschbahnen«, kann Australien sich rühmen, mehr Rennbahnen zu haben als jedes andere Land auf der ganzen Welt.

In der Saison 90/91 beliefen sich die Preisgelder aller Stakes auf fast A$ 207 Millionen (US$ 155 Millionen).

In Australien gibt es ungefähr 6400 registrierte Trainer für Rennpferde.

Einige von ihnen haben vielleicht nur für ein Pferd zu sorgen. Andere, wie Süd-Australiens Trainer David Hayes, beschäftigen ein großes Team. Hayes' Stall ist so groß, daß er jährlich an Preisgeldern mehr als A$ 10 Millionen kassiert, und er war in der Lage, im November 1991 an einem einzigen Nachmittag die Sieger in sechs Gruppenrennen zu satteln – ein Weltrekord.

Australiens Rennpferde werden von mehr als 1600 registrierten Jockeys und Auszubildenden geritten. Einige dieser Reiter haben sich mit den Jahren einen internationalen Ruf erworben.

Australier können entweder direkt auf der Rennbahn oder aber in Wettbüros außerhalb des Geländes ihre Wetten abgeben.

Auf der Rennbahn können die wettfreudigen Zuschauer zwischen dem Buchmacher englischen Stils oder dem Totalisator, von Regierung und Industrie kontrolliert, wählen. Der Toto ist mit vielen Wettbüros außerhalb der Rennbahn verbunden, verantwortlich dafür sind TAB-Agencies (Totalizator Agency Board).

In der Rennsaison 90/91 wurden über TAB A$ 6840 Millionen (US$ 5130 Millionen) gewettet und A$ 1896 Millionen (US$ 1422 Millionen) bei den Buchmachern. Die Zahlen sind zwar in jedem Staat anders, aber durchschnittlich gehen 15 % der Einsätze als Steuern an die Regierung. Weitere 2,5 % erhalten die Rennvereine, so daß die Preisgelder angehoben werden können.

Um es den Rennbahnbesuchern leichter zu machen, auf den Sieger zu wetten, widmen die großen Zeitungen des Landes fast die Hälfte ihrer Sportseiten den Rennpferden. Sie bringen detaillierte Artikel über Galopprennen und berichten über die Form der Pferde.

Das Klima in Australien ermöglicht es, an jedem Wochenende im Jahr Galopprennen durchzuführen. Auf den Rennbahnen der Hauptstädte finden zu verschiedenen Zeiten im Jahr große Veranstaltungen (Carnivals) statt.

Die größte ist der Spring Carnival Anfang November auf Melbourne's Flemington Racecourse (benannt nach einem Fleischer, Bob Fleming, der sein Geschäft genau gegenüber der Rennbahn hatte, als diese 1840 zum erstenmal geöffnet wurde).

Der Höhepunkt dieses Carnivals ist der Melbourne Cup, das höchstdotierte Rennen Australiens. Das Preisgeld beläuft sich auf insgesamt weit mehr als A$ 2 Millionen. Der Cup ist ein Handicap-Rennen und führt über 3200 m.

Ein weiteres wichtiges Rennen sind die Golden Slipper Stakes, ein Blaues Band-Rennen für Zweijährige. Es findet kurz vor Ostern auf der Rosehill Rennbahn in Sydney statt. Dotiert mit mehr als A$ 2 Millionen rangiert dieses Rennen gleich hinter dem Melbourne Cup.

Rosehill ist allerdings nicht die wichtigste Rennbahn in Sydney. Diese Ehre gehört Randwick, Heimat des Australien Jockey Club, der alle Rennen des Staates Neu-Süd Wales überwacht und sowohl in Randwick als auch auf Warwick Farm, einer anderen Rennbahn am Stadtrand von Sydney, selbst Veranstaltungen organisiert.

Diese Bahn ist unter dem Namen Royal Randwick bekannt, weil Englands Königin Queen Elizabeth II diese Rennbahn schon oft besucht

hat, wenn sie sich gerade in Australien aufhielt.

Die Spitzen-Trainer sind gewöhnlich an den Rennbahnen der Hauptstädte zu finden. Einige haben sogar Ställe in zwei Städten, wie Bart Cummings, scherzhaft auch »The Cup King« genannt. Er hat viele bedeutende Cup-Sieger trainiert, einschließlich der neun Pferde, die den Melbourne Cup holten (in fünf dieser Rennen sattelte Cummings auch den Zweitplazierten). Zwei Ställe hat auch David Hayes, der 1990/91 sowohl in Melbourne als auch in Adelaide die Trainer Championship gewonnen hat. Gleiches gelang seinem Vater mehr als ein Jahrzehnt früher.

Es gibt ein Ereignis auf australischen Rennbahnen, das in der Welt des Galopprennsports einzigartig ist – Picknick-Rennveranstaltungen. Diese waren mehr als ein Jahrhundert lang ein fester Bestandteil des Landlebens. Aus den ehemals einfachen lokalen Veranstaltungen mit Farmern, die ihre Pferde gegen die anderer Landbesitzer laufen ließen, entwickelten sich die heutigen sozialen Veranstaltungen im ganz großen Rahmen mit Hunderten, manchmal Tausenden von Zuschauern, die auf dem Luft- oder Landweg zur Rennbahn kommen.

Häufig umfaßt die Zuschauermenge bei den Rennen zehnmal so viele Menschen wie die Stadt Einwohner zählt. Das berühmteste dieser Veranstaltungen, das Bong Bong Picknick-Rennen, findet auf einer provisorischen Rennbahn um einen hohen Hügel herum statt, ca. 100 km südlich von Sydney. Es wurde in den 80er Jahren vom AJC vorübergehend verboten, weil die enthusiastischen Fans zu sehr lärmten und sich die Anwohner gestört fühlten.

Das Tor wird geöffnet, das Rennen ist vorbei.

Neuseeland
von Mary Mountier

Weit weg, am Ende der Welt, liegt Neuseeland, ein Land von der Größe Italiens, aber mit nur 3,4 Millionen Einwohnern.

»Rugby, Galopprennen und Bier« sind aus Tradition die Leidenschaft vieler Neuseeländer, die 73 Rennbahnen dieses Landes belegen diese Aussage. Von diesen 73 Rennbahnen sind 56 nur für Galopprennen; auf den anderen laufen Traber und Greyhounds. Und das nach einer langsamen aber stetigen Rationali-

sierung der Rennbahnen in den letzten Jahren: Zu Beginn dieses Jahrhunderts gab es dutzende mehr, gleiches gilt für die 157 individuellen Rennvereine (94 davon veranstalten nur Galopprennen).

Dieses eindeutig überreiche Angebot an Rennbahnen läßt sich auf die Kolonisation Neuseelands durch die Engländer Mitte des 19. Jahrhunderts zurückführen, hinzu kommt noch die schmale, langgestreckte Form des Landes.

Kampf um den Sieg auch am anderen Ende der Welt!

Galopprennen war die beliebteste Freizeitbeschäftigung der englischen Siedler. Da das Reisen in den frühen Tagen recht schwierig war, mußte jede Stadt, die etwas auf sich hielt, ihre eigene Rennbahn haben – und mindestens einen Rennverein.

Zu Beginn gab es nur wenige private Rennclubs. Die meisten wurden als Vereine geführt, d.h. alle Einnahmen wurden in die Rennen und in die Anlage selbst investiert.

Seit der New Zealand Racing Conference 1887 (Zusammenschluß der Vereine zur Kontrolle des Galopprennsports der Insel) sind alle Clubs dazu verpflichtet, als gemeinnützige Vereine aufzutreten – d.h. sie dürfen keinen Gewinn erwirtschaften. Diese Regelung ist z.T. verantwortlich für die Stärke des neuseeländischen Galopprennsports. Eine sehr wichtige Rolle spielt auch die Tatsache, daß seit 1911 laut Gesetz keine Buchmacher auftreten dürfen. Das heißt, daß die Rennvereine und die Regierung sämtliche über die Wetteinsätze eingenommene Steuern und Abgaben in den ganzen Jahren wieder in den Galopprennsport investieren konnten.

Die Prozente sind von Wette zu Wette unterschiedlich, im Durchschnitt werden 20 % abgeführt, 8 % gehen direkt an die Regierung, der Rest an die Rennvereine, die Totalizator Agency Board (TAB) und an verschiedene Hilfsfonds für die Rennen selbst und zum Nutzen der Zuschauer. Bis 1951 konnte man legale Wetten am Totalisator nur auf der Rennbahn abschließen. Doch nach einer landesweiten Befragung der Bevölkerung, bei der die überwältigende Mehrheit der Neuseeländer der Idee zustimmte, wurde es ermöglicht, auch außerhalb der Rennbahn an neu installierten Totalisatoren Wetten abzuschließen.

Die Totalizator Agency Board, eigentlich immer TAB genannt, fing sehr klein an (fünf Büros mit einem Gesamtumsatz von NZ$ 250000 im Jahr 1951). Heute stehen im ganzen Land 493 Büros, der Umsatz beläuft sich auf NZ$ 840 Millionen. Auf der Rennbahn selbst wetten die Neuseeländer für NZ$ 172 Millionen, addiert kommt man auf die unglaubliche Summe von mehr als NZ$ 1 Milliarde im Jahr 1991 – ganz schön viel bei nur 3,4 Millionen Einwohnern! 1989 lag der Umsatz sogar noch höher.

Ein Grund zur Besorgnis ist dieser Rückgang aber nicht. Zum allererstenmal ist ein Minister for Racing in Neuseeland ernannt worden. Daran wird deutlich, daß die Regierung die Bedeutung des Galopprennsports für das ganze Land sehr wohl erkannt hat. Es wurde ein Komitee unter der Leitung des Ministers zusammengestellt, dieses sollte angemessene Änderungen vorschlagen.

Basierend auf den Empfehlungen des Komitees wurde im Mai 1992 vom Parlament ein Gesetz verabschiedet, das das Rennsportgeschehen entscheidend verändert. Die durchgreifendsten Veränderungen sind die Durchführung von Rennen an Sonntagen mit der Möglichkeit, auch außerhalb der Rennbahn Wetten abzugeben (das war vorher noch nie möglich gewesen). Im weiteren erhielt die New Zealand Racing Authority (früher Racing Authority) erheblich mehr Rechte und Autonomie.

Gemessen am Weltdurchschnitt steht der Galopprennsport in Neuseeland keineswegs schlecht da. Das Land ist von der Natur begünstigt, angenehme Temperaturen und gleichmäßige Niederschlagsmengen machen es möglich, daß Galopprennen das ganze Jahr hindurch stattfinden können (in den Wintermonaten finden zwischendurch noch Steeplechase- und Hindernisrennen statt).

Zusammen mit anderen Farmtieren laufen Pferde das ganze Jahr über draußen und ernähren sich von dem, was in Neuseeland am besten wächst: Gras.

Die Kosten für Pferdehaltung und -training und für die Wartung der Rennbahnen (Galopprennen werden nur auf Grasbahnen gelaufen) sind doch erheblich geringer als in Ländern mit ungünstigeren klimatischen Bedingungen.

Der Galopprennsport in Neuseeland hat auch den Ruf, einer der saubersten und fairsten der Welt zu sein. Daß keine Wetten im ganz großen Stil abgegeben werden können (schließlich gibt es keine legalen Buchmacher), ist sicherlich ein Grund dafür, daß es in Neuseeland keine Skandale um »manipulierte Rennen« gibt, ein Problem, mit dem viele andere Länder zu kämpfen haben. Ein weiterer Grund ist sicherlich, daß sowohl die Regierung als auch die Rennsportindustrie strenge Regeln aufgestellt haben, die vor Drogenmißbrauch (sowohl bei den Pferden als auch bei den Jockeys) schützen sollen, und die alle Fragen nach erlaubten

Hilfen, Lizenzen und dem Unterschied zwischen Amateuren und Professionals klären.

So weit es in einem privaten Unternehmen möglich ist, ist der Galopprennsport auf Neuseeland frei von Korruption. Es ist eines der wenigen Länder, in denen Jockeys auch eigene Rennpferde haben dürfen; ein Beweis für die Integrität der Rennsportindustrie.

Das Preisgeld für die 3400 in der Saison 90/91 gelaufenen Rennen (wie in vielen Ländern der südlichen Hemisphäre beginnt das Rennjahr in Neuseeland am 1. August und endet am 31. Juli) belief sich auf NZ$ 31,7 Millionen. Ca. 6900 Pferde nahmen an den Rennen teil.

In Neuseeland gibt es 470 hauptberufliche Trainer. Als Nebenbeschäftigung üben sehr viel mehr diesen Beruf aus: Bei der letzten Zählung waren es 1633, einschließlich derer, die nur ihre eigenen Pferde trainieren.

Es gibt 200 registrierte Jockeys und 130 Auszubildende, darunter sind erstaunlich viele weibliche Jockeys, bei den Auszubildenden machen sie 50 % aus.

Die meisten Renntage in Neuseeland umfassen 10 Rennen, häufig wird aber auf acht oder neun Rennen gekürzt. Das erste Rennen wird entweder am späten Vormittag oder am frühen Nachmittag gestartet.

Von den Hauptstädten hat nur Auckland, diese Stadt hat auch bei weitem die höchste Einwohnerzahl, mehr als eine Galopprennbahn. Auf der größten, Ellerslie, hier ist der Auckland Racing Club zu Hause, werden alljährlich 31 Renntage abgehalten.

In Wellington, der Hauptstadt des Landes, veranstaltet der Wellington Race Club 16 Renntage auf der Trentham Rennbahn. Auf der Südinsel führt der Canterbury Jockey Club ebenfalls 16 Renntage alljährlich in Riccarton durch, einem Vorort von Christchurch.

Die ersten Daten über ein Rennen mit Vollblütern, welches auf dem Strand bei Wellington stattfand, stammen aus dem Jahr 1842, zwei Jahre nachdem die Kolonisierung Neuseelands offiziell anerkannt worden war. Als erst einmal der Import von Vollblütern begonnen hatte, es wurden hauptsächlich englische Zuchttiere aus Südafrika und Australien eingeführt, wurden Zucht und Rennsportindustrie schnell aufgebaut.

Schon um 1870 wurden Galopprennen in Neuseeland im ganzen Land unter relativ gleichen Bedingungen durchgeführt.

In einigen Teilen des Landes hielten die Ureinwohner, die Maori, ihre eigenen Rennveranstaltungen ab. Sie gründeten auch ihre eigenen Clubs. Die meisten von ihnen wurden dann aber doch mit einem Club der Kolonisten zusammengeschlossen. Eine Ausnahme ist allerdings der Otaki-Maori Racing Club, der ca. 70 km nördlich von Wellington liegt. In einem ländlichen Gebiet, in dem viele europäische Versuche gescheitert waren, gelang es den relativ wohlhabenden Maori, viele von ihnen besaßen hervorragende Pferde, einen Rennclub zu erstellen, der zu einem Vorbild wurde – und es heute noch ist.

Die Rennbahnen in Neuseeland sind regelmäßig oval geformt, leicht wellig und, außer in der nördlichen Region, Linkskurse. Der Umfang reicht von 1140 bis 2400 Meter, die Zielgeraden sind zwischen 140 und 520 Meter lang.

Die Hauptrennen sind schon immer die 3200 m »Cup«-Handicaps gewesen – der Auckland, Wellington und New Zealand Cup, die Reihenfolge ergibt sich aus der Höhe der Preisgelder.

Auch wenn heute den Rennen mit festgesetztem Gewicht oder den Altersgewichtsrennen mehr Bedeutung beigemessen wird, ist es doch erwähnenswert, daß von den gegenwärtig in Neuseeland stattfindenden 22 Gruppe I-Rennen sieben unter Handicapbedingungen gelaufen werden. Und während die klassischen und die anderen angesehenen Rennen die Aufmerksamkeit erhalten, die sie verdienen, kann man es nicht verleugnen, daß ausgerechnet das Rennen, was jeder Pferdebesitzer aus Neuseeland lieber als alle anderen gewinnen möchte, noch nicht einmal in seinem Land stattfindet: Australiens Melbourne Cup!

Der Sieger.

CANTERBURY
ROSEHILL
ROYAL RANDWICK
WARWICK FARM

FLEMINGTON
MOONEE VALLEY
Melbourne

Sydney

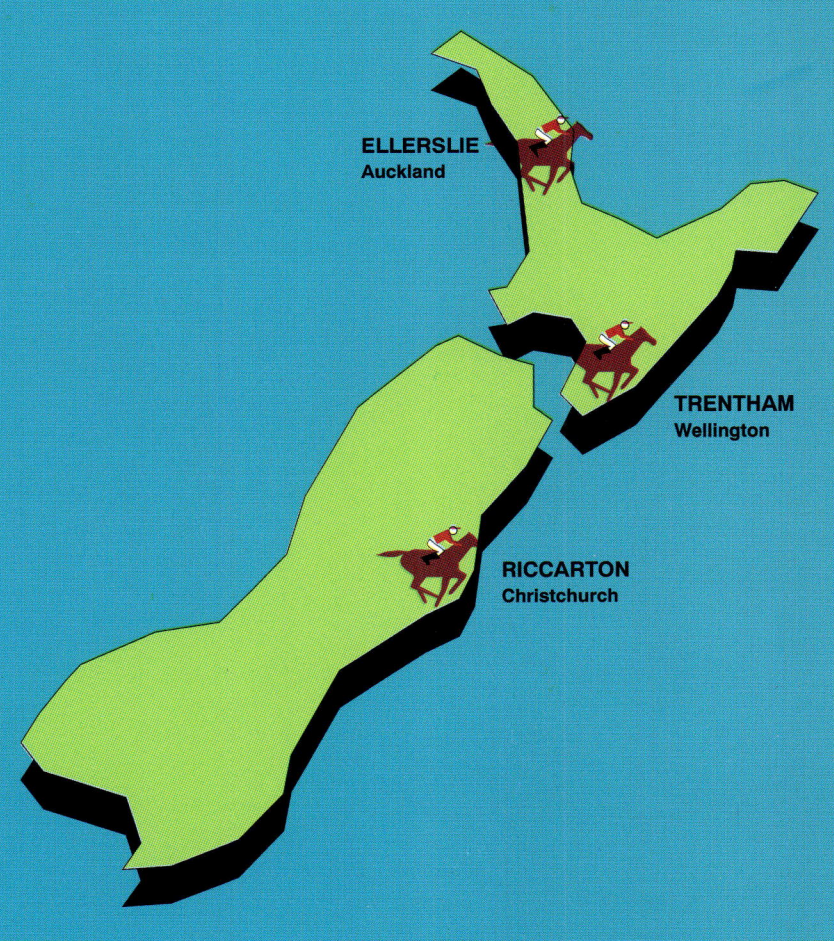

ELLERSLIE
Auckland

TRENTHAM
Wellington

RICCARTON
Christchurch

AUSTRALIA

(AUSTRALIEN)

CANTERBURY

KING STREET, CANTERBURY, N.S.W 2193
TEL. 61-2-7998000, FAX 61-2-7995081

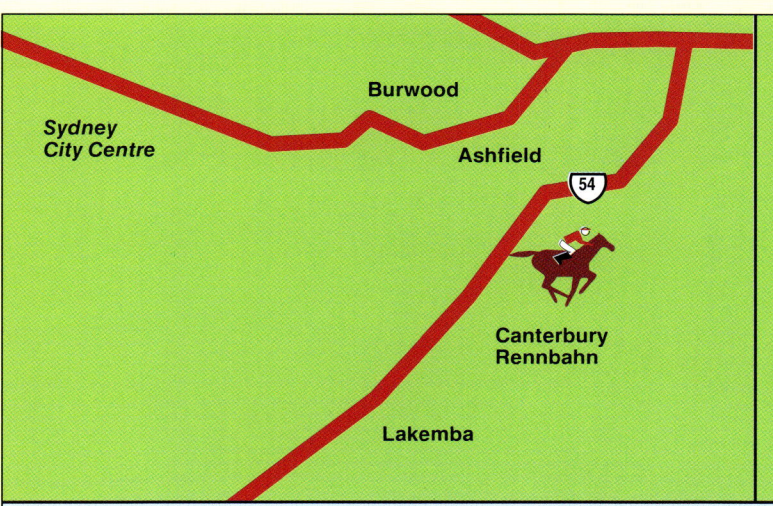

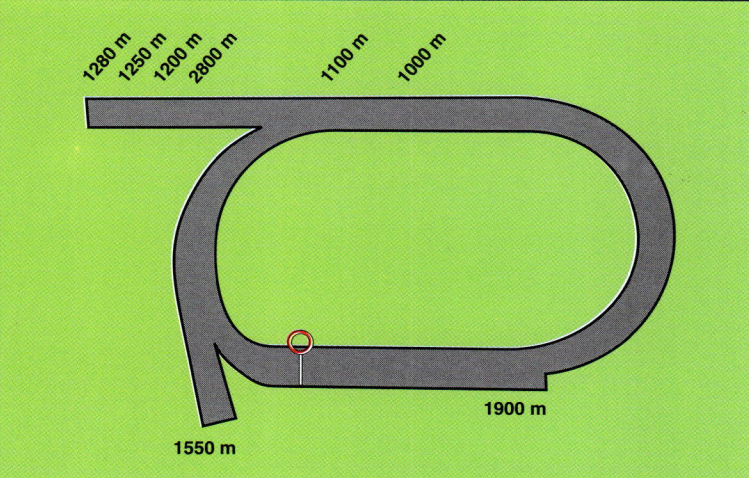

DISTANZEN, VERKEHRSVERBINDUNGEN UND PARKPLÄTZE

Canterbury Rennbahn liegt ca. 11 km südwestlich von Sydneys Innenstadt und 10 km von Kengsford Smith Airport. Die Rennbahn ist von Sydney aus leicht zu erreichen. Von Canterbury Station liegt sie nur einen kurzen Fußmarsch entfernt, die Haltestelle wird von normalen Zügen aus Sydney heraus regelmäßig angefahren (von Circular Quay und Wynyard alle 15 Minuten), Busse fahren von Canterbury bzw Ashfield Station. Im Innenbereich der Rennbahn steht ein kostenfreier Parkplatz zur Verfügung, für Autos und Fußgänger gibt es Tunnels.

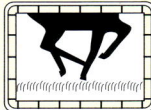
Grasbahn, Rechtskurs, eben, mit einem Umfang von ca. 1600 m und einer Zielgeraden von ca. 300 m.

Erwachsene: A$ 5
Rentner: A$ 2
Kinder unter 18 in Begleitung eines Erwachsenen frei.

Für jede Veranstaltung sind gegen A$ 2 Rennbücher zu erhalten.

Buchmacher und Totalisator

Vorsitzender, Herr T. A. D. Kennedy
Sekretär, Rennleitung, Herr W. P. Parker
Manager (Rennen), Herr J. R. Nicholson
Manager (Rennbahn), Herr L. Davies

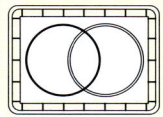
American Express, Diners Club, Mastercard, Visa

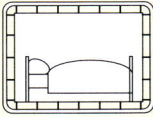
Unterkunft für Pferdepfleger nicht vorhanden.

32 Renntage mitten in der Woche, 2 Renntage an einem Sonnabend. Saison ist das ganze Jahr.

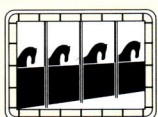
Es stehen keine Boxen zur Verfügung.

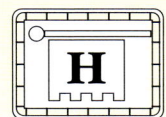
The Hilton Hotel, Tel. 61-2-2660610
Inter-Continental Hotel, Tel. 61-2-2300200
Regent Hotel, Tel. 61-2-2380000

Es stehen drei Bahnen für Trainingszwecke zur Verfügung: Gras Asche (schnell), Asche (langsam).

Es gibt ein Restaurant auf der Rennbahn.
Reservierung: Tel. 61-2-7980511

Es stehen keine Quarantäneboxen zur Verfügung.

Arrowfield Stud
Robrick Lodge
Shipton Lodge
Woodlands Stud

Dr. R. J. H. Carruthers
Dr. N. G. Judge
Dr. P. E. Skykes
Dr. E. N. Larkin

Die Rennbahn liegt so nahe am Stadtzentrum, daß jede Form des Vergnügens und der Unterhaltung zur Verfügung steht.

Der Führring.

*D*ie besten Angebote für die Rennbahnbesucher

Um das Verlangen der Einwohner von Sydneys dichtbewohnten westlich und südlich gelegenen Vororten nach Galopprennen zu stillen, werden auf der Canterbury Rennbahn die meisten der 34 Renntage, die der Sydney Turf Club im Programm hat, am Mittwoch durchgeführt.

Die acht bis zehn Rennen finden auf Gras statt, die Pferde laufen im Uhrzeigersinn.

Traditionell ist Canterbury der Treffpunkt am ersten Sonnabend des hochdotierten Autumn Golden Slipper Festivals, von Zeit zu Zeit werden noch an anderen Sonnabenden Rennen ausgetragen.

Canterbury bietet den Besuchern alle nur denkbaren Annehmlichkeiten. Der gesamte Rennbahnkomplex ist in den letzten 15 Jahren neu erbaut worden. Die relativ kleine Bahn mit ihren 1600 m Umfang macht sie zu einem idealen Treffpunkt für wirkliche »Zuschauer«.

CANTERBURY

Blick auf die Haupttribüne.

Tribüne und Paddock aus einem anderen Blickwinkel.

Delikatessen der australischen Küche.

CANTERBURY

EAGLE FARM

LANCASTER ROAD, ASCOT, BRISBANE - QUEENSLAND 4007
TEL. 61-7-2682171, FAX 61-7-8682410

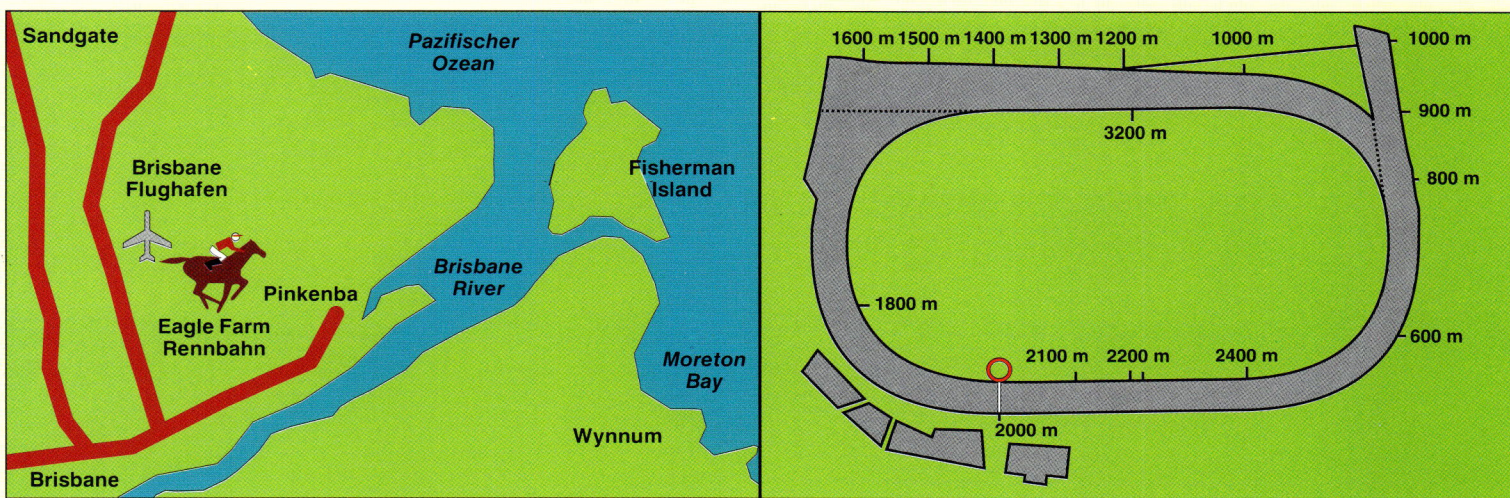

DISTANZEN, VERKEHRSVERBINDUNGEN UND PARKPLÄTZE

Die Rennbahn liegt an der Lancaster Road, Ascot, im Norden von Brisbane, ca. 7 km von der Stadtmitte und 6 km vom Flughafen entfernt. Mit dem Zug fahren Sie bis Ascot Railway Station, sonst können Sie auch den City Council Bus Service nutzen oder ein Taxi nehmen. Durch den Haupteingang in Lancaster Road erreichen Sie einen großen Parkplatz (ca. 2000 Autos).

Grasbahn, Rechtskurs, mit einer Gesamtlänge von ca. 2026 m und einer Zielgeraden von 433 m. Nur in der Zielgeraden führt das Geläuf leicht bergauf, sonst ist es flach.

Für jeden Renntag gibt der Queensland Turf Club ein offizielles Rennbuch heraus.

Vorsitzender, Herr Peter R. Gallagher
Stellv. Vorsitzender, Herr P. F. Sullivan
Sekretär, Herr David P. Laing
P.R. Officer, Herr J. Anderson

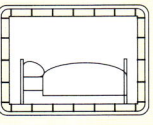
Unterkunft für Pferdepfleger vorhanden, außerdem gibt es noch eine Schule für Auszubildende.

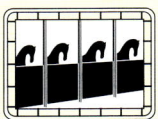
470 Boxen für Pferde, die sich auf der Rennbahn im ständigen Training befinden, 140 Boxen für Pferde, die nur für die Rennen nach Eagle Farm kommen.

Innerhalb der Grasbahn sind vier Trainingsbahnen. Nr. 1 Gras, dann Späne, dann Sand und dann Nr. 2 Gras. Zusätzlich gibt es zwei Schlackenbahnen zum Aufwärmen und einen Swimming-Pool für Pferde.

Es stehen keine Quarantäneboxen zur Verfügung.

Prof. D. F. Dowling
Dr. F. F. Manahan
Dr. A. A. Seawright

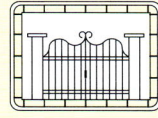
Eintritt: A$ 5
John Power Tribüne (Mitglieder): Anmeldung.

Buchmacher und Totalisator

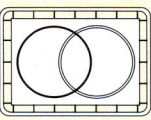
Es werden keine Kreditkarten angenommen. Eine rennbahneigene Karte (Instant Cash Service) wird an Förderer des Clubs ausgegeben.

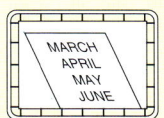
45 Veranstaltungen im Jahr, die Hauptereignisse liegen im Mai und Juni (sonntags, feiertags, mittwochs).

Brisbane Hilton, Tel. 61-7-2313131
Powerhouse Boutique Hotel, Tel. 61-7-8621800
Sheraton Brisbane, Tel. 61-7-8353535

The Guineas Rooms (Mitglieder-Tribüne)
The Strawberry Road Rooms (Führring)
Mehrere Snack-Bars
Manager: Tel. 61-7-2683272

Verschiedene Gestüte liegen in dem Gebiet Darling Downs, ca. 130 km von Brisbane entfernt; die größere Stadt dort ist Toowoomba.

Rennsport-Museum (auf der Rennbahn). Surfen (Gold Coast und Sunshine Coast). Rudern, Segeln (Moreton Bay). Cricket- und Football-Stadien.

1 29 Jahre Queensland Turf Club

Im Jahr 1992 feiert der Queensland Turf Club 129jähriges Bestehen. Der Club kann seit seiner Gründung 1863, nur vier Jahre nachdem Queensland ein eigenständiger Staat wurde, auf eine stolze und erfolgreiche Vergangenheit zurückblicken.

In dem Jahr erhielten Colonel Maurice Charles O'Connell, Hon. J. F. McDougall und Herr George Harris 1,3 km² Land zum Zweck, dort eine Rennbahn aufzubauen.

Ehrenamtlich tätige Helfer legten das Geläuf, eine Haupttribüne mit 350 Sitzplätzen, einen Führring sowie einen Sattelplatz an. Die erste Veranstaltung fand am 14. August 1865 statt.

Schnell wurden die Galopprennen sehr beliebt, allerdings beschwerten sich die Zuschauer, daß sie wegen der noch verbliebenen Bäume nicht genug sehen konnten. Pferderennen gingen damals über viel größere Distanzen; 3200 m und mehr waren nicht ungewöhnlich. Relativ häufig gab es Ausscheidungsrennen, so daß einige Pferde auch zweimal am Tag starteten.

Auch damals reisten die besten Pferde schon aus ganz Queensland, oder sogar aus anderen Staaten an. Viele wurden von Ipswich zur Rennbahn geritten oder geführt, nur um an den Rennveranstaltungen des Queensland Turf Clubs teilzunehmen. Die meisten der Rennpferde damals waren starkknochig und schwer, sie waren Steher, verglichen mit den leichteren Fliegerspezialisten von heute.

In den Handicap-Rennen der damaligen Zeit kam es vor, daß der Favorit bis zu vierzig Kilogramm mehr tragen mußte als andere Pferde im selben Rennen. In den vergangenen Jahren ist das maximale Gewicht dann immer weniger geworden, während das Mindestgewicht angehoben wurde, so daß es heute kaum mehr als sieben Kilogramm Gewichtsunterschied gibt.

Der größte Rivale des Queensland Turf Clubs war der North Australian Jockey Club, der schon zehn

Der Führring.

Luftbild von Eagle Farm Rennbahn.

Ab!

Jahre vorher in Ipswich gegründet worden war und großen Zuspruch fand. Erst 1877 gelang es dem Queensland Turf Club, auch Pferde von außerhalb des eigenen Distrikts anzuziehen.

Beliebt waren damals Verkaufs- und Hindernisrennen. Das letzte Hindernisrennen wurde auf Eagle Farm 1904 ausgetragen.

Ursprünglich wurden die Pferde auf Eagle Farm mit einer Flagge gestartet, was viele Fehlstarts zur Folge hatte. Zur Jahrhundertwende wurde dann der Bänderstart eingeführt, kurz danach gab es die ersten Startboxen. Diese wurden bis 1959 benutzt, dann wurden die mobile Startmaschine eingesetzt.

1873 wurde der erste Totalisator auf Eagle Farm installiert, 1882 wurde die Eisenbahnlinie zur Rennbahn fertiggestellt. Ascot war ein richtiger Rennsport-Distrikt, bis in die 20er Jahre gab es Stallungen von der Spitze des Toorak Hügels bis hin zur Rennbahn.

Zu den ganz großen Champions der Vergangenheit gehörte Proctor. Er war das einzige Pferd, das fünf Doubles der fünf führenden Clubs im Staat gewinnen konnte, u. a. den Q.T.C. Brisbane Cup und das Moreton Handicap im Jahr 1882. 29 Jahre lang wurden von den führenden Racing Clubs in Australien Konferenzen abgehalten, um zu versuchen, einheitliche Regeln für die Durchführung von Galopprennen aufzustellen. Schließlich, im Jahr 1912, stimmte Queensland dem letzten Entwurf der Australian Rules of Racing zu. Heute finden mindestens zweimal im Jahr Konferenzen der größten Racing Clubs Australiens statt, dabei werden diese Regeln überarbeitet und erweitert. Im Zweiten Weltkrieg wurde Eagle Farm vom Militär beschlagnahmt. Dort wurden für fünf Jahre amerikanische und australische Truppen stationiert, es konnten keine Rennen stattfinden. In dieser Zeit wurden die Veranstaltungen des Queensland Turf Club in Albion Park durchgeführt.

Seit 1865 hatte der Club 16 Vorsitzende – fünf Richter des Obersten Gerichtshof, zwei Staatsanwälte, einen Rechtsanwalt, einen Arzt und einen Buchhalter. Z. Zt. ist Herr Peter R. Gallagher als Vorsitzender im Amt, er wurde 1991 gewählt.

1958 wurde die John Power Tribüne fertiggestellt und eröffnet. Seit 1982 sind alle Räume und Einrichtungen, die für Mitglieder und für die Öffentlichkeit zugänglich sind, völlig neu gestaltet worden. Sowohl Mitglieder als auch Gäste können den Rennen jetzt in voll klimatisierten Räumen beiwohnen.

Eagle Farm gilt mittlerweile als eine der größten Rennbahnen Australiens. Die Trainingsmöglichkeiten sind einzigartig. Es stehen zwei Grasbahnen zur Verfügung, eine mit Sägespänen, eine Sandbahn und zwei Schlackenbahnen, zusätzlich gibt es noch einen Pferde-Swimmingpool.

EAGLE FARM

Da laufen sie!

Kampf um Ruhm und Ehre.

Das Rennen ist vorbei.

Bereit zum nächsten Rennen.

FLEMINGTON

EPSOM ROAD, FLEMINGTON 3031

TEL. 61-3-8637333, FAX 61-3-8637305

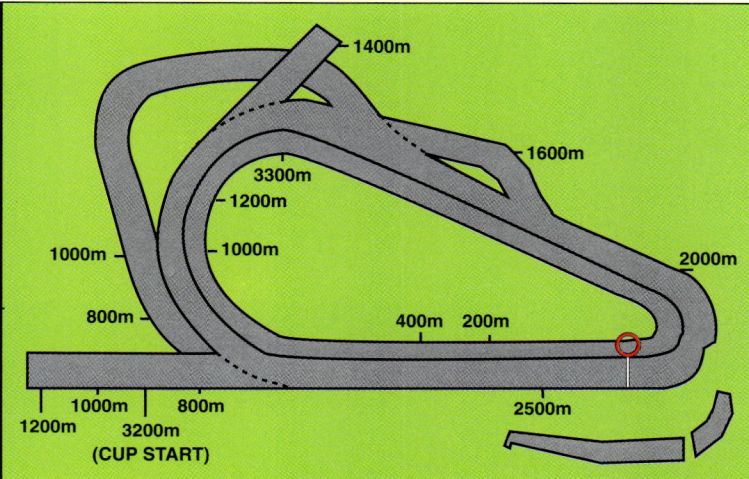

DISTANZEN, VERKEHRSVERBINDUNGEN UND PARKPLÄTZE

Die Flemington Rennbahn liegt ca. 10 km vom Melbourne International und Domestic Flughafen entfernt, und nur 6 km von der Innenstadt Melbournes. Ein Bahnhof ist an der Rennbahn (unterirdisch), außerdem erreicht man sie per Straßenbahn, Bus, Hubschrauber und Taxi. Das Parken in Flemington ist kostenlos, wegen der 127 Hektar großen Fläche ist die Zahl der Autos praktisch unbeschränkt.

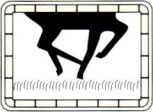 Grasbahn, Linkskurs, Gesamtumfang 2300 m mit einer Zielgeraden von 450 m. Zusätzliche Startgeraden gibt es an den »Straight Six«, nämlich an den Starts für die 1200 m, 1400 m und 1600 m-Rennen.

 Für jede Veranstaltung wird gegen A$ 2 ein Rennprogramm herausgegeben.

 Vorsitzender, Herr D. J. Bourke
Stellv. Vorsitzender, Herr B. S. Gadsden
Rennleitung, Herr R. Johnson

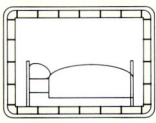 Unterkunft für Pferdepfleger nicht vorhanden.

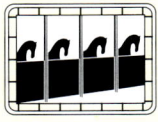 230 Boxen

 Flemington ist eines der drei großen Trainingszentren in dem Gebiet um Melbourne, die Anlage hat Gras-, Sägespäne- und Sandbahnen für Trainingszwecke.

 Es stehen keine Quarantäneboxen zur Verfügung.

 Dr. John Bourke

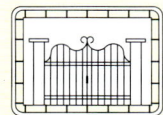 Erwachsene zahlen A$ 5. Das Eintrittsgeld erhöht sich bis auf A$ 13 bei Großveranstaltungen. Männliche Mitglieder und Gäste sollten Jackett und Krawatte tragen.

 Buchmacher und Totalisator

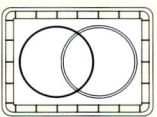 Alle bekannten Kreditkarten werden angenommen.

 32 Renntage in jedem Jahr

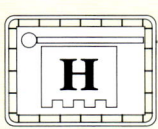 Da Flemington so nah an Melbourne liegt, steht eine Vielzahl von internationalen und auch kleineren Hotels zur Verfügung.

 Es gibt 4 Restaurants in Flemington: Crown Club, Members' Dining Room, Skyline Lounge, VIP Class Terrace. Buchungen: 61-3-8637358.

 Es gibt in einem Umkreis von 200 km um die Stadt Melbourne viele Gestüte im Staat Victoria.

 Berühmt in Melbourne sind die Parkanlagen, Golfplätze, Bademöglichkeiten und Bootsverleihe. Museen, Kunst und Kulturzentren.

363

Ein prächtiger Blick über die Rennbahn.

Galopprennen, Mode und festliche Stimmung

1840 entstand die Rennbahn Flemington. Der Victoria Racing Club, der wichtigste Rennverband des Staates, wurde 1864 gegründet. Der legendäre Admiral Rous, der in England die Grenzen für die Altersgewichtsrennen einführte und weltweit als einer der einflußreichsten Männer im Galopprenn- sport anerkannt ist, nahm während seiner Stationie- rung in Australien (1827/28) Einfluß auf die innere Organisation des australischen Galopprennsports. Dieser Einfluß und die englische Denkweise der frü- hen Siedler waren Gründe genug, daß der australi- sche Galopprennsport nach englischem Muster wei-

Das Terrace Restaurant.

Entspannung vor den Rennen.

Die Haupttribüne.

terentwickelt wurde. Es dauerte gar nicht lange, da hatte jeder Staat sein eigenes klassisches Rennen – 1855 wurde zum erstenmal das Victoria Derby gelaufen, die VRC Oaks 1861.

Flemington ist die berühmteste Rennbahn Australiens, der Umfang von 2300 m gibt jedem Pferd eine reelle Chance.

Neben dem, was auf der Rennbahn geschieht, wird dem Zuschauer auch noch ein wunderschöner Panoramablick von Melbournes hochaufragendem Geschäfts- und Einkaufsviertel bis hin zu den nahegelegenen Parks, zum Maribyrnong River und zur Port Phillip Bay geboten.

Zweifelsohne ist Flemington weltweit bekannt, weil dort, während der vier Renntage im australischen Frühling, der Melbourne Cup ausgetragen wird. In den letzten Jahren gab es sehr viel internationale Beteiligung und der Cup wurde auch von ausländischen Pferden gewonnen. Der Melbourne Cup Carnival hat einen solchen Einfluß auf den Tourismus im Staat Victoria, daß diese vier Renntage für Einheimische und Besucher gleichermaßen ein Vergnügen ganz besonderer Art darstellen. Die Galopprennen, die Mode und die festliche Stimmung verleihen Flemington ein Flair, das kein Besucher je vergessen wird.

In Flemington findet das berühmteste Rennen Australiens statt, der mit A$ 2 Millionen dotierte Melbourne Cup. Das Rennen, es fand zum erstenmal 1861 statt, wird alljährlich am ersten Dienstag im November ausgetragen und ist einzigartig, denn es ist ein Handicap-Rennen über 3200 m. In Flemington werden auch die Klassiker Rennen des australischen Galopprennsports entschieden: das Victoria Derby, die Oaks Stakes und das St. Leger.

Auch die wichtigsten Hindernisrennen Australiens finden im Juli eines jeden Jahres statt – das Grand National Hurdle und die Grand National Steeplechase.

Wunderbare Angebote.

FLEMINGTON

Let's Elope, Sieger im Melbourne Cup 1991.

SIEGER IM MELBOURNE CUP (Handicap)

3jährige und ältere Pferde, 3200 m

Jahr	Sieger	Hengst	Besitzer	Trainer	Jockey	Alter	Gewicht	Blei	Zeit
1982	Gurner's Lane (NZ)	Sir Tristam	William Street Syn No. 2; (Mgrs A. Ramsden u. T. Borthwick)	G. T. Murphy	L. Dittman	4	56 kg	22	3:21,2 min
1983	Kiwi (NZ)	Blarney Kiss	Herr und Frau E.S. Lupton	E. S. Lupton	J. Cassidy	6	52 kg	2	3:18,9 min
1984	Black Knight	Silver Knight	M. R. Holmes a'Court	G. M. Hanlon	P. Cook	5	50 kg	11	3:18,9 min
1985	What a Nuisance (NZ)	St. Puckle	Herr und Frau L. J. Williams u. D. Gowing	J. F. Meagher	P. Hyland	7	52,5 kg	17	3:23,0 min
1986	At Talaq (USA)	Roberto	Scheich Hamdan Bin Rashid Al Maktoum	C. S. Hayes	M. Clarke	6	54,5 kg	17	3:21,7 min
1987	Kensei (NZ)	Blarney Kiss	K. M. Mitchell, A.T. McDonnell u. Partner	L. J. Bridge	L. Olsen	5	51,5 kg	4	3:22,0 min
1988	Empire Rose (NZ)	Sir Tristam (IRE)	Herr und Frau F. R. & T. J. Bodle	L. K. Laxon	T. Allan	6	53,5 kg	20	3:18,9 min
1989	Tawrrific (NZ)	Tawfiq (USA)	B. F. Avery, B. M. & Frau M. M. Griffiths u. E. McKeon	D. L. Freedman	R. S. Dye	5	54 kg	11	3:17,1 min
1990	Kingston Rule (USA)	Secretariat	Herr und Frau D. H. Hains	J. B. Cummings	D. Beadman	5	53 kg	1	3:16,3 min
1991	Let's Elope	Nassipur	Herr D. Marks u. Herr K. W. White	J. B. Cummings	S. King	4	51 kg	10	3:18,9 min

Der Sieger auf dem Weg zurück zum Führring.

Mode in Flemington.

MOONEE VALLEY

MCPHERSON STREET, MOONEE PONDS, VICTORIA 3039

TEL. 61-3-3702633, FAX 61-3-3704816

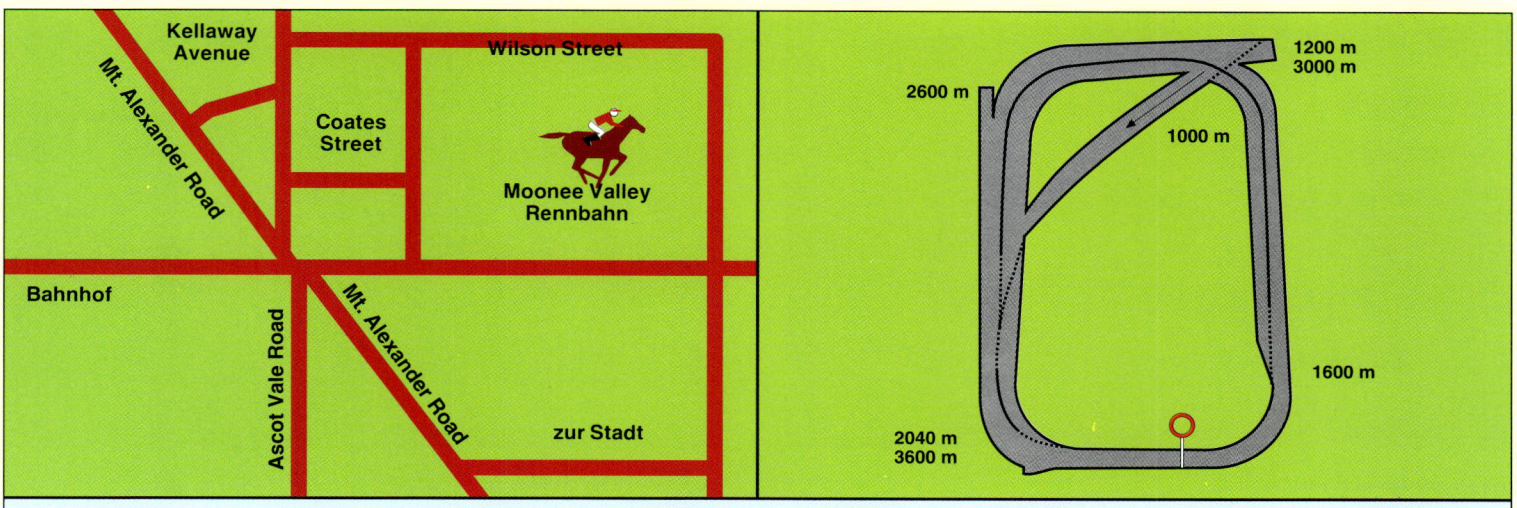

DISTANZEN, VERKEHRSVERBINDUNGEN UND PARKPLÄTZE

Moonee Valley Rennbahn liegt 6 km vor dem Zentrum von Melbourne und 8 km vom Flughafen Melbourne entfernt. Aus der Stadt kommend: Elizabeth Street, Flemington Road und Mt. Alexander Road, an Ormond Road rechts, an Pattison Street links. Vom Flughafen Melbourne: auf dem Freeway bis Essendon, dann in die Bulla Road einbiegen und über die Mt. Alexander Road zur Kellaway Avenue, links abbiegen in Pascoe Vale Road, rechts in Wilson Street. Öffentliche Verkehrsmittel: Straßenbahn N° 49 und 59 von Elizabeth Street bis Moonee Ponds Junction. Der Broadmeadows Zug hält alle 20 Minuten an Moonee Ponds. Es steht eine Parkfläche für mehr als 6000 Autos kostenfrei zur Verfügung.

 Grasbahn, Linkskurs, 1800 m. Von der 800 m-Marke bis zur Ziellinie steigt die Rennbahn um 6,50 m an.

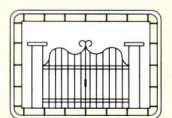 Eintritt: Kleidervorschrift nur im Mitglieder-Bereich: Jackett und Krawatte.

 Für jeden Renntag gibt der Moonee Valley Racing Club ein Rennprogramm heraus.

 Buchmacher und Totalisator

 Vorsitzender, Herr N. M. Carlyon
Stellv. Vorsitzender, Herr G. W. Torney
Rennleitung, Herr M. Classon

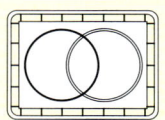 American Express, Diners Club, Mastercard, Visa.

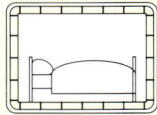 Unterkunft für Pferdepfleger nicht vorhanden.

 26 Renntage im Jahr, 15 Sonnabende und Feiertage, 1 Sonntag und 10 Renntage in der Woche.

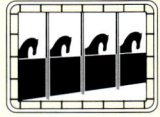 Keine Boxen

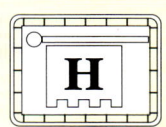 Hilton on the Park, Tel. 61-3-4193311

 Keine Trainingsmöglichkeiten

 Es gibt mehrere Restaurants auf dem Rennbahngelände: Kingston Town, Phar Lap und Tobin Bronze Rooms. Reservierung: Tel. 61-3-3704000

 Keine Quarantäneboxen

 Arundel Stud Farm, Keilor
Cornwall Park Stud, Toolern Vale
Muranna, Morington
Stockwell Stud, Toolern Vale

 Keine Tierärzte

 Moonee Valley Tabaret, Spielhallen, Ascot Vale Freizeit-Zentrum, Northern Golf Club.

367

Blick vom Haupteingang auf die Tribünen.

Panoramablick auf die Tribünen von innen.

Bereits im 21. Jahrhundert

Am 27. Oktober 1990 um 15.10 Uhr deklassierte ein brauner Vollblüter namens Better Loosen Up – Sohn des berühmten Colin – trainiert von David Hayes ein ganzes Feld herausragender Galopper über 2040 m, um den Titel im Australasia's Altersgewichtsrennen zu holen und dabei das 1,7 Millionen Dollar W. S. Cox Plate auf der Moonee Valley Rennbahn zu holen. Ein paar Wochen später wurde

die Bedeutung dieses Sieges deutlich, als Better Loosen Up, kaum wieder zu Hause, im Japan Cup siegte – er ließ ein Feld Internationaler Champions förmlich stehen.

6 km vom Herzen des wunderschönen Melbournes entfernt, ist Moonee Valley seit der Gründung durch William Samuel Cox im Jahr 1883 ein »echter Test« für das Vermögen von Vollblütern. Es ist eine Grasbahn mit einer Gesamtlänge von 1800 m, von der 1200 m-Marke bis zur Ziellinie steigt das Geläuf um 5 m an. Seit 26 Jahren finden hier Galopprennen für Vollblüter statt.

Eine Beanspruchung dieses Ausmaßes ist nur möglich, wenn bewegliche Startboxen zur Verfügung stehen, das Geläuf nach modernsten Methoden drainiert ist und die Grasnarbe nach den neuesten wissenschaftlichen Erkenntnissen gepflegt wird.

Abgesehen von dem Grundsatz, daß in Moonee Valley immer die besten Pferde laufen, ist der Club auch führend in der Betreuung der Zuschauer – den Zuschauern wird nur das beste geboten, was zur Verfügung steht – d. h. es gibt verglaste Speiselogen, 20 Schanktresen, reservierte Sitzplätze, Liveübertragung von Rennen auf bis zu vier anderen Rennbahnen am selben Tag und das modernste Totalisator-System. Buchmacher tragen dazu bei, daß ein Tag auf der Moonee Valley Rennbahn zu einem unvergeßlichen Erlebnis wird.

Das Juwel in der Krone wird immer das W. S. Cox Plate im Oktober sein. Jedes Jahr kämpft ein Feld von Champions in einer Atmosphäre, die wohl nur mit der im Kolosseum zu vergleichen ist, darum, sich in die Reihe legendärer Namen wie Phar Lap, Tulloch, Gunsynd, Kingston Town, Strawberry

Parade am Zielpfosten vorbei.

Der Start ist erfolgt.

Jeder einzelne Australier ist ein Spieler! Der Wettbereich.

Road, Bonecrusher und Almaarad einzureihen. Innerhalb von 100 Jahren hat sich Moonee Valley zum größten gemeinnützigen Rennverein in Australasia entwickelt. Es werden nicht nur Galopp-, sondern auch Trabrennen durchgeführt, diese finden 73 Mal im Jahr auf einer 900 m-Bahn im Innenraum der großen Rennbahn statt. Alles in allem werden auf dieser Rennbahn die meisten Veranstaltungen durchgeführt.

Die Haupttribüne ist Melbournes größtes Veranstaltungszentrum geworden. Häufig finden zwei oder mehr Veranstaltungen in verschiedenen Stockwerken gleichzeitig statt. In einem Raum können 1200 Gäste bewirtet werden. Im August 1992 wurde auf dem Rennbahngelände das New Gaming Centre mit den modernsten Spielen versehen. Hier zeigt sich die Mannigfaltigkeit des Galopprennsports. Moonee Valley war die erste Rennbahn in Australien, die eine Schanklizenz erhielt und ein eigenes Gaststättengewerbe unterhält. Da die Rennbahn in den letzten 15 Jahren fast vollständig erneuert wurde, ist Moonee Valley gut gerüstet, um den Herausforderungen des 21. Jahrhunderts standzuhalten.

Entspannen im Restaurant und dabei die Form der Pferde studieren.

Die Waage. Die Stewards müssen jeden Jockey vor und nach einem Rennen wiegen.

MOONEE VALLEY

Die Tribünen.

SIEGREICHE STARTNUMMERN IN MOONEE VALLEY

Vom 1. August 1990 bis zum 20. Mai 1992

Nummer	gelaufen	gesiegt	plaziert	Schnitt	Nummer	gelaufen	gesiegt	plaziert	Schnitt
1	349	68	96	19,5 %	8	339	25	54	7,4 %
2	354	40	122	11,3 %	9	333	14	45	4,2 %
3	354	67	77	18,9 %	10	298	15	29	5,0 %
4	346	41	78	11,8 %	11	283	11	27	3,9 %
5	357	40	62	11,2 %	12	237	7	30	3,0 %
6	333	30	65	9,0 %	13	202	6	17	3,0 %
7	349	29	68	8,3 %	14	155	4	7	2,6 %

Ein Blick auf den prächtigen Garten.

ROSEHILL

JAMES RUSE DRIVE, ROSEHILL, N.S.W. 2142
TEL. 61-2-6821000, FAX 61-2-6378238

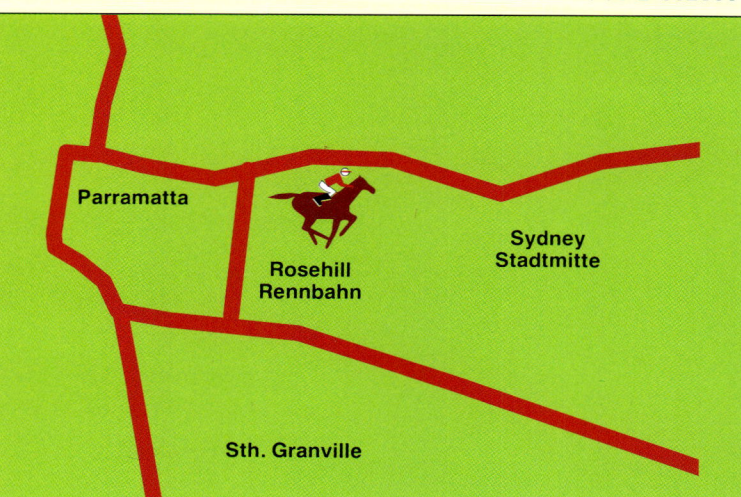

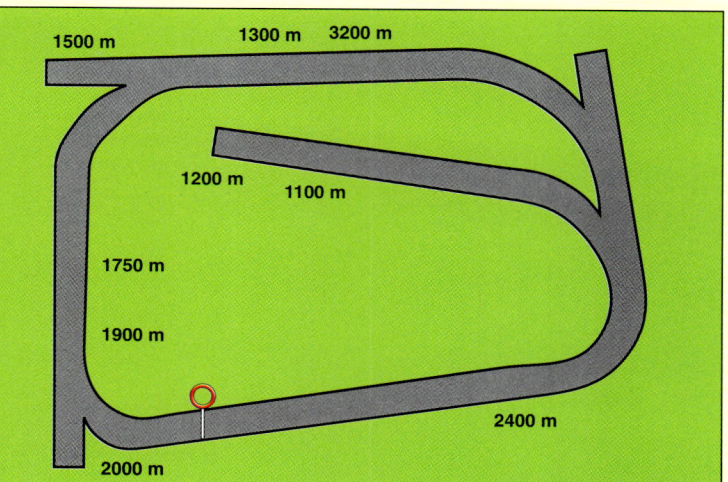

DISTANZEN, VERKEHRSVERBINDUNGEN UND PARKPLÄTZE

Sydney's Garten-Rennbahn liegt ca. 22 km westlich des Stadtzentrums und 32 km von Kingsford Smith Airport entfernt. An Renntagen fahren Sonderzüge vom Norden, vom Westen und aus dem Stadtzentrum von Sydney direkt zur Haltestelle an der Rosehill Rennbahn. Die Zugfahrt von der Stadtmitte aus dauert ungefähr 30 Minuten. Rosehill liegt zwischen drei von Sydney's größeren Straßen: Parramatta Road, Victoria Road und M4 Tollway. Es steht eine große Parkfläche kostenfrei zur Verfügung.

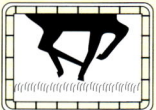 Grasbahn, Rechtskurs, Gesamtumfang 2000 m mit einer Zielgeraden von 400 m.

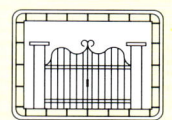 Eintritt: Erwachsene A$ 5
Rentner: A$ 2
Kinder unter 18 in Begleitung eines Erwachsenen: frei

 Für jede Veranstaltung gibt es gegen A$ 2 ein Rennbuch.

 Buchmacher und Totalisator

 Vorsitzender, Herr T. A. D. Kennedy
Sekretär, Rennleitung, Herr W. P. Parker
Manager (Rennen), Herr J. R. Nicholson
Manager (Rennbahn), Herr L. Davies

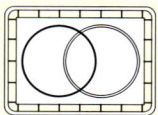 American Express, Diners Club, Mastercard, Visa.

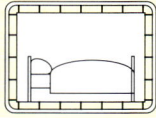 Unterkunft für Pferdepfleger nicht vorhanden.

 26 Renntage (sonnabends) im Jahr
und 2 in der Woche.
Das ganze Jahr ist Saison.

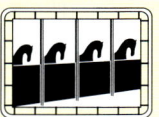 Es stehen keine Boxen zur Verfügung.

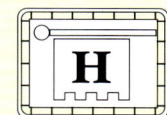 Huntley Hotel, Tel. 61-2-8913422
Parkroyal Parramatta Hotel, Tel. 61-2-6893333
Parramatta Travelodge Hotel, Tel. 61-2-8913877

 Es stehen drei Trainingsbahnen zur Verfügung: Gras, Schlacke (schnell), Schlacke (langsam)

 Es gibt ein Restaurant auf der Rennbahn.
Reservierung: Tel. 61-2-7980511

 Keine Quarantäneboxen

 Arrowfield Stud
Robrick Lodge
Shipton Lodge
Woodlands Stud

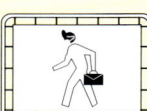 Dr. R. J. H. Carruthers
Dr. N. G. Judge
Dr. P. E. Skykes
Dr. E. N. Larkin

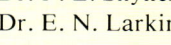

 Die Rennbahn liegt so nahe an der Innenstadt, daß jegliche Art des Vergnügens und der Unterhaltung zur Verfügung steht.

Rosehill Rennbahn nach der Renovierung.

*D*ie Garten-Rennbahn

Seit mehr als einem Jahrhundert gibt es in Rosehill die Tradition des Galopprennsports. Dadurch hat sich diese Rennbahn selber zu einem der beliebtesten Treffpunkte für Freunde dieses edlen Sports hochgearbeitet. Im geographischen Zentrum Sydneys gelegen, wurde die wunderschöne Rennbahn auf Australiens ältesten landwirtschaftlichem Besitz errichtet, auf Elizabeth Farm.

33 Rennveranstaltungen werden hier jedes Jahr durchgeführt. Rosehill steht dabei im Mittelpunkt der Galopprennen am Wochenende, organisiert vom Sydney Turf Club.

Die Pferde laufen im Uhrzeigersinn, in das Geläuf sind im letzten Jahr A$ 4 Millionen investiert worden, um die Drainage, den Belag und den Untergrund zu verbessern.

Zum Training stehen ein Equitrack, eine Sand-, eine Gras- und mehrere Schlackenbahnen zur Verfügung, Stallungen sind direkt an der Rennbahn zu finden.

In Rosehill wird das Aushängeschild des Sydney Turf Clubs ausgetragen, die mit A$ 2 Millionen do-

J. R. Fleming Tribüne: öffentliche Bars mit Blick auf die Rennbahn.

ROSEHILL

tierten Golden Slipper Stakes, ein 1200 m-Flieger-
rennen für Zweijährige. Außerdem findet dort das
A$ 1 Million BMW-Rennen statt, es führt über
2400 m und war das erste Rennen mit internationaler Beteiligung. Pferde aus England, Europa und
Südamerika nahmen in den späten 80er Jahren daran teil. Die Zuschauer finden komfortable, moderne Tribünen mit Air-Kondition vor. Es gibt Parkmöglichkeiten, Speisen und Getränke sind erhältlich, private Suiten und ausgedehnte Rasenflächen
stehen zur Verfügung, bis zu 30000 Zuschauer können sich dort wohlfühlen.

Rosehill bietet alles, was für »Familien«-Renntage
nötig ist, gerade um die jüngsten Freunde des Galopprennsports kümmert man sich rührend, außerdem ist die Rennbahn mit dem Auto oder der Eisenbahn ganz hervorragend zu erreichen, aus dem Norden, Westen und dem Zentrum der Stadt fahren die
Züge bis zum Bahnhof Rosehill Rennbahn.

Für den »Sport der Könige« ist Sydney's Garten-
Rennbahn die ideale Bühne.

Privat-Suiten.

Unterhaltung auf der Rennbahn.

Burst, der Sieger im Tooheys Golden Slipper Stakes 1992 (A$ 2 Millionen), auf dem Weg zum Absattelplatz.

TOOHEYS GOLDEN SLIPPER STAKES

2-jährige, 1200 m

Jahr	Sieger	Box	Abstammung	Jockey	Besitzer	Trainer	Teiln.	2./3.	Zeit	Preisgeld A$
1985	Rory's Jester	(3)	F H Crown Jester − Rory's Rocket (GB)	R. Quinton	G.D. & L.A. Bignell, Frau B. M. Outtrim & Frau B. D. Hayes	C. S. Hayes	16	10-1	1:10,3	604000
1986	Bounding Away	(8)	S St Biscay − Who Can Say 4 (NZ)	L. Dittman	T. J. Smith	T. J. Smith	16	5-4	1:09,9	1010250
1987	Marauding (NZ)	(5)	br H Sir Tristram (IRE) − Biscalowe (AUS)	R. Quinton	Swettenham Stud Synd. (Herr R. Sangster) & Newhaven Park Stud (J. W. F. J. & R. J. Kelly & J. H. Ingham)	B. Mayfield-Smith	16	5-1	1:10,6	1015050
1988	Star Watch	(15)	F H Bletchingly − Light of Peace	L. Olsen	Tulloch Lodge Ltd. Synd. (T. J. Smith) & Woodlands Stud Synd. (J. H. & R. W. Ingham)	T. J. Smith	16	13-2	1:13,0	1515050
1989	Courtza (NZ)	(10)	br St Pompeji Court (USA) − Hunza	R. S. Dye	N. Columb	R. S. McDonald	16	7-2	1:12,8	1665050
1990	Canny Lad	(5)	br H Bletchingly − Jesmand Less	R. S. Dye	E. Dodson & Estate of the late A.R. Dodson	R. G. Hore-Lacy	16	11-2	1:15,41	1821150
1991	Tierce	(5)	F H Victory Prince − Manx Park (IRE)	R. S. Dye	R. Turnley	C. E. Connors	14	4-1	1:09,3	2021150
1992	Burst	(11)	F St Marauding (NZ) − Sudden	R. S. Dye	Newhaven Park Stud Synd (J.W.F.J. & R. J. Kelly & J. H. Ingham)	C. E. Connors	16	9-2	1:10,2	2021150

UMSATZ BEIM TOOHEYS GOLDEN SLIPPER DAY

Jahr	Besucher	Toto-Umsatz Rennbahn	Buchmacher Rennbahn	TAB-Umsatz Rennbahn	Total A$
1988	33242	4109612	10492365	18593674	33195651
1989	32502	3848600	11175734	21630747	36655081
1990	29215	4346394	10447915	22800940	37595249
1991	31274	4588555	9481927	23397549	37468032
1992	29491	4539587	8505400	24900644	28604938

ROSEHILL

ROYAL RANDWICK

ALISON ROAD, RANDWICK, NSW, 2031

TEL. 61-2-6638400, FAX 61-2-6626292

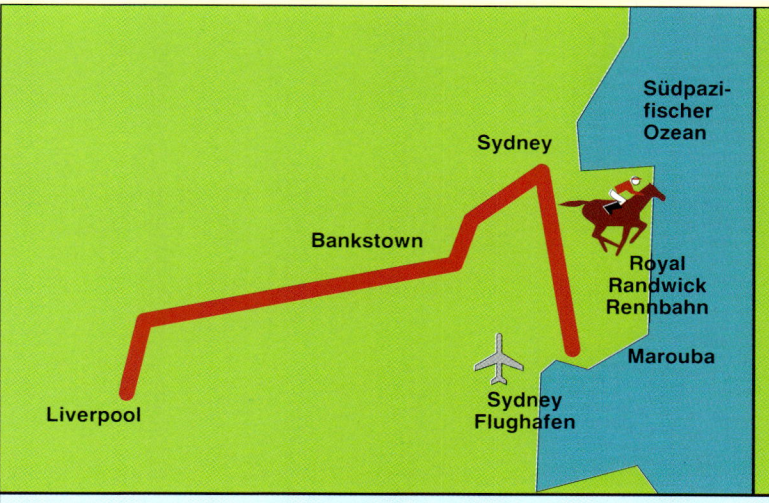
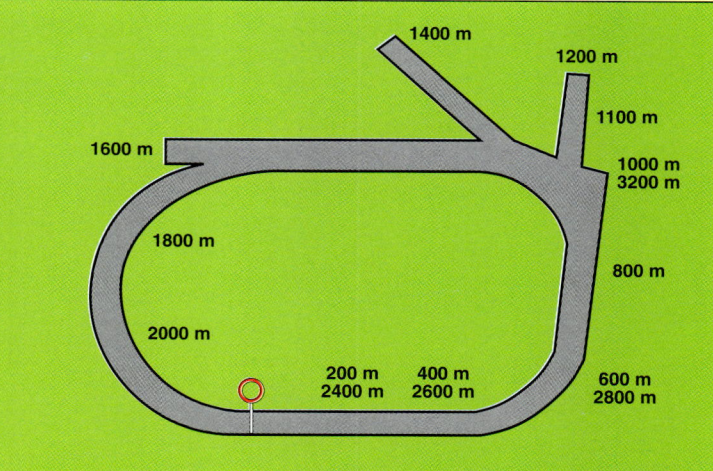

DISTANZEN, VERKEHRSVERBINDUNGEN UND PARKPLÄTZE

Die Royal Randwick Rennbahn liegt 5 km von Sydneys Stadtmitte und 10 km von Sidneys Kingford Airport entfernt. Man erreicht die Rennbahn mit Sonderbussen von Circular Quay und mit der Eisenbahn. Parken ist auf dem Rennbahngelände möglich.

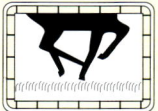
Rechtskurs, Umfang 2218 m. Die Rennen über 1000 m, 1200 m und 1400 m werden in den Verlängerungen der Bahn gestartet. Die Zielgerade ist 400 m lang und ansteigend.

Rennbuch, das zusätzlich über weitere Rennen im Staat oder in der Provinz informiert.

Vorsitzender, Herr R. L. Charley
Stellv. Vorsitzender, Herr R. A. Allport
Sekretär/General Manager, Herr R. B. Alexander
Manager (Rennbahn), Herr R. G. Robert

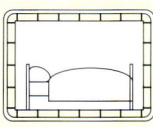
Unterkunft für Pferdepfleger vorhanden

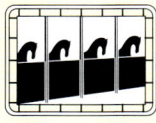
600 Boxen, davon 450 an der Rennbahn.

»A« Gras, »B« Gras, Hindernisbahn Gras, Sägespäne-, Sand-, Schlackenbahnen (innerhalb der Rennbahn). Täglich werden in Randwick von 36 Trainern ca. 570 Pferde trainiert.

Randwick hat keine Quarantäneboxen. Internationale Pferde werden vom Government Quarantine and Inspection Service unter Quarantäne gestellt.

Randwick Rennbahn hat für Renntage und Notfälle einen Tierarzt. Ortsansässige Trainer wenden sich an private Tierkliniken, vor allem an das Randwick Equine Centre.

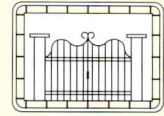
Eintritt: A$ 5, Hauptveranstaltungen und Feiertage A$ 6. Im Mitgliederbereich wird um angemessene Kleidung gebeten.

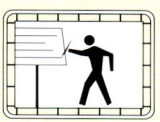
Buchmacher und Totalisator

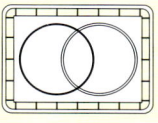
Das Trackside Fine Dining Restaurant und die Champagner Bar nehmen American Express, Bankcard, Mastercard und Visa-Kreditkarten an. Bargeld erhalten Sie mit Karten der größeren Banken an Geldautomaten.

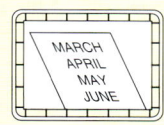
In Randwick finden 40 Veranstaltungen pro Jahr statt, u.a. an 17 Sonnabenden und 8 allgemeinen Feiertagen. Am 15. März 1992 gab es die ersten Rennen an einem Sonntag.

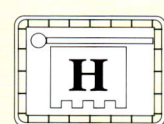
Gemini Hotel, Tel. 61-2-3999011
Ramada Grand Hotel, Tel. 61-2-3655666
Ritz Carlton Hotel, Tel. 61-2-3624455

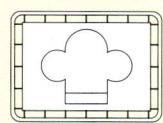
Trackside Fine Dining. Tel. 61-2-6638500
Doncaster Room. Keine Reservierung.
Galaxy Restaurant. Keine Reservierung.

Bracken Stud
Fairview Park Stud
Weeroona Stud
Alle in North Richmond

Golfplätze: The Australian und Royal Sydney. Surfen und Schwimmen an Bondi, Bronte und Coogee Beaches. Sydney Cricket Ground, Football Stadion, Sydney Show Ground and Athletic Field.

Die Heimat des Carnivals

Royal Randwick liegt nur 5 km vom Herzen Sydneys entfernt. Diese Rennbahn ist eines der großen Rennsport- und Trainingszentren in Australien. Galopprennen in Randwick begannen 1883 (die erste Veranstaltung in Australien fand 1810 im Hyde Park, Sydney, statt), sie dauerten bis 1838, dann mußte die Bahn wegen ihres schlechten Zustands geschlossen werden.

Im Januar 1842 wurde der Australian Jockey Club gegründet, die erste Veranstaltung fand in Homebush statt, westlich von Sydney. Das älteste klassische Rennen Australiens, das Australian St. Leger (heute das A.J.C. St. Leger) wurde zum erstenmal 1841 in Homebush ausgetragen.

1861 bestimmte der Australian Jockey Club Randwick Rennbahn zu seinem Hauptquartier, seitdem ist sie die wichtigste Rennbahn in Sydney.

Randwick Rennbahn ist eine geräumige, galoppierfreundliche Bahn mit langgezogenen Bögen, die Pferden mit langen Galoppsprüngen sehr entgegenkommt. Gute Pferde haben jede Chance, auf der langen, breiten Zielgeraden ganz nach vorne zu laufen. Die Rennbahn ist berühmt für ihr, bedingt durch den sandigen Boden, All-Wetter-Geläuf. Viele der großen Rennen in Australien werden während der berühmten Herbst- und Frühjahrs-Carnivals in Randwick ausgetragen.

Das A.J.C. Herbst Carnival findet während der Osterferien statt. Hauptereignis ist das A.J.C. Der-

by, gesponsert von Tooheys, dotiert mit A$ 1,1 Millionen, es führt über 2400 m, startberechtigt sind dreijährige Pferde. Auch das »Million Dollar« Tooheys Doncaster Handicap über 1600 m wird am Derby Tag gelaufen.

Weitere wichtige Rennen sind der Sydney Cup (3200 m), die A.J.C. Oaks (2400), The Galaxy (1100 m) und die Moet & Chandon Champagne Stakes (1600 m) für Zweijährige.

Das Hauptereignis während des Frühlings-Carnivals ist das Northwest Airlines Epson Handicap über 1600 m. Weitere wichtige Rennen sind das Metropolitan (2600 m) und die Spring Champion Stakes für Dreijährige über 2000 m.

Einen erstklassigen Ruf hat Royal Randwick auch als Trainingszentrum. Hier werden mehr als 570 Pferde von 36 hauptberuflichen Trainern gearbeitet, zu ihnen gehören T.J. Smith, Bart Cummings und Brian Mayfield-Smith. Von den sechs Trainingsbahnen sind fünf aus Gras und eine mit Sägespänen.

Erst kürzlich wurde ein hervorragender Pferde-Swimmingpool zur Benutzung freigegeben, da können Trainer auf anderen Rennbahnen schon neidisch werden.

Der A.J.C. veranstaltet die Rennen in Randwick und Warwick Farm und trägt die Haupt-Verantwortung für alle Rennveranstaltungen in Neu-Süd Wales, führt Kontrollen durch und setzt sich für Verbesserungen ein. Der Australian Jockey Club übt diese Kontrollfunktion durch acht Verbände und eine zentrale Registratur aus.

Der A.J.C. führt das Zuchtstammbuch Australiens und das Rennpferde-Register, im A.J.C. Laboratorium werden ständig neue Doping-Tests entwickelt und an die Industrie weitergegeben.

Der Australian Jockey Club (in Randwick und Warwick Farm) und der Sydney Turf Club (in Rosehill und Canterbury) führen jährlich 120 Veranstaltungen im Einzugsgebiet von Sydney durch.

Die berühmten AJC Greys-Clerks der Rennbahn mit ihren Pferden.

Der Sattelplatz.

Panoramablick der Tribünen.

Mr. Tiz siegt im The Galaxy 1991.

ROYAL RANDWICK

Panoramablick der Rennbahn.

EINFLUSS DER STARTPOSITION AUF EIN RENNEN

Auf der geräumigen Rennbahn von Royal Randwick hat die Startposition eines Pferdes wenig Einfluß auf den Ausgang eines Rennens.
Startboxen 1 bis 10 bieten leichte Vorteile bei Rennen über 1000, 1100, 1400, 1800, 2000 und 2400 m.
Rennen über 2800 m und 3200 m werden von den Startpositionen nicht beeinflußt.

REKORDE DER RANDWICK RENNBAHN

Distanz	Zeit	Pferd	Alter	Gewicht	Datum	Bahn	Distanz	Zeit	Pferd	Alter	Gewicht	Datum	Bahn
1000 m	0:56,2	Zephyr Bay	4	59 kg	25.1.75	schnell	2000 m	2:00,7	Sungazer	5	51,5 kg	20.12.80	schnell
1200 m	1:08,7	Stick and Stones/	4	57,5 kg	27.12.76	gut	2400 m	2:27,5	Rangoon	4	51 kg	26.12.73	gut
		Ubetido	3	55 kg	8.10.80	schnell	3200 m	3:19,0	Apollo Eleven (NZ)	5	54,5 kg	23.4.73	gut
1600 m	1:33,7	Belmura Lad (NZ)	4	51,5 kg	14.4.79	schnell			Just A Dancer (NZ)	5	52 kg	6.4.91	gut

ERFOLGREICHSTE BESITZER, TRAINER, JOCKEYS UND AUSZUBILDENDE

ERFOLGREICHSTE BESITZER

Saison	Besitzer
1986/87	Swettenham Stud (R. E. Sangster)
1987/88	Swettenham Stud (R. E. Sangster)
1988/89	Swettenham Stud (R. E. Sangster)
1989/90	Sheich Hamdan Bin Rashid Al Maktoum
1990/91	Herr G. B. White

ERFOLGREICHSTE JOCKEYS, TRAINER UND AUSZUBILDENDE

Saison	Jockey	Trainer	Auszubildende
1986/87	M. Johnston	B. Mayfield-Smith	C. Carmody
1987/88	J. Marshall	B. Mayfield-Smith	M. Peters
1988/89	L. Dittman	T. J. Smith	S. Edmonds
1989/90	L. Dittman	J. B. Cummings	Matthew Privato
1990/91	R. S. Dye	J. Denham	J. Wilson

Ein schöner Blick auf das Labor von Royal Randwick.

ROYAL RANDWICK

WARWICK FARM

HUME HIGHWAY, WARWICK FARM, NSW, 2031
TEL. 61-2-6026199, FAX 61-2-5212150

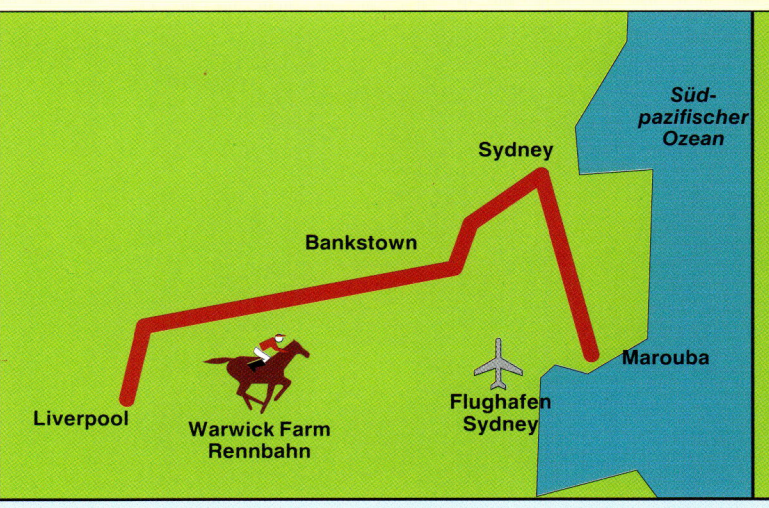 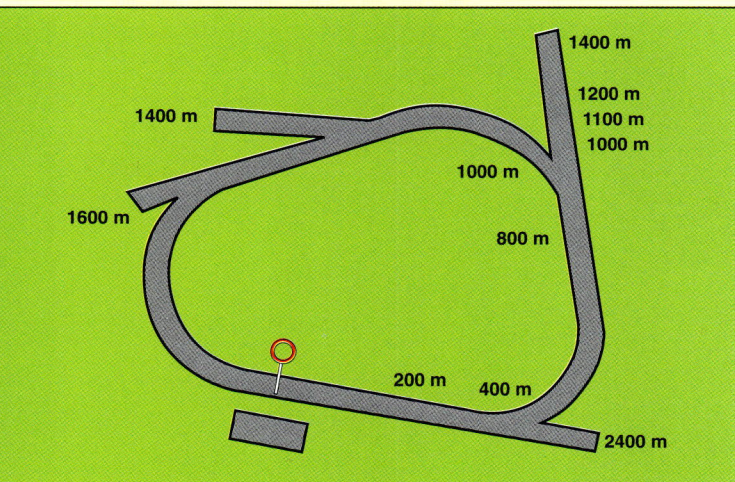

DISTANZEN, VERKEHRSVERBINDUNGEN UND PARKPLÄTZE

Die Warwick Farm Rennbahn liegt ca. 30 km westlich von Sydneys Innenstadt. Bis Sydney's Kingford Airport sind es 20 km, 5 km bis Bankstown's Aerodrome für Privatflugzeuge. Zwischen der Rennbahn und Warwick Farm Bahnhof gibt es einen kostenlosen Busverkehr. Ein Parkplatz ist auf dem Rennbahngelände.

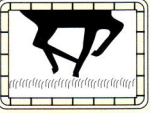 Rechtskurs, Grasbahn, Länge 1937 m. Die Zielgerade ist 326 m lang, am Zielpfosten 23 m breit. Rennen über 1000, 1100, 1200 und 1400 m werden in einer Verlängerung der Rennbahn gestartet.

 Es gibt ein Rennbuch mit Informationen über die auf Bildschirmen live gesendeten Rennen aus dem Staat und der Provinz.

 Vorsitzender, Herr R. L. Charley
Stellv. Vorsitzender, Herr R. A. Allport
Sekretär/General Manager, Herr R. B. Alexander
Manager (Rennbahn), Herr J. A. Collins

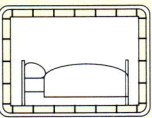 Keine Unterbringungsmöglichkeiten für fremdes Personal.

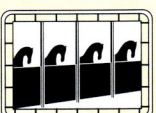 600 Boxen außerhalb der Rennbahn.

 Trainingsbahnen: »A« Gras, Equitrack, Dirt-Track (Hindernisse). Täglich werden ca. 560 Pferde auf Warwick Farm von 76 Trainern (15 hauptberufliche) trainiert. Anreisende Pferde werden in den Stallungen dieser Trainer untergebracht.

 Keine Quarantäneboxen auf Warwick Farm. Internationale Teilnehmer werden vom Government Quarantine and Inspection Service unter Quarantäne gestellt.

 Warwick Farm hat keinen clubeigenen Tierarzt. Ortsansässige Trainer wenden sich an das Warwick Farm Veterinary Hospital.

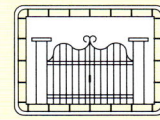 Eintritt: A$ 5

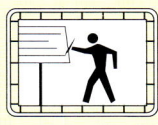 Buchmacher und Totalisator

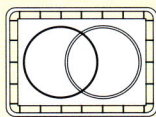 Das Restaurant und die Bar auf Warwick Farm nehmen keine Kreditkarten an. Bargeld ist an einem Geldautomaten mit Karten der größeren Banken erhältlich.

 Auf Warwick Farm finden alljährlich 20 Renn-Veranstaltungen statt, 5 davon an Sonnabenden.

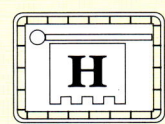 El Toro Motor Inn, Tel. 61-2-6027077
Sunnybrook Travelodge, Tel. 61-2-7261222

 Warwick Farm's Restaurant, The Chipping Norton Member's Dining, ist nur an Renntagen geöffnet. Reservierung nicht nötig.

 Boscobel Stud
Huntsworth Stud
Lomar Park Stud
Alle liegen im Bowral-Camden Distrikt.

 Golf: Antill Park Golf Club, Camden Golf Club. In Bankstown und Camden Aerodrome für kleine Flugzeuge: auch Segelfliegen und Ballonfahrten. Polo-Spiele.

Die Teilnehmer in der Parade auf dem Führring.

*E*ine malerische, ländliche Atmosphäre

1923 erwarb der Australian Jockey Club Warwick Farm, wo seit 1889 schon Galopprennen ausgetragen wurden.

Zwei Jahre lang wurden umfangreiche Umbauarbeiten durchgeführt, am 4. April 1925 fand dann die erste Veranstaltung des A.J.C. statt. An jenem Tag holte sich der mächtige Manfred seinen ersten Sieg , und zwar im Fairfield Handicap für Zweijährige, sein Jockey war W. Duncan.

Bis zum Zweiten Weltkrieg florierte der Galopprennsport auf Warwick Farm, dann wurde die Rennbahn von der Armee und den alliierten Mächten besetzt.

Nach dem Krieg wurde die Rennbahn vollständig umgebaut und 1952 wiedereröffnet.

1979 wurde Warwick Farm noch einmal geschlossen, um die J.H.B. Carr Tribüne und andere Einrichtungen zu bauen.

Warwick Farm führt zweimal im Jahr Rennen durch. Im Frühherbst veranstaltet der A.J.C. die Chipping Norton Stakes, ein Gruppe I-Altersgewichtsrennen, die Surround Stakes für dreijährige Stuten und den Liverpool City Cup. Eine Woche vorher steht das erste große Rennen der Saison für Dreijährige auf dem Programm, die Hobartville Stakes für Hengste und Wallache.

Im Frühjahr sind die Höhepunkte die Tooheys Warwick Stakes, ein Altersgewichtsrennen, und zwei Rennen für Dreijährige, die Up and Coming Stakes und die Silver Shadow Stakes, beide gehen über die Distanz von 1200 m.

Auf Warwick Farm können 560 Pferde trainiert werden, es steht ein Equitrack zur Verfügung.

Auf Warwick Farm finden auch viele der großen Polo-Veranstaltungen statt, u.a. der Countess of Dudley Cup und das Easter International.

Warwick Farms Vielseitigkeit zeigt sich auch in der Tatsache, daß vom Club dort in Zusammenarbeit mit der Australian Automobile Racing Company von 1961 bis 1973 Meisterschaften der Rennfahrer ausgetragen wurden.

Auf dem Weg zum Ruhm.

Das Bahnpersonal.

Das Finish.

Kampf auf den letzten Metern.

WARWICK FARM

Hier kommt der Sieger!

Die Rennbahn auf Warwick Farm ist kleiner als Randwick, die Startpositionen spielen eine größere Rolle. Bei Rennen über 1000, 1600, 2100 und 2200 m sind Pferde in den Startboxen 10 – 13 benachteiligt, einen leichten Vorteil haben Pferde bis Startbox 16 in Rennen über 1200 und 2400 m. In Rennen über 2400 m spielen die Startpositionen keine Rolle mehr.

WARWICK FARM BAHNREKORDE

Distanz	Zeit	Pferd	Alter	Gewicht	Datum	Bahn	Distanz	Zeit	Pferd	Alter	Gewicht	Datum	Bahn
1000 m	0:56,9	Todtime	5	49 kg	6.11.82	gut	2100 m	2:08,1	Artist Man	6	55,5 kg	5.11.83	gut
1200 m	1:08,6	Boasting	4	52 kg	18.2.89	schnell	2200 m	2:13,2	Just Trish	4	50 kg	18.2.89	schnell
1600 m	1:34,8	Heat of the Moment	3	51 kg	22.2.83	schnell	2400 m	2:26,7	Grey Affair	5	52 kg	2.4.77	schnell
									Noble Heights (NZ)	5	52 kg	24.9.83	gut

ERFOLGREICHSTE BESITZER, TRAINER, JOCKEYS UND AUSZUBILDENDE

ERFOLGREICHSTE BESITZER

Saison	Besitzer
1986/87	Swettenham Stud (R. E. Sangster)
1987/88	Swettenham Stud (R. E. Sangster)
1988/89	Swettenham Stud (R. E. Sangster)
1989/90	Scheich Hamdan Bin Rashid Al Maktoum
1990/91	Herr G. B. White

ERFOLGREICHSTE JOCKEYS, TRAINER UND AUSZUBILDENDE

Saison	Jockey	Trainer	Auszubildende
1986/87	M. Johnston	B. Mayfield-Smith	C. Carmody
1987/88	J. Marshall	B. Mayfield-Smith	M. Peters
1988/89	L. Dittman	T. J. Smith	S. Edmonds
1989/90	L. Dittman	J. B. Cummings	Matthew Privato
1990/91	R. S. Dye	J. Denham	J. Wilson

NEW ZEALAND

(NEUSEELAND)

ELLERSLIE

GREENLAND ROAD, AUCKLAND
TEL. 64-9-5244069, FAX 64-9-5248680

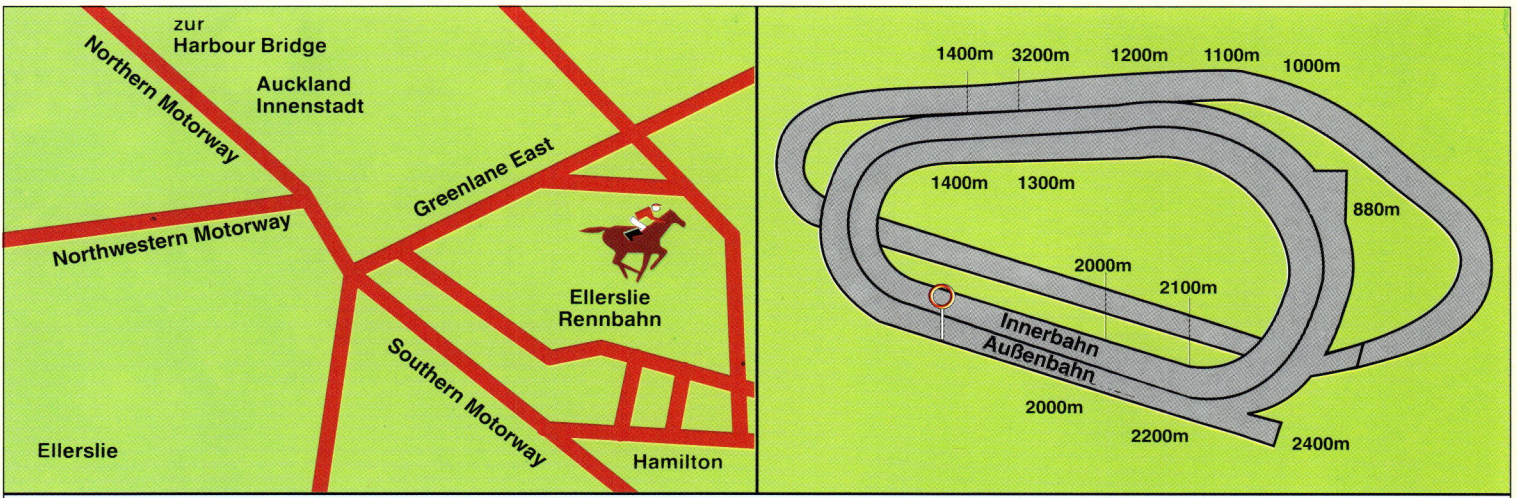

DISTANZEN, VERKEHRSVERBINDUNGEN UND PARKPLÄTZE

Diese Rennbahn liegt 8 km vor der Innenstadt Aucklands. Man erreicht sie über den Southern Motorway. Sie ist auch von allen anderen größeren Straßen in Auckland gut erreichbar. Vom Flughafen braucht man mit dem Auto zwanzig Minuten. Es steht eine sehr große Parkfläche zur Verfügung.

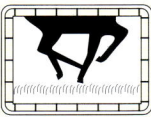 Die Hauptbahn (Gras) ist 1870 m lang, Rechtskurs, Zielgerade von 380 m. Das Geläuf ist wellig (abfallend zum Zielpfosten).

 Für jeden Renntag gibt es sowohl den New Zealand Rennkalender als auch das Auckland Racing Club Racebook.

 Präsident, Herr Glyn Jenkins
Vize-Präsident, Herr Gavin Kellaway
Schatzmeister, Herr Barry Neville-White
Rennleitung, Herr Richard Benson

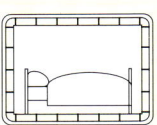 Unterkunft für Pferdepfleger nicht vorhanden.

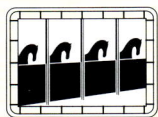 Keine Boxen

 Keine Trainingsbahnen

 Keine Quarantäneboxen

 Mr. C. Roberts
Mr. A. Grierson

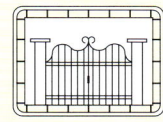 Eintritt: NZ$ 4 (Kinder frei)
Mitgliedertribüne: Jackett, Hemd und Krawatte

 Totalisator

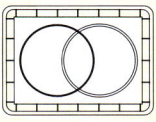 Es werden keine Kreditkarten angenommen.

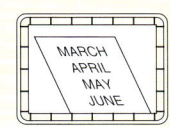 35 Rennveranstaltungen das ganze Jahr über, die wichtigsten Rennen werden zwischen dem 26. Dezember und dem 2. Januar bzw. in der ersten Juniwoche ausgetragen.

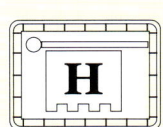 The Centra, Tel. 64-9-3021111
The Regent of Auckland, Tel. 64-9-3098888

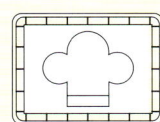 Silks Restaurant. Reservierung: Tel. 64-9-5223803

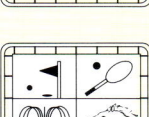 Haunui Stud
Ra Ora Stud

 National Racing Museum (auf dem Rennbahngelände)

Luftaufnahme von der Rennbahn.

Hier ist das Derby zuhause

Offiziell existiert der Auckland Racing Club seit 1874, als die zwei bestehenden Clubs – der Auckland Jockey Club und der Auckland Turf Club – beschlossen, sich zusammenzutun.

Die erste Veranstaltung, die uns überliefert ist, fand in Auckland schon mehr als dreißig Jahre vorher statt, auf der »Epsom Rennbahn«, ein oberflächlich begradigtes Stück Land, 7 Kilometer vom Stadtzentrum entfernt. Diese Veranstaltung dauerte zwei Tage und wurde am 5./6. Januar im Jahr 1842 durchgeführt. Alle hatten etwas davon: die frühen europäischen Siedler, das Militär und die einheimischen Maori. Nach dem letzten Rennen wurde in einem nahegelegenen Hotel ein großes Essen veranstaltet. Die Premiere war wohl sehr erfolgreich, denn die Rennen wurden jährlich wiederholt.

Im Jahr 1849, die alljährliche Rennveranstaltung war bereits zu einer festen Einrichtung geworden, fand man es an der Zeit, einen Verein mit Statuten und Mitgliedschaft zu gründen. So entstand der New Ulster (der damalige Name der Provinz um Auckland) Jockey Club. 1853 entstand daraus der Auckland Jockey Club, 1873 spaltete sich noch eine Gruppe ab und bildete einen eigenen Verein. Ein Jahr später entstand schließlich der Auckland Racing Club, der seine ersten Rennen am 25. Mai durchführte (einem öffentlichen Feiertag zu Ehren von Queen Viktorias Geburtstag), der Austragungsort war nur wenige Kilometer von Ellerslie, der heutigen Rennbahn, entfernt.

Das Gelände mit zwei großen Tribünen wurde vom Auckland Jockey Club übernommen. Dieser wiederum hatte es von Robert Graham, einem der Pioniere in Auckland und begeisterter Anhänger des Galopprennsports gekauft. Die ersten Rennen wurden schon gelaufen, da befand sich das Ellerslie Gelände noch in seinem Besitz. Ein Höhepunkt am zweiten Tag der Mai-Veranstaltung war die Autumn Steeplechase, »um 100 Sovereigns, über 4800 m, durch faires, von den Stewards abgestecktes, Jagdgelände«. Der Kurs unterschied sich gar nicht so sehr von dem, über den heute die Great

Von Silks Restaurant aus kann die ganze Rennbahn überblickt werden.

Northern Steeplechase führt. Diese ist wohl die schwerste alle größeren Steeplechases in Neuseeland (z. Zt. heißt es DB Steeplechase), die Pferde müssen während des 6400 m langen Rennens dreimal über den berühmten Ellerslie Hügel, auf der Spitze steht dazu noch ein Hindernis.

Ein weiterer Höhepunkt dieser ersten Veranstaltung im Jahr 1874 war der Auckland Cup über 2400 m, doch erst der nächste Auckland Cup, später im selben Jahr über 3200 m ausgetragen, gilt als erster offizieller Lauf des heutigen Cups. Neuseelands höchstdotierte »Zweimeiler«, der Auckland Cup, ist, wie die Rennen in Trentham und Riccarton, ein Handicap, aber gemäß der Tradition im Land der Antipoden, ein Gruppe I-Rennen.

Der Auckland Racing Club gehört zu den ersten Clubs der Welt, möglicherweise ist er sogar der *erste,* auf denen die Rennen gefilmt wurden, um den Stewards die Untersuchung von Protesten zu erleichtern. Für die Ostern-Veranstaltung wurden vier Kameras an der Rennbahn aufgestellt, und das System (heute natürlich erheblich moderner) ist immer noch im Einsatz. Merkwürdigerweise wurden Zielfotos erst ab 1946 gemacht – auch in diesem Punkt war Auckland die erste Rennbahn, die diese Neuheit einsetzte.

Schon viel früher, im Jahr 1894, wurde vom Auckland Club erstmalig in Neuseeland das Konzept einer Startmaschine verwirklicht. Die Maschine war primitiv, sie bestand aus zwei weißen Bändern, die mittels eines Hebels bewegt wurden, aber sie garantierte einen besseren Start als vorher die Startflagge. Der Bänderstart wurde in den folgenden Jahren verbessert, offene Boxen kamen hinzu, die die Pferde voneinander trennten, aber erst 1956 wurden zum erstenmal die geschlossenen Startmaschinen (später fand man sie auf fast allen Rennbahnen der Welt) in Neuseeland eingesetzt. In Ellerslie, natürlich!

Wie es sich für Neuseelands größte Stadt gehört (von den 3,4 Millionen Einwohnern Neuseelands leben hier über 1 Million), hat der Auckland Racing Club die größten und modernsten Tribünen im ganzen Land. Acht der 22 Gruppe I-Rennen Neuseelands werden in Ellerslie ausgetragen, dazu gehört auch das New Zealand Derby. Ellerslie kann wohl mit Recht von sich behaupten, das Aushängeschild des Galopprennsports in Neuseeland zu sein.

Die Ellerslie Haupttribüne, sie bietet Zuschauern alles, was man sich nur wünschen kann.

Das New Zealand Herald Derby ist der Höhepunkt des Summer Carnivals.

Die Jockeys im Birdcage vor dem Start zum höchstdotierten Rennen Neuseelands, dem DB Draught Auckland Cup.

NEW ZEALAND HERALD DERBY

3-jährige, 2400 m

Jahr	Besitzer	Pferd	Jockey	Zeit
1987	N. und P. Nickloff	Satisfy	M. R. Campbell	2:35,41 min
1988	L. W. Davies, H. K. Haub, P. J. Walker, Haunui Farm Ltd	The Gentry	G. J. Childs	2:27,49 min
1989	P. M. Busuttin, B. J. McCahill und K. Morris	Castletown	B. S. Compton	2:29,28 min
1990	F. Cheung, K. Chong, G. Fong und J. D. Smith	Surfers Paradise	L. A. O'Sullivan	2:28,02 min
1991	F. A. Laxon, S. Shew, Fam. F. und Z. Sing	Cavallieri	G. L. Cooksley	2:29,18 min

DB DRAUGHT AUCKLAND CUP

3-jährige und ältere Pferde, 3200 m

Jahr	Besitzer	Pferd	Jockey	Zeit
1987	Sir Richard Bold und H. Ryan	Kotare Chief	R. W. Caddigan	3:16,63 min
1988	R. I. Agnew, D. M. Williams und Est J. B. Thomson	Sea Swift	C. W. Johnson	3:15,66 min
1989	D. G. S., G. S. und J. C. S. Bayley	Spyglass	G. L. Cooksley	3:27,36 min
1990	L. W. Dallimore und K. C. Picone	Miss Stanima	M. C. Lyndon	3:23,01 min
1991	A. P., D. J. und P. F. Gollan und E. W. C. Morgan	Star Harvest	J. C. Collett	3:22,70 min
1992	P. M. Busuttin, B. J. McCahill und K. P. Morris	Castletown	N. G. Harris	3:24,10 min

Die ruhmreiche Great Northern Steeplechase.

RICCARTON
RACECOURSE ROAD, CHRISTCHURCH
TEL. 64-3-3428928, FAX 64-3-3426114

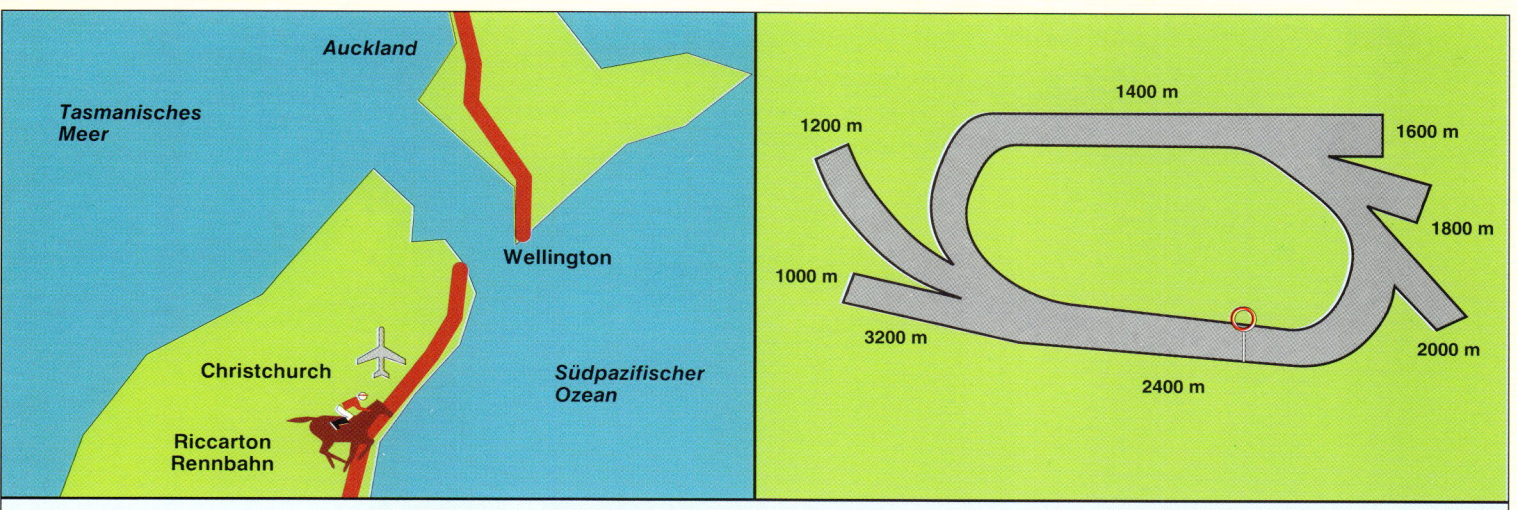

DISTANZEN, VERKEHRSVERBINDUNGEN UND PARKPLÄTZE

Die Rennbahn liegt ca. 6 km außerhalb von Christchurch, der größten Stadt der Südinsel, eine Autofahrt vom Flughafen dauert 10 Minuten. Es steht eine große Parkfläche zur Verfügung.

 Linkskurs, Länge 2400 m, eben, Zielgerade ca. 500 m.

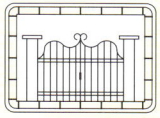 Eintritt: NZ$ 3 (NZ$ 4 am Cup-Tag, Guineas-Tag und Grand National-Tag) Keine Kleidervorschrift

 Ein Rennprogramm wird für jeden Renntag ausgegeben.

 Totalisator

 Vorsitzender, Herr B. D. Kinley
Sekretär und Rennleitung, Herr D. J. Lieyd
Sekretär (Rennen), Herr T. W. Mills
Rennbahn-Manager, Herr L. M. Lory

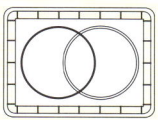 Es werden keine Kreditkarten angenommen.

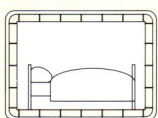 Unterkunft für Pferdepfleger nicht vorhanden.

 20 Renntage auf das ganze Jahr verteilt.

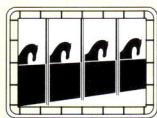 60 Boxen stehen zur Verfügung.

 Noahs Hotel, Tel. 64-3-794700
Racecourse Hotel, Tel. 64-3-3427150
Russley Hotel, Tel. 64-3-3588289

 Gras- und Sandbahnen stehen für Trainingszwecke zur Verfügung, desgleichen ein Pferde-Swimmingpool.

 Balmerino Room
Show Gate Lounge
Reservierung: Tel. 64-3-3427279

 Keine Quarantäneboxen

 Accolade Lodge, Rangiora
Inglewood Stud, Onaka
Riccarton Stud, Christchurch

 An der Rennbahn arbeitet ein Tierärzteteam vom Veterinary Centre of Christchurch.

 Kein besonderes Freizeit- und Unterhaltungsprogramm.

Blick auf die Tribünen.

Mittelpunkt des Galopprennsports

Von den drei großen Rennclubs in Neuseeland ist der Canterbury Jockey Club ganz eindeutig der älteste. Er entstand 1854, vier Jahre nachdem sich die ersten europäischen Siedler im Distrikt Christchurch niedergelassen hatten, und 25 Jahre bevor die Clubs der Nordinsel gegründet wurden. Bis zum Beginn des 20. Jahrhunderts war Canterbury der bedeutendste Club, das änderte sich, als sich Industrie und Bevölkerung immer mehr nach Norden verlagerten.

1851 wurde zum erstenmal von Rennen berichtet, die im Hagley Park in Christchurch stattfanden, und zwar anläßlich der ersten Jahresfeier. Schon bei der dritten Jahresfeier waren die Pferderennen die Hauptattraktion, und im darauffolgenden Jahr wurde ein Komitee ernannt, das einen offiziellen Rennclub gründen sollte.

Dem Gouverneur der Kolonie wurde ein Schreiben gesandt, in dem um ein 1,2 km² großes Stück Land bei Riccarton, sechs Meilen von Christchurch entfernt, nachgesucht wurde, um es als öffentliches Baugrundstück zum Bau einer Rennbahn zu verwenden.

Als die Zustimmung des Gouverneurs endlich zurückkam, hatte man schon damit begonnen, die Bahn abzustecken und zu präparieren. Festgelegt

war auch schon das Datum der ersten Veranstaltung: 6./7. März 1855.

Die Siedler hatten sicherlich die ausgedehnten englischen Rennbahnen im Hinterkopf, als sie in Riccarton eine Bahn von 4800 m Gesamtlänge anlegten. Zwanzig Jahre später wurde sie dann vollständig umgebaut, sie war dann nur noch halb so groß – 2400 m. Mit dieser Länge ist sie heute aber immer noch die größte Bahn in Neuseeland.

Das Hauptereignis war der Canterbury Cup, der in mehreren Durchgängen über 3200 m ausgetragen wurde. Die »moderne« Version dieses Rennens stammt aus dem Jahr 1866, der Cup wurde zu einem 4800 m-Rennen mit dem damals gewaltigen Preisgeld von 1450 Pfund.

Dieses Rennen steht am längsten von allen im Rennkalender Neuseelands, heute findet es aber unter anderen Bedingungen statt. Es nehmen zwar nicht mehr automatisch die besten Pferde des Landes daran teil, aber das Rennen ist immer noch ein ruhmreiches Gruppe III-Altersgewichtsrennen über 2000 m. 1860 wurde das Canterbury Derby (später Neuseeland-Derby genannt) ins Leben gerufen, 1865 das Canterbury Jockey Club Handicap, Vorläufer des New Zealand Cups und 1876 die Grand National Steeplechase.

Einige berühmte Namen der frühen neuseeländischen Rennsportszene setzten ihre Zeichen in Canterbury. Der berühmteste war vielleicht Henry Redwood, vielerorts bekannt als »der Vater des neuseeländischen Galopprennsports«. Redwood war der erste, der Vollblüter nach Neuseeland importierte und der Nelson errichtete, das im Norden der Südinsel gelegene erste Renn- und Zuchtzentrum Neuseelands.

Nelsons Glanz schwand, als Christchurch immer größer wurde. Bis 1868 führte Redwood Nelson von seiner Heimatstadt aus weiter, bis er die berühmte Chokebore Lodge in Canterbury übernahm.

George Gatenby Stead ist ein anderer Name aus der Rennsportszene in Christchurch, der sehr bekannt ist. 1875 ging er mit Redwood eine Partnerschaft ein und wurde der erfolgreichste Rennpferdebesitzer in der Geschichte seinen Landes.

Er gewann das Canterbury Derby zwölfmal, war elfmal der erfolgreichste Besitzer, und unter seinen herausragenden Galoppern waren sechs anerkannte Champions.

Mehr als dreißig Jahre war Stead ehrenamtlicher

Die Tribüne.

Der Führring.

Schatzmeister des Canterbury Jockey Club, in dieser Zeit war er auch einige Jahre lang Präsident. Ein Champion, den Stead kaufen wollte, das Geschäft kam aber im Endeffekt nicht zustande (der Scheck war nicht gedeckt), war Carbine, der in Australasia im 19. Jahrhundert das angesehenste Rennpferd wurde.

Carbine lief als Zweijähriger fünf Rennen – vier davon in Riccarton – und gewann sie alle ohne Mühe. Sein cleverer Besitzer Dan O'Brien verkaufte ihn schließlich nach erfolgreichen Auftritten in Australien, wo er dann auch seine späteren Rennen bestritt.

Christchurch ist nun nicht mehr das Zentrum, aber Riccarton steht immer noch im Mittelpunkt des Rennsportgeschehens auf der Südinsel. Dort werden die beiden einzigen Gruppe I-Rennen ausgetragen, die im Süden gelaufen werden: die New Zealand 1000 Guineas und die New Zealand 2000 Guineas.

Soundoration, Sieger im New Zealand Cup 1990.

RICCARTON

Club Haupttribüne.

STARTPOSITIONEN UND SIEG

Gutes Geläuf

Distanz	Rennen	1	2	3	4	5	6	7	8	9	10	11	12	13	14	15	16
1000 m	57	5	7	1	7	10	9	5	4	1	—	4	1	2	—	—	—
1200 m	189	15	10	18	15	16	18	18	17	15	9	11	7	6	7	6	—
1400 m	342	27	36	20	28	29	20	26	26	20	32	13	15	13	17	10	—
1600 m	234	21	19	19	22	24	11	32	14	15	23	10	7	4	3	4	—
1800 m	132	12	13	15	13	12	6	14	11	7	6	7	3	2	7	3	—
2000 m	199	24	23	26	21	20	17	14	20	3	8	8	7	3	—	3	—

Schweres Geläuf

Distanz	Rennen	1	2	3	4	5	6	7	8	9	10	11	12	13	14	15	16
1200 m	76	6	8	4	11	6	7	6	2	7	5	6	4	1	1	2	—
1400 m	118	9	12	7	10	6	5	6	11	10	8	5	9	5	8	4	—
1600 m	71	4	3	6	5	5	5	3	7	4	4	8	3	4	3	4	—
1800 m	45	3	1	9	5	7	3	3	2	6	—	1	3	—	—	2	—
2000 m	47	3	5	5	5	4	3	2	4	2	5	3	1	2	2	—	—

BAHNREKORDE

Distanz	Zeit	Datum	Pferd	Distanz	Zeit	Datum	Pferd
800 m	0:47,07	30. 9. 88	Straight Line	2500 m	2:33,99	6. 11. 82	Sirtain
1000 m	0:54,91	5. 11. 83	Mr. Illusion	3200 m	3:17,22	10. 11. 90	Soundoration
1200 m	1:07,81	16. 11. 91	Plume	4000 m	4:53,99	6. 8. 88	Sonic Sound
1400 m	1:21,77	7. 11. 84	Noble Note			16. 5. 84	Te Haroto (4:57,01 MC)
1600 m	1:34,40	9. 11. 83	Every Show	4200 m	4:43,91	13. 8. 82	Sebastiano
1800 m	1:47,09	3. 2. 90	Najaba	4830 m	5:48,85	13. 8. 82	Abound
2000 m	2:00,32	12. 11. 83	Commissionaipe	5600 m	6:45,68	11. 8. 84	Bymai

TRENTHAM
RACECOURSE ROAD, TRENTHAM
TEL. 64-4-5289611, FAX 64-4-5284166

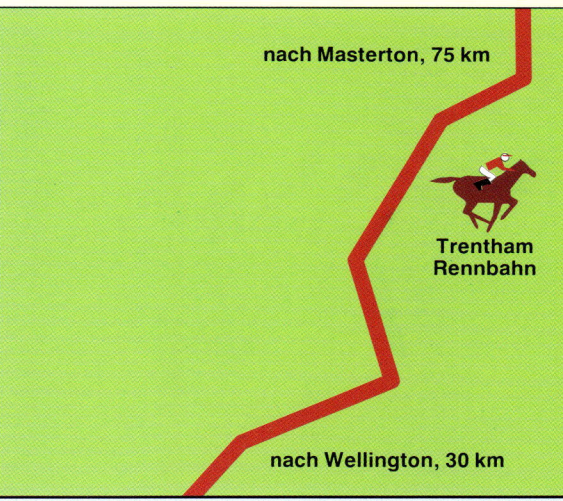

nach Masterton, 75 km

Trentham
Rennbahn

nach Wellington, 30 km

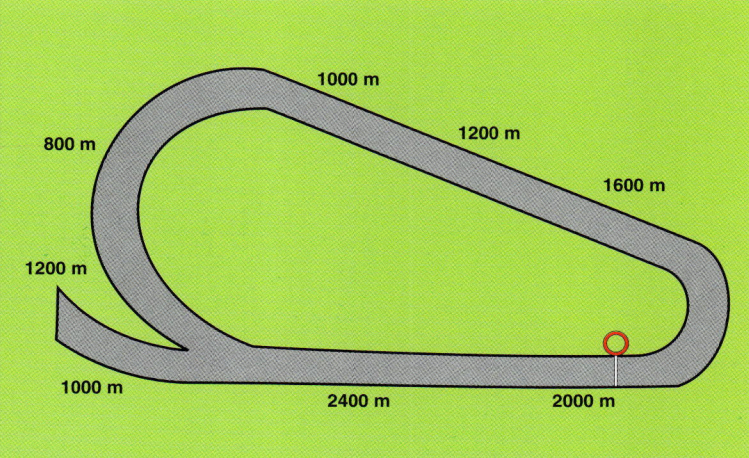

1000 m
1200 m
800 m
1600 m
1200 m
1000 m
2400 m
2000 m

DISTANZEN, VERKEHRSVERBINDUNGEN UND PARKPLÄTZE

Die Trentham Rennbahn liegt nördlich von Wellington (ca. 32 km), der Wellington City Airport ist ca. 40 km entfernt. Gleich neben der Rennbahn ist eine Eisenbahnstation. Mit dem Auto erreicht man Trentham von Wellington aus in 30 Minuten. Parkplätze stehen innerhalb und außerhalb der Rennbahn zur Verfügung (ca. 3000 Autos).

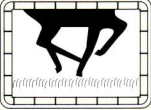
Linkskurs, Grasbahn, Länge ungefähr 2000 m. Schenkelstück von 1200 m. Die Bahn ist eben, die Zielgerade 450 m lang.

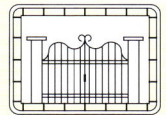
Mitglieder-Tribüne: NZ$ 15
(Wellington Cup Tag: NZ$ 50)
Öffentliche Tribüne: NZ$ 3,50
Rasen-Tribüne: NZ$ 3,50

Für jede Veranstaltung wird ein Rennbuch herausgegeben.

Totalisator

Präsident, Herr J. E. O'Brien
Vize-Präsidenten, Herr E.A.P. Howarth,
Herr R. Preston
General Manager, Herr John Cameron

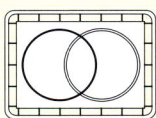
American Express, Diners Club, Mastercard, Visa

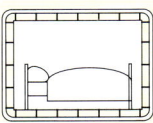
Unterkunft für Pferdepfleger nicht vorhanden.

16 Renntage jedes Jahr. Größere Veranstaltungen im Januar, März und Juli. Keine Rennen im Juni, August und September.

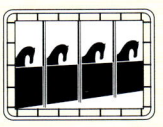
600 Boxen

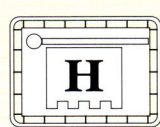
Erstklassige Hotels finden Sie nicht weit entfernt in Wellington.

Zwei Gras- und eine Sandbahn stehen für Trainingszwecke zur Verfügung.

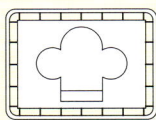
An Renntagen gibt es auf der Rennbahn ein Restaurant.
Keine Reservierung.

Es gibt einige Quarantäneboxen in der Nähe der Rennbahn.

Ardsley Stud, Masterton
Ashford Park, Otaki
Sovereign Lodge, Otaki

Dr. K.J.P. Cooper
Dr. R. Gillett

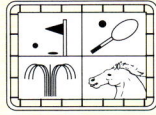
Neben der Rennbahn ist ein Golfplatz internationaler Klasse. Schiffsfahrten an Marlborough Sounds (60 km), Weinproben, Skifahren (250 km).

Trentham und das »Foster's Dorf«.

Von Phar Lap bis zur modernsten elektronischen Ausrüstung

Offiziell gibt es den Wellington Racing Club seit 1879. Allerdings hatte er viele Vorgänger, einige entstanden schon 1841, nur ein Jahr nachdem die ersten europäischen Siedler sich niedergelassen und die ersten Vollblüter nach Neuseeland importiert hatten. Aufzeichnungen geben Auskunft darüber, daß verschiedene »Jockey Clubs« gegründet wurden, die dann im Laufe der Jahre wieder verschwanden.

Die erste richtige Rennbahn der Hauptstadt, die ihren Namen auch verdiente, lag im Hutt Park Schutzgebiet (dort ist heute der Wellington Harness Racing Club), am nördlichen Ende des Hafens von Wellington. Der damalige Wellington Club führte mit Unterbrechungen ab 1861 Veranstaltungen durch. 1874 wurde der erste Wellington Cup gelaufen, ein Zwei-Meilen-Rennen, der heute das Hauptereignis der Großveranstaltung des Clubs ist. 1879 wurde einer der ersten Totalisatoren der Welt, in Neuseeland gefertigt, installiert. Diese Maschine »schlug die Buchmacher in die Flucht«, wie es in einem Bericht von damals zu lesen ist.

Der Start.

Vorführungen.

Der sehr ungewöhnliche Führring.

1906 wurde die Rennbahn 15 Kilometer nach Norden verlegt, nach Trentham, wo sie sich heute noch befindet. Ein Standortfaktor war die Eisenbahnlinie, die es den Einwohnern Wellingtons ermöglichte, die Rennbahn mit dem Zug in nur 50 Minuten zu erreichen (die Eisenbahn fährt heute noch). Das flache Land bot zwar ausreichend Platz, war aber mit Büschen bewachsen und mit Geröll übersät. Die Arbeiten an der Rennbahn begannen 1904. Eine breite, ebene Rennbahn von 2000 Meter Gesamtlänge und einer Zielgeraden von 450 Metern wurde gebaut. 1946 wurde sie entscheidend verbessert, die Ränder wurden befestigt, Drainage und Bewässerungsleitungen wurden verlegt. Heute gehört diese Rennbahn zu den besten des Landes.

Zur ersten Veranstaltung kamen geschätzte 8000 Zuschauer – zu einer Zeit, da Wellington ungefähr 63 000 Einwohner hatte. Heute, 85 Jahre später, wäre man, außer am Cup-Tag, mit dieser Zahl immer noch zufrieden. In den 20er Jahren wurden die alten Holzgebäude durch die drei beeindruckenden Haupttribünen aus Beton ersetzt, die auch als architektonisch besonders wertvoll gelten. Die freitragenden Dächer von zwei der drei Tribünen waren ihrer Zeit weit voraus, und da die Tribünen leicht versetzt stehen, haben die Zuschauer von jedem Platz der Tribünen freien Blick auf die gesamte Rennbahn. Die Konstrukteure, die Gebrüder Luttrell, wurden berühmt für ihre einzigartige Rennbahn-Architektur.

Der Wellington Racing Club wurde für seine Neuheiten bekannt: 1930 wurden Wettschalter eingerichtet, 1936 ein elektronischer Totalisator und – zur damaligen Zeit noch bemerkenswerter – von 1925 bis 1947 hatte eine Frau das Amt der Club-Sekretärin inne.

1927 wurde von beiden Zuchtverbänden des Landes beschlossen, die erste nationale Jährlings-Auktion zu veranstalten. Wellington wurde als Standort erwählt, und das Trentham January Racing Carnival galt als der Zeitpunkt, wo Besucher die besten Vollblüter des Landes in Aktion sehen konnten. Vier Jahre lang wurde die Auktion vor den Tribünen durchgeführt, danach auf einem nahegelegenen vom Club gepachteten Stück Land. Erst 1988 wurde die Auktion nach Karaka, nahe Auckland, verlegt. Während des Wellington Summer Carnivals findet jetzt eine neue Auktion statt. Diese ist unter dem Namen Magic Millions bekannt, je erfolgreicher die ersten Pferde auf der Rennbahn werden, desto beliebter wird diese Auktion.

Die ursprüngliche Auktion gewann ebenfalls an Beliebtheit, als die zuerst verkauften Jährlinge zu Ruhm und Ehre kamen, den größten Anteil daran hatte die zweite Auktion im Jahr 1928. Da wurde ein großer, unauffälliger, fuchsfarbener Hengst für 160 Guineas verkauft. Er wurde nach Australien geschickt, wo er alle Rennen gewann, bis auf das letzte. Sein Name ist in die Geschichte eingegangen, als einer der größten aller Zeiten: Phar Lap.

Luftbild von der Rennbahn.

TRENTHAM

Modeschau auf der Rennbahn.

Am Wellington Cup-Tag erscheint Foster's Meerjungfrau.

FOSTER'S WELLINGTON CUP

SIEGER DER LETZTEN JAHRE

3jährige und ältere Pferde, 3200 m

Jahr	Sieger	Zeit
1992	CASTLETOWN Trainer: P. Busuttin Jockey: N. G. Harris	3:19,33
1991	CASTLETOWN Trainer: P. Busuttin Jockey: N. G. Harris	3:20,52
1990	FLYING LUSKIN Trainer: S. J. McKee Jockey: P. D. Johnson	3:20,52
1989	NOBLE KHAN Trainer: D. G. Sellwood Jockey: P. G. Ayres	3:19,21
1988	DARIA'S FUN Jockey: G. M. Stewart	3:15,59
1987	RASTES Jockey: P. A. Taylor	3:22,56